안전보장 증명서
SAFE CONDUCT PASS

적을 삐라로 묻어라

적을 빼라로 묻어라

제1판 제1쇄 발행일 2012년 10월 19일

글 _ 이임하
편집 _ 책도둑(박정훈, 박정식, 김민호)
디자인 _ (주)토가디자인 김선태
발행인 _ 김은지
발행처 _ 철수와영희
등록번호 _ 제319-2002-42호
주소 _ 서울 마포구 망원1동 386-2 양경회관 302-1호
전화 _ (02)332-0815
팩스 _ (02)6091-0815
전자우편 _ chulsu815@hanmail.net

ISBN 978-89-93463-36-1 93900

철수와영희 출판사는 '어린이' 철수와 영희, '어른' 철수와 영희에게
도움 되는 책을 펴내기 위해 노력하고 있습니다.

적을 삐라로 묻어라

한국전쟁기 미국의 심리전

이임하 지음

철수와영희

머리말

옥춘당과 삐라

처음 심리전에 관심을 갖게 된 계기는 순전히 삐라의 색 때문이었다. 대개 삐라는 누런 종이에 글씨가 뭉개져 있다. 그런 누런 종이 사이에서 빨강, 노랑, 연두, 파랑으로 인쇄된 삐라가 언뜻언뜻 눈에 띈다. 알록달록한 삐라를 볼 때마다 어릴 적 제사상에 오른 옥춘당이 생각났다. 옥춘당玉春糖은 쌀가루에 빨강, 파랑, 녹색, 노랑 따위의 빛깔을 넣어 만든 둥글넓적한 사탕이다. 상에 차려진 다른 제사 음식은 눈에 들어오지 않았고 오직 둥글넓적한 사탕만이 내 관심의 전부였다. 사탕을 맛볼 욕심에 제사가 빨리 끝나기를 간절히 기다렸다. 그런데 막상 제사가 끝나고 사탕을 입에 물면 그렇게 탐했던 마음이 모두 사라지곤 했다. 성급한 마음에 사탕을 집어 들자마자 덥석 이빨 자국을 내며 깨물어보았지만 내 이빨 힘으로는 절대로 쪼개지지 않았다. 사탕을 한입에 넣기엔 입이 너무 작았던 시절, 옥춘당의 색과 맛은 잡히지 않는 대상이었다. 삐라의 색은 그 옥춘당과 비슷했다.

삐라의 색은 나를 끌어들이기에 충분했다. 그러나 그 내용은 아련한 기억 속 옥춘당처럼 달콤하지 않았다. 거기엔 거짓, 협박, 위협, 폭력, 차별과 두려움 따위가 있었다. 이를 통해 사실을 어떻게 조작하는지, 거짓이 어떻게 진실이 되는지, 인간을 어떻게 무기력하게 하는지, 제국의 이해에 따라 독립국의 역사가 어떻게 훼손되는지, 민간인이 어떻게 학살당하는지 따위를 알 수 있었다. 삐라는 그 화려한 색과 달리 부정적이고 희망 없는 세상으로 사람들을 이끌었다.

또한 삐라는 오늘날 한국 사회의 획일화된 윤리와 가치의 근원을 말해준다. 오늘날 한국 사회의 윤리와 가치들이 어떻게 만들어졌는지, 그 가치가 사람들을 어떻게 규정하는지, 거기에 역사를 어떻게 꿰맞추는지 따위를 알려준다. 한국전쟁 동안 뿌려진 삐라는 한국 사회의 획일성, 폭력, 제국에 대한 무조건적 복종, 세계 기구에 대한 맹신, 개인과 국가의 일체화 따위의 문제를 제기하고 냉전세대의 모습을 보여준다.

*

심리전에 대한 연구를 구상하게 된 계기는 성균관대학교 동아시아역사연구소에서 「미국 자료로 본 한국전쟁의 재해석」이라는 프로젝트가 한국연구재단의 지원을 받으면서부터였다. 3년에 걸쳐 한국전쟁을 전쟁과 일상, 전쟁과 고통, 전쟁과 전투라는 주제로 나누어 연구했다. 심리전은 3차 년도에 내가 맡은 주제로 처음에는 논문 한 편 정도를 구상했다. 그 구상이 이렇게 커진 까닭은 삐라의 내용이 오늘날 한국 사회의 가치를 오롯이 대변하고 있기 때문이다. 그 기원은 '미국적 가치'를 바탕으로 한다. 이를 한 편의 논문에 다 담을 수 없어 책으로 엮기로 했다. 프로젝트의 연구 책임자는 서중석 선생님이었다. 선생님은 연구 기간 내내 제자들을 믿어주고 제자들의 생각을 존중해주었는데 그 자유로움이 다양한 접근을 가능하게 했다. 그것은 나에게 더없는 행운이었다.

자료가 없었다면 구상 단계였던 이 책은 세상에 나올 수 없었으리라. "시작이 반"이라는 말처럼 자료를 찾는 과정부터 어려웠다. 한 번도 가본 적 없는 미국 국립기록관리청National Archives and Records Administration/NARA에서 필요한 자료를 찾기란 "모래사장에서 바늘 찾기"였다. 동료와 후배들의 도움이 없었다면 1년을 꼬박 NARA에서 보내야 했으리라.

이 과정에서 가장 큰 도움을 준 이는 동료 김득중이다. 그는 이미 여러 번 NARA에서 작업을 해본 경험이 있어서 자료의 수집과 구성에 많은 도움을 주었다.

강성현과 김학재 후배는 자기 자료를 찾다가 삐라 관련 자료를 발견하면 내게 알려주었다. 또한 기록 관리자에게 대신 질문해주었다. 작업에 방해가 됐을 텐데 단 한 번도 나의 요구를 거절하거나 불평하지 않았다. 오히려 나를 자극하고 조언을 아끼지 않았다. 연정은 후배는 자신이 사용하지 않은 자료를 선뜻 제공했다. 너무나 힘들게 찾은 자료임을 잘 알고 있는 나로서는 고맙다는 말도 부족하다. 이들은 자신들이 소장하고 있는 자료들을 나에게 기꺼이 제공했다. 이렇게 해서 나는 꿈도 꾸어 보지 못한 자료들을 수집할 수 있었고 이를 바탕 삼아 책을 구상했다. 함께 일을 했던 양정심 후배에게도 고마움을 전하고 싶다.

자료를 갖추었지만 가야 할 길은 멀었다. 2만 장이 넘는 영문 자료를 읽어야 했다. 처음엔 하루 종일 15~30쪽 정도 읽으면 다행일 정도로 진행 속도가 더뎠다. 아침에 눈을 뜨면 숨이 가빠왔다. '언제 다 읽을 수 있을까?', '정확하게 이해는 했을까?' 하는 불안이 꼬리에 꼬리를 물었다.

그러는 사이 보이지 않던 길도 어느덧 목적지에 다다랐다. 지난 여름 물통에 얼음을 얼려 더위를 식혀가며 읽었던 자료들은 어느새 정리되어 한 권의 책이 됐고 이제 독자와의 만남을 준비하고 있다. 끝나지 않을 것 같던 여정의 끝이 보인다.

끝으로 이 책의 출판을 맡아주신 박정훈 선생님과 철수와영희에서 일하는 모든 분들에게 고마움을 전한다.

2012년 10월

이임하

차례

삐라, 심리전, 한국전쟁

미국 국립기록관리청National Archives and Records Administration에 있는 자료를 조사하면서 'RG 242'에서 낯익은 종이 한 묶음을 보았다. 'RG 242'는 미군이 세계 여러 지역에서 노획한 문서를 보관하는 문서군文書群이다. 여기에 한국전쟁 때 미군이 북한에서 가져간 자료들이 있다.

구멍을 내고 끈으로 묶어 노트로 사용한 종이의 앞면에는 "자유·정의·세계 평화, 유엔군의 선물"이라는 글과 종鐘 그림이 있다. 백지인 뒷면에는 연필로 포로들의 이력이 적혀 있다. 처음 이 자료를 봤을 때 북한군의 기록인 줄 알았다. 그런데 이 종이 뭉치는 거제도 포로수용소에서 포로들의 이력을 기록했던 서류였다. 그때는 '전선'에 뿌리고도 남을 만큼 삐라가 남쪽에도 북쪽에도 흔했던 시절이었다.

한국전쟁이 일어나자 미 육군 장관인 페이스Frank Pace는 "적을 종이로 묻어라"라고 지시했고, 미 국무부는 "적군과 시민들에게 매일 한 장의 삐라*가 전달되어야 한다"고 했다.[1] 미 8군사령관인 리지웨이Mathew

* 삐라는 원래 벽보를 뜻하는 영어 단어 'bill'의 일본어 표현 'ビラ'이다. 이를 된소리로 발음해 '삐라'로 불렀다. 국어사전은 '전단(傳單)'이 바른 표현이라고 하고, 미국 자료는 'leaflet'으로 표기했다. 그러나 이 책에서는 우리 사회에서 익숙하게 쓰이는 '삐라'라는 용어를 사용하겠다.

Ridgway는 국무부와 페이스의 의견에 따랐다.[2] "적을 종이로 묻어라"는 말은 삐라로 적을 묻으라는 뜻이다. 삐라는 심리전을 수행하는 여러 수단 가운데 하나이다.

한국전쟁 동안 얼마나 많은 삐라가 한반도 땅에 뿌려졌을까?

미 극동사령부Far East Command/FEC는 전쟁에 참가하면서부터 휴전될 때까지 전선과 후방에 "무려 40억 장의 전술 및 전략" 삐라를 뿌렸다.[3]

> 유엔군은 1950년부터 1953년까지 북한 주민과 북한군에게 20억 장 이상의 전단을 살포했다. 최고 절정기의 제작량은 매주 2,000만 장 이상이었다.[4]

> 유엔군이 살포한 전단은 1950년 10월 말에 1억 장을 돌파했고 다음해 1월 26일에 2억 장을 돌파, 동년 11월 16일에는 8억 장을 돌파하고 휴전 성립 때까지의 총량은 25억 장을 넘었다.[5]

삐라 25억 장은 펼치면 한반도를 스무 번 뒤덮고, 지구를 열 바퀴 돌고도 남는 양이었다.[6] 그런데 육군 심리전감실과 국방부 자료에는 40억 장이라고 한다. 이는 지구 열여섯 바퀴, 한반도를 서른두 번 덮을 양이다. 1950년 세계 인구가 약 25억 명이었으니 한 사람에게 두 장씩 나누어줄 수 있는 양이었다. 삐라는 마치 펄펄 내리는 눈처럼 뿌려졌다. 어떤 때는 눈처럼 쌓인 삐라가 병사들의 무릎까지 차올랐다고 한다. 이렇게 뿌려진 삐라는 남쪽뿐만 아니라 북쪽에서도 휴지나 메모용지로 사용되곤 했다.

눈처럼 내리는 삐라가 한국전쟁 때 처음 등장한 것은 아니다. 제1차 세계대전 때 6,500만 장에 달하는 삐라가 독일 전선에 뿌려졌다. 그리고 제2차 세계대전 때는 더 많은 양이 전선에 뿌려졌다. "아이젠하워 장군 휘하의 지중해 및 구주歐洲 전선만 하더라도 80억 매라는 막대한 삐라가 살포됐다. 지구 상 전 인류에 대해서 1인당 4매를 살포한 셈이다. 일본에 대해서도 B-29가 몇백 톤의 삐라를 살포했다. 이는 남태평양에만 배포된 양이다. (…) 흑색선전에 있어서는 미 연방수사국FBI이 천 년을 조사해도 다하지 못할 정도로 전개됐다."[7]

이렇게 많은 양의 삐라를 뿌린 데는 이유가 있었다. 근대전은 흔히 총력전이라 일컬어진다. 전방과 후방의 구분도 없고, 후방에 있다 해도 폭격이나 학살을 피할 수 없다. 근대전은 전 국민을 전쟁에 동원할 뿐만 아니라 민간인에 대한 대량학살이 일어났으며 전시와 평시의 경계를 무너뜨렸다.

전시든 평시든 국가의 모든 능력이 군대로 이전되는 과정인 총력전에 부응하는 전쟁 지식이 병참학이라면,[8] 심리전은 인간의 심리를 자극해 원하는 방향으로 행동을 일으키는 데 목적이 있다. 그러나 심리전의 효과가 이에 그친다면 근대전의 특징을 갖고 있다고 말할 수 없다. '전후에도 심리전은 계속된다'라는 말은 전쟁 동안뿐만 아니라 전쟁 뒤에도 심리전의 효과가 지속된다는 뜻이다. 심리전은 전쟁이 끝난 뒤에도 멈추지 않고 사회를 전시사회로 조직하고 재생산한다.

심리전에서의 상징과 이미지, 기호들은 전후 사회에서 정의와 진리로 굳어지고 가치로 정착됐다. 한국전쟁 동안 전개됐던 심리전은 전후 한국 사회를, 한국인의 심성과 행동을 이해할 수 있는 단초이다. 눈송이처럼 내리는 삐라, 무릎까지 덮인 종잇조각은 쓸모없이 버려진 종잇조각이 아니라 우리의 눈과 귀, 목소리를 대신했다.

근대전은 총력전-병참학-심리전이라는 하나의 틀 속에서 그 뜻이

분명해진다. 따라서 미군의 "적을 종이로 묻어라" 라는 말은 근대 총력전의 완성이라 할 수 있다.

자료의 이용과 책의 구성

한국전쟁 때 심리전의 주요한 담당자는 미 극동사령부*Far East Command/FEC와 미 8군사령부Eighth U.S. Army in Korea/EUSAK의 심리전 담당 부서였다. 극동사령부나 8군사령부 보고서는 미국 국립기록관리청 '미 육군 부관감실 문서군'Records of the Adiutant General's Office/RG 407에 배치되어 있다.[9]

이 책에서는 극동사령부 심리전부Psychological Warfare Section에서 생산한 월별 보고서와 미 육군 극동부USAFFE 참모부의 월별 보고서Staff Section Report를 참조했다. 참조한 보고서는 1951년 6월부터 1953년 2월까지, 1953년 8월부터 1954년 12월까지 생산된 보고서들이다. 모두 37상자 분량으로 적게는 30장에서 많게는 500장이 넘는 낱장으로 구성되어 있다. 보고서의 형식은 다음과 같다.

---

* 미 극동사령부는 1947년 1월 1일 '국가안전법 National Security Act'에 따라 전 세계에 조직된 지정학적 사령부 가운데 하나다. 본래 극동사령부는 3군의 구성 부대 사령관들과 모든 병과의 장교들로부터 차출된 합동참모본부 형태를 갖춘 사령부로 구성됐다. 그러나 맥아더가 지휘하고 있던 극동사령부는 기본적으로 육군 사령관 아래 육군 참모들에 의해 운영됐다. 맥아더는 극동사령관이자 형식적으로 육군 극동부(U.S. Army Forces Far East) 사령관이었다. 1951년 7월 24일부터 극동사령부는 유엔군사령부(United Nations Command/UNC)를 겸했다(허은, 「RG 407 6·25전쟁과 미군 심리전부대 자료」, 「미국소재 한국사 자료 조사보고 4」, 국사편찬위원회, 2004, 377쪽).

〈극동사령부 심리전부 1951년 6월 보고서 목차〉

1. 계획과 정책 2. 정보 3. 삐라 4. 라디오 5. 현지 활동 6. 연락

〈미 육군 극동부 참모부 1952년 11월 보고서 목차〉

1. 소개 2. 정책 3. 계획 4. 조사 분석과 평가 5. 활동 6. 행정 7. 결론 8. 권고/연대기

보고서는 20~30쪽의 분량이지만 보고서를 위한 부록이 딸려 있다. 부록은 일일 활동 기록, 일반명령, 조사 분석, 라디오 방송이나 삐라 그리고 확성기 방송의 심리전 대본, 북한군의 라디오 방송과 확성기 내용, 월별 계획, 유엔 소리의 방송 시간표, 삐라의 살포 따위로 이루어졌다. 1953년 8월부터 보고서의 형식은 비송환 포로들의 교육 계획, 라디오 방송, 삐라와 확성기의 활동 따위로 바뀌었고, 이때부터 포로수용소의 '대민정훈Civil Information and Education'활동이 심리전의 주요한 내용을 차지했다. 그 틀은 1954년에도 유지됐다.

미 8군의 심리전 활동 자료는 8군사령부 작전처의 활동 보고서에 포함되어 있다. 보고서는 주간활동 내용을 정리하고 그 주에 뿌린 삐라를 소개하고 있다. 여기에 1952년 6월부터는 제1확성기 삐라중대The 1st Loudspeaker and Leaflet Company/1st L&L의 활동도 포함되어 있다. 제1확성기 삐라중대의 보고서는 '일반, 행정, 활동(선전소대, 인쇄소대, 확성기소대), 사기'로 구성되어 있다.

8군사령부 보고서도 라디오 방송과 삐라의 살포를 소개했다. 따라서 달마다 사용한 삐라의 내용이나 살포량을 짐작할 수 있다. 8군사령부 보고서는 1951년 3월부터 1953년 4월까지 생산된 것들로 모두 27상자 분

량이다.

미 태평양군 문서군Records of the U.S. Army, Pacific인 RG 550에도 1953년 4월부터 9월까지의 심리전 활동과 삐라를 정리해놓은 극동사령부 보고서가 있어 이를 활용했다. 또한 모스맨Billy C. Mossman이 1953년 1월에 작성해 8군사령부 G-3 심리전과Psychological Warfare Division에 보내 논평을 부탁한「주한 미 8군 전투선전 활동 EUSAK Combat Propaganda Operations 1950. 7. 13~1952. 9. 1」은 극동사령부와 8군사령부에서 행한 심리전의 전반적 활동을 알려준다. 이 책은 100쪽이 넘는데 구성은 다음과 같다. 모스맨은 미 육군 전사감실 요원으로『밀물과 썰물 *Ebb and Flow*』의 저자이다.*

1. 심리전 정책
2. 미 8군 심리전 기관
   1) 소개 2) 초기 조직과 기능 3) 심리전과 4) 제1확성기 삐라중대
   5) 심리전 장교들
3. 계획과 활동
   1) 소개 2) 극동사령부 계획 3) 미 8군 계획과 활동
4. 적의 심리전 태도

부록

이 밖에 1950년 6월 25일부터 1953년 7월 27일까지 8군사령부 심리

* 이 책은 애플먼(Roy E. Appleman)의『낙동강에서 압록강까지 South to the Naktong, North to the Yalu』의 후속편으로 1950년 11월 말부터 1951년 7월까지 한국전선에서의 미군의 군사작전을 다루고 있다.

전 보고서Report on the Psychological Warfare Conducted by the EUSAK도 참조했다. 또한 존스홉킨스대학교 작전연구소Operations Research Office/ORO에서 생산한 자료들도 이용했다. 이들 자료의 일부는 정용욱의 수집으로 한국학중앙연구원에서 자료집으로 발간됐다.[10] 작전연구소는 미군이 채택한 각종 심리전 매체의 효과에 대한 분석과 평가, 심리작전의 개선 방안, 심리전 전술 개발, 포로에 대한 조사, 북한군과 중국군의 사기와 선전술, 북한군과 중국군 심리전 매체 따위를 연구했다.[11] 이는 심리전과 관련해 미군과 북한군의 준비 단계부터 작전 운용과 활동, 사후 평가에 이르는 전 분야를 연구한 셈이다. 미군이 직접 작성한 자료는 아니지만 미국 사회과학자들이 어떻게 심리전을 이해하고 재생산했는지 알 수 있는 유용한 자료다.

또한 맥아더기념관MacArthur Library Archive의 문서고에 있는 1944~45년 남서태평양에서의 심리전 보고나 삐라, 한국전쟁 때 사용된 삐라도 이용했다. 미 육군 역사연구소United States Military History Institute, 미 육군 군교육센터United States Army Military Education Center에 있는 윌로비Charles A. Willoughby 자료인 삐라도 참조했다. 국방부 정훈국의 자료는 한국학중앙연구원에 소장된 문서를 이용했다. 그리고 방선주의 『한국전쟁기 삐라』는 삐라를 이해하는 데 가장 기초적인 자료이다. 이 밖에도 『6·25 전단집』(국군심리전실), 『보이지 않는 전쟁, 삐라』(청계문화원)에 실린 삐라도 참조했다.

책의 구성은 다음과 같다.

제1장에서는 미국의 심리전 정책과 기구를 다루었다. 미국은 '선전·선동'이라는 용어보다 '심리전'이라는 용어를 선호했으며 이를 정착시켰다. 심리전이라는 용어를 선호한 까닭이 무엇인지, 심리전과 선전전의

차이가 무엇인지, 왜 총력전의 완성이 심리전인지 따위를 고민하고자 한다. 한국전쟁은 미국에게 심리전과 관련된 모든 문제를 실험하는 장이었다. 한국전쟁이라는 실험장을 거치면서 미국은 심리전 기구나 정책과 관련한 확고한 토대를 마련했다. 미국은 한국전쟁을 수행하면서 심리전 기구를 정비했고 매뉴얼(교범)과 교육센터를 만들었으며 대형 프로젝트가 대학연구소에서 수행됨에 따라 군과 민간 연구자의 연계를 마련했다. 이를 바탕으로 미국은 전후 미국 사회뿐만 아니라 세계적으로 냉전 이데올로기를 생산할 수 있었다.

제2장에서는 극동사령부와 8군사령부의 심리전 매체를 다루고자 한다. 심리전 수행의 구체적인 매체는 라디오 방송, 삐라, 확성기 따위이다. 극동사령부, 8군사령부, 국방부 정훈국에서 생산한 삐라들의 내용, 뿌려진 지역, 심리전 정책에 따라 내용이 어떻게 바뀌었는지 따위의 궁금증을 풀어가고자 한다.

제3장에서는 삐라의 내용을 분석하고 삐라 속 상징 · 이미지 · 기호를 다루겠다. 상징 · 이미지 · 기호는 '실재'가 아니지만 실재라는 믿음을 갖게 하는 매개체이자 연상 작용의 고리이다. '적'은 가짜 김일성, 늑대, 이리, 뱀 따위로 묘사되거나 '그녀 she'로 표현되기도 했다. 유엔이 어떻게 평화의 상징으로 자리 잡았는지, 미군이나 미국이 어떻게 '구호자'로 규정됐는지 따위의 내용도 다루고자 한다. 삐라의 상징 · 이미지 · 기호는 인종, 민족, 젠더, 계급이라는 익숙한 범주에 '반공'이라는 냉전논리를 결합시켰다.

제4장에서는 삐라의 상징 · 이미지 · 기호의 재생산 구조를 다루고자 한다. 심리전의 상징 · 이미지 · 기호는 한국 사회에서 초등 · 중등학교 교과서에서 재현, 재생산됐다. 교과서에서 재생산된 상징 · 이미지 · 기호

는 학생들에게 교육됐으며 냉전세대를 키워냈다. 『전시생활』, 『도덕』 교과서 분석은 심리전의 재생산 메커니즘을 밝히는 유용한 수단이다.

제5장에서는 심리전의 상징 · 이미지 · 기호가 한국 사회의 신념, 윤리, 규범, 가치로 전환되는 과정을 고민하고자 한다. 이 가치는 '미국적 가치와 윤리'라 할 수 있는데 미국적 가치와 윤리는 심리전을 통해 한국 사회에 뿌리내렸다. 결국 이 장에서 왜 심리전으로 불렸는지, '전쟁 뒤에도 심리전이 계속된다'는 말의 뜻이 무엇인지, 총력전의 완성이 왜 심리전인지 드러날 것이다.

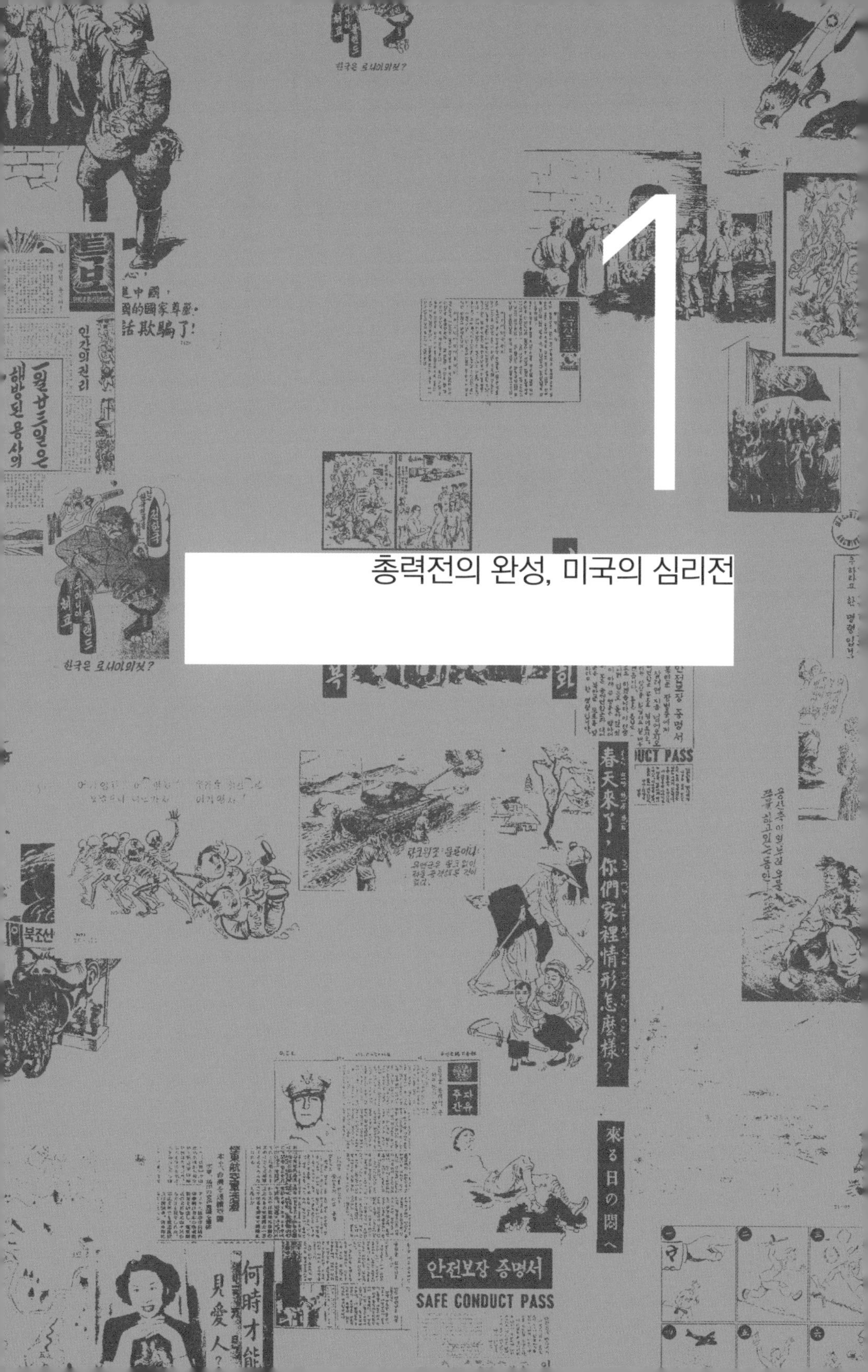

1

총력전의 완성, 미국의 심리전

春天來了，你們家裡情形怎麼樣？
안전보장 증명서
SAFE CONDUCT PASS

제1장
총력전의 완성, 미국의 심리전

> 1950년 6월 25일 새벽은 전 38선에 연하여 심한 비가 오고 있었고 서울에는 가끔 소낙비가 쏟아졌다. (…) 적의 공격 준비 사격은 6·25의 새벽비와 함께 전 38선에 연해 시작됐다. (…) 당일 대부분의 한국군과 군사 고문단 장병들은 주말을 즐기고 있었다.[1]

한국전쟁의 시작은 한결같다. 미군 공식 전사의 묘사처럼 '평온한 일요일 아침, 마침 휴가 중이던 한국군은 아무런 준비 없이 공격당하다 보니 참으로 당황했다'는 말들이 이어진다. 이런 구도는 '갑작스런 침략으로 심리전을 준비할 수 없었다'는 말과 다름없다. 그러나 심리전을 준비하지는 못했다 하지만 심리전의 주요 매체인 삐라와 라디오 방송은 재빨리 실행됐다.

> 대통령 트루먼이 미 공군과 해군에게 명령한 몇 시간 뒤에 삐라 살포를 위해 인쇄가 준비됐다. 1,200만 장의 삐라가 1950년 6월 28일 살포됐다.[2]

> 이후 24시간이 채 못 되어 일본 무선으로부터 한국으로 최초 라디오 방송이 방송됐다.[3]

극동사령부는 전쟁이 발발한 지 24시간도 안 되어 주한 미국 군사 고문단이 사용할 삐라를 준비했다. 최초의 심리전 작전은 6월 28일 공군 C-46 수송기로 '미국이 국제연합에 전쟁 개입과 원조를 요구했으므로 그동안 참고 저항하라'는 내용의 삐라를 뿌리면서 시작됐다. 남한의 대중들을 대상으로 한 삐라 1,200만 장은 전쟁 초기 5개월 동안 뿌린 삐라의 10퍼센트에 해당한다. 전쟁이 발생한 지 불과 삼 일 만에 엄청난 양의 삐라가 인쇄되어 남한 지역에 뿌려지는 일이 어떻게 가능했을까?

극동사령부에는 제2차 세계대전 때 일본이나 필리핀, 남태평양에서 심리전을 담당했던 조직이 존재했다. 미 태평양 방면 육군 총사령부 심리전 담당 부서는 일본에 대한 광범위한 조사를 했고 심지어는 1935년부터 미 군인들을 재교육시키는 장으로 일본의 역사와 일본군에 대한 교육도 진행했다.

'준비하지 못했다'는 말은 다르게 이해해야 한다. 심리전을 준비하지 못했다는 말은 전쟁이 시작될 때 국무부나 미 육군에 중앙 집권적 조직 체계를 갖춘 심리전 담당 부서를 갖추지 못했다는 뜻이지, 행동 수단을 갖지 못했다는 뜻은 아니다. 한국전쟁을 거치면서 미국은 심리전과 관련된 기구를 정비해나갔고, 심리전은 전시와 평시에 중요한 지위를 차지하게 됐다.

01 왜 심리전인가?

읽고 쓸 줄 아는 능력의 보편화로 대중도 자신의 환경을 다스리는 법을 배울 수 있게 됐다. 그러나 읽고 쓰는 능력의 보편화는 대중을 생각하지 않는 거수기로 만들었다. 대중을 거수기로 만들고 어떤 생각을 널리 유포하는 메커니즘이 바로 선전이다.[4] 선전은 대중을 동원하는 중요한 도구이다.

선전은 정치적 소수파이든 다수파이든 자신들의 이념과 지향을 대중에게 알려나가는 도구이다. 20세기 초 선전의 기능을 가장 잘 활용했던 정치 집단은 나치였다. 소수당이었던 나치가 다수당이 되는 데에도 선전의 몫이 컸다. 히틀러Adolf Hitler는 선전을 모든 독일 사람을 설득하고 의식화하기 위한 수단으로 이해했다. 제국 선전장관이자 제국 문화부장 그리고 나치당 중앙선전국장이던 괴벨스Paul Joseph Goebbels는 선전의 중요성을 이렇게 강조했다.

> 선전가들은 일반 사람들의 영혼에 대해서 알아야 할 뿐 아니라 한쪽에서 다른 쪽으로 움직이는 대중 영혼의 은밀한 동요를 이해해야 한다. 선전가들은 국민 전체를 대상으로 말할 줄 알아야 할 뿐 아니라 국민의 개별 단위들, 즉 노동자, 농민 그리고 중간계급 각각에 대해서도 말하는 방법을 이해해야 한다. 그리고 그는 상이한 직업들과 신앙에 대해 말을 건네는 방법도 이해해야 한다. 선전가는 항상 그 사람들이 이해하는 언어로 말을 건넬 수 있어야 한다. 이러한 능력이 바로 성공을 위한 필수적인 전제조건이다.[5]

괴벨스는 법률, 방송, 언론, 영화, 연극, 문학, 미술, 음악, 민족문화에 걸쳐 모든 수단을 이용해 나치의 세계관을 선전했다. 심지어 오락물까지도 그 안에 자리 잡았다. 괴벨스에게 선전이란 곧 현존하는 신념을 바꾸어놓을 뿐 아니라 이를 강화하는 수단이었다.[6]

괴벨스가 선전을 중시했던 까닭은 선전으로 대중을 동원할 수 있기 때문이었다. 나치당의 선전은 대중 동원의 한 방식이었다. 따라서 나치의 선전 대상은 적이 아닌 '아리아인' 자신이었다. 나치는 아리아인이 얼마나 아름답고 건강한지, 지적 · 육체적 능력이 얼마나 뛰어난지 따위를 선전했다. 선전은 라디오 방송, 삐라, 가두방송, 포스터 따위에 그치지 않았다. 아리아인의 우수성을 알리려 나치가 취한 방법은 순혈주의의 강조였다. 아리아인의 전형을 만들려 육체를 각종 수치와 색깔로 표시하는 작업이 진행됐다. 순혈주의의 강조는 민족(인종)차별을 극대화했고, 유대인에 대한 격리와 말살로 이어졌다. 그리고 이 같은 비이성적 행위를 이성적 행위로 포장하려 선전은 더욱 치열해졌다. 이런 의미에서 나치의 선전은 사상전이다.

제2차 세계대전 때 미국은 선전 또는 사상전이라는 용어를 심리전으로 바꾸었다. 미국의 군과 정보 기구들은 제2차 세계대전 동안 나치가 사용한 정의를 '전장에서의 선전, 우방국 군대를 위한 이데올로기 교육, 국내에서 사기와 규율 진작과 같은 전시 문제들에 심리학과 사회심리학을 응용하는' 심리전으로 확장시켰다.[7]

> 심리전은 전통적인 군사작전과 달리 모든 정신적이고 물질적인 수단을 사용하며, 다음과 같은 의도를 갖고 있다.
>
> 1. 적의 전투 의지와 역량을 파괴한다.
> 2. 적에 대한 동맹국과 중립국의 지원을 제거한다.
> 3. 아군과 동맹국의 승리에 대한 의지를 증대시킨다.[8]

> 심리전의 제일 목표는 적 병사와 적 시민이다. 방법은 전쟁에서 이기기 위한 군사력을 지원하는 데 있다.[9]

나치 선전의 일차 대상은 자국민이었으나 미군 심리전의 우선 대상은 '적'이다. 나치의 국가사회주의자들은 노동자, 청년, 여성, 소년과 소녀 등을 대상으로 한 대중조직, 교육, 억압과 통제를 위한 그물망 조직과 함께 대중 동원의 방식으로 선전을 중시했다. 나치가 인종(민족)의 순수성을 강조하면서 순수하지 않은 적을 말살하려고 한 데 비해 미국은 처음부터 구체적 '적'을 규정하고 그 적을 향한 심리전을 생산했다. 심리전은 어떤 수단을 사용해서라도 '적'의 전투의지와 역량을 파괴해 아(군)의 승리를 가져오는 데 일차적 목표가 있었다. 심리전은 처음부터 '적'을 특정하기에 적의 반대편에 있는 '나'는 선善으로 정의됐다. 곧 심리전에서의 미국은 항상 '선'이고 '정의'였다. '선'한 '나'는 굳이 나치처럼 자국민을 동원할 필요가 없다. 다만 적에 대한 이미지, 상징을 생산하고, 이미지가 현실이 되어 행위로 드러나면 충분했다. 이러한 관점에서 공개(백색)선전, 비밀(흑색)선전, 회색선전*, 전복, 사보타주sabotage, 특수작전, 게릴라전, 스파이 활동, 정치 · 문화 · 경제 · 인종적 압력이 모두 효과적인 무기들이다.[10] 그것들이 적의 마음에 불화, 불신, 공포, 무력감을 만들어내기 때문이다. 심리전은 적의 마음에 영향을 미칠 수 있는 어떤 무기라도 사용했다. 따라서 심리전에서는 조작과 왜곡, 협박과 폭력이 핵심 내용이었다.

더구나 '심리전은 표면적인 적대 행위가 종식된 뒤에도 계속된다'는 원칙에 따라 적 만들기는 전투가 끝난 뒤에도 멈추지 않았다.[11] 미국에서 적 만들기의 대표적인 사례는 매카시즘이다. 1950년대 미국 사회에서

---

* 백색선전은 주로 단순성, 명료성 그리고 반복을 강조한다. 이러한 유형의 공보 활동은 '미국의 소리' 방송과 같은 매체를 통해 추진하고 있음을 공식적으로 인정한다. 흑색선전은 갈등과 혼란, 공포를 강조하고 회색선전은 적군에 관한 잘못된 정보를 미국 정부로부터 독립적이라고 주장하는 뉴스 매체에 싣는 것을 포함한다.

매카시즘은 내부의 적을 어떻게 규정하는지 그리고 한국전쟁에서 확실하게 실험을 마친 심리전이 어떻게 작동하는지 분명하게 알려준다. 분명하지 않은 사실이 사실이 되고 심지어 거짓조차도 사실이 되어 적으로 규정된 사람들을 아무런 제약 없이 가두고 사형장으로 끌고 갔다. 내부의 적 만들기는 한 국가에 그치지 않고 세계적으로 맹위를 떨쳤다. 이는 이른바 냉전이라고 불리는 정치 · 외교전 및 방송, 보도, 영화를 비롯한 매스커뮤니케이션과 문화전으로 수행됐다.[12] 미국의 안보 기관들은 보다 근본적으로 선전과 심리전을 미군이 직접 통제할 수 있는 영토를 넘어서 미국 정부의 영향력을 확장할 수 있는 수단으로, 그것도 상대적으로 저렴한 비용으로 확장할 수 있는 수단으로 여겼다.[13]

심리전은 제국을 경영하는 도구이기도 했다. 제2차 세계대전 때 미 태평양 방면 육군 총사령부의 심리전과 관련된 과제는 전쟁과 점령을 쉽게 수행하기 위해 상대국(일본)의 사회를 분석하고 국민성을 파악하는 일이었다.[14] 이에 따라 문화인류학, 심리학, 사회학 같은 여러 분야의 연구자들이 동원되어 일본을 분석했다. 미 태평양 방면 육군 총사령부 심리전 보고서는 이의 특징을 명확하게 지적했다.

> 사람들의 심리적 특징에 대한 지식은 현대전의 요소로 군사적 교육체계에 필수적 요소가 됐다. 심리전 부서는 언어, 습관, 정신적 반응, 종교, 이데올로기 그리고 사람들의 기질을 연구한다. 태평양에서의 심리전은 적군과 시민에게 영향을 미쳤다. 평화 시 군사적으로 축조된 심리적 무기는 자유롭고 제한이 없는 정보의 유포를 가져왔다. 효과적인 심리전은 사람들의 심리적 경향과 특질을 장악하고 이해하도록 요구한다.[15]

미국은 군사적 필요를 넘어 심리전의 정치 · 문화 · 이데올로기적 잠재성을 이해했다. 미 태평양 방면 육군 총사령부와 미 육군이 진행한 심리전은 전후 일본에 대한 점령 정책의 일환으로 계획됐다. 곧 심리전은 지배와 통치를 전제로 하고 있다.

또한 미군의 심리전은 전쟁이 전통의 지배를 받는 사회 어디에든 존재할 개인 사이 갈등의 한 형태이자 동시에 외부로부터 주입된 공산주의의 강요로 시작된 꼭두각시(괴뢰)들의 싸움에 불과하다고 역설했다.[16] 20세기 전반기 미국 심리전의 최우선적인 목표는 자원이 풍부한 개발도상국에서 빈곤과 종속, 고질적인 부패라는 문제의 해결책을 찾던 급진적인 사회운동의 열망을 좌절시키는 데 있었다.[17]

심리전이 제국 경영의 도구라는 말은 전후 점령 정책, 분쟁을 개인 사이의 갈등으로만 이해하도록 하고, 나아가 급진적 사회운동의 열망을 좌절시키는 역할을 했음을 뜻한다.

미국은 한국전쟁 동안 정치를 피하고 개인의 행동에 초점을 두는 제2차 세계대전의 규칙을 재확인했고, 심리전의 표준적 교의를 제공했다. 심리전 교범은 심지어 1991년 걸프전쟁에서도 이용됐다.[18]

02 제2차 세계대전 동안 미국의 선전 기구

제2차 세계대전에 개입할 때까지 미국의 외국 선전 활동은 두 개의 기관이 담당했다. 곧 남북아메리카 조정국Office of Coordinator of Inter-American Affars/CIAA과 정보조정국Office of the Coordinator of Information/COI이다. 남북아메리카 조정국은 라틴아메리카에서, 정보조정국은 다른 지역에서 활동했다. 정보조정국은 루스벨트의 명령에 따라 1941년 7월 11일에 설립됐고, 책임자는 도노번William D. Donovan이었다. 그러나 정보조정국은 원래 군을 포함하는 모든 기관으로부터 정보를 수집하고 분석하는 일이 주임무였기 때문에 해외 활동과 관련된 새로운 실행 기관이 필요했다.

그래서 일본이 진주만을 공격한 지 6개월 뒤인 1942년 6월 13일 루스벨트는 전략활동국Office of Strategie Service/OSS과 전쟁정보국Office of War Information/OWI을 창설했다.[19] 전쟁정보국장은 라디오 비평가였던 데이비스Elmer Davis였고, 참모들은 작가, 화가, 인쇄업자, 방송국에서 일한 경력을 가진 사람들이었다. 전쟁정보국은 유럽, 아프리카, 동아시아에 26개의 해외 지부(미 공보원U.S. Information Service/USIS)를 두었다. 전쟁정보국은 모든 매체를 이용해 연합군의 전쟁 목적을 선전했다. 1942년 7월 13일에는 미국의 소리Voice of America/VOA라는 방송이 시작됐다. 이때부터 전쟁정보국 안에서 '심리전psychological warfare'이라는 개념이 부각됐고, 활동도 군사작전의 성격을 띠게 됐다.[20] 전략활동국장 도노번의 옹호 아래 심리전은 군사작전을 보조하는 선전, 정보 수집, 유언비어 유포, 사보타주, 은밀한 작전 추진 같은 다양한 활동을 포함해갔다.[21] 도노번은 나치의 심리작전을 중요한 원천으로 삼았고, 이를 미국화시켰다.[22] 이른바 '백색선전'이라 불리는 공개적인 선전은 전쟁정보국이 담당했고, '흑색선전'과 비밀 활동, 특수작전, 정보활동은 전략활동국의 몫이었다.[23]

이렇게 심리전 관련 활동이 전쟁정보국과 전략활동국으로 조정됐음에도 워싱턴에는 서로 아무런 연계도 맺지 못하는 기관이 아홉이나 있었다. 이 기구들의 활동은 1945년에 되어서야 비로소 조정되고 일관성을 갖게 된다. 일본이 항복하기 3개월 전 전쟁정보국은 선전의 내용을 목록화해 '수행해야 할 선전'과 '수행해서는 안 되는 선전'으로 구분했다. 육군은 정보 담당 기구인 G-2 아래에 선전반이라는 새로운 이름으로 심리전 사무국을 다시 조직했다. 선전반은 정책과 연락을 담당하며 육군과 전쟁정보국, 전략활동국을 연결시키고 주마다 열리는 전쟁정보국 정책회의에 대표를 보냈다. 그러나 군은 각 방면군 안에 독립된 심리전 기구를 설치하고 전쟁정보국과 전략활동국을 어떻게 활용할지는 각 방면군 사령부에 맡기라고 요구했다.[24] 결국 군의 요구대로 심리전과 관련된 주요 활동이 각 방면군에 이양됐고 전략활동국은 단지 선전의 소재만을 제공하게 됐다.

각 방면군은 그 이름은 조금씩 달랐지만 심리작전반이라는 부서를 가지고 있었다. 아이젠하워Dwight D. Eisenhower가 사령관이었던 미 유럽 방면 육군 총사령부에서는 심리전부Psychological Warfare Division/PWD라 했고, 재화군在華軍에서는 현지 심리전 장교Theater Psychological warfare officer/TPWO라 했다.[25] 맥아더Douglas MacArthur가 지휘하는 태평양 방면 육군 총사령부는 1944년 6월 심리전과Psychological Warfare Branch/PWB를 설치했다. 이렇게 해서 심리전을 계획하고 실행하는 일은 방면군 사령관의 권한이었다. 각 방면군이 실행하는 심리전은 다음과 같은 공통된 특징을 가지고 있었다.

① 육군성, 국무성 및 전쟁정보국 때로는 전략활동국을 포함하는 동시에 제 기관으로부터의 연락 또는 통제가 있었다.

② 모든 선전책임은 전지戰地 군 사령관에게 있었다.

③ 전술적 방송을 직접 운영했다.

④ 전략적 삐라 및 전술적 삐라를 작성했다.

⑤ 지방민, 토착민, 연합국인들을 동원해서 운영했다.[26]

각 방면군은 대규모의 라디오 방송 기구와 삐라를 만들고 살포하는 기관을 가지고 있었다. 미 유럽 방면 육군 총사령부의 심리전부에는 미국의 육군, 전쟁정보국, 전략활동국이 참가하고 영국의 정치전부Political Warfare Executive와 프랑스가 참가했다.[27] 또 태평양 방면 육군 총사령부에는 전쟁정보국이 육군의 감독 아래 심리전에 개입했다. 각 방면군은 육군부, 국무부 및 전쟁정보국, 전략활동국을 포함해 여러 기관으로부터의 연락 또는 통제를 받았다.[28]

태평양 방면 육군 총사령부는 전쟁이 끝날 때까지 모두 총 2억 2,000여만 장의 삐라와 신문을 생산했고, 1945년 9월에는 1억 2,000만 장을 생산했다.[29] 심리전과는 일본의 항복으로 임무를 마치고 정보살포과Information Dissemination Section로 재편됐다. 한국전쟁 전 극동사령부는 이미 일본에 심리전을 담당할 인쇄소, 라디오 방송, 학교를 갖추고 있었다.[30]

유럽 방면 육군 총사령부는 80억 장이라는 어마어마한 양의 삐라를 살포했다.[31] 유럽 방면 육군 총사령부 심리전과는 460명의 직원들로 구성된 심리전부PWD로 발전했다.[32]

결국 제2차 세계대전이 끝날 즈음 심리전은 유용한 군사 전략임을 스스로 입증했다. 그러나 전쟁 동안 미 정부의 선전과 정보 프로그램은 논란거리였으며 전쟁이 끝나자 미 정부는 선전사업을 그치라는 압력에 부닥쳤다. 의회는 국내 정보 프로그램을 금지시켰고, 대외 선전을 지지하는 의원도 소수에 불과했다.[33] 1945년 8월 31일 트루먼은 전쟁정보국을 해체한다는 최종 결정을 발표하면서 한편으로는 '대외 업무를 수행할 통합적인 부문을 유지하는 것은 오늘날의 외교 관계의 특성상 불가피하다'고 말했다. 평화 시기의 프로그램으로 이행하기 위해 트루먼은 모든 정보활동을 벤턴William B. Benton의 지휘 아래로 통합시키라고 지시했다.[34] 또한 미군 점령지에서 민간인들을 대상으로 한 캠페인이 시작됐다. 이에 따라 제2차 세계대전 때의 육군 심리전부를 계승한 육군 민정부는 미군의 이념적 통일성을 강화하고 과거 적국 국민의 태도를 바꾸기 위한 대규모 캠페인을 벌였다.[35]

1946년 1월 트루먼은 중앙정보단Central Intelligence Group/CIG을 설치했다. 트루먼의 정치적 동료인 육군 항공대의 반덴버그Hoyt S. Vandenberg가 중앙정보단을 지휘했다. 중앙정보단은 1947년 7월 중앙정보부Central Intelligence Agency/CIA로 개편된다. 여기에 '은밀한 전쟁'과 흑색선전을 비롯한 10년 동안의 심리작전에 쓰일 예산이 제공될 예정이었다.[36]

미국은 1947년 국가안전법으로 군을 재편하고 육 · 해 · 공군 지휘부를 국방장관, 각 군 참모총장과 합동참모회의 의장으로 구성된 합동참모본부로 일원화했다. 이 법에 따라 군軍의 다양한 정보 부서를 총괄하는 중앙정보부와 국가 안보체계 전체, 특히 정보활동 및 계획을 총괄하는 대통령 직속의 국가안전보장회의National Security Council/NSC가 창설됐다. 중앙정보부의 창설은 근대적인 정보 수집 기구의 필요에 대한 합의의 반영이었고 또한 불특정한 '또 다른 기능'을 수행하는 강력한 기구의 필요에서였다. 중앙정보부의 요원들은 이를 폭넓게 해석해 흑색선전, 전복 계획, 정치적 영향뿐만 아니라 외국인 지도자에 대한 암살까지 업무에 포함시켰다. 엄청난 역량을 집중시킨 결과 1948년부터 미국은 역사상 가장 강력한 군사 조직과 정보 조직을 가지게 됐다. 1948년 봄 국무 · 육군 · 해군 · 공군의 사부조정위원회SANACC는 특별연구 평가 소위원회라는 합동 소위원회를 창설했다.

〈표 1〉 COI, OSS, CIA의 계보[37]

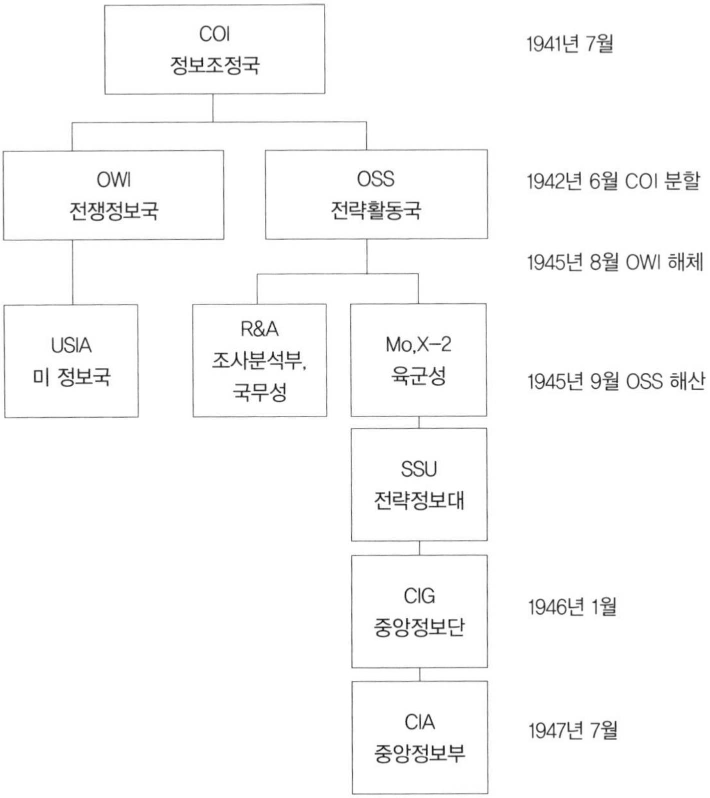

냉전과 함께 미국의 군은 거대한 기구로 성장했으며 미국 경제를 좌우할 정도의 소비력을 갖게 됐다. 군은 미국의 목표를 추구하는 데 반드시 필요한 거대 기구가 됐다.[38] 국방부는 연구와 협력을 위한 수많은 기구들뿐만 아니라 국가안보국NSA이나 방위정보국DIA 같은 정보기관들을 두고 있었으며 보충군으로 활용할 수 있도록 현대적 군사 장비를 갖춘 50개 주의 군대를 통합해 지휘했다.[39] 또한 냉전 시대가 요구하는 막대한 군비를 지출하려 거대기업 및 대학들과 긴밀한 협력 관계를 맺었

다. 이렇게 만들어진 협력 관계의 재정적 지원에 따라 수많은 기업과 대학 연구실의 전략적 선택에 국방부가 매우 중요한 역할을 하게 됐다.

03 미 극동사령부 심리전 기구

1946년 중반 삼부조정위원회SWNCC에 설치된 심리전특별위원회가 SWNCC-304/1을 작성했다.* SWNCC-304/1은 심리전을 '국가의 목적과 군사적 목표를 달성하기 위해서 외국인의 사고와 사기, 혹은 행위에 영향을 주기 위해 동원하는, 군사적 충돌을 제외한 모든 수단의 계획된 사용'을 가리키는 개념으로 정의했다.[40] 1947년 말 국가안전보장회의NSC는 '해외 정보 수단의 조정'이라는 제목이 붙은 정책 문서 NSC-4를 승인했다. 이에 따라 '반미선전에 대응하기 위해 미국 정부의 모든 해외 정보 수단을 즉각적으로 강화하고 조정할' 책임이 국무부 공보차관보에게 위임됐다.[41] 그 뒤 해외 선전과 심리전 정책은 NSC-43, NSC-59/1, NSC-68을 거치면서 체계화됐다.[42]

1951년 1월 15일 육군은 심리전을 통제할 심리전 특별참모부Office of the Chief of Psychological Warfare/OCPW를 설립했다. OCPW는 유럽 방면 육군 총사령부의 심리전 참모장이었던 매클루어Robert McClure가 책임자였다. 심리전 특별참모부는 한국에 위치한 심리전 부대를 포함한 모든 심리전 부대에 훈련 및 정책적, 물질적 지원을 제공했다. 심리전 특별참모부는 심리작전, 특수작전, 준비의 세 부서로 구성됐다.[43]

* 삼부조정위원회는 국무부 · 육군 · 해군으로 구성됐다.

심리작전 조정위원회Psychological Operations Coordinating Committee/POCC는 1951년 3월 NSC-59/1에 따라 조직됐다. 또한 1951년 4월에는 NSC-74에 따라 심리 활동을 계획하고 조정할 심리전략위원회Psychological Strategy Board/PSB가 조직됐다. 이는 정보기관과 심리전 관련 부서들이 제각각 수행하는 정보, 선전, 심리전을 단일한 기구 아래로 모을 방안을 찾으라는 트루먼의 지시에 따른 것이었다. 심리전략위원회에는 국무부 차관, 국방부장관 대리, 중앙정보부장 등이 참석했다. 심리작전 조정위원회와 심리전략위원회의 목적은 심리전과 관련된 기관들이 효과적 계획을 입안하도록 돕고 활동을 통합·조정하는 데 있었다.

> 현재 정보 정책은 모든 행정부의 국제적 활동에 미쳐야 하기 때문에 정책을 지휘하는 중앙 기구가 필요하다. 국무부, 국방부, CIA의 대표로 구성된 심리전략위원회는 심리전 활동에 대한 정책 지침을 다루어야 한다.
> 심리작전 조정위원회는 심리전략위원회로부터 내려온 정책에 따라 여러 부처의 선전 활동을 조정해야 한다. 국방부장관은 심리전 문제에 대해 민간과 군의 자문을 얻는다. 합동참모부는 심리전을 포함해 모든 활동 혹은 군사력을 조정할 책임이 있다.[44]

심리전략위원회의 책임자는 그레이Gordon Gray였다. 이 기구의 창설은 전후 대외 정책에 큰 흔적을 남겼고, 심리전은 미 정부의 집중된 관심을 받았다. 심리전략위원회는 1951년 후반 동안 서유럽과 일본, 동독, 중동, 동아시아에서의 경제, 정치, 군사적 정책에서 선도적인 위치를 차지했다.[45]

매클루어는 1952년 4월 노스캐롤라이나North Carolina 포트브래그Fort

Bragg에 심리전 센터를 조직했다. 이 센터는 심리전과 새로운 분야로 떠오른 특수작전에 필요한 장비와 교리, 훈련, 전술을 제공했다.

제2차 세계대전 동안 미국은 전쟁정보국이나 전략활동국과 같은 중앙 기구를 설치해 모든 심리전과 관련된 정책을 수립하고 통제하려 했지만 성공하지 못했다. 여러 부처에 비슷한 기능을 가진 기구가 있었고 더구나 각 방면군은 심리전과 관련된 조직을 독립적으로 운영했다. 그러나 미국은 한국전쟁 동안 이 문제를 해결했다. 심리전을 다루는 중앙 기구가 정비됐고 중앙 기구의 정책 지침에 따라 극동사령부는 심리전을 수행했다.

국방부는 심리전 정책의 방향과 전략을 마련해서 심리전략위원회, 심리작전 조정위원회POCC, 특별한국정보 지침위원회SKIGC 같은 여러 위원회에 제출했다. 이 기구들에서 심의 통과된 중요 정책은 NCS의 승인을 받은 뒤 합동참모본부Joint Chiefs of Staff/JCS에 전달되고 다시 합동참모본부는 극동사령부(유엔군사령부)의 심리전부에 이를 지시하는 과정을 밟았다.* 한편 국무부는 정보 정책 지침의 형태로 심리전부나 대사관에 직접 지침과 선전 주제를 전달하기도 했다. 국무부 또는 위원회에서 결정된 정책의 범위 안에서 국방부가 재작성한 정책 지침을 비롯한 여러 종류의 지시와 자료도 심리전부에 전달됐다.[46]

한국전쟁이 일어나고 트루먼의 전쟁 참가 결정이 내려진 지 24시간이 지나지 않아 전선에 삐라가 뿌려졌고 곧이어 48시간 안에 방송이 전개됐다. 이 같은 신속한 대응은 극동사령부 심리전과의 결정에 따라 이

* 미 극동사령부는 1951년 7월 24일부터 유엔군사령부를 겸했는데 이 책에서는 극동사령부로 통일해 사용하겠다. 그러나 유엔군사령부로 표기해야 할 곳은 이를 사용하고자 한다.

루어졌다. 냉전이 격화되던 1947년 극동사령부는 심리전 부서를 재가동하기로 결정했고, 맥아더의 G-2(정보) 참모 윌로비Charles Willoughby는 계획단을 조직했다. 그는 제2차 세계대전 기간 태평양 지역에서 심리전 활동을 했던 그린J. Woodall Greene에게 이 계획단을 지휘하도록 했다. 그린은 극동사령부 안에서 심리전 전문가를 찾아 6명으로 구성된 소규모 팀을 꾸렸다. 이들은 극동사령부 G-2의 민간첩보과 특수계 소속이었다. 이 팀은 한국전쟁이 일어난 뒤 심리전과Psychological Warfare Branch/PWB로 독립했다. 전쟁이 일어나자마자 한국에서 일본으로 옮겨간 주한 미국 공보원의 미국인과 한국인 직원들이 심리전과에 가세했다. 10월 말에는 장교 10명, 민간인 15명이 근무했고, 이듬해 1월에는 장교 15명, 사병 6명, 민간인 34명으로 불어났다. 이 55명 가운데 통역관과 한국에서 파견되어 온 인원은 14명이었다.[47]

한국전쟁 동안 모든 심리전은 극동사령부의 정책에 따라 이뤄졌고 그 정책은 목적, 주체, 기술 따위로 넓은 범위에 걸쳐 있었다. 심리전과는 미국 정부 차원에서 수립된 정책에 따라 선전 주제와 일정표를 작성했고, 이를 주간 계획과 정책 지침의 형태로 하급 부대로 보냈다. 일선의 심리전 부서는 이 지침에 따라서 세부적인 작전 계획을 세우고 이를 실행했다.[48]

1951년 6월 17일 심리전과PWB는 G-3(작전)의 심리전부Psychological Warfare Section/PWS로 재편되어 총사령부 특별참모 부서로 승격됐다. 심리전부는 한국전쟁 심리전의 총책임 기구로 기획정책과, 첩보과, 작전과, 특수제작과로 구성됐다.

1951년 4월 제1라디오방송 삐라단1st RB&L이 조직되어 8월에 한국으로 파견됐다. 이 부대는 신문 인쇄, 소설 · 대본 집필, 예술 그리고 라디오

〈표 2〉 극동사령부 G-3 심리전부(PWS) 조직도[49]

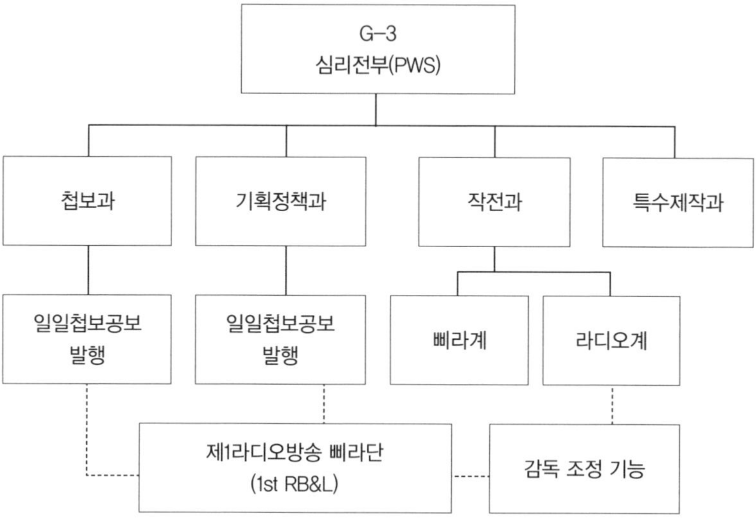

방송 분야의 관련 지식을 가진 예비역 장교들로 편성됐다. 그들은 심리전 학교에서 심리전의 기본 원리, 전략 정보 기초, 심리전 작전 방법과 외국 부대의 조직에 관한 통찰력 따위를 교육받았다.[50] 제1라디오방송 삐라단은 한반도에서 수행되는 모든 전략심리전을 통제하면서 중국군과 북한군뿐만 아니라 남북한 주민을 대상으로 한 심리전을 벌였다.* 제1라디오방송 삐라단의 임무는 "라디오 선전이나 삐라 따위의 매체로 한

* 심리전은 전장에만 적용될 것인지, 전장 안과 밖에 모두 적용될 것인지에 따라 전술과 전략심리전으로 나뉜다. 전략심리전은 장기간 목표로 전장 안에서뿐 아니라 전장 밖에서도 표적이 될 수 있고 적국과 적 병사들 사이의 불화를 유발시키기 위해 시도된다. 전술심리전은 지휘관의 필요에 따라 전장에서 즉각적으로 대응 가능한 수단이다. 이는 지휘관의 계획을 한층 높이고, 적군의 의도를 약하게 하며, 어떠한 적군의 이익도 배제하기 위해 계획된 것이다(Stephen E. Pease 지음, 국군 심리전단 옮김, 『한국전쟁에서의 심리전』, 2000, 7~9쪽).

국에서 유엔군을 지원하는" 데 있었다.[51] 제1라디오방송 삐라단은 중앙 본부, 생산부와 기동라디오의 3개 중대로 구성됐다. 중앙본부는 지휘부, 행정부와 이를 운영하는 데 필요한 요원들로 구성됐고 생산부에는 다양한 장비를 갖춘 숙련된 인쇄 기술자들이 소속되어 있었다. 이들은 1주일에 2,000만여 장의 삐라를 생산했다. 제1라디오방송 삐라단은 1950년 6월 29일부터 일본에서 한국으로 전송을 시작한 '맥아더 장군 본부의 소리'라는 선전 라디오 방송국도 운영했다.[52] 그 뒤 '유엔군사령부의 소리'로 바뀌었다.

이동식 장비와 전문가를 갖춘 제1라디오방송 삐라단에 대해 존스홉킨스대학교 작전연구소는 "미래에 (발생 가능한) 세계 전쟁을 준비하는 것으로 미국의 심리전은 (군사) 작전으로 시행할 준비가 되어 있어야 한

〈표 3〉 극동사령부 심리전부 구성원 추이* (단위: 명)

시기	정식 담당 직원				파견 직원				합계
	장교	사병	DAC's	일본인	장교	사병	DAC's	일본인	
1951년 8월	31	16	60	8	15	13	48	6	197
1951년 9월	31	16	60	8	18	10	29	3	175
1951년 10월	31	16	60	8	21	12	31	4	183
1951년 11월	31	16	60	8	26	12	31	4	188
1951년 12월	32	16	60	8	27	12	30	6	191
1952년 1월	32	16	60	8	23	12	31	4	186
1952년 3월	32	16	60	8	22	11	29	4	182
1952년 4월	32	16	60	8	21	13	30	4	184
1952년 7월	19	14	29	3	20	13	26	4	128
1952년 8월	19	14	29	4	21	13	24	4	128
1952년 9월	19	14	29	4	19	14	25	4	128
1952년 10월	19	14	29	4	18	14	29	4	131

* 해당 년과 월의 사령부 보고서를 참조로 작성했다. DAC는 Department of Army Civilians로 육군성 소속 민간인 군속이다.

다. 이는 미래를 위한 것이"라고 평가했다.[53]

〈표 3〉에 따르면 심리전과가 심리전부로 개편되면서 구성원이 크게 늘었음을 알 수 있다. 1947년 6명으로 처음 조직된 심리전팀은 1950년 말에는 55명으로, 다시 1951년 8월에는 197명의 정식 직원과 파견 직원을 거느린 심리전부로 발전했다. 구성원 수에 있어 1947년과 비교해 32배 불어난 셈이다. 이 인원은 1952년 7월이 되면서 130명 안팎으로 줄어드는데 이에는 전선 교착화와 함께 숙련된 심리전 전문가의 증가도 영향을 미친 듯하다.

04 미 8군사령부의 심리전 기구와 지휘체계

극동사령부는 8군사령부에 1950년 10월 중순 전투 지역 심리전을 담당할 장교와 군속을 파견했다.[54] 그 가운데 일부는 임시로 G-2로 배속됐고 나머지는 미 10군단에 배치됐다. 8군사령부 G-2의 첫 심리전 책임자는 스튜어트James L. Stewart였다. 그는 1946년부터 1947년까지 미군정 공보국장으로 일했고, 그 뒤 1949년까지 주한미군 민간정보국장이었다.[55] 곧 수년 동안 남한에서 정보 업무를 담당했던 인물이었다. G-2 심리전과는 소령 1명, 대위 1명, 서기 1명, 문서 작성자 1명으로 구성됐다. 이러한 상황은 1951년 1월까지 지속됐다.

1951년 1월 24일에 '일반명령 40호'에 따라 심리전 업무는 G-2에서 G-3로 이관됐다. G-3 심리전과의 첫 책임자는 디벨라Alfred L. Dibella 소령이었다. 그러나 한 달 뒤 코너William M. Conner 중령으로 바뀌었다가 다시 1951년 9월 매츄Claude Matchette 중령이 부임했다. 1952년 8월 22일에는 매츄 중령이 전출되고 1952년 11월 9일까지 카Robert A Carr 소령이, 그 뒤로는 홀Donald F. Hall 중령이 책임자로 일했다. 홀은 1954년 1월 14일까지 심리전과를 담당했다.[56]

8군사령부 심리전과Psychological Warfare Division는 1952년 10월에는 장교 11명, 지원병 9명으로 확대됐다.[57] 심리전과는 제1확성기 삐라중대, 특별장교, 행정계Branch, 정보계, 프로젝트계, 작전계로 구성됐다. 〈표 4〉는 8군사령부 심리전과의 조직도이다.

정보계는 G-2와 함께 심리전에 도움이 될 정보를 수집, 분석하고 심리전 소재를 개발하는 업무를 맡았다. 심리전을 위한 특별 정보는 주로 포로들에게 얻었으며 하위 부대로부터도 받았다. 이와 함께 북한군의 심리전 분석과, 8군사령부의 심리전에 대한 평가도 정보계의 업무였다.[58] 정보계가 업무를 수행하는 데 가장 큰 장해 요인은 한국어와 중국어에 대한 이해였다. 곧 수집된 문서들을 번역하고, 포로나 관련자들의 진술을 통역하는 데 어려움이 따랐다. 이를 해소하려 대만으로부터 번역과 통역을 담당할 2명의 중국인을 지원받았고 그 뒤 3명이 추가됐다. 또한 북한군 포로를 심문하고 통역과 번역 업무를 맡을 한국인 5명을 고용했다. 이는 방첩대CIC와 한국 경찰의 도움으로 이루어졌다. 문제는 이렇게 고용된 사람들이 이런 유형의 일을 해본 경험이 없었다는 데 있었다. 이에 G-2에서는 포로들의 생각, 이익, 감정을 파악하기에 많은 노력을 기울어야 했다.

프로젝트계는 심리전의 구체적인 내용을 담당했다. 삐라의 주제를 선정하고 초안을 검토하거나 삐라에 들어갈 그림과 사진을 생산하고 점검했다.[59] 또한 지상과 공중에서 행해질 확성기의 대본도 프로젝트계가 만들었다. 8군사령부 모든 삐라는 프로젝트계에서 생산했다.

〈표 4〉 8군사령부 심리전 조직도[60]

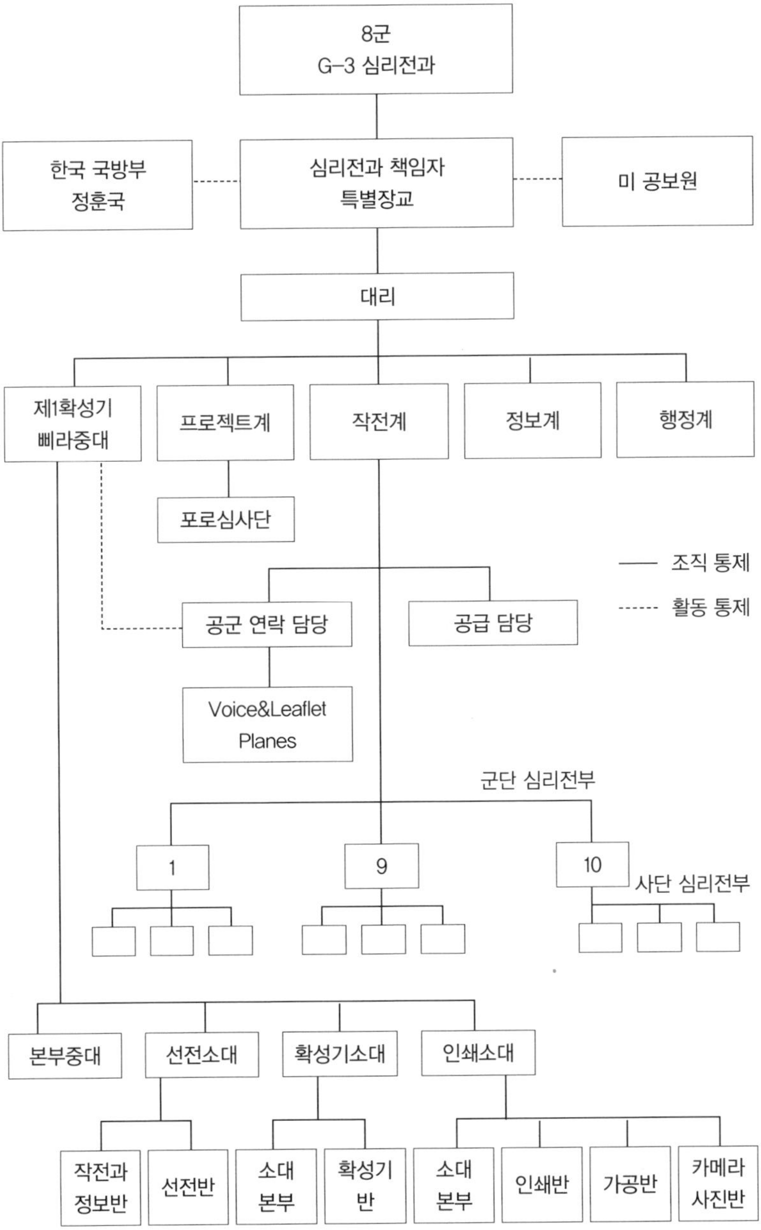

작전계는 삐라의 살포를 관장했다. 군단과 사단의 G-3에는 심리전을 담당하는 장교가 배치되어 있었다. 이들은 군단장, 사단장을 비롯한 지휘관들에게 전술심리전을 권고할 책임을 갖고 있었다.[61] 삐라 살포 지역의 선정은 모두 이들 G-3에 배속된 심리전 장교들에 의해 이루어졌다.

포트 릴리Fort Riley에서 조직된 전술첩보반인 제1확성기 삐라중대는 1950년 11월 초 8군사령부 아래 편성됐다. 이 중대의 활동은 1951년 1월 4개 확성기 팀이 군단과 일선 부대에 배치되면서 본격화됐다.[62] 처음 제1확성기 삐라중대는 20명 정도에 불과했으나 1951년 4월 24일 조직을 정비했을 때에는 8명의 장교와 98명의 사병이 배속됐으며 그 뒤 120명 안팎의 인원을 유지했다.[63] 한국어로 된 삐라를 만들 한국인 여성 화가를 고용하기도 했다. 제1확성기 삐라중대의 주 임무는 전선에 확성기를 배치, 방송하는 일과 삐라의 생산이었는데 인쇄소대는 매주 300만 장 이상의 삐라를 디자인하고 인쇄했다.[64]

8군사령부의 심리전은 극동사령부 심리전부의 지휘와 통제 아래 있었다. 극동사령부는 심리전의 주제와 각종 지침 및 삐라의 양과 살포 계획을 실은 주간 계획과 정책 지침을 8군사령부에 보냈다. 그럼에도 8군사령부는 한국에서의 심리전과 관련된 실질적인 권한과 자율권을 보장받았고, 8군사령부가 생산한 심리전 내용이 극동사령부에 보고되어 극동사령부의 정책 결정에 영향을 미쳤다.[65]

심리전과 관련해 또 하나의 중요한 기구가 주한 미국 공보원이었다. 전쟁이 일어나기 직전 주한 미국 공보원의 직원은 미국인 30명, 한국인 319명으로 그때 미국의 해외 공보원 가운데 가장 규모가 컸다. 전쟁이 일어나자 극동사령부의 심리전 책임자인 그린J. Woodall Greene은 곧바로 한국에 와서 심리전 기구와 인원을 정하고 임무를 부여했다. 그러나 심리전 책임을 부여받은 G-2에는 이를 담당할 조직도 설비도 없어 불가피하게 주한 미국 공보원의 도움을 받았다. 전쟁 초기 심리전의 내용을 정하고 이를 구체화한 기구는 주한 미국 공보원이었고 군은 단지 공중에서 삐라를 살포하고 일본에서 라디오 방송을 했다.[66]

G-2 또한 심리전에서 중요한 역할을 수행했다. 무엇보다도 G-2의 포로 심문 보고서는 심리전의 전개에 가장 중요한 자료 공급원이었다. 심리전과 관련된 정보는 거의 다 G-2에서 나왔다.

한국 육군도 심리전에 참여했다. 1952년 육군참모장이 심리전의 참모장으로 임명되어 8군사령부 G-3 아래 편제됐다. 또한 한국 육군 고위 장교들이 심리전 계획과 활동에 참가했다. 이들에 대해 미군은 "한국군 자문단의 심리전 장교는 8군사령부 심리전 담당자들과 친밀하게 일하는 적임자"라고 평가했다.[67]

이 밖에도 작전연구소Operatings Research Office/ORO는 8군사령부를 도와 전쟁 초기 효율적으로 진행되지 못한 심리전을 체계화하는 역할을 수행했다.[68]

05 미군의 심리전 계획과 작전

미 국무부는 극동사령부 심리전부에 일간과 주간으로 "정책 지침"을 보냈다. 이 정책 지침에 따라 심리전부는 삐라와 라디오의 대본을 마련했다. 8군사령부와 국방부 정훈국에서 시행되는 심리전의 모든 내용은 극동사령부의 승인을 받아야 했다. 심지어 삐라로 할 것인지 신문의 형식을 이용할지까지도 승인받아야 했다.

국무부의 정책이 심리전부 말단의 삐라 작가나 계획자에게 직접 전달되지는 않았다. 오히려 극동사령부 심리선부가 국무부 정책 지침을 바탕으로 재작성한 정책 지침이나 주간 계획이 그들에게 주어졌다. 심리전부는 국무부와 같은 방법으로 날마다 삐라 활동을 "통제했다".

심리전부의 정책 지침은 매우 광범위했다. 삐라만 하더라도 내용과 활동 지침뿐만 아니라 금지 항목까지도 포함했다. 삐라 선전의 본질에 영향을 주는 규칙뿐만 아니라 선전 방법 또는 기술적 방법까지도 통제했다.

1950년 7월 10일 극동사령부 심리전과 PWB는 '정책 지침 제1호'를 결정했다. 이 지침에는 심리전의 목표와 주제가 제시되어 있었고, 제작 부서는 이 지침에 따라 라디오와 확성기의 대본을 썼고 삐라를 디자인했다.

1950년 8월 8일 심리전과 PWB는 심리전의 주요한 주제를 논의하면서 4가지 원칙을 강조했다.

> 첫째, 언제나 미국의 의견으로 말하지 말고 유엔으로 말하라.
>
> 둘째, 내전이 아니라 침략에 따른 충돌로 다루어라.
>
> 셋째, 이데올로기적, 이론적 용어가 아닌 일상생활에 영향을 주는 눈에 띄는 용어로 공산주의를 공격하라.
>
> 넷째, 단순한 표현과 구체적 주제에 집중하라. 곧 쉽게 표현하라.[69]

이 정책 지침은 전쟁 초기 심리전의 목표가 미군의 전쟁 개입을 정당화하는 데에 있었음을 알려준다. 이때 제시된 심리전의 기본 주제는 33가지였는데 포로에 대한 인간적인 대우, 공산군의 침략 계획, 북한 식량의 시베리아 송출 따위의 전형적인 선전 주제였다.

인천상륙작전의 성공으로 북으로 진격할 즈음 8군사령부는 다음 세

가지 주의 사항을 지시했다. "대적 방송과 삐라에서 원자탄에 대해 말하지 말 것, 38선 진격을 언급치 말 것, 소련을 자극하는 어구를 쓰지 말 것".[70]

1950년 10월 3일 '정책 지침 10호'는 공식 발표가 있기까지 38선을 넘는 문제를 거론하지 말도록 했다. 11월 3일 '정책 지침 15호'는 "한국전쟁에서 중국의 개입에 대한 언급의 금지는" 계속 유효하다고 밝혔다. 중국의 개입에 대해 "침입, 침략"이라는 용어를 사용할 수 있도록 허가된 때는 12월 14일이 되어서였다.[71]

극동사령부는 1951년 7월 북한 민간인을 대상으로 하는 전략 삐라의 생산·살포 계획을 마련했다. 여기에는 40개 항목에 이르는 삐라의 내용이 실려 있는데 1951년 말부터 이를 반영한 삐라가 살포됐다.

〈표 5〉 1951년 전략 삐라의 기본 주제[72]

대주제	내용
유엔	1. 유엔의 객관성-평화, 통일, 재건
소련과 중국의 착취	2. 공산주의는 평화를 파괴하고 전쟁을 선호한다. 3. 공산주의자(특히 소련)는 한국의 통일을 방해한다. 4. 한 핏줄로 소련과 싸우자. 5. 공산주의자들은 한국이 아닌 소련과 연합한다. 6. 한국전쟁으로 소련만 이익을 얻는다. 7. (돈 또는 물자) 많은 대가가 따르는 소련 원조 8. 소련은 북한에 가장 좋은 무기를 지원하지 않는다. 9. 북한에서의 소련의 정치적, 경제적, 군사적 이익 10. 역사적으로 한국을 통제하려는 중국과 소련의 열망 11. 북한에서의 중국의 정치적, 경제적, 군사적 이익 12.~17. (생략)
김일성 비판	18. 외국 지령에 따르는 김일성의 무능력 19. 영웅이라는 이름으로 가장한 사기꾼 김일성 20. 한국인이 진실을 아는 데에 대한 공산당의 두려움 21. 공정한 외부 관찰자의 검사에 대한 공산당의 두려움

북한군의 지원제도	26. 병사들이 싸우기에 적당하지 않은 무기 27. 북한 병사들의 불충분한 훈련 28. 부상병들에 대한 의료 지원의 부족
북한 정권	22. 공산 정권의 공중보건의 부족 23. 공산당 토지개혁의 무용 24. 피난민의 탈출이 공산당에 반대하는 한국인의 모습임을 보여준다. 25. 공산당의 특별한 이익-시민들의 곤경 29. 북한 통화(通貨)와 공공 계약서의 불건전성 30. 공산 정권 아래에서의 강제 노동 31. 경찰국가 아래에서 사람들이 받는 억압
유엔의 원조	32. 한국인에 대한 유엔의 우정 33. 시민 생활의 어려움을 최소화하려는 유엔의 의지
경고	34. 유엔군의 포격에 따른 군사적 타격에서 벗어나라. 35. 북한 비행장의 수리는 위험하고 소용없다.
유엔의 힘	36. 북한군 포로에 대한 유엔의 좋은 대우 37. 유엔의 물질적 우위는 공산 승리를 불가능하게 한다. 38. 공산 침입에 대응하는 세계의 결집
한 민족 한 국가	39. 전쟁은 한국을 강한 나라로 만든다. 40. 한 민족 한 국가-모든 한국인은 형제다.

〈표 5〉의 40개 항목은 '유엔, 소련과 중국의 착취, 김일성에 대한 비판, 공산 정권에 대한 비판, 유엔의 원조와 힘, 한 민족 한 국가'라는 큰 주제로 구분할 수 있다. 이 주제는 1951년 11월부터 '계획과 작전'이라는 이름 아래 심리작전으로 다시 편제됐다. 〈표 6〉은 극동사령부가 1951년 11월부터 계획하고 수행했던 심리전 계획과 작전들이다.

〈표 6〉 극동사령부의 심리전 계획과 작전[73]

작전명	시기	내용
결렬계획 Rupture	1951. 11. 24	휴전 협상의 실패를 강조한다. 휴전 협상의 실패가 공산주의자의 무성의와 비합리성 때문임을 이해시킨다.

사선계획 Deadline	1951. 11. 28 ~ 12. 27	휴전 협상의 의제를 강조한다. 유엔은 평화를 지키려 휴전 협상을 이성적으로 진행하고 있는데 공산당은 휴전 협상을 저지하고 방해하려 한다. 항복 호소와 같은 주제는 덜 강조한다.
교착계획 Deadlock	1951. 11. 24 ~ 1952. 5. 1	① 휴전 협상의 진전은 유엔사령부 대표단의 노력으로 이루어졌다. ② 포로에 대한 좋은 대우와 송환으로 유엔사령부의 인도주의를 보여주고 공산당의 강제송환 원칙을 불신한다. ③ 공산당이 제국주의적 정책으로 어떻게 한국 통일을 방해하는지 알린다. ④ 유엔의 주요한 활동은 재건과 경제원조임을 알린다. 교착계획은 휴전 협상이 진행되는 동안 지속됐다.
단절계획 Severance		휴전 협상의 실패는 공산당의 책임으로 돌리고 북한군과 시민의 반공활동을 독려한다. 포로 개인 명의로 성명을 발표하고 강제송환에 반대하는 이유를 강조한다.
일치계획 Concord		일치계획은 휴전 협상이 군사적 협정에 이르렀을 때 극동사령부로부터 통지됐다. 중국과 유엔군은 평화회의나 다른 형태로 정리되어 철회될 때까지 이 나라에 남아야 한다. 친유엔 감정을 일으킨다. 목적은 전략적 선전만을 추구하며 휴전협정이라는 표현을 허락한다.
결말계획 Wind-Up		결말계획은 휴전협정을 조인하기 전 25시간 동안의 선전을 허용할 목적으로 기획됐다.
눈보라작전 Blizzard	1951. 12. 24 ~ 26	유엔은 평화를 가져온다고 강조한다.
용계획 Dragon	1952. 1. 19 ~ 27	1952년은 임진왜란이 일어난 지 360주년(용의 해)으로 임진왜란 때 해군의 승리로 외적의 침입을 물리쳤음을 강조한다. 적병에게 향수를 일으키게 하고 북한 민간인에게 군사적 임무로 인한 남성의 부재를 지적한다.
배반계획 Sell-Out	1952. 1. 28 ~ 2. 23	중소 우호동맹조약 2주년을 계기로 배반계획을 발표했다. 러시아의 오랜 목적은 중국을 지배하는 데 있고, 중국의 공산 정권은 소련의 괴뢰임을 폭로한다. 특히 경제적 침탈을 강조한다. 중국공산당의 본질은 중국의 독립을 파괴하는 데 있음을 알린다.

사기계획 Swindle	1952. 1. 20 ~ 3. 15	마오쩌둥의 연설과 글, 다른 중국 지도자들의 연설과 글은 공산당의 지배를 위해 중국인의 이익을 빼앗는 내용이다. 토지개혁, 정치적 자유, 사회적 정의, 공산주의 운동의 민족적 성격, 산업 개혁, 민주적 과정, 교육 그리고 쑨원의 이념. 사기계획은 공산당의 주장과 약속이 거짓임을 증명하는 데 있다.
건국자계획 Founder	1952. 3. 19 ~ 15	중국의 공산 지배는 쑨원의 이념을 배반하는 것임을 증명한다.
애국자계획 Patriot	1952. 2. 4 ~ 3. 15	1919년 독립선언을 인쇄한다. 한국의 애국적 감정은 친유엔과 반공임을 강조한다. 유엔은 한국의 통일과 독립의 옹호자이고 공산주의자는 통일의 방해자임을 알린다.
협잡계획	1952. 3	협잡계획은 지연과 사기계획을 대체한 계획으로 이전 계획보다 광범위하게 적용된다. 북한과 중국의 공산 정권은 소련의 괴뢰라는 점을 강조한다.
안개계획 Mist	1952. 4. 30 ~ 5. 6	5월 1일은 노동자의 날, 5월 4일은 청년의 날, 다음날은 마르크스의 생일이다. 안개계획의 목적은 공산 정권 기념일 동안 친유엔과 반공의 감정을 불러일으키는 데 있다.
침입계획 Invader	1952. 6. 15 ~ 7. 5	한국전쟁 2주년을 맞아 공산 지도자들에 대한 적대감을 불러일으키는 데 목적이 있었다.
해방계획 Liberator	1952. 8. 3 ~ 23	한국의 자유는 연합국이 일본을 패배시킨 결과로 얻어졌고 러시아의 점령은 북한에 아무것도 가져오지 못한 채 고통과 비참만이 지속되고 있다. 반면 남쪽을 해방시킨 연합국은 민주정부와 경제 발달을 가져왔다.
기만계획 Fraud	1952. 8 ~ 9	해방계획과 동시에 진행된 기만계획은 북한과 중국 정권을 불신하게 한다. 그들 정권은 부패, 무능력하고 인민의 모든 자유를 부정한다고 강조한다.
귀환계획 Return	1952. 6.	유엔사령부는 공산주의자를 인도주의 원칙에 따라 대우함을 보여준다. 민간인 피수용자를 석방하면서 유엔사령부의 지위를 설명하고 유엔은 귀환하는 동안이나 뒤에도 원조한다는 사실을 공론화한다. UNCACK와 국제 적십자사의 역할을 강조한다.
파괴계획 Strike	1952. 봄.	파괴계획은 도시의 공격은 군사적으로 필요하고, 유엔사령부는 인도주의적 고려를 하고 유엔사령부를 향한 민간인의 분개를 공산 당국자에게 돌리는 데 목적이 있다. 공습에 앞서 경고 방송을 하고 삐라를 살포한다. 그리고 다시 삐라와 방송으로 이전의 경고를 받아들이라고 한다. 파괴계획은 5공군의 제안이었다.

대비계획	1952. 9. 28 ~ 10. 12	1911년 신해혁명(쌍십절) 41주년과 중국 인민공화국 설립 3주년을 비교한다. 지금의 중국은 소련의 지배 아래 들어갔음을 강조한다.
물라계획	1953. 4. 27	MIG-15기를 가져오는 조종사를 포상한다는 내용이다.

1951년 7월 4일 이래 심리전 계획자들은 '정책 지침 45호'에 따라 휴전 협상과 관련된 3대 목표를 정했다. '휴전 협상을 혼란시키거나 방해하는 어떤 선전도 피한다', '심리전의 주도권을 장악해 협상이 성공하지 못해도 비난이 유엔이 아닌 적을 향하게 만든다', '유엔이 유화적인 조건을 받아들이고 한국의 이익을 팔아넘기려고 한다는 대한민국의 우려를 씻는다'.

극동사령부의 심리전은 휴전 협상의 진행에 맞추어 '우연성계획-결렬계획-사선계획-지연계획-교착계획-단절계획-일치계획-결말계획'으로 이어졌다. 결렬계획과 단절계획은 휴전 협상의 실패를 전제한 계획이었다. 그 실패를 다루는 방식은 결렬계획은 협상의 실패 책임이 공산당에 있음을 강조한 반면 단절계획은 북한 주민들의 반공운동과 비송환 포로들을 내용으로 했다.

이들 계획은 하나가 끝나고 다른 계획으로 대체되기도 했으며 여러 계획이 함께 수행되기도 했다. 1951년 12월 보고서의 주간 계획 내용에 따르면 지연계획, 협잡계획, 배반계획, 애국심계획 따위가 함께 수행됐다.[74]

그렇지만 지속된 계획은 명칭과 약간의 강조점만 달라졌을 뿐 주제와 내용은 거의 비슷했다. 다음의 삐라는 하나는 교착계획에 따랐고 다른 하나는 사선계획에 따라 만들어졌지만 내용은 엇비슷하다.[75]

리플릿–살아남는 법
언어–중국어
번호–7113
타격 대상–중국 병사
해설–이 삐라는 '교착계획'의 하나이다.
삽화–〈앞〉 살아남는 법
중국 병사가 저항을 멈추고 유엔군으로 오면 음식, 옷, 따뜻한 숙소를 제공(사진을 보라).
〈뒤〉 16만 8,000명 병사들은 틀리지 않았다.
어마어마한 수의 동료들은 유엔선 뒤에서 안전하게 쉬고 있다. 제네바협상 40조에 따라 그들은 살아 있고 좋은 대우를 받고 있다. 상관이 평화를 지연시키는 동안 그들은 당신의 생명을 위험에 빠트리고 있다.

리플릿–살아남는 법
언어–중국어
번호–7113a
타격 대상–중국 병사
해설–'사선계획'의 하나이다.
삽화–〈앞〉 살아남는 법
중국 병사가 저항을 그만두고 유엔군으로 왔을 때 옷, 따뜻한 휴식처, 음식을 준다.
좋은 대우는 제네바 협정에 따른 것이다.
〈뒤〉 제네바 협정에 따른다.
당신의 동료는 지금 유엔선에서 안전하게 살고 있다. 그들은 제네바협정에 따라 좋은 대우를 받고 있다. 상관이 평화를 말하며 오도 가도 못하게 하는 동안 그들은 당신의 생명을 무모하게도 위험에 빠트린다.

한편 8군사령부는 일반적 프로그램, 특정한 적 부대에 대한 공격, 특별한 전술 작전의 유지 그리고 지역적 작전의 범주 아래 전술 심리전을 펼쳤다. 심리전 주제는 사기 저하, 향수, 안전 증명서와 같은 항복 권유,

뉴스 따위이다.[76] 〈표 7〉은 8군사령부가 펼친 심리전 작전들이다.

〈표 7〉 8군사령부 심리전 작전[77]

작전명	시기	내용
손도끼작전 Tomahawk	1951. 2 ~ 3	중국군과 교전을 벌이던 춘천 지역에서 행한 심리작전. 여러 차례의 삐라 살포, 확성기 방송 뒤 유엔군이 진격해 춘천을 점령했다.
호두까기작전 Nutcracker	1951. 7	처음에는 중국군에게 그들의 진짜 적은 정치 장교라 말하고 다음으로는 정치 장교의 상호 비판과 활동을 묘사했다.
쥐잡기작전 Rat killer	1951. 12. 2 ~ 1952. 2. 8	남쪽에서의 빨치산을 저지하는 데 목적이 있었다.
거짓 약속계획 False Promises	1952. 2. 15 ~ 3. 8	중국공산당이 약속을 지키지 않아 중국군의 불만이 높아지고 있다고 한다. 이를 주제로 했다.
갱생작전 Rehab	1952. 3	공산당이 북한을 건설하는 동안 유엔은 남한을 없애려 한다는 정치 장교의 거짓 주장을 폭로한다. UNCACK, 유엔 병사에 의한 원조 사례를 보여준다. 내용은 농업, 재건, 고아의 보호, 음식과 의복의 제공, 집의 건축 따위이다.
통합계획 United	1952. 3. 14 ~ 7. 15	유엔의 역할을 강조하고 미국은 혼자가 아닌 유엔과 함께 싸우고 있음을 알려 적을 두렵게 한다. 한국에서 싸우는 유엔 회원을 그림으로 보여준다.
축제계획 Holiday	1952. 3	계절 축제는 중국과 한국의 마을과 도시 구석구석에서 지리한 일상을 벗어나게 해준다. 축제는 중국과 한국 농민들의 삶에서 절정이다. 향수를 불러오고 휴전협정 때까지 추진한다.
자유편지계획 Freedom Mail		북한군에게 편지를 보내어 공산 지도자를 의심하게 하고 유엔의 인도주의적 활동을 공표한다.

강화계획 Firm-Up	1952. 2	1951년 가을 미 8군 후방에서 빨치산을 대상으로 한 캠페인은 그들 다수를 효과적으로 파괴했다.
에리스계획 Eris	1952. 7 ~ 휴전 협상 종료까지	중국군을 향한 북한군과 북한 민간인들의 불만, 투쟁, 곤경 따위를 촉진한다. 러시아의 지원을 받는 중국 공산주의자들은 북한을 식민지로 만들려 한다.
고통작전 Heartache	1952. 7	중국군 병사는 집에 있는 가족들의 삶을 걱정하고 향수를 불러일으키는 선전에 영향을 받는다고 한다. 좋은 대우라는 주제로 향수를 일으킨다.

이 밖에도 8군사령부는 다음 계획을 수립했지만 폐기되거나 연기됐다.

- **항복 권유:** 장개석의 성명을 이용해 항복을 권유하고 포로들을 대만으로 보낸다는 내용인데 극동사령부의 반대로 폐기됐다. 국제협정 위반이라는 정치적 문제를 일으키는 한편, 이것이 유엔이 아닌 미국의 단독 행위로 비칠 가능성이 있었기 때문이다.
- **하극상(반란) 유도:** 중국군이나 인민군 안에서 하극상을 불러일으키는 주제는 극동사령부의 찬성을 얻어내지 못했다. 그러나 미 8군 참모 지시에 의해 앞으로 사용될 가능성이 있다.[78]

또한 "포로들을 집으로 보내준다는 약속, 전염병의 언급, 적의 과소평가, 장교에 대한 비웃음, 적을 동물로 비교"하는 따위의 내용은 피해야 했다.[79]

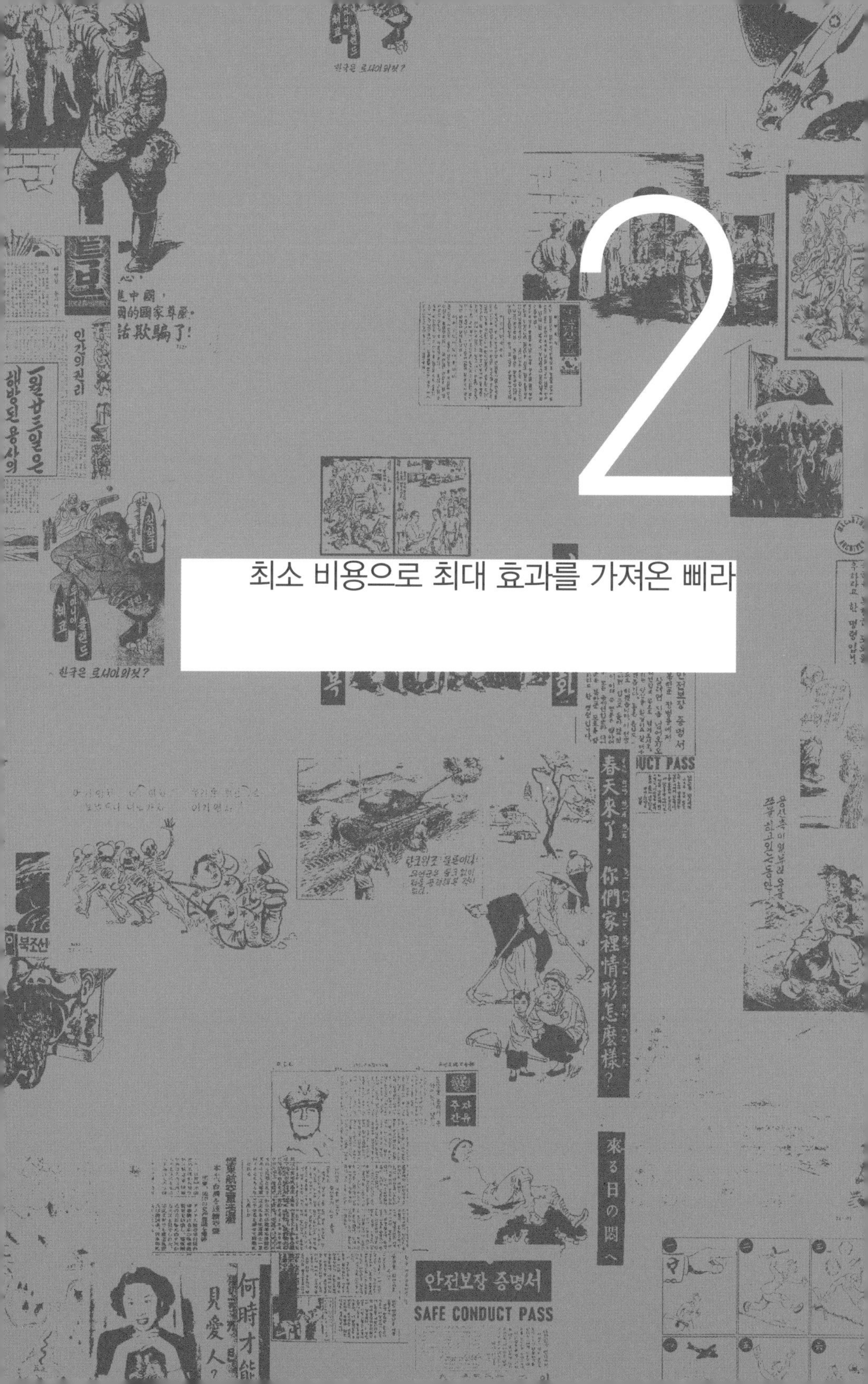

2

최소 비용으로 최대 효과를 가져온 삐라

제2장
최소 비용으로 최대 효과를 가져온 삐라

심리전을 대표하는 매체는 삐라와 방송이다. 한국전쟁 때에는 라디오 방송보다 삐라가 훨씬 중요한 매체였다. 이는 한반도에 라디오 수신기와 전력이 제대로 갖추어져 있지 않았기 때문이었다.

1949년 3월을 기준으로 등록된 라디오는 서울 7만 132대, 경기 3만 671대를 비롯해 남한 전 지역에 15만 901대 정도였다.[1] 게다가 1950년 7월 26일 대통령 긴급명령 제6호 '징발에 관한 특별조치령'에 따라 라디오는 징발 대상 물품이었다. 1950년 7월부터 11월까지 정부는 중파와 단파 라디오를 몰수했다. 이는 북한군이 점령한 지역에서도 마찬가지였다. 따라서 전쟁 뒤 라디오는 절반으로 줄었다. 라디오 수신기와 전력 부족은 북쪽도 비슷한 사정이었다. 1945년 북한 지역의 라디오 수신기는 8만여 대로 1950년 10월 평양라디오는 북한에서 사용하는 라디오 수신기를 2만여 대라고 추정했다.[2]

이런 사정 때문에 라디오 방송이나 확성기 방송보다 삐라의 영향으로 항복했다는 포로들이 많았다. 이는 한국전쟁에서의 삐라의 유용성을 입증하는 사례이다.

삐라의 효과는 심리전의 효용과도 관련이 있다. 눈처럼 펄펄 내려 무릎까지 쌓인 삐라는 얼마나 효과가 있었는가? 이 질문은 미군 심리전 관계자들과 미국 재 · 정 · 관계 관료들의 큰 관심사였다. 효용은 전쟁 비용과 직결되는 문제였다.

> 나는 1951년 1월부터 1952년 2월까지의 심리적 작전이 실패했다고 느꼈다. (…) 11월과 12월 삐라는 아주 작고 대수롭지 않은 크기(5×7의 1/10)로 만들어졌다. 그것들은 자르기도 어렵다. 상당한 양이었지만 효과의 측면에서 질적으로 떨어진다.[3]

> (1950년) 10월 22일까지 65종 삐라를 제작하고 B-29로 살포한 비용은 대략 2,600만 달러이다. 종이가 약 3만 5,000달러, 라디오 시간을 위한 비용이 약간 들었다. 시간제 근무를 제외한 전일제 근무자가 심리전과에 약 55명 있다. 첫 6개월 동안 인원은 30명을 넘지 못했다. 이 참모의 비용은 20만 달러를 넘지 않았다. 실제 삐라를 생산하는 데 든 비용과 확성기 그리고 라디오 프로그램을 위한 비용은 이 가운데 아주 적다. 첫 6개월 동안 한국에서 심리전에 소요된 평균 비용은 약 2,700만 달러이다. 이는 평균적으로 적병 180명을 죽이거나 사로잡는 데 드는 비용과 같다. 만약 ORO-T-4의 가정을 확실하게 받아들인다면 전체 포로 가운데 1만 2,000±6,000명은 심리전 삐라의 영향으로 항복했다. 이에 따른다면 삐라로 포로 한 명을 사로잡는 데 드는 비용은 2,200±1,000달러이다. 심리전에 의한 이득은 약 70:1의 비율이다.[4]

앞의 글은 G3 참모였던 앤더슨Thomas S. Anderson의 말로 상당한 양의 삐라가 뿌려졌음에도 효과는 그리 크지 않다고 주장했다. 반면 페티

* 페티는 1946년『미국 비밀정보의 미래』를 발행했고 이 책은 CIA 창설을 앞당겼다고 한다. 그는 20년 동안 존스홉킨스대학교의 작전연구소(ORO)에서 일했다.

George S. Pettee는* 심리전에 드는 비용이 적지 않지만 심리전에서 얻는 효과는 일반 전투 비용의 70배라고 주장했다. 이러한 가정이 미국 사회 과학자들이 심리전을 선호한 까닭이었다. 그들은 심리전으로 적은 비용을 들여 최대 효과를 얻고 폭력을 사용하지 않으면서 전쟁을 승리로 이끌 수 있다고 믿었다. 삐라는 한국전쟁을 거치면서 가장 효과적인 심리전 매체로 인정받았고 상당한 종류와 양이 뿌려졌다.

01 삐라의 제작 과정

삐라는 극동사령부 심리전부와 8군사령부 심리전과, 국방부 정훈국에서 제작됐다. 원칙적으로 모든 삐라의 내용은 극동사령부 심리전부의 승인을 받았다. 삐라의 제작은 제1라디오방송 삐라단 S-3 삐라반이 맡았는데 그 과정은 다음과 같다.

> 삐라의 주제는 주간회의에서 정해지며 매주 서너 가지 새로운 삐라를 검토한다. 심리전부 담당 장교는 주제에 대해 제1라디오방송 삐라단 S-3 담당 장교와 논의한다. 삐라반에서는 준비된 삐라의 대본과 그래픽 따위를 첨부한 자료철을 만든다. S-3 담당 장교는 대본 담당자, 그래픽 담당자와 정보를 교환한다. 그는 조사과와 개발과에 필요한 자료를 요구한다. 사진이 필요하면 사진 편집 담당자에게 보낸다. 대본 담당 장교는 삐라의 주제와 국무부에서 내려온 지침을 비교한다. 지침은 일반적 정책 내용만을 제공한다. 대본을 맡은 장교는 살포될 지역의 정보를 찾고, 심리전부 기획정책과에 있는 중국인과 한국인에게 (언어) 자문을 구한다.

대본을 맡은 장교는 '초고'를 준비해서 제1라디오방송 삐라단의 삐라 담당 장교에게 승인을 받고 심리전부의 삐라 담당 장교에게 승인을 받는다. 두 장교에게 승인받으면 마지막으로 '승인된 삐라 작업 계획표'를 첨부한다. 준비는 최소 36시간, 최대 200시간, 평균 90시간 정도 걸린다.[5]

삐라 대본과 삽화(또는 그림)는 반드시 심리전부 기획정책과의 중국인 또는 한국인 자문, 제1라디오방송 삐라단의 사령부 장교 · 삐라 담당 장교 · 작전 장교, 심리전부의 삐라 담당 장교 · 작전장교 · 기획정책 장교, 심리전부 책임자 등에게 승인을 받아야 한다.[6]

삐라반에는 장교 18명, 사병 12명이 소속되어 있었다. 장교 18명은 전역한 군인으로 1명을 빼고 모두 대학 교육을 받았다. 이를 전공별로 나누면 저널리즘 3명, 미술 3명, 정치학 3명, 역사 2명, 영어 · 불어 · 연설 · 화공학 · 의학 · 기계공학 각 1명이었다. 그런데 이들 가운데 중국과 한국의 문화를 배운 사람은 없었으며 언어조차 몰랐다.[7] 이 밖에도 1937년부터 1945년까지 중국에서 선전전을 벌였던 일본인 5명이 군속 신분으로 1951년 4월부터 심리전부에서 일했다. 이들은 자신들의 경험을 바탕으로 선전 주제나 기술을 제공했다.[8]

〈표 8〉에 따르면 삐라반은 그래픽, 뉴스 편집, 대본의 세 부분으로 구성되어 있었다. 그래픽 부분에는 삐라의 초안 제작자들과 한국인, 중국인, 일본인 화가들이 일했다. 한국인 화가 김규택도 여기에서 일했다. 김규택은 도쿄의 가와바타川端미술학교에서 그림을 배웠는데 그림보다 만화에 전념했다.[9] 귀국 뒤 개벽사에 입사하여 〈개벽〉, 〈별건곤〉 등의 잡지에 삽화를 그렸다. 조선일보사에 입사하여 시사만화를 그리다 1940년 조선 총독부에서 운영하는 〈매일신문〉으로 옮겼으며 해방 뒤에 〈조선

〈표 8〉 제1라디오방송 삐라단*

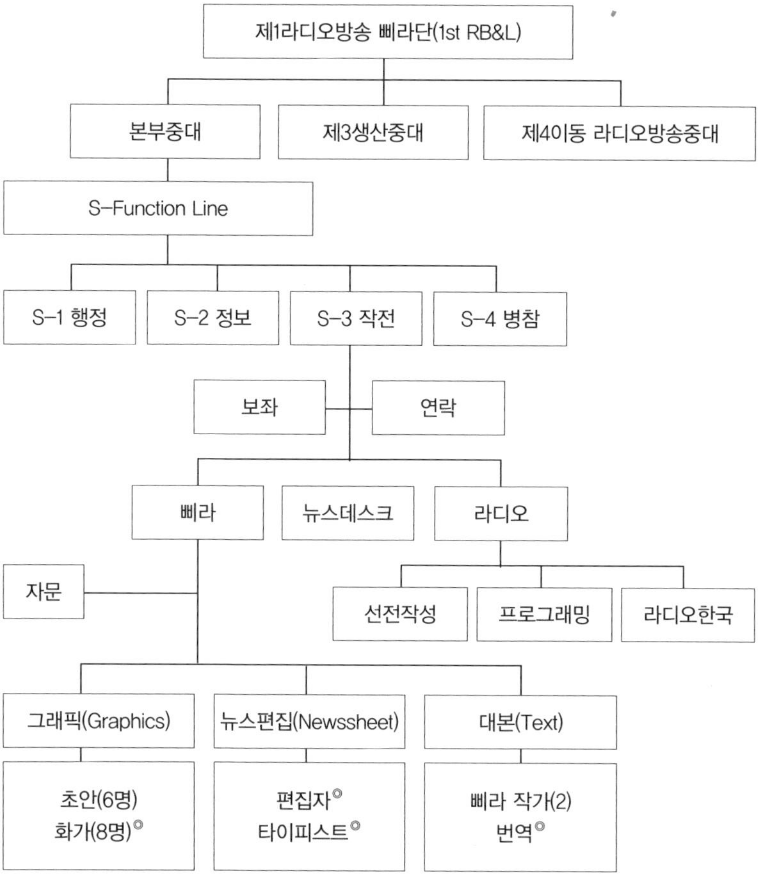

일보〉로 복귀했다. 그는 북한군의 서울 점령 때 조선미술동맹에 나가 일했는데 이 일로 부역자로 지목됐으나 처형의 위기를 넘기고 1·4후퇴 때 부산으로 내려갔다. 부산에서 일자리를 찾지 못한 김규택은 도쿄에 있는

* W. Kendall, D. E. Ambrose, G. Hinrchs, P. K. Ogloblin, J. Ponturo, ORO-T-21(FEC), 위의 글; John Ponturo, Willmoore Kendall, ORO-T-28(FEC) 등을 참조 재구성. ◎표시는 현지인으로 충원된 부분임.

극동사령부에서 만화를 그릴 사람을 찾는다는 소식을 듣고 지원해 발탁됐다.[10] 1961년 귀국할 때까지 도쿄에 머물렀으며 귀국한 뒤 〈코리아타임스〉 시사만평을 담당했다. 231쪽 〈그림 106〉은 김규택의 그림으로 여겨진다.

화가뿐만 아니라 대본이나 뉴스 편집 분야에도 한국인들이 일했다. 오천석과 장리욱은 1950년 12월 미 대사관 부영사 맥도널드의 제안을 받아들여 북한 지역에서 노획한 문서를 영어로 번역하는 일에 참여했다. 이들은 문서 번역이 끝난 뒤에도 귀국하지 않고 극동사령부의 심리작전에 참여해 미국인 요원들과 함께 심리전용 원고 작성, 라디오 방송 내용 조정, 포로 대상 교재 제작 따위의 일을 했다.[11] 오천석은 한국 교육계의 중요 인물로 1920년대 미국 코넬대학교와 노스웨스트대학교에서 교육학을 전공했으며 1931년 미국 컬럼비아대학교에서 철학박사 학위를 받았다. 귀국 뒤에는 보성전문학교에서 재직했으며 해방 뒤 미 군정청 문교부장을 역임했다. 그는 1955년까지 극동사령부에서 근무했고 귀국한 뒤에는 한국교육학회장, 문교부장관 따위를 지냈다. 장리욱은 1927년 컬럼비아대학교에서 교육학 석사 학위를 받았다. 1945년 경성사범학교 교장, 1946년 서울대학교 사범대학 초대 학장, 1948년 서울대학교 총장을 거쳐 1951년부터 극동사령부에서 자문으로 심리전 활동을 했다. 그 뒤 주미 대사, 흥사단 이사회 회장 따위를 지냈다.

8군사령부의 삐라 제작도 극동사령부와 비슷하다. 8군사령부에서 생산한 삐라나 확성기 원고는 심리전과의 모든 부서가 협력한 결과였다. "삐라와 대본의 주제에 대한 아이디어는 매일 참모회의에서 짜내고 이를 각 군단과 사단의 심리전 장교에게 보내 의논하게 한다. 그리고 만장일치로 결정한다. 정보계는 들어온 정보를 삐라의 도안과 대본을 완성하는 프로젝트계로 보낸다. 프로젝트계 담당 장교는 먼저 영어로 작성한 것을 복사한다. 대본 작가는 화가와 함께 크기, 색깔, 모양, 그림 따위의 기술적 요구 사항을 조사하고 복사본을 준비한다. 책임자의 승인을 받으면 원본과 두 개의 복사본을 준비한다. 원본은 화가에게 주고 복사본은 번역자에게 보내 적당한 언어로 바꾸도록 했다. 그리고 한국인과 중국인의 자문을 거쳐 복사본의 내용과 의미를 검토한다. 이를 포로에게 읽혀 느낌을 말하게 한다. 화가가 여러 개의 도안을 준비해 대본 작가에게 주면 하나를 골라 프로젝트계장에게 보낸다. 승인을 받으면 화가는 모형을 준비한다."[12] 이 모든 과정이 끝나면 삐라는 비로소 인쇄소대로 보내진다.

그림 1 _ 인쇄에 앞서 대본을 쓰는 장면

8군사령부의 삐라 제작 인원은 처음에는 장교 1명, 제1확성기 삐라중대에서 온 자문 1명으로 구성됐는데 점차 규모가 커져 장교 3명, 자문 6명, 육군성 군속 중국인 3명, 한국인 3명, 한국 화가 1명이 팀을 이루었다.[13] 프로젝트계에도 제1확성기 삐라중대에서 파견된 2명의 화가가 있었다. 그러나 제도製圖 기술자였던 이들과 주한 미 군사 고문단이 추천한 한국인 화가가 그린 중국인 모습을 중국인 포로들이 전혀 알아보지 못했다(그림 2). 우여곡절 끝에 중국(대만) 대사가 소개한 중국인 화가의 그림이 적합하다고 판단돼 삐라에 실리게 됐다(그림 3). 한국인 번역자에 대해서 "그들의 언어는 너무나 정통적이라 교육을 받지 못한 사람들이 이해하기 어렵다"는 지적을 받았다.[14]

이렇게 삐라 원본이 만들어지면 곧 인쇄가 시작된다. 극동사령부는 한 주에 2,400만 장의 삐라가 필요했으나 사령부의 인쇄 시설로는 최대

그림 2 _ 삽화로 그려진 중국인의 모습이 어색하다고 지적된 삐라. 김용환의 삽화로 여겨진다.

그림 3 _ 중국인 포로들이 가장 중국인 같다고 말한 그림

1,900만여 장밖에 생산할 수 없었다. 그래서 극동사령부는 매주 900만~1,300만 장의 삐라생산을 일본인 인쇄업자에게 맡겼다.[15] 8군사령부의 삐라도 거의 모두 도쿄에 있는 제1라디오방송 삐라단에서 인쇄됐고, 인쇄 뒤 한국으로 가져와 미군이 배포했다. 8군사령부 통제를 받는 제1확성기 삐라중대에서 인쇄가 가능해졌는데 1953년 12월까지 2억 5,000만 장의 삐라가 여기에서 인쇄됐다.[16]

한편 8군사령부는 국방부 정훈국에 유엔(군)에 협조하라고 지시했다.[17] 수원으로 철수한 뒤 국군은 처음으로 계획적인 삐라를 만들어 L-4로 서울 지역에 살포했다. 이때부터 국방부 정훈국은 각계각층의 명망가들을 앞세워 시민들을 상대로 선전에 나섰고 가두방송도 시작했다.[18] 정훈국은 국장 이선근 아래 차장이 있고 선전과, 기획과, 보도과, 편집과로 구성됐고 선전과 안에 선전대, 섭외대, 군악대, 미술대를 두었다.[19] 미

술대는 문관과 군속 신분인 젊은 화가, 만화가들로 구성됐고, 중진 화가들인 국방부 종군 화가단 30여 명도 여기에 속해 있었다.[20] 여기에서 군인용 주간지 〈만화 승리〉를 발행했다.

육군본부 심리전과에도 만화가 김용환을 비롯해 문학가 윤석중 · 신태환 · 민병태 · 정상충 · 심정섭 등이 소속되어 선전 활동에 참여했다. 육군본부에서는 〈사병 만화〉를 발행했다. 일본 교토 미술전문학교에 다니던 김종래도 정보 계통의 심리전 관련 부서에서 일했는데 그가 하는 일은 지리산 빨치산을 회유하는 삐라를 만드는 일이었다.[21] 또 서울대학교 교수들이 방송을 위한 발음과 연설 기법을 훈련시키려 고용됐다.[22]

삐라 8000시리즈는 8군사령부에 의해 생산됐고, 5공군의 요구에 따라 제작하기도 했다. 삐라 1000시리즈는 제1라디오방송 삐라단에서 생산했다.[23] 일련번호가 CZ로 표기된 모든 삐라는 미 병참관구 사령부 KCOMZ의 요구에 따라 8군사령부 또는 제1라디오방송 삐라단에서 인쇄됐다.

모든 삐라 문구와 디자인은 선전 대상의 구체적 행위를 불러올 수 있어야 했다. 작전연구소는 1950년 6개월간 생산된 삐라를 분석하면서 '누가? 무엇을? 어디서? 언제? 왜? 그리고 참가한 결과는 무엇인가?'라는 6하 원칙으로 구성되어야 한다는 의견을 냈다. 이 원칙을 따른 대표적인 삐라가 '8003'이다.[24]

대한민국 국군 장병 제군!

지난 6월 25일 강대한 적의 공격 개시 이래 제군은 꾸준히 용전하여 왔다. 제군들은 야만무도한 적의 우세로 말미아마 실망과 작전상 후퇴를 하지 않으면 안되게 되였었다. 제군들은 오늘날 국제연합군을 포함한 많은 전우들과 같이 한국의 옛날부터의 항도 부산을 중심으로 120마일의 원고 안에 둘러싸여 있다. 이제야 후퇴의 시기는 지나갔다.

국제연합군이 날마다 강화되어가는 한편 너무나 넓이 빼처진 적은 마지막 숨낄을 마시고 있다고 본관은 믿은 바이다. 때는 왔다!! 각 장병은 각기의 현 위치를 확보하거나 혹은 닥쳐오는 총반격에 작전상 유리한 지점에 전진하여야만 한다. 만약 우리의 현 방위선이 돌파되는 경우에는 우리는 즉시 반격에 드러가서 적을 쳐부수고 우리의 방위선을 확보하여야 할 것이다.

대한민국 국군 장병 제군이여! 본관은 제군이 한결같이 이러나서 적의 전진을 막기를 요망한다. 적을 쳐부수자! 그리하여 우리의 승리를 더욱 미덥고 신속하게 가져오자!

1950년 8월 27일 유엔 지상군 총사령관 미 육군 중장 왈톤 H 워―커[25]*

02 삐라의 살포

북한 후방 지역에서의 삐라 살포와 관련해 가장 중요한 요건은 "첫째 인구, 둘째 도로, 철도 연결 지역이나 운송 지역과 같은 중요한 지점, 셋째 군사 지역"이었다.[26] 이 기준에 따라 타격 지역은 중앙과 동쪽 그리고 북서쪽, 북동쪽으로 구분했다.

● 첫 번째 타격 지역

중앙과 동쪽–진남포, 원산, 겸이포, 사리원, 곡산, 고성, 고원, 양덕

* 이하 맞춤법에 맞지 않더라도 삐라 내용은 그대로 옮겼다.

북서쪽-평양, 강계, 정주, 신안주, 성천, 순천, 희천, 개천(구누리), 신성천

북동쪽-흥남, 청진, 함흥, 성진, 길주, 나남, 북청

● **두 번째 타격 지역**

중앙과 동쪽-장전, 중화, 황주, 고저, 신고산, 영흥

북서쪽-안주, 강동, 북신, 구성, 박천, 덕천

북동쪽-합수, 갑산, 오로리, 신흥, 신북청, 신창리, 신포, 단천[27]

삐라를 살포하는 방법에는 폭탄 투하, 수하물 투하, 포(병兵) 발사, 순찰에 의한 삐라 나르기 따위가 있었다.

B-29 폭격기를 이용한 종이 폭탄 투하는 삐라 살포의 전형이었는데, 이 방법으로 90퍼센트의 삐라가 살포됐다. 도쿄 인근 요코타 기지를 출발한 B-29는 M-16형 또는 유사한 형태의 폭탄 32개를 실었다. 폭탄 32개로 144만 장의 삐라를 살포할 수 있었다. 이 폭탄은 1만 5,000~2만 5,000피트 상공에서 투하되면 1,000~2,000피트 상공에서 분리되어 목

그림 4 _ 심리전의 여러 매체를 그린 삽화

적 지역으로 삐라가 집중 살포됐다.[28] 전쟁 초기 B-29 폭격기로 삐라를 살포한 횟수는 1주일에 4회였으며 1950년 12월부터는 날씨가 맑은 날에는 매일 1회 이루어졌다.

500피트 이하의 낮은 고도에서 사람의 손으로 삐라 뭉치를 떨어뜨리거나 삐라 뭉치에 도화선을 달아 떨어뜨리는 방법은 특정한 지역, 특정한 부대를 상대로 삐라를 정확하게 살포할 필요에서 이루어졌다.[29] 1951년 4월까지 이에 동원된 항공기는 F-51 전투기와 C-47 수송기였다. 그러나 1951년 4월 30일 원산에서 C-47 수송기가 실종된 뒤부터는 경비행기가 이용됐다. 작전에는 대구의 K-2 비행장이나 서울 동남쪽에 있는 K-16 비행장이 이용됐다. K-16 비행장에는 제5공군, 8군 사령부 심리전과나 한국 국방부에 고용된 민간인과 장교, 사병 등 30여 명의 한국인이 있었다. 이들의 임무는 비행기에서 삐라 뭉치를 뿌리거나 확성기로 하는 방송이었다. 방송 담당자 가운데는 중국어에 능통한 한국인 여성도 있었다. 1951년 1월 1일부터 1952년 7월 1일까지 8군사령부가 생산한 1억 6,031만 4,500장의 삐라와 극동사령부가 생산한 7억 9,923만 5,000장의 삐라들은 모두 C-47 수송기로 뿌려졌다.[30]

이렇게 뿌려진 삐라는 전쟁 동안 25억 장 또는 40억 장에 이르렀는데 달마다 어느 정도 뿌려졌는지, 살포 대상자가 누구였는지 알아보자.

1950년 8월 3일 무초 주한 미국대사는 8군사령부 정보국 스튜어트Stewart가 작성한 '미래의 심리전'이라는 메모를 미 국무부에 보고했다.

> 1. 심리전 계획의 당면 임무는 아직 친근하고 다루기 쉬운 점령 지역 안의 한국인을 (우리 편으로) 붙잡아 두는 것이다. 유엔군의 병력 증강을 강조하는 소식을 널리 선전하는 것은 이 문제의 핵심이다.

2. 향후 계획은 첫째, 적군의 전투 능력을 저하시키고 투항자와 반란을 불러일으키기 위해 적군에게 맞춰질 것이다. 둘째, 적군에게 반항하는 대중들을 만들어내기 위해 적 점령 지역의 대중들에게 맞춰질 것이다.[31]

〈표 9〉 1950년 6월~12월 대상에 따른 삐라 살포량[32] (단위: 장)

대상	남한 민간인과 군인	공산 점령지 민간인	북한군	중국군	합계
6월	11,760,000	–	–	–	11,760,000
7월	10,225,000	2,304,000	800,000	–	13,329,000
8월	3,672,000	2,710,000	5,410,000	–	11,792,000
9월	8,592,000	5,880,000	16,744,000	–	31,216,000
10월	7,200,000	9,863,000	5,605,000	–	22,668,000
11월	1,000,000	–	19,481,000	10,680,000	31,161,000
합계	42,449,000	20,757,000	48,040,000	10,680,000	121,926,000

'미래의 심리전'이라는 계획의 실행은 전쟁 초기 1950년 6월부터 11월까지 살포된 삐라의 대상에 따라 분류한 〈표 9〉에서 확인된다. 이에 따르면 1950년 6월과 7월 사이 뿌려진 삐라의 87.6퍼센트는 남한 지역의 군인과 민간인을 대상으로 했다. 그러나 전선이 낙동강을 사이에 두고 교착된 1950년 8월부터는 북한군과 북한군이 점령한 지역의 민간인을 대상으로 한 삐라가 늘어났다. 이는 심리전의 목표가 무초 대사 보고의 1항에서 2항으로 바뀌었음을 뜻한다. 또한 이 같은 변화는 전선의 이

동과 관련 있다. 살포 대상자는 6월과 7월에 남한 민간인, 9월에 인천상륙작전의 성공으로 남한 민간인과 북한군, 10월에 북진으로 북한 민간인, 중국군이 개입한 11월에는 중국군과 북한군으로 바뀌었다. 이렇게 전쟁 초 과도기를 거친 뒤 1951년부터 삐라의 대상은 주로 북한군과 중국군 그리고 북한 지역의 민간인으로 굳어졌다.

〈표 10〉 한국전쟁 동안 극동사령부와 8군사령부의 삐라 살포량 (단위: 장)

기간	누적 총계	기간	누적 총계	기간	누적 총계
1950. 11	121,926,000	1952. 1	1,111,227,000	1952. 12	2,124,086,000
1951. 6	477,835,000	2	1,180,891,000	1953. 1	2,191,256,400
7	543,435,000	3	1,284,807,000	3	2,293,867,200
9	660,738,000	4	1,368,286,000	6	2,431,278,000
10	733,603,000	6	1,631,230,000	7	2,460,084,000
11	850,180,000	7	1,718,783,000	–	–
12	959,375,000	8	1,817,579,000	–	–

〈표 10〉은 1950년 6월부터 1953년 7월까지 38개월 동안 극동사령부와 8군사령부에서 살포한 삐라의 총량이다. 해당 년 월 사령부 보고서를 참고해서 작성했는데, 이에 따르면 이 기간 평균적으로 한 달에 6,500만 장가량의 삐라가 뿌려졌다. 삐라 살포가 집중된 시기는 중부 지역에서 전선이 교착돼 치열한 고지 쟁탈전을 벌이던 1951년 11월부터 1952년

말까지로 한 달에 1억 장가량의 삐라가 뿌려졌다. 특히 1952년 1월에 살포된 삐라는 무려 1억 5,000만 장에 달했다. 이는 쉬지 않고 살포해도 하루 500만 장 넘게 뿌려야 하는 양이다.

〈표 11〉 1952년 4월까지 극동사령부와 8군사령부 대상별 삐라 살포량*(단위: 1,000장, %)

시기		극동사령부			8군사령부			계			합계
		남한	북한 후방	전방	남한	북한 후방	전방	남한	북한 후방	전방	
1951. 10	살포량	42,959	84,392	532,018	2,462	2,925	68,847	45,421	87,317	600,865	733,603
	비율	5.9	11.5	72.5	0.3	0.4	9.4	6.2	11.9	81.9	100
1951. 11	살포량	–	22,226	67,213	–	–	27,138	–	22,226	94,351	116,577
	비율		19.1	57.6			23.3		19.1	80.9	100
1951. 12	살포량	–	17,121	75,833,	595	–	15,646	595	17,121	91,479	109,195
	비율		15.7	69.5	0.5		14.3	0.5	15.7	83.8	100
1952. 1	살포량	–	17,207	110,676	500	–	23,469	500	17,207	134,145	151,852
	비율		11.4	72.9	0.3		15.4	0.3	11.4	88.3	100
1952. 2	살포량	–	12,925	38,353,	–	–	18,386	–	12,925	56,739	69,664
	비율		18.5	55.1			26.4		18.5	81.5	100
1952. 3	살포량	–	20,403	70,290	–	–	13,223	–	20,403	83,513	103,916
	비율		19.6	67.7			12.7		19.6	80.4	100
1952. 4	살포량	300	18,064	49,904	415	528	14,268	715	18,592	64,172	83,479
	비율	0.4	21.6	59.8	0.5	0.6	17.1	0.9	22.2	76.9	100
합계	살포량	43,259	192,338	944,287	3,472	3,453	180,967	46,731	195,791	1,125,254	1,367,776
	비율	3.2	14.1	69.0	0.3	0.2	13.2	3.5	14.3	82.2	100.0

* 해당 년 월 사령부 보고서를 참조해서 작성; 1950년 6월 28일부터 1951년 10월까지 누적 총계이다. 미 8군사령부의 전체 총계는 같지만 대상자의 구분은 약간 달라져 1951년 9월과 10월 총계가 달라진다.

〈표 11〉은 1952년 4월까지 뿌려진 삐라를 제작자와 대상에 따라 분류한 것이다. 이에 따르면 전선의 전투를 직접 지휘하던 8군사령부는 북한군과 중국군을 대상으로 삐라를 뿌렸으며 극동사령부는 여기에 더하여 북한 지역의 민간인도 대상으로 했다. 북한 민간인을 대상으로 한 극동사령부의 삐라 살포는 1951년 6월 5.4퍼센트에 불과했지만 같은 해 10월에는 11.5퍼센트를, 1952년 4월 21.6퍼센트를 차지했다. 북한군과 중국군을 대상으로 한 8군사령부의 삐라 살포는 시간이 흐를수록 극동사령부가 제작한 북한 민간인을 대상으로 하는 삐라의 살포량보다 감소했다.

이렇게 뿌려진 삐라의 효과는 미국 정부나 군, 특히 심리전부의 최대 관심거리로 심리전의 존재 이유이기도 했다. 이를 증명하려 심리전부에서는 끊임없이 포로를 대상으로 "항복했는가? 삐라를 읽었는가? 삐라에 대해 동료에게 말했는가? 동료가 삐라에 대해 당신에게 말했는가? 삐라를 믿는가? 항복하거나 사로잡힌 뒤 나쁘게 대우하리라고 생각했는가?" 따위의 질문을 쏟아냈다.

존스홉킨스대학교의 작전연구소는 1950년 9월 5일부터 11월 21일까지 11주에 걸친 전쟁 포로의 심문 결과를 바탕으로 심리전의 영향을 받은 포로가 많았다고 보고했다. 〈표 12〉에 따르면 포로들이 항복한 까닭은 심리전의 영향이 33.1퍼센트였고, 불리한 전황이 38.6퍼센트였다. 또한 미군의 인천상륙작전 뒤 북진하던 9월 27일부터 10월 9일 동안 포로가 된 567명 가운데 53.6퍼센트인 304명이 심리전에 영향을 받았다고 했다.

따라서 작전연구소는 심리전에 엄청난 비용이 들었음에도 불구하고 심리전은 효과적이었다고 강조했다. 이러한 결론은 심리전을 강화시키는 역할을 했으며 1951년부터 1952년 동안 '심리전'은 더욱 치열해졌다.

〈표 12〉 포로들의 항복 이유(1950. 9. 5 ~1950. 11. 21)[33] (단위: 명)

보고일	포로 수	항복 이유				
		전황	낙오	물리적 조건	도망	심리전
9월 11일	1,013	559	46	128	196	84
9월 16일	93	40	13	7	16	17
9월 22일	155	35	10	3	23	84
9월 26일	127	31	4	10	27	55
10월 10일	567	138	19	20	86	304
10월 18일	192	68	9	5	31	79
10월 25일	41	15	1	–	2	23
10월 31일	351	84	1	4	30	232
11월 7일	50	30	1	–	12	7
11월 15일	76	29	–	2	35	10
11월 21일	63	24	–	–	30	9
합계	2,728	1,053	104	179	488	904
비율(%)	100.0	38.6	3.8	6.6	17.9	33.1

〈표 13〉은 심리전의 효과를 다룬 또 다른 보고서이다. 1950년 10월 22일까지 북한군 포로는 12만 2,558명에 달했다. 이 가운데 300명은 1950년 10월 대구와 서울에 있는 포로수용소에서 별도의 심문을 받았다. 〈표 13〉은 심문 내용 가운데 삐라의 효과와 관련된 부분을 정리한 것이다.

〈표 13〉 포로 심문 결과(1950년 10월 300명 표본조사)[34] (단위: 명)

항복 이유		삐라에 대한 질문			
		질문 내용	예	아니오	무응답
동료의 전사	26	항복했는가?	279	21	0
낙오	20	삐라를 읽었는가?	223	66	11
삐라를 읽고	163	삐라에 대해 동료에게 말했는가?	233	58	9
유엔군의 명령	53	동료가 삐라에 대해 말했는가?	218	72	10
기타	11	삐라를 믿는가?	258	26	16
무응답	27	포로의 대우가 나쁘리라 생각했는가?	79	215	6

300명 가운데 70퍼센트 넘게 삐라를 읽었고 동료들과 삐라에 대해 이야기를 나누었다고 답했다. 그리고 86.5퍼센트인 258명은 삐라를 믿는다고 답했다. 또한 163명(54%)이 삐라를 읽고 항복했다고 답했다. 곧 삐라는, 심리전은 적을 무력화하고 항복을 유도하는 결정적인 수단이었음을 뜻한다.

그러나 이 조사 통계는 부풀려져 있는 듯하다. 우선 〈표 9〉에서 보듯이 전쟁 초기 심리전의 주 대상은 남한 지역의 민간인과 북한이 점령한 지역의 민간인이었다. 또한 이때 포로 대부분이 급격한 전황의 변동으로 낙오되거나 고립된 상태, 또는 후퇴하면서 사로잡히거나 항복했음도 고려돼야 한다. 〈표 13〉처럼 86.5퍼센트나 되는 포로가 삐라를 믿을 정도의 상황은 아니라는 뜻이다. 이렇게 보고서가 과도하게 부풀려진 까닭은 심리전의 유용성을 강조하려는 의도라 여겨진다.

삐라가 북한군과 중국군의 항복을 유도했다는 보고는 그 뒤에도 이어졌다. 〈표 14〉는 1951년 1월부터 1952년 1월까지 북한군과 중국군을 심문한 결과인데 항복한 포로 가운데 82.5퍼센트가 심리전의 영향을 받았다고 답했다.

〈표 14〉 1951. 1. 1~1952. 1. 31 포로 심문 결과[35] (단위: 명, %)

구분	중국	북한	총계
피심문자 수(A)	1,391	1,708	3,099
심리전에 영향 받은 수(B)	952	1,126	2,078
비율(B/A)	68.4	65.9	67.0
피심문자 가운데 항복한 수(C)	882	1,327	2,209
심리전에 영향 받은 수(D)	798	1,025	1,823
비율(D/C)	90.5	77.2	82.5

삐라 가운데 투항자에게 가장 큰 영향을 준 것은 '안전보장 증명서'였다. 어떤 포로는 무려 13개의 삐라를 갖고 있었는데 이 삐라가 자신을 살려주리라 믿고 있었다.[36] 이 때문에 북한군과 중국군에서는 삐라를 줍고, 읽고, 동료들과 논의하는 일이 금지됐으며 이를 어기면 자아비판을 해야 했다.[37] 그러나 이와 반대되는 보고도 있다. "포로들은 삐라가 그렇게 효과적이 아니라고 했다. 같은 내용과 디자인의 삐라가 너무 많아 호기심을 경감하고 관심을 저하시킨다"는 보고가 그러하다.

또한 북한군도 "땅에 삐라가 덮인 이래 군대가 보고 읽는 것을 금지하는 것은 불가능하다"고 선전했다.[38]

〈표 15〉는 1952년 1월부터 1953년 4월까지의 포로 심문서에서 심리전의 영향을 정리한 보고 내용이다. 이 표에서 눈에 띄는 부분은 삐라의 영향이 절대적이라는 사실이다. 이에 따르면 투항자 661명 가운데 70퍼

센트인 464명이 삐라의 영향으로 항복한 반면 방송의 영향을 받은 투항자는 16퍼센트인 107명이었다. 더구나 순수하게 방송의 영향만 받고 항복한 자는 23명으로 4퍼센트에도 미치지 못했다. 이는 지상에든 비행기로 하든지 확성기 방송 내용을 거의 알아듣기 어려웠음을 생각하면 당연하다 하겠다. 그만큼 한국전쟁 때 심리전에서 삐라의 역할이 컸음을 짐작할 수 있다.

〈표 15〉 1952년 1월~1953년 4월 포로의 심문서와 심리전의 영향[39] (단위: 명)

구분		1952년 1월~12월		1953년 1월~4월	
		중국	북한	중국	북한
보고 수		348	453	30	37
심리전 효과로 결정	잡힌 수	138	55	10	4
	항복한 수	210	398*	20	33
	삐라 영향	140	219	13	11
	방송 영향	9	4	4	6
	둘 다 영향	26	43	4	11
	영향 받지 않음	35	133	9	9
삐라	3회 이상	92	56	23	24
	1~2회	21	17	6	11
	보지 못함	9	5	1	2
확성기 (비행기)	방송 내용 또렷이 들음	3	0	3	4
	들었으나 내용 불분명	97	49	4	10
	듣지 못함	22	29	14**	14
확성기 (지상)	방송 내용 또렷이 들음	4	1	2	8
	들었으나 내용 불분명	30	27	7	1
	듣지 못함	88	50	14**	14

* 항복한 수는 398명인데 세분된 통계는 399명으로 나와 있다.

** 자료에는 비행기와 지상의 확성기를 듣지 못한 수가 14명으로 표기되어 있다.

삐라에 대한 이러한 평가는 조금은 과장된 보고로 나타나기도 했다.

> 북한 지역에 거주하는 민간인 60퍼센트가 떨어진 삐라를 보았다고 한다. 이들 가운데 10퍼센트는 모든 내용을 읽었다 한다. 다른 사람의 말에 따르면 도시 거주자 60퍼센트, 지방 거주자 30퍼센트가 삐라를 읽었다고 한다.
> 비공산주의자는 유엔의 심리전을 믿는다. 공산당의 선전은 모두 거짓이라 말한다. 세균전에 대한 방송을 듣거나 신문 선전, 삐라를 읽은 사람은 (공산당의 선전이) 사실이 아니라고 믿는다. 피난민들은 유엔 삐라의 80퍼센트를 믿는다고 말했다.[40]

한국전쟁 초기의 심리전은 적어도 혼란스러웠으며 비체계적이고 실험적 성격이 강했다. 그러나 미국 정부와 군은 그 실험이 상당히 효과적이라고 결론을 지었다. 그 효과를 수치화할 수는 없지만 대부분 미군 심리전 관계자들은 큰 효과가 있다고 확신했다.

그러나 심리전 특별참모부 보고서의 비판을 인용한 로빈의 평가는 다르다. "한국에서 심리전 작전은 (…) 모든 측면에서 불충분하다. 보고서는 특히 삐라에 허비한 비용에 대해 언급했다. 이 작전은 결과를 짐작할 수 없는데도 1년에 소요되는 비용은 10억 달러에 이르렀다. 심지어 적은 발목까지 삐라가 쌓여 있는 곳을 걸었다. 삐라의 비효율성은 질보다 양에 있었다. 포로들은 너무나 많은 주제들에 의해 압도당했고 감각을 잃었다고 비판했다."[41]

어떤 지휘관은 심리전의 효과는 항복한 포로 수에서 알 수 있다고 말했다. 그러나 8군사령부 심리전 참모들은 투항자 수만으로 심리전의 효과를 알 수 없다고 생각했다. 그들은 심리전의 결과로 적이 전투력을 상실하길 원했다.[42] 곧 심리전에 따라 적 병사 개개인에게 심리적 변화가 일기를 바랐다. 이를 알기 위해 미군은 계속해서 포로들을 상대로 적 병사 안에서의 심리전의 효과를 조사했다. 그럼에도 적 진영의 사기 저하, 탈영, 저항 따위로 결정적인 분열을 가져오지 않는 한 심리전의 효과를 가늠하기는 어려웠다.

03 생산 기관에 따른 삐라의 분류

심리전의 대상은 북한군 점령 지역 안의 남한 민간인, 북한군과 중국군 그리고 북한 지역 민간인이었다. 점령 지역 남한 민간인을 대상으로 한

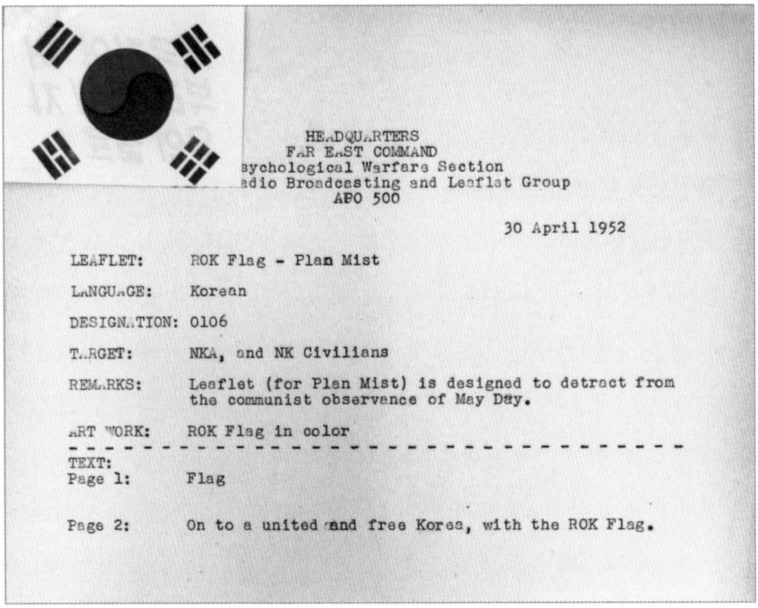

HEADQUARTERS
FAR EAST COMMAND
sychological Warfare Section
adio Broadcasting and Leaflet Group
APO 500

30 April 1952

LEAFLET:	ROK Flag - Plan Mist
LANGUAGE:	Korean
DESIGNATION:	0106
TARGET:	NKA, and NK Civilians
REMARKS:	Leaflet (for Plan Mist) is designed to detract from the communist observance of May Day.
ART WORK:	ROK Flag in color

TEXT:

Page 1:	Flag
Page 2:	On to a united and free Korea, with the ROK Flag.

그림 5 _ 삐라를 설명하고 있는 문서.

삐라는 1950년 6월과 7월 그리고 9월에 집중적으로 살포됐으며 국방부 정훈국이나 육군 정훈감실 같은 한국군이 맡았다. 북한군, 중국군과 북한 지역 민간인을 대상으로 한 삐라는 전쟁 내내 뿌려졌으며 극동사령부나 8군사령부에서 맡았다.

극동사령부나 8군사령부의 월간 보고서에는 삐라와 이를 소개하는 메모가 함께 딸려 있다. 문서에는 삐라의 목적Leaflet, 언어langage, 번호designation, 배포대상target, 해설remark, 삽화art work, 내용text 따위가 쓰여 있다. 이로써 삐라의 목적과 내용, 표현 방식, 배포 대상까지 알 수 있다.

여기에서는 국방부 정훈국 발행 135종, 극동사령부 생산 중국군 대상의 166종과 북한군 대상의 334종, 8군사령부 생산 중국군 대상의 191종과 북한군 대상의 317종, 모두 1,143종을 살펴보겠다.

전쟁 초기 삐라 담당, 미 공보원과 국방부 정훈국

전쟁 초기 한국에서 심리전 활동을 전개할 미국의 기관은 주한 미 공보원뿐이었다. 전쟁이 시작되자 공보원장 스튜어트는 대전 공보관에서 한국인 직원들과 함께 보도 자료를 내는 등 활동을 시작했다. 공보원의 작전 대상은 북한군이 아니라 남한 주민이었다. 공보원과 함께 국방부 정훈국, 육군 · 해군 · 공군 · 해병대의 정훈감실도 심리전에 참여했는데 중심 기관은 국방부 정훈국이었다. 정훈국은 학도병과 의용군 모집에도 큰 역할을 했고 가두방송도 시작했다. 이때 정훈국 소속으로 활동했던 학생들을 포함한 대적 선전대가 대구에서 조직됐는데 이 선전대는 6 · 15부대의 전신이었다.[43] 대적 선전대는 1950년 11월 24일 정훈 제1대대(772부대) 및 제2대대(773부대)로 전환됐다. 1950년 12월에 772부대는 경상도 방면으로, 773부대는 호남 지방으로 파견되어 수복민과 토벌 지구 주민에 대한 선무공작에 종사했다.[44] 이들 부대는 미 제1선전중대의 공중 방송과 삐라 살포에도 참여했다.

정훈국이 생산한 삐라는 북한군 대상 99종(1,359만 8,000장), 일반 시민 대상 175종(2,893만 2,620장), 한국군 내부용 19종(57만 5,000장)으로 주로 전쟁 초기에 전국에 뿌려졌다.[45] 이 밖에도 팸플릿 48종(55만 4,885장), 포스터 21종(10만 6,305장)이 발행됐다.

1950년 6월 25일부터 9월 14일까지 39종, 미군이 인천에 상륙한 9월 15일부터 중국군이 개입할 즈음인 10월 15일까지 32종, 그 뒤 유엔군이 후퇴를 시작한 11월에는 5종의 삐라가 생산되고 뿌려졌다.

〈표 16〉은 국방부 정훈국의 원고 작성 기획 일람표로 정훈국의 심리전 활동이 다른 기구와 어떻게 다른지 알 수 있다. 이에 따르면 국방부 정훈국의 주요 심리전 대상자는 북한군이 점령했던 지역(수복 지구)의 민간인이었다. 수복 지구 민간인에 대한 심리전은 정치, 경제, 사상, 종교, 문예, 생활, 군사, 대외 따위로 광범위한 영역에 걸쳐 있었다. 정훈장교가 집필한 팸플릿과 삐라는 "지도층으로 하여금 철저한 재인식과 일대 계몽운동에 공헌할 수 있는 권위와 견실한 내용"을 담으라는 지침에 따랐다.

극동사령부와 8군사령부의 심리전 부서를 중심으로 심리전이 전개되면서 국방부 정훈국의 심리전은 후방의 빨치산과 그 활동 지역에 거주하는 민간인을 대상으로 전개됐다. "18개 지방 도시와 마을에서 활동하는데 한국군 정훈연대가 선전 중심지로 세워졌다. 그들은 민간인을 겨냥하기도 하는데 특히 게릴라의 친구나 친척들을 겨냥하기도 한다. 1951년 12월 15일부터 2월 6일까지 게릴라는 이 센터에 직접 항복했다."[46] 이에 대해 8군사령부 심리전과는 다음과 같이 평가했다.

〈표 16〉 원고 작성 기획 일람표[47]

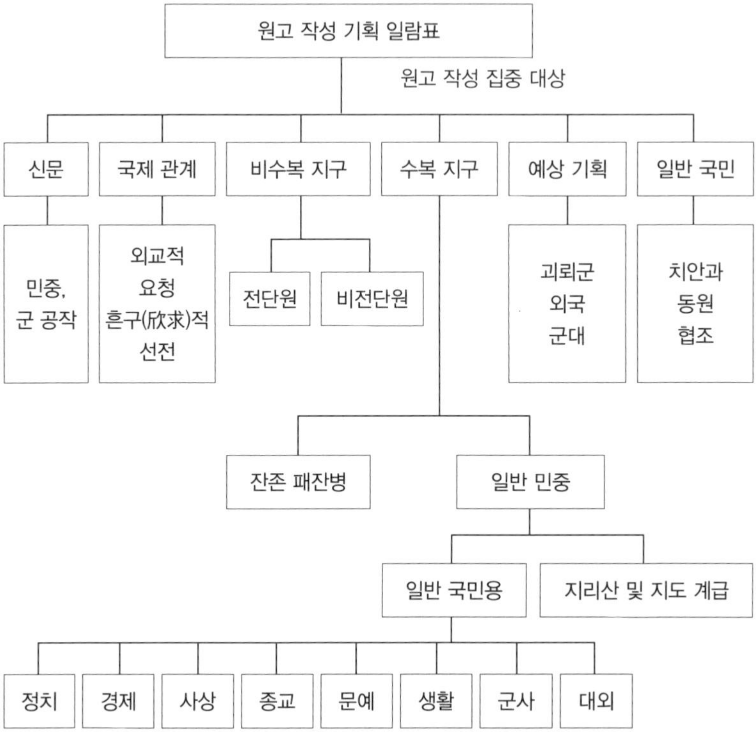

심리전 프로그램의 중요성은 반게릴라 활동이 군사력과 함께 시민의 협력으로 진행되어야 함을 분명하게 증명한다. 또한 좋은 대우의 약속이 효과를 향상시킨다. 게릴라들의 이름으로 한 라디오와 확성기 방송을 들었고 삐라의 성명을 들었다. 거의 모든 경우 그들이 받았던 좋은 대우는 그들의 마음을 돌리게 했다. 이 작전을 수행하는 동안 심리전의 경험은 다음을 증명한다. 어떤 나라든지 원주민이 그들의 동포에 대해 가장 효과적으로 심리전을 수행할 수 있다.[48]

국방부 정훈국에서는 삐라, 포스터, 표어, 책자 따위를 생산했다. 여기에서는 1950년 7월부터 1951년 2월까지 생산된 삐라 135종을 살펴보겠다. 삐라 135종은 남한 민간인을 대상으로 한 삐라 62종, 북한군을 대상으로 한 삐라 48종, 국군을 대상으로 한 삐라 12종, 북한 민간인을 대상으로 한 삐라 8종, 남북한 민간인 모두를 대상으로 한 삐라 5종이다. 이 가운데 남한 민간인과 국군을 대상으로 한 삐라는 58.5퍼센트를 차지했다.

이를 주제에 따라 나누면 〈표 17〉과 같다.

〈표 17〉 국방부 정훈국 생산 삐라의 주제별 분류

주제	종수	주제	종수
귀순 권유	37	지연작전	3
전쟁 동원과 징병 권유	23	북의 점령과 부역	3
진격 독려 또는 선전	19	기념일	2
유엔군(미군) 환영	15	재건 독려	2
피난민에 대한 경고	7	국군 환영	2
북한군의 분열 조장	5	기타(폭격, 잔학 행위, 상이병 후원 등)	12
반공 궐기	5		
합계			**135**

가장 많은 종류의 삐라가 생산된 주제는 '귀순 권유'로 이는 좋은 대우, 애국적 행위, 전우의 죽음, 무지, 연합군의 참전으로 인한 폭격과 무기의 우월성, 보급선의 차단, 분열 따위의 내용이다. 서울 탈환, 인천상륙작전을 알리고 북진을 독려하는 내용의 삐라도 많이 생산됐다. 또한 총후국민銃後國民의 의무를 강조하거나 징병을 독려하는 삐라, 진격하는 유엔군(미군)과 국군을 환영하라는 내용의 삐라도 여러 종 생산됐다.

국방부 정훈국이 생산해 살포한 삐라의 내용은 극동사령부나 8군사령부가 제작한 삐라와 달랐다.

첫째, 잘못된 정보의 유통이다. 전쟁 초기 극동사령부는 미국이 전쟁에 개입한다는 사실과 미국을 비롯한 유엔이 원조할 때까지 점령지 남한 민간인이나 군인은 '조금만 참고 견디라'는 내용의 삐라를 뿌렸다. 그러나 국방부 정훈국은 전쟁이 일어난 지 한 달이 지났어도 여전히 잘못된 정보를 제공했다.

> 인민군 동지 여러분!
>
> 평양, 원산, 청진 등은 임이 B29의 폭격으로 패허가 됐고 그대들을 사선으로 모라낸 김일성 등은 만주 봉천으로 도피했다. 머지않어 전 세계 각국은 보조를 같이하여 침략을 일삼는 놈들을 일조에 처부실 것을 명심하고 그전에 살길을 찾어라!
>
> 대한민국 국방부[49]

이 삐라가 뿌려진 1950년 7월 29일 북한군은 이미 낙동강 유역에 이르렀다. 북한군에게 이 삐라의 심리전 효과는 전혀 없었다.

1950년 9월 30일에 살포된 다음의 삐라는 '서울 탈환'에 따른 변화를 짐작할 수 있게 한다. 국방부 정훈국이 발행한 삐라의 두 번째 특징은 직접적 위협과 협박을 채택한 데 있다.

> 친애하는 동포 여러분! 우리는 저 적귀도당을 근본적으로 근치하여 버립시다. 이 赤鬼(적귀)들은 패주하면서도 오히려 발악을 중지할 줄 모릅니다. 일례를 들면 적귀들은 이번에 패주하면서 개천과 우물에 독약을 넣었읍니다.
>
> 동포 여러분 무도한 저들을 어찌 동포라 인간이라 부를 수 있겠읍니까.

소위 인민군을 맛나시거든 撲滅(박멸)하여 버리시오. 불연이면 적이 숨어 있는 곳을 우리 국군에게나 연합군에게 알려주십시오. 적귀를 완전히 소탕하여 버릴 시기는 곧 이때입니다.
육해공군 총사령관 육군 소장 정일권[50]

인민군 장병에게 경고함
연합군과 국군의 대부대는 강원도 삼척, 영덕 등을 위시하여 속속 상육하고 잇다. 너히들의 도망할 곳을 완전히 막어버린 것 아느냐?
우리는 각 전선에서 총공세를 취하여 급속도로 서울을 향하야 거침없이 돌진하고 있는 것은 너히들도 알 것이다. 그대들은 지금 완전히 포위되어 있다. 공연히 헛수고를 하지 말고 목숨이 아깝거든 손을 들고 투항하라. 그리고 인민군에게 강제로 끌려나온 소위 의용군들이여 한시바삐 귀순하라. 우리는 그대들의 억울한 사정을 잘 알고 귀순만 하면 용서한다. 만일 인민군의 감시로 귀순할 수 없으면 기회를 보아 감시병을 죽여버려라. 인민군을 죽이고 넘어오는 자는 특히 우대한다.
육해공군 총사령관 육군 소장 정일권[51]

북한군 점령 지역 민간인을 대상으로 하든 북한군에게 투항을 권유하든 국방부 정훈국의 삐라는 협박과 위협을 담고 있다. 심지어 "싸움은 공산군이 모두 항복하거나 하나도 남김없이 죽여버리기까지 계속할 것"이라고 경고한다. 삐라 속 협박과 위협은 9·28수복 뒤 더욱 심해졌고 적어도 삐라 속 서울 탈환은 점령 지역 민간인에게 '자유'가 아니라 공포였다. 이런 내용의 심리전은 미 사회과학자들의 행동주의 심리전 유형과 너무나 다른 형태였다.

셋째, 북한의 점령이 남한 민간인의 선악을 구분하는 기준으로 작용했다. 1950년 7월 30일 살포된 삐라에서 점령이 내부의 적을 '박멸'하는 좋은 기회임을 밝히고 있다.

이 불행은 정의와 평화에 대한 전초이며 비애와 절망을 영원이 소멸시킬 서광입니다. 그러고 선악을 정확히 판단시키려는 절대의 기회입니다.[52]

국방부장관은 적 점령이 내부의 적을 알 수 있는 계기라는 내용의 성명을 삐라로 발표했다.

끝으로 한 가지 동포 여러분께 말씀드려둘 것은 이번 공비의 동란을 통하여 우리들은 우리 민족 내부의 숨길 수 없는 자태를 잘 파악할 수 있게 됐다는 것입니다. 다시 말하면 평소 애매한 회색분자로서 혁명가나 애국자인 체 가장 행세하던 무리들이 비록 악독한 적으로부터 총칼의 위협은 받는다 하드레도 쉽사리 투항 굴종하여 감히 방송대 앞에서 미친 수작을 억지로 짓거리고 있다는 것이니 현명하신 애국동포 제위는 이러한 공갈된 방송 날조된 선전에 추호도 동요되지 말고 필승의 신념 아래 적의 모략과 제5열을 경계하여 주십시오.[53]

이 삐라는 한국군 작전 지휘권을 미국에 이양한다는 이른바 대전 협정을 알리는 성명이다. 비록 전쟁 상황이지만 대한민국이 다른 나라에게 군 작전권을 넘겼던 중요한 협정인데도 협정에 대한 설명보다는 군사령부의 대구 이전이 후퇴가 아니라 강변했다. 나아가 '애매한 회색분자', '민족 내부의 숨길 수 없는 자태'인 내부의 적을 경계하라고 강조했다. 이는 정치적 반대파를 '빨갱이'나 '제5열'이라는 굴레로 배제하고 제거하는 '한국식 보수 정치'의 전형이다.

극동사령부에서 생산한 삐라

극동사령부는 중국군과 북한군 또는 북한 지역 민간인을 대상으로 하는 삐라를 생산했다. 〈표 18〉은 극동사령부가 생산한 삐라 334종을 대상과 주제에 따라 나눈 것이다.

〈표 18〉 극동사령부가 생산한 삐라의 주제별 분류(총 334종)

대상	주제	종수	주제	종수
북한군 (118종)	좋은 대우	14	맥아더 공고	4
	항복 권유	12	진격 예고	3
	안전보장	11	의료	3
	중국의 착취	10	분열 조장	2
	향수 자극	10	휴전 지연 선전	2
	유엔 선전	10	보급	2
	사상자	8	한 민족 의식 고취	2
	무기의 우월성 강조	6	반공주의 고취	1
	겨울철 곤경	6	폭격 예고	1
	소련의 착취	5	낙하산 뉴스	2
	공산 정권 비판	4		
북한군/ 북한 민간인 (128종)	유엔 선전	16	중국의 착취	3
	공산 정권 비판	14	의료	1
	안개계획(상징)	6	성적 학대	1
	소련의 착취	5	남북한의 대비	1
	애국심 고취	4	향수 자극(가족)	1
	곤경	4	학살	1
	눈보라계획(평화)	2	분열 조장	1
	한 민족 의식 고취	2	선물	1
	기념일 선전	2	전쟁 지연 선전	1
	휴전협정 선전	2	무기의 우월	1
	전쟁 이야기	2	자유세계	57

북한 민간인 (54종)	폭격 경고	16	공산 정권 비판	2
	저항 유도	10	불필요한 희생	1
	유엔 선전	9	진격 예고	1
	분열 조장	4	애국심 고취	1
	가짜 김일성 선전	2	포로 교환 선전	1
	전통 파괴 선전	2	낙하산 뉴스	3
	중국의 착취	2		
남한 민간인 (18종)	유엔 선전	5	폭격 예고	1
	진격 예고	2	착취 선전	1
	피난 유도	2	낙하산 뉴스	6
	정보	1		
남한 민간인/ 한국군(16종)	유엔 참전	4	낙하산 뉴스	7
	징발	1	재건 화보	3
	진격 예고	1		

북한군을 대상으로 하는 삐라는 좋은 대우, 항복 권유, 안전보장이 37종(31.9%)으로 가장 많다. 중국의 착취와 향수, 유엔과 관련된 내용이 각 10종이고 나머지는 10종이 되지 않는다. 한편 북한군과 민간인을 모두 겨냥한 삐라는 유엔과 관련된 내용이 16종, 공산 정권 비판이 14종, 안개 계획이 6종이었다. 북한 민간인만을 겨냥한 삐라는 폭격에 대한 경고가 31.4퍼센트인 16종으로 가장 많았고 '공산 정권에 저항하라'는 내용과 유엔과 관련된 내용이 그다음을 차지했다. 남한 민간인과 군인에게 뿌려진 삐라는 유엔의 참전을 선전하고 '유엔군을 환영하라'는 내용이다.

극동사령부의 삐라는 대상자에 따라 내용이 달랐다. 군인에게는 항복을 유도하고 분열을 조장하는 내용이 많았고, 민간인에게는 유엔의 활동을 선전하고 폭격을 알리는 내용이 많았다. 북한 · 소련 · 중국을 비판하는 내용은 군과 민간인 모두를 대상으로 했다.

이에 대해 극동사령부 심리전부는 심리전의 대상에 따라 세 부류로 나누어 삐라가 제작되어야 한다고 지적했다.

(심리전의 대상은) 시민, 농민, 초급 학교를 나온 신병이다.

농민에게는 "왜 당신은 그렇게 가난한가?", "지금 무엇을 먹고 있는가?", "중국 공산군이 당신의 쌀을 먹고 있다고 생각하는가?"를 묻고 유엔은 그런 진실을 알고 있고 남한으로 도망하라고 충고한다.

신병에게는 학교에 다니는 소년이 보낸 것처럼 쓰는데 노트에 쓴 느낌이 나도록 한다. 편지에는 "러시아로 간 사람은 누구인가?" "당신은 결코 러시아 학교에 갈 수 없다"라고 질문을 던진다.

시민에게는 진실을 말한다. 그들이 (공산 정권 아래에서) 높은 세금 때문에 재산을 모을 수 없다고 알린다. 북한 정부는 자신들의 목적을 위해 각 개인에게 수입의 25퍼센트를 세금으로 거두었다. 이 25퍼센트는 흉년이기 때문에 너무 과중하다. 블랙리스트에 오르면 다음 두 세대, 곧 당신의 아이들이 당신이 죽은 다음에도 감시받는다.[54]

중국군을 대상으로 한 첫 삐라는 '대한민국 국군과 연합군에 저항하는 병사들에게'라는 제목을 단 삐라 7008인데,* 중국군과 북한군을 모두 겨냥해서 제작했다. 삽화는 없고 포로를 인간적으로 대우한다는 내용이다. 여기에서 살펴본 중국군 대상의 삐라는 166종이다. 〈표 19〉는 극동사령부 심리전부에서 생산한 중국군을 대상으로 한 삐라를 주제에 따라 나눈 표이다.

---

* 극동사령부 심리전부와 8군사령부 심리전과는 삐라를 기획하고 승인받으면서 숫자로 된(때로는 알파벳 기호로 표기) 일련번호를 부여했다. 이 책에서는 이 일련번호를 삐라를 분류하는 기준으로 삼았다. 삐라를 설명하거나 인용하고 그림을 소개하면서 붙인 숫자는 모두 이 일련번호이다.

〈표 19〉 극동사령부의 중국군 대상 삐라의 주제별 분류(총 166종)

주제	종수	주제	종수
항복 권유	29	러시아의 주구	4
사기 저하 유도	21	중미 관계	4
중소 관계	19	눈보라계획	3
가족과 향수	14	통합계획	3
유엔 선전	12	도망 조장	3
기념일 선전	10	전쟁 결과	1
무기의 우월성 선전	9	외국에서의 전쟁	1
안전 증명서	7	포로	1
공산 정권 비판	6	과학과 미신	1
혁명과 반혁명	6	편지지	1
안개계획	6	평화	1
전쟁 지연	4		
총계			**166**

가장 많은 부분을 차지하는 주제는 항복을 권유하고 사기 저하를 유도하는 내용이다. 항복 권유는 좋은 대우, 사상자, 생존의 길, 의료, 음식 따위를 소재로 했으며 17.7퍼센트인 29종이다. 12.8퍼센트를 차지한 사기 저하를 유도하는 삐라는 동상, 분열, 죽음, 병참 부족, 겨울철 곤경 따위를 소재로 삼았다. 또한 중소 관계를 다룬 삐라도 19종이었고 가족과 향수 자극이 14종, 유엔에 대한 언급과 기념일과 관련된 내용이 각각 12종, 10종이었다.

앞의 북한군을 대상으로 한 삐라와의 가장 큰 차이는 중소 관계 비판과 가족과 향수의 주제를 강조한 데 있다. 북한군을 대상으로 한 246종 가운데 향수나 가족과 관련된 주제는 드물다. 북한군과 북한 민간인을 대상으로 한 128종에서 가족을 주제로 한 삐라는 1종 정도였다. 그리고 중미 관계를 강조하는 주제이다. 중국공산당이나 중국의 사회주의 개혁을 비판하는 삐라는 12종을 차지하고 있다.

8군사령부에서 생산한 삐라

8군사령부 심리전과가 조직되기 전 주한 미 공보원은 심리전을 전개하는 데 큰 역할을 했다. 이때 생산된 삐라 8001~8010 시리즈 가운데 아홉 종이 한국에서 인쇄됐다.[55] 이 삐라들의 특징은 살포 대상이 남한 민간인으로 '유엔군 후퇴 때 길에 있지 말라'고 언급하고 있다.[56] 대표적인 삐라가 8006이다.

시민 여러분!

여러분의 안전과 행복을 위해서 이 지구 유엔군 사령관은 다음과 같이 명령한다.

시민들의 절대복종할 사항

1. 함흥시로부터 백 리(40Km) 주변 내에서는 시민은 이동치 말 것. 식량의 불안은 없다.

2. 시민의 보호와 안전을 위해서 피난민은 즉시 주거지로 도라갈 것.

3. 유엔군이 사용하고 있는 路邊(노변)에서 방황치 말 것.

4. 노상에서 유엔군의 이동에 방해될 행동을 피할 것.

이것은 시민 여러분의 안전을 보장키 위한 것이다. 右記(우기) 사항을 위반하거나 불이행할 시時 난 유엔군 사령관은 책임을지지 않을 것이며 또한 여러분의 생명도 위험할 것이다.

유엔군 사령관 (8006)[57]

한강 도하를 엄금함! 도하하려는 자는 누구를 막론하고 총살함.

유엔군 총사령관 (8009)[58]

8군사령부 심리전과는 한 달 평균 25종, 총 711종의 삐라를 생산했다.[59] 여기에서는 북한군, 민간인을 대상으로 한 317종과 중국군을 대상으로 한 191종, 모두 508종을 살펴보겠다.

〈표 20〉은 8군사령부에서 살포한 삐라의 대상자와 주제에 따른 분류이다.

〈표 20〉 8군사령부가 생산한 삐라의 대상과 주제

대상	주제	종수	주제	종수
북한군 (185종)	항복 권유	56	소련의 착취	4
	분열 조장	28	상징	4
	사기 저하 유도	21	의료	4
	향수 자극	16	안전보장	4
	좋은 대우	15	보급	3
	중국의 착취	13	한 민족 의식 고취	2
	선물	7	유엔 선전	2
	폭격 예고	5	저항 유도	1
북한군과 북한 민간인 (6종)	유엔 선전	2	의료	1
	경고	1	분열 유도	1
	평화 선전	1		
북한 민간인 (21종)	경고	10	분열 조장	2
	착취	3	전쟁 소식	1
	저항 유도	2	평화 선전	1
	항복 권유	2		
빨치산 (67종)	항복 권유	44	무기	2
	좋은 대우	7	향수 자극	1
	뉴스	4	곤경	1
	귀향증	4	한글 교본	1
	죽음과 기다림	3		

남한 민간인 (36종)	재건 선전 애국심 고취 피난 유도 징병	12 7 5 5	6·25 진격 예고 인내 계엄발표	2 2 2 1
남한 민간인과 군인 (1종)				
남한 군인 (1종)				
계 317종				

북한군의 사기 저하를 목표로 한 삐라는 죽음, 사상자 수, 곤경, 무기의 우월성, 분열 유도와 애국심 고취 따위를 소재로 했다. 향수를 자극하는 삐라에는 남녀 사이의 사랑을 담고 있는 삐라가 3종 포함되어 있다. 또 항복 루트를 소개하는 삐라가 7종이다. 북한 민간인을 대상으로 한 삐라의 주제는 극동사령부에서 생산한 삐라와 큰 차이는 없다. 그러나 북한군을 대상으로 한 185종 가운데 유엔과 관련된 내용은 거의 없다. 이 점이 8군사령부와 극동사령부에서 생산된 삐라의 큰 차이이다.

8군사령부 심리전과의 임무는 전술 심리전의 수행이었다.[60] 전술적 임무는 전선의 직접적 전투 상황을 분석하고 심리전으로 적 병사들의 투항을 유도하는 데 목적이 있었다.

미군은 매주 1,400만여 장의 삐라를 살포했다. 이 삐라의 15퍼센트는 8군사령부가, 나머지 85퍼센트는 극동사령부가 생산했다. 극동사령부가 생산한 삐라는 특정한 적 분대를 표기하지 않지만 8군사령부가 생산한 삐라는 특별한 부대와 집단을 겨냥했다. 이론적으로 8군사령부가 생산한 삐라는 극동사령부가 생산한 삐라보다 협소한 목표를 지향했다. 그렇지만 전략 심리전과 전술 심리전이 반드시 일치하지는 않았다. 8군사령부에서 생산된 삐라도 전략적으로 인지될 내용을 담고 있기 때문이다.

8군사령부에서 생산된 중국군을 상대한 삐라의 종류는 〈표 21〉과 같다.

〈표 21〉 8군사령부가 생산한 중국군 대상 삐라의 주제별 분류

주제	종수	주제	종수
사기 저하 유도	51	경고	4
항복 권유	46	상징	3
공산 정권 비판/분열 조장	23	안전 증명	3
향수 자극	18	공급선 파괴	2
좋은 대우	14	리지웨이 성명	1
중소 관계 비판	6	기념일	1
폭격 예고	6	담배	1
공격 무용	5	'왜 싸우나'	1
선물	5	중미 관계	1
계			**191**

사기 저하를 유도하는 삐라가 51종으로 가장 많으며 세부적으로는 죽음, 사상자, 곤경, 무기의 우월성이나 의료, 선택, 분열 따위를 강조하고 있다. 항복과 관련된 삐라에는 도망 경로를 알려주는 삐라가 많았다. 46종 가운데 10여 종이 그랬는데 이는 중국군을 대상으로 한 삐라에 특히 많았다. 아마 중국군이 한국 지형을 잘 모른다는 현실을 반영한 듯하다. 공산 정권을 비판하고 분열을 조장하는 삐라에는 자아비판하는 내용이 7종이나 있다. 사기 저하 유도, 항복 권유, 공산 정권에 대한 비판, 향수를 자극하는 삐라가 전체의 72.2퍼센트를 차지했다. 그리고 유엔이나 중소 관계나 중미 관계를 다룬 삐라는 극소수이거나 전혀 언급하지 않고 있다. 기념일도 마찬가지이다. 이 점이 극동사령부와 8군사령부 심

리전 내용의 차이라 하겠다.

04 삐라의 종류

최초의 삐라와 휴전협정 조인 직전에 뿌려진 삐라

국제연합회는 일본에 주둔하는 미군에게 평화를 사랑하는 대한민국 국민이 북한의 무법한 침략에 대하여 반항하는 귀국을 원조하라고 요청을 했음으로 우리는 적극적으로 원조하겠읍니다. 견고, 침착, 대담하며 맹렬히 적을 대항하십시오. 우리는 한국과 힘을 합하여 침략자를 귀국으로부터 격퇴하겠읍니다. **(1-csf-1)**[61]

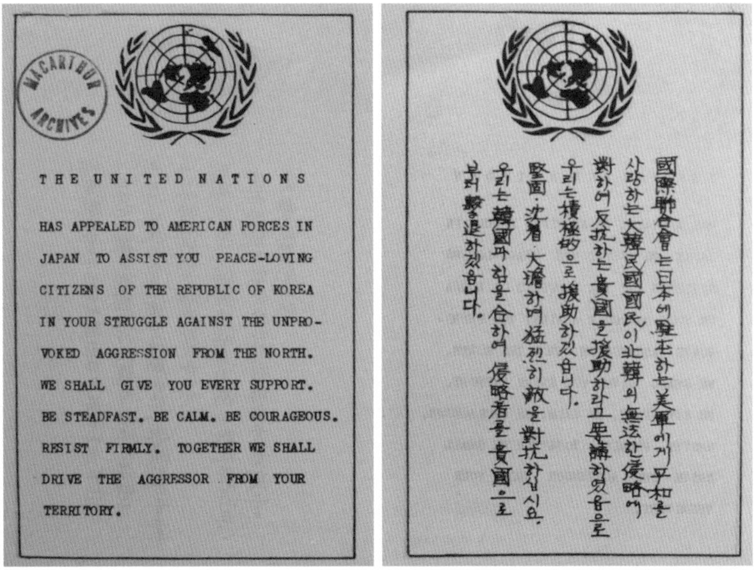

그림 6 _ 1950년 6월 28일 한국에 뿌려진 최초의 삐라이다.

〈그림 6〉은 극동사령부 심리전과가 1950년 6월 28일 살포한 삐라이다. 유엔의 로고를 그리고 영문 타자체와 한글 펜글씨체로 인쇄했으며 남한 민간인을 대상으로 하고 있다. 주요 내용은 일본에 있는 미 점령군의 원조를 소개하고 남한 사람들에게 사기를 불어넣는 데 목적이 있다고 쓰여 있다. 1,200만 장이 살포됐으며 한국전쟁 때 뿌려진 삐라 가운데 단일 종으로는 가장 많은 양이 생산, 살포됐다. 곧이어 삐라 '1-scsf-1'(7월 1일), '1-scsk-2'(7월 4일), '1-scsk-3'(7월 9, 11일)가 뿌려졌다. 두 번째로 살포된 삐라도 처음과 비슷한 내용으로 트루먼의 성명과 맥아더의 한국 방문 사진을 넣어 미국의 참전 의지를 확인시켜주었다.

북한군을 대상으로 하는 삐라는 1950년 8월 9일 처음 B-29로 살포됐다. 투항하면 신변의 안전을 보장한다는 안전 증명서 100만 장이었다. 같은 내용의 삐라가 8월 16일 48만 장, 8월 21일 59만 장, 9월 1일 72만 장 뿌려졌다.[62]

미 공보원은 8군사령부와 함께 최초 2종의 삐라(8003, 8004)를 제작하여 낙동강 방어선의 한국군에 20만 장을, 민간인에게 80만 장을 살포했다.

마지막 삐라는 1953년 6월 23일 생산돼 중국군과 북한군을 상대로 뿌려졌다. 이 삐라는 "휴전협정이 성립되기 전 마지막 삐라로 적 병사들에게 불안의 씨앗을 심는 것을 목적"으로 하고 있었다. 삐라의 내용은 북한군에게는 통일과 재건이라는 주요한 임무가 남아 있음을 알리고, 중국군에게는 외국 전쟁에 몰아넣은 공산 지도자에 저항하라는 것이었다.[63]

인민군 장병 여러분!

휴전이 성립되었으니 삼천리강산에 평화가 찾아올 것입니다. 전쟁으로 폐허가

된 삼천리 방방곡곡에 또다시 평화가 찾아올 것입니다.

이제 여러분은 죽을 염려도 없고 굶주리고 추위에 떨 걱정도 없으며 일도 심하게 안 하게 되었으니 얼마나 다행한 일입니까? 여러분의 지도자들이 여러분을 제대시키게 되면 모두 집에 돌아가서 그전처럼 행복하게 지내시길 바랍니다. 다행히도 여러분은 유혈의 전장으로부터 인간의 본업으로 돌아가 파괴된 고향

그림 7 _ 중국군과 북한군에 뿌려진 삐라

을 재건하고 쟁기로 밭을 갈며 어린 자녀를 기르며 저녁마다 정다운 친구들과 모여 환락할 수 있게 되었읍니다. 여러분의 지도자만 승낙하면 여러분은 인제 이 같은 행복스런 생활을 할 수 있게 된 것입니다. 그럼 빨리 집으로 돌아가 사랑하는 가족들과 또다시 행복하게 잘 사십시오. 여러분과 싸움터에서 다시는 만나지 않기를 우리는 간절히 바라는 바입니다.(1331)[64]

낙하산 뉴스

극동사령부는 1950년 7월 17일 80만 장의 '낙하산 뉴스'를 북한 지역에 살포했다. 그 뒤 3개월 동안 19종 1,468만 6,000장의 '낙하산 뉴스'가 살포됐다. '낙하산 뉴스'는 제2차 세계대전 때 남태평양 지역 심리전과에서 일본인을 대상으로 뿌린 삐라 가운데 가장 대중적이고 성공적인 이름이었다. 극동공군이 일본군에게 주간으로 발행한 삐라가 '낙하산 뉴스'다.

〈그림 8〉처럼 제2차 세계대전 때 뿌려진 '낙하산 뉴스'는 신문의 형식을 빌려 만들었지만 한국어로 된 '낙하산 뉴스'는 〈그림 9〉처럼 신문이 아닌 간단한 소식을 전하는 정도였다. 〈표 22〉는 '낙하산 뉴스'의 살포일과 대상, 살포량을 알려준다.

〈표 22〉 '낙하산 뉴스'의 살포 시기와 대상, 살포량[65]

날짜	분류 번호	대상/살포량		
		북한군	북한 민간인	남한 민간인
1950. 7. 7	2001	–	280,000	–
7. 8	2001	–	–	456,000
7. 11	2001	–	320,000	–
7. 17	2002	800,000	–	–

落下傘ニュース
第十八號 第一頁 (土曜日) 昭和二十年七月十四日
米機動部隊大擧出擊
帝都を大空爆
B29も五市を痛爆
甲府、明石の工場を痛擊
高砂丸臨検さる
米驅艦戰時國際法を遵守
南支沿岸を制壓
厦門より日本軍を一掃
カーチン氏逝去
極東航空軍活發
本土、台灣を連續空襲
豪軍ボルネオで戰果擴大
兵器彈藥類百万噸を輸送
B二九の生産好調
Rakkasan News No. 18

그림 8 _ 제2차 대전 때 일본군이 주둔하던 태평양지역에 뿌려진 '낙하산 뉴스'

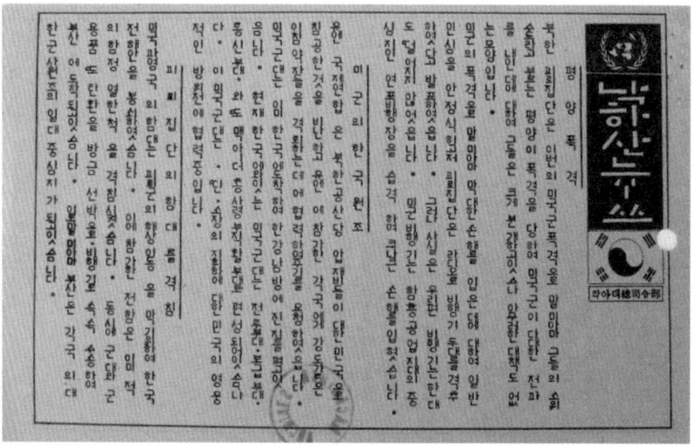
낙하산뉴스
평양폭격
미군의 한국원조
피뢰집단의 함대를 격침

그림 9 _ 한국전쟁 때 뿌려진 '낙하산 뉴스' 제1호인 2001이다

7. 24	2003	–	–	996,000
7. 31	2004	–	–	996,000
8. 16	2005	–	–	700,000
8. 29	2006	–	–	700,000
9. 1	2007	–	–	700,000
9. 4	2007	–	360,000	–
9. 3	2008	–	–	600,000
9. 3	2009	–	–	600,000
9. 6	2010	–	–	600,000
9. 6	2011	–	–	600,000
9. 9	2012	–	–	600,000
9. 9	2013	–	–	600,000
9. 28	2014	720,000	–	–
9. 29	2015	–	720,000	–
9. 30	2016	–	–	1,200,000
10. 6	2017	–	720,000	–
10. 6	2018	–	720,000	–
10. 7	2019	–	698,000	–
총계		**1,520,000**	**3,818,000**	**9,348,000**

'낙하산 뉴스'는 1950년 7월과 9월에 집중적으로 뿌려졌다. 살포 대상자는 북한군이나 북한 민간인만이 아니라 남한 민간인까지 포함했는데 전체의 63.7퍼센트가 남한 민간인을 대상으로 했다. 〈표 23〉은 '낙하산 뉴스' 각 호의 내용이다.

〈표 23〉 '낙하산 뉴스' 내용

분류 번호	낙하산 뉴스의 소제목
2001	평양 폭격. 미국의 한국 원조. 괴뢰집단의 함대 격파. 건투하는 한국 정부. 세계 각국은 한국을 원조. 허위 선전하는 괴뢰집단. 불원간 수도는 서울로.

2002	북한 병사 여러분에게
2003	이승만의 성명
2004	신형 바주카포 위력 발휘. 유엔 공군 맹폭 계속. 해군 항공기대도 맹렬히 활동. 로켓단으로 적의 주력 부대 격파. 유엔 해군·공군 북한 해안선 공격. 평민은 남쪽으로 내려오지 말 것. 새로운 미 군사단 작전 개시. 공산 괴뢰군은 영덕에서 막대한 손해 입음. 대한민국으로 활발하게 군수품을 공수. 공군사령부가 한국의 설치됐음. 싸이암(태국)이 대한민국에 군대를 파견합니다.
2005	유엔군의 반격. 해방일. 맥아더 장군 대한민국 국군 칭찬. 군 점령 지역의 곤란한 형편. 유엔 공군의 포격 대상인 공산군의 군사 목표.
2006	공산군은 퇴각하고 있다. 유엔군은 금화를 탈환했다. 유엔군 비행기 전선 4개 지구에서 활동. 대한민국에 있는 유엔군 증강. 아시아 국가들 공산주의 침략에 분기(奮起). 하루에 500번 출격. 영국이 또 다른 군함을 보내왔다.
2007	유엔기와 한국기. 대구 공방전에서 유엔군 승리. 적의 손실 막대. 공산군 포격선에로, 다시 일어날 수 없음. 괴뢰군 방송 자기 손실 인정. 영국 전투부대 유엔군에 참가.
2008	공산 괴뢰들의 최후 발악. 영국군 남한에 도착. 삼척·원주·풍기를 유엔 공군이 폭격. 평양제철소 폭격. 괴뢰군 고급 장교 전사. 유엔 소속 기관에서 대한민국을 원조하기로 결정.
2010	공산 괴뢰군의 계획은 실패. 공산 괴뢰군의 사상자 2일간에 1만 명. 공산 괴뢰군의 예정은 실패. 소련도 괴뢰군의 공세 약화를 인정. 90대의 국제연합 폭격기 북한 공격 .
2011	국제연합군은 괴뢰군의 공격을 분쇄. 공산 괴뢰군의 계획은 실패. 괴뢰군의 식량난. 화란(네덜란드) 군대 파견. 국제연합 공군 증강.
2012	국제연합군 신형 탱크 사용. 괴뢰군 수송선 20척 침몰. 국제연합군 영산 부근에서 전진. 국제연합군은 포항 공격을 격퇴. 국제연합군은 공산 괴뢰군을 전멸. 최고 사령관은 전쟁의 고비를 넘었다고 함. 마산 부근에서 공산 괴뢰군을 포위.
2013	영국군 전투에 참가. 괴뢰군 당황하며 퇴각. 국제연합군 전진. 국제연합군의 승리를 확신. 국제연합 해군의 작전 성공, 괴뢰군 장교가 괴뢰 패망을 예언. 맥아더 총사령관은 국제연합에 보고.
2014	괴뢰군 전면적으로 퇴각. 연합군 서울 탈환. 비행장 탈환. 괴뢰군의 손해는 막대하다. 북한 장병들에게 고함.
2015	괴뢰군 전면전으로 퇴각. 연합군 서울 탈환. 비행장 탈환. 괴뢰군의 손해는 막대하다. 괴뢰군 압제하에 있는 한국의 애국 동지들이여.
2016	괴뢰군 전면적으로 퇴각. 연합군 서울을 탈환. 비행장을 탈환. 괴뢰군의 손해는 막대하다. 대한민국 국민과 장병 여러분.

2017	연합군과 대한민국군은 대진격을 계속하고 있다.
2018	대한민국을 위한 구제품. 연합군과 대한민국군은 진격을 계속하고 있다.
2019	대한민국군과 연합군은 괴뢰군의 최후 퇴로를 차단. 국제연합 가입국들을 대한민국 구제를 약속.

작전연구소는 한국전쟁 때 제작된 '낙하산 뉴스'는 뉴스도 아니고 적당한 선전 삐라도 아니라고 혹독하게 비판했다. 작전연구소는 뉴스라면 다음의 특징을 가져야 한다고 지적하고 있다. "첫째 개인에 의해 준비되어야 하고, 둘째 한 유형의 독자를 목적으로 해야 한다. 청중이 둘이면 두 개의 신문이 인쇄되어야 한다. 셋째 지방의 주요한 사항만을 인쇄해야 하고, 넷째 정규적인 발행을 해야 한다. 그런데 '낙하산 뉴스'는 부정기적으로 발행됐다."[66] 결국 '낙하산 뉴스'는 10월 7일 '2019'를 마지막으로 자취를 감췄다.

자유세계

'낙하산 뉴스'는 제2차 세계대전 때와 같은 역할을 하지 못했다는 판단에 따라 1950년 10월 7일 자로 폐기됐다. 이 '낙하산 뉴스'를 대체한 매체가 〈자유세계〉이다. 〈자유세계〉는 주간으로 약 100만에서 200만 장씩 제작·살포됐고, 1951년 2월 23일 제1호가 발행됐다. 〈자유세계〉 창간호는 〈자유세계〉를 발행한 목적을 이렇게 설명했다.

> 전 한국 국민에게 고함!
>
> 자유세계는 전진하고 있다.
>
> 대한민국, 미국, 백이이(벨기에), 콜롬비아, 캐나다, 뉴질랜드, 불란서, 멕시코,

1951년二월二十三일

유엔군總司令部

자유세계 주간신보

유엔군총사령부

일생을 통해서 공산주의와 싸우겠다! 맥아더장군이 성명

유엔군 인천 영등포 김포 비행장 탈환! 서울 탈환전 전개

UN해군 서울 인천지구 공산군의 시설 공격

중공을 침략자로 규정

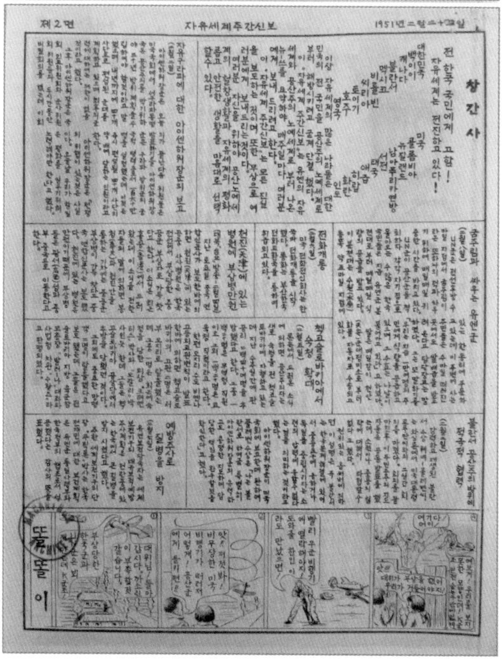

제2면

자유세계주간신보

1951년二월二十三일

창간사

전 한국 국민에게 고함! 자유세계는 전진하고 있다!

그림 10 _ 〈자유세계〉 창간호

남아푸리카연방, 비률빈(필리핀), 서전(스웨덴), 씨리아(시리아), 태국, 토이기(터키), 애급(이집트), 호주, 히랍(그리스), 영국, 화란(네덜란드), 인도.

이상 자유세계의 많은 나라들은 대한민국의 전 국민을 공산주의 노예세계로부터 해방시키려고 굳게 단결했다. 이 "자유세계 주간신보"는 유엔의 자유세계와 공산주의 노예세계로부터 나온 뉴스를 요약하야 매주일마다 여러분에게 보내드리려고 한다.

이 "자유세계 주간신보"는 모든 진실을 보도하는 것이며 또한 무상으로 여러분에게 보내드리는 것이다.

여러분 자신을 위하여 공산 노예세계의 철창생활과 자유세계의 평화롭고 안전한 생활을 마음대로 선택할 수 있다.[67]

눈길을 끄는 대목은 세계를 자유세계(유엔)와 노예세계(공산주의)로 나눈 점이다. 발간 의도가 노예세계에 살고 있는 사람들에게 자유세계의 소식을 알리기 위함이라고 했다. 그 의도는 제호에서도 드러난다. 그전에 나온 '낙하산 뉴스'는 제목에서 정치적 · 이데올로기적 경향을 드러내지 않고 단순히 하늘에 떨어지는 모습을 형상화했다. 〈자유세계〉는 창간호에서도 정치적 의도를 명확히 했다. 〈자유세계〉는 휴전협정 뒤에도 계속 발행됐다. 〈자유세계〉와 비슷한 형식으로 〈삼주간 뉴스〉나 〈재건화보〉가 발간되기도 했다. 〈자유세계〉 2호의 중간 제목들을 보면 다음과 같다.

사설 / 중국 인민은 적대행위 확대 / 콜롬비아 한국에 군대 파견 / 유엔군 공산군 진지에 돌진 맥아더 장군 다시 전선을 시찰 / 중공 집단적 살육을 계속 감행 / 중공 한국전쟁의 타격을 체험 / 유엔 한국재건단 단장 내한 / 철의 장막 내의 생활/한국 해병대 원산 상륙/중공에 대한 원조 확대를 요구/화란(네덜란드) 한국 미군부대 원주에서 합류/미얀마 한국에 양곡을 제공

〈자유세계〉는 뉴스를 전하는 신문이라는 형식을 띠고 있었기 때문에 사설, 국제 뉴스, 한국의 정치·경제·사회 소식, 전쟁 통계, 4컷 만화 따위로 구성되어 있다. 이는 매체의 특성상 공정하다는 인식을 주려는 장치이기도 했다. 그동안 확인된 총 53종의 내용을 분류하면 다음과 같다.

〈표 24〉〈자유세계〉 내용 분류

내용		종수
유엔	성명	19
	참전 소식	45
	교육, 재건, 원조	43
세계 동향		13
북한		12
포로		13
전쟁 뉴스		73
공산세계		13
미국		9
중국		28
소련		11
사설		36
휴전		40
원자력		2

내용		종수
한국 관련	군	29
	국제	18
	경제	19
	정치	8
	이승만 성명	4
	피난민/고아	14
	식량/의료	28
	월경(越境)	3
	사고사	11
	일상/교섭	6
	교육	7
	저항	2
	애국심	1
	무기의 우월	3
	상이(傷痍)	3

〈자유세계〉의 내용은 크게 유엔 관련 기사, 세계정세(미국, 중국, 소련), 한국 관련 기사, 전쟁 소식으로 구분할 수 있다.

한국의 정치, 경제, 군 관련 기사보다 더 많은 것은 유엔 관련 기사이다. 유엔 관련 기사는 유엔의 성명, 참전 소식 그리고 원조와 관련된 내용이다. 유엔의 목적은 "한국의 공산군 침략을 깨뜨려 부시고 동양에 평화를 회복하는 일, 자주 · 독립 · 통일 · 민주 한국을 세우는 일"이라고 언급했다. 또한 유엔군의 구성은 "비록 인종은 다르고 말은 같지 않지마는 한국 전선에서 어깨를 나란히 하야 싸우는" "국제적인 유엔군의 일원으로 이처럼 싸울 수 있는 것은 실로 영광스러운 일"이라고 네덜란드군 병사의 말을 빌어 설명했다.[68] 유엔군은 미군이 아닌 세계적인 군대라는 뜻이다.

또한 〈자유세계〉에는 유엔이나 미국의 원조를 다룬 기사도 많다. 다음은 '웃음을 도로 찾은 부모 없는 어린이'라는 제목의 기사 내용이다.

> 미국 시민들은 크게 감동받아 의복이며 기타 여러 가지 선물을 강구에게 보내어 그들의 동정을 표시했다. 강구는 이제는 얼굴에 웃음이 떠나지 않는다. 이것은 미국 사람들의 오랜 관습—즉 불상한 사람들을 도우랴는 자연스러운 정 때문이라고 할 수 있다. (〈자유세계〉 28호)[69]

미국에서 온 의복과 선물을 받고 웃음이 떠나지 않는 한국의 고아 강구라는 아이를 언급하면서 이는 미국의 오랜 관습이라고 말한다. '인정 많은 미국인'이라는 이미지를 쌓으려 〈자유세계〉는 미군이 아이들을 돌보는 사진이나 원조하는 사진도 종종 실었다.

한편 〈자유세계〉는 북한에 대한 직접적 뉴스보다 세계적 동향 또는 중국이나 동유럽에서의 사건을 다루는 형식으로 공산주의를 비판하곤 했다. 전쟁 뉴스는 사상자 수를 포함한 적의 인적, 물적 손실을 매번 싣고 있다. 한국 관련 내용은 정치적 기사보다는 사회, 경제에 초점을 두고 의료, 교육, 고아, 피난민과 관련된 내용이 많았다.

'가장' 성공한 작전, 물라

유엔군의 최고 작전 책임자인 마크 클라크에 따르면 한국전쟁 때 가장 위대한 심리전의 승리는 1952년 초 한 명의 전쟁 특파원이 술을 마시면서 제기한 문제에서 비롯됐다고 한다. 국방부와 국무부를 거쳐 1953년 3월 20일 합동 참모본부에서 정식 심리작전으로 승인이 떨어졌다. 그 작전명은 물라Moolah이다.*

계획의 주된 내용은 남한으로 전투 가능한 MIG기를 가져오는 조종

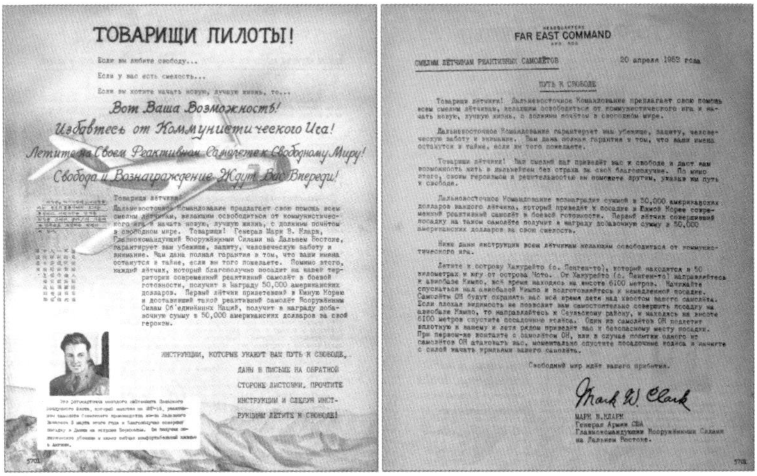

그림 11 _ 물라작전에 따라 뿌려진 삐라의 앞면과 뒷면. 모두 러시아 어로 썼다.

---

* '물라(moolah)'는 돈을 뜻하는 속어이다.

사에게 5만 달러를 지급하고 처음으로 오는 조종사에게는 5만 달러를 추가 지급한다는 것이었다.

소련의 MIG-15 전투기가 처음 전장에 등장한 때는 1950년 11월로 미 공군의 전투기보다 성능이 앞섰다고 평가됐다. 따라서 미 공군은 MIG-15 전투기의 성능과 기능을 알고자 노력했으나 쉽지 않았다. 1953년까지도 추락하는 MIG-15 전투기는 없었다. 이에 극동사령부에서 수립한 계획이 조종사들로 하여금 미그기를 가져오도록 유인하는 방법이었다. 1953년 4월 클라크는 유엔라디오로 이런 내용을 방송했다.

1953년 4월 27일 극동사령부 심리전부는 중국어, 한국어, 러시아어로 된 '미그 15기 조종사에 대한 호소'라는 삐라를 압록강 유역, 신의주와 의주에 살포했다. 그 뒤 8일 동안 모든 미그기MIGs는 지상에 있었으며 5월과 6월이 되어서도 전과 비교해 MIG-15 전투기의 출격은 21퍼센트로 감소했다.[70]

물라작전이 있은 뒤 미그기 조종사들은 전쟁을 통틀어 가장 적은 비행 횟수를 기록했다. 그러나 이 기간 동안 귀순한 미그기 조종사는 아무도 없었다. 그런데도 이 작전은 군사 전문가들이나 한국군 심리전 전문가들에 의해 가장 성공적인 심리전 작전으로 평가됐다.

> MIG기 조종사의 이탈을 부채질하는 전략은 북한군에게 커다란 부담을 주었고 가장 필요한 시기에 유엔(군)에게 커다란 도움을 주었다. (…) 몇몇 사람은 이 작전이 비도덕적이라고 주장했지만 그것은 소련이 평화의 전도사라는 국제적인 평판을 없애는 데 이바지했다. (…) 중국군들은 밤과 낮의 구별 없는 하늘의 공격으로부터 무방비상태였다. 왜냐하면 공산주의자들은 그들의 전투기를 압록강 지방에 있는 은신처로 이동시켰기 때문에 하늘로부터의 공격을 막아줄 수

있는 것이 아무것도 없었다.[71]

1953년 4월과 5월은 전선의 유동성이 심하지 않았을 때임에도 불구하고 유엔군에게 커다란 도움을 주었다는 평가는 무엇을 뜻하는가? 사실 물라작전의 성공으로 미군이 제공권을 장악했던 것은 아니다. 전쟁 초기부터 미군은 제공권을 장악했고, 전쟁 내내 북한 지역을 무차별 폭격했다. 적어도 미 공군의 위력은 북한군도 중국군도 어찌할 수 없었다. 그런데도 미군이 1953년에 이 작전을 펼쳤다는 사실은 석연치 않다. 오히려 이 작전은 1953년이 될 때까지 소련의 공군력을 제대로 파악하지 못했다는 조바심에서 나왔을 가능성이 크다. 곧 획득한 미그기를 분해해 소련의 공군력을 파악할 기회를 만들고 싶었을 것이다. 그런 면 때문에 이 작전은 '비도덕적'이라는 국제적 비난에 부딪혔으리라.

아이젠하워는 귀순자에게 돈을 주는 일은 비도덕적이며 귀순은 이데올로기적인 이유로 이루어져야 한다고 생각했고, 클라크는 약속대로 보상을 해주는 일이 훨씬 도덕적이라 생각했다고 그의 회고록에서 밝혔다.[72] 보상을 둘러싼 논란은 1953년 말 다시 벌어졌다. 1953년 9월 21일, 북한군 중위 노근석이 MIG-15 전투기를 몰고 투항했다. MIG-15 전투기와 함께 투항한 첫 조정사라서 그는 10만 달러를 받았다. 그는 1950년 9월부터 1953년 7월까지 만주에 있었는데 유엔 삐라는 보지 못했고, 다만 다른 조종사들이 말하는 것을 들었다고 한다.[73] 그의 투항은 물라작전의 영향이 아니었다.

한편 소련은 물라작전은 값싼 속임수에 불과하며 국제법 위반이라고 주장했다. 소련의 주장은 심리전부에도 영향을 미쳤다. 이 작전이 '자랑할 만한 것'이 아니라는 사령부 보고서는 이를 증명한다.

삐라의 여러 유형

대표적 삐라 유형은 안전보장 증명서, 좋은 대우 약속, 도망과 투항 권유, 죽음 따위였다.

(1) 안전보장 증명서

1951년 10월 16일 극동사령부 제36차 계획회의에서 "투항의 가장 큰 장애는 투항의 방법에서 병사들을 무시하는 데 있다. 따라서 표준적인 삐라가 필요하다"는 제안이 있었다.[74] 안전보장 증명서는 상대방의 항복을 유도하는 삐라의 대표적 형태이다.

> 당신들은 훌륭하게 임무를 완수했다. 우리 미군은 당신의 용기에 존경을 표한다. 우리 비행기가 공중을 통제하고 배가 바다를 통제한 이래 루손(필리핀의 섬)의 방어선을 다시 강화하려는 희망은 누구도 가질 수 없다. 이제 이오지마는 함락당했고 우리는 오키나와 전투를 결정했다.
>
> 병사들의 복지와 생존에 대한 책임은 당신의 어깨에 달려 있다. 희망이 없는 상황에서 그렇게 충성스럽고 용감하게 싸웠던 병사들을 계속 고통과 부상, 질병과 재난 아래 두어야 하겠는가? 결국 굶어 죽는 것 외에 아무런 희망도 없는 상황에서 전쟁이 끝날 때까지 명예롭게 안전하게 지낼 수 있는 우리 진영으로 병사를 데리고 오라! 당신이 얻을 특권은 장차 일본을 건설하는 명예를 갖는 것이다.
>
> 1. 우리 진영으로 오는 일본군은 무기를 버리고 적당한 장소에서 당신을 데리고 올 미군를 만날 때까지 서쪽 또는 북쪽으로 나아가라.

2. 미군 진영의 초소에 접근하면 팔을 내리고, 두 손을 머리에 올리고, 이 삐라가 쉽게 보이도록 하라.

3. 각각의 무리는 막대기에 흰 천을 두르고 이동해야 한다.

4. 낮에만 오라.

5. 혼자서 와도 좋다. **(1-j-3)**[75]

제2차 세계대전 때 태평양 방면 육군 총사령부 심리전과가 일본군에게 뿌린 이 삐라는 안전보장 증명서가 갖추어야 할 내용을 모두 갖추고 있다. 현재 희망이 없는 상황이라면 병사들을 위해서 투항하고, 장차 일본의 재건에 참여하라고 말한다. 그리고 투항의 경로와 방법을 상세하게 설명하고 있다. 남태평양에 있었던 일본군을 대상으로 뿌려졌던 안전보장 증명서의 내용은 대개 이 같은 형식과 내용을 갖추고 있다.

그러나 1951년 1월 25일 한국전선에서 뿌려진 안전보장 증명서는 이것과 상당한 차이가 있다.

두 길이 있으니 한 길은 죽엄이고 한 길은 삶이다.

강제로 동원되어 사선에 끌려나온 그대들이 살길로 오기를 우리는 기다린다.

그것은 우리의 적이 그대들이 아니고 침략자 중공 오랑캐들인 까닭이다.

어서 다 같이 배달민족을 위하여 단결하고 대한민국을 위하여 중공 오랑캐를 격멸하는 민족의 방패가 되자! 그러기 위하여 그대들은 한시 바삐 귀순하라!

그대들의 귀순은 살 수 있는 길이고 정의와 대의를 위한 길인 것이다.

귀순하여 올 때에는

중공군을 사로잡아 오거나

무기를 높이 들고 오거나

중공군의 목을 짤라 오는 자에게는

특별히 환영하고 후대한다.

4284년 1월 대통령 각하 의도에 따라 대한민국 국방부장관 신성모[76]

대한민국 국방부장관의 명의로 뿌려진 이 안전보장 증명서는 위협과 고압적인 자세로 일관하고 있다. 나아가 투항은 정의와 대의를 위한 길이기에 귀순할 때 중국군을 잡아오거나 목을 잘라오면 특별히 후대한다고 언급하고 있다.

앞서 일본군에게 뿌린 삐라는 상대방에 대한 최소한의 예우가 있었다. '열심히 싸웠지만 패했고 앞으로는 일본을 재건할 임무가 있기'에 투항하라고 권유한다. 반면 한국 국방부장관 명의의 삐라에서는 이를 찾아볼 수 없다. 일본군을 대상으로 한 삐라는 비록 적에게 투항을 권했지만 그걸 '정의'라 말하지 않았다. 귀순이나 항복이라는 말조차도 적군에게 모욕을 주고 심리를 불편하게 하리라는 판단 때문에 가능하면 자제했다. 그러나 한국전쟁에서는 달랐다. 미군과 유엔이 '선한 자'이자 '정의'였기에 '투항하라'는 요구는 자연스러웠다.

극동사령부 심리전부에서 제작한 안전보장 증명서의 일반적 형태와 내용은 다음과 같다.

〈앞〉 북한군 장병들에게–살려면 지금 넘어오시오.

국제연합군 쪽으로 넘어오시오. 우리는 당신을 환영하고 잘 대우하겠읍니다. 좋은 음식도 주고 치료도 하겠읍니다. 이 전쟁이 끝나면 집으로 돌아갈 것입니다. 이 아래 쓴 영문은 맥아더 장군이 모든 국제연합군과 대한민국군은 북한군 포로를 잘 대우하라고 한 명령입니다.

그림 12 _ (1035)

〈뒤〉 북한군 장병들에게–살려면 지금 넘어오시오.

1. 밤에 부대를 떠나서 날이 새거든 국제연합군이나 한국군 쪽으로 넘어오시오.

2. 큰 도로나 작은 길을 걸어오시오. 도로나 길이 없으면 들판을 걸어오시오.

3. 손을 머리 위로 들고 이 "비라"를 흔들든지 또는 될 수 있으면 흰 물건을 흔들면서 오시오. 이렇게 하면 국제연합군은 당신이 귀순하는 줄을 알고 당신에게 사격을 하지 않을 것입니다.

4. 귀순할 때는 이 "비라"를 가지고 오지 않아도 좋습니다. **(1035)**

이 길을 따르라!

유엔군 후방에는 신생의 길이 있다.

그림 13 _ (1050)

1. 소속 부대에서 살작 탈출할 기회를 살피시라.

2. 무기를 파괴하든지 묻으시라.

3. 넓은 벌판이나 행길로 걸어오시라.

4. 양손을 머리 위로 높이 드시라.

5. 유엔군 진지 쪽으로 천천이 걸어서 한 줄로 되어 오시라.

6. 유엔군 수용소에는 따뜻한 잠자리와 좋은 음식과 충분한 약품들이 북한군 장병인 당신을 기다리고 있다. (1050) [77]

위의 두 삐라가 극동사령부가 생산한 가장 일반적인 안전보장 증명서이다. 삐라 1-j-3과 비슷한 형식을 취했다. 그런데 투항하는 방법은 설명하지만 '왜 투항해야 하는지'는 말하지 않는다. 다만 투항하면 좋은 음식을 주고 치료를 해주겠다는 정도만 있을 뿐이다.

극동사령부의 안전보장 증명서가 모든 지역에서 일반적으로 살포된 반면 8군사령부에서 생산한 안전보장 증명서는 특정 전선에서 뿌려졌기 때문에 〈그림 14〉 삐라 8154처럼 지역명과 부대의 위치를 구체적으로 표시했다.

그림 14 _ 안전보장 증명서(8154)

(2) 좋은 대우

'좋은 대우'라는 주제로 분류되는 삐라는 북한군 및 중국군 포로들이 어떤 대우를 받고 있는지 알렸다. 주로 포로들이 국제법에 따라 음식, 옷, 휴식, 오락 따위를 제공받고 있다고 알리거나 투항한 포로가 잘 지내고 있다는 편지를 실었다. 전자는 사진과 함께 포로들이 어떤 대우를 받는지 확인하게 했으며 후자는 포로들의 얼굴과 편지를 실었다.

〈앞〉 어제의 적은 오늘의 친구.

〈뒤〉 바쁘게 수공품을 만들고 있다. 우리 쪽으로 온 당신의 동료는 국제법에 따라 음식, 옷, 휴식처, 의료, 오락을 제공받고 있다.

(눈을 가린 것은 일본에 있는 그의 가족을 보호하기 위해서이다). **(15-j-1)**[78]

생명의 길

북한 병사들은 유엔군에 좋은 대우를 받고 있다.

(이 사람들이 눈을 가리운 것은 그들의 가족이 해를 받지 않기 위해서다). **(1043)**[79]

〈앞〉 인민군 제8사단 동지들이여!

보라! 수천 명이나 되는 그대들의 옛 동지가 유엔군 수용소에서 그 얼마나 안전하고 행복스러운 생활을 하고 있는가를!

그림 15 _ (15-j-1)

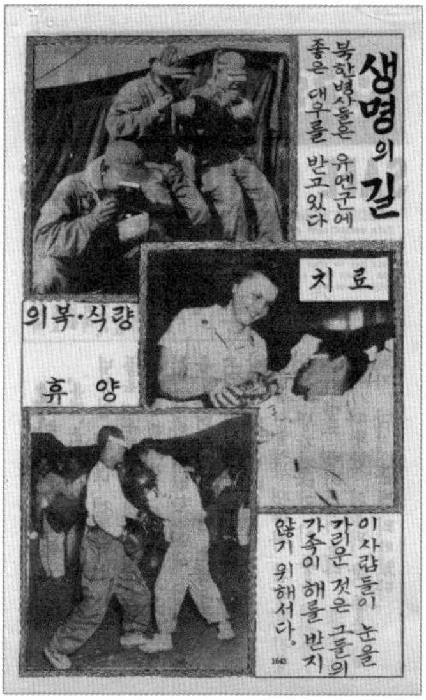

그림 16 _ (1043)

그림 17 _ (8341)

종종 운동을 해서 몸을 튼튼하게 한다.

깨끗하고 안락한 생활을 마음껏 할 수 있다.

〈뒤〉 인민군 제8사단에 강제로 편입된 국군 출신 동지들이여!

이것을 보면 조국의 품 안으로 돌아오는 그대들을 대한민국은 따뜻하게 맞아준다는 사실을 잘 알 수 있을 것이다! 국군 출신이나 인민군 동지들은 자기네 가족과 친척을 만나 볼 수가 있다. 그대들의 기술을 키울 적당한 일거리가 있다. (8341)[80]

〈그림 15〉, 〈그림 16〉, 〈그림 17〉은 '좋은 대우'의 가장 전형적인 형태이다. 〈그림 15〉인 삐라 15-j-1은 태평양 방면 육군 총사령부에서 일본군에게 뿌린 것으로 〈그림 16〉인 삐라 1043과 거의 비슷하다. "눈을 가린 것은 그들의 가족이 해를 받지 않기" 위함이라는 설명까지도 같다. 8

군사령부가 뿌린 삐라 8341은 여러 장의 사진을 담았다. 이 삐라들은 공통으로 포로들이 의복, 식량, 의료, 오락, 교육 따위의 좋은 대우를 받고 있다며 넘어오기를 권하고 있다.

180사단 538연대 유계성劉繼成

내 이름은 유계성이다. 중국군에 머무르는 동안 나는 공산당 간부들에 의해 압박당했다. 나는 말할 자유가 없었다. 우리는 소와 말처럼 일해야 했고 공산당을 위해 죽어야 했다. 우리는 적당한 음식과 의복을 지급받지 못했다.

나는 저녁에 부대를 이탈했다. 산에서 퇴각 명령을 받고 나는 계곡에 남아 해가 뜰 때까지 기다렸다. 나는 큰 도로를 통해 유엔 쪽으로 왔다. 유엔군 지역에서 나는 중국인 통역자를 만났다. 그리고 어떤 미국 병사가 나에게 담배, 사탕, 크래커를 주었다. 이제 나는 매일 흰 쌀밥을 먹는다.

나는 유엔으로부터 옷과 담요를 받았다.

나는 지금 행복하다.

여기에서 생활은 집에 있는 것처럼 느끼게 한다.

친구여, 당신도 당신의 삶을 변화시켜라.

유엔군 쪽으로 즉시 와라. (8555)[81]

〈앞〉 인민군 45사단 90연대 동지들이여!

공산당 쇠사슬을 용감히 벗어난 옛 동지가 보내는 이 글을 읽어보라.

〈뒤〉 90연대 옛 동지들에게.

정치 안전 장교들의 매일 똑갓은 허위선전을 밋지 말고 지옥 갓튼 45사단을 버서난 우리들을 본바드십시오. 나는 유엔군 편으로 너머와서 말할 수 업이 조흔 대우를 밧고 잇으며 공산당 허위선전에서 버서난 자유의 몸이 되엇다! 나를 본

바드십시오. 사라서 조국의 민주통일을 우리 두눈으로 보기로 합시다. (8384)[82]

위의 사례처럼 '좋은 대우를 받고 있다'고 고백하는 내용의 삐라도 살포됐다. 고백형 삐라는 "중국군이 상관에게 악의를 갖게 됐다"는 점에서 효과적이라고 심리전부는 평가했다.

고백형 삐라들은 대부분 8군사령부에서 생산됐다. 8군사령부는 포로들에게서 얻은 정보를 바탕으로 각 부대의 세세한 상황을 담은 편지를 쓰도록 했고, 이는 삐라의 현실감을 높이는 효과가 있었다.

(3) 도망과 투항

심리전을 수행하면서 미군은 '도망과 투항'이 순차적 절차를 거친다고 강조했다. "심리전은 우선 적군에게 반半의식적으로 포기하는 마음을 갖도록 한다. 그리고는 그들을 궁지로 몰아넣는 공포스러운 전투와 포격을 가한 뒤 투항 권유 삐라를 살포하여 그들에게 탈출구를 제공한다."[83] 곧 투항이 돌발적 행위가 아니라 '삐라 살포(사기 저하)→공포스러운 폭격→삐라 살포(항복 권유)'라는 과정의 산물이라는 것이다. 이런 매뉴얼에 따른 작전은 투항 권유뿐만 아니었다. 손도끼작전 같은 고지전 지원, 폭격을 알리는 삐라 살포도 같은 방식이었다.

1951년 2월 17일 미 8군사령관 리지웨이는 중부전선을 시찰한 뒤 일선 지휘관들에게 아래와 같이 말했다.

"우리는 심리전쟁을 전개하여 우리의 생명을 보존할 수 있다. (적에게) 생명을 보장하는 전단을 살포한 뒤 사격을 중지하고 적병이 그들 진지로부터 탈출하여 올 기회를 줄 수도 있을 것이다."[84]

투항하거나 도망해야 하는 이유는 다양하다. 보급선의 단절에 따른 음식이나 의료, 의복의 부족, 죽음을 부르는 유엔의 화력 따위가 그것이다.

〈앞〉 굶주릴 필요가 있는가?

〈뒤〉 공산당 두목들은 굶주림과 주검에 대한 전문가들이다. 그럴 수밖에 없는 것이 그것 외에는 아는 것이 없는 까닭이다. 유엔군이 풍족한 음식을 준비하고 기다리고 있는데 제군은 또 금년 가을과 겨울에 굶주릴 필요가 어데 있는가? 제군은 하로 바삐 공산진영을 빠져나와 유엔수용소에서 전쟁이 어데 있느냐는 듯이 안락하고 배부른 생활을 하고 있는 10여만 제군의 동료에게로 오라! (1109)[85]

그림 18 _ (1109)

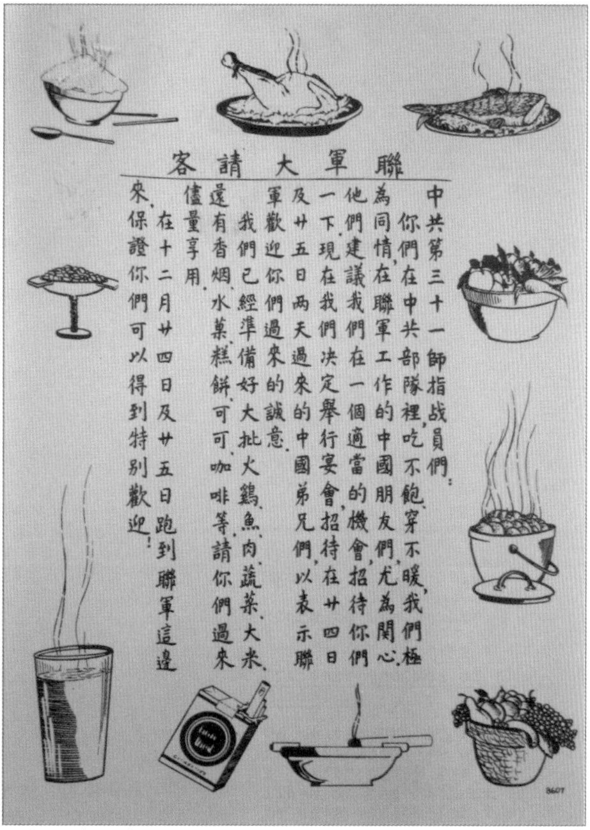

그림 19 _ (8607)

개인적 안위도 투항을 권유하는 주요한 매개였다. 삐라 8607은 크리스마스를 앞뒤로 해서 뿌려졌다.

(…) 유엔군은 구운 닭, 생선, 신선하고 요리된 채소, 감자, 과일, 사탕을 먹고, 뜨거운 음료를 마시고 담배를 필 것이다. 당신은 우리의 축제에 우리와 함께 즐기고 음식을 먹을 수 있다. 유엔 쪽으로 도망 와서 12월 24, 25일 진정한 환영을 받아라. (8607)[86]

이 밖에도 정치적 이유를 들어 투항을 권하기도 했다. 그 내용은 다음과 같다.

왜 항복하느냐고 물으면 나의 대답은 다음과 같다.

중국공산당은 속인다. 가능한 모든 방법으로 당신을 기만한다. 그들은 영악한 사기로 당신이 커다란 곤경, 심지어 죽음이라도 참아야 한다고 설득한다. (…)

이제 당신은 배고픔으로 고통당하고 잠이 부족하다.

그들은 말한다, 모든 동료들이 참고 있다! "인민"과 "당"의 이름으로. 그들은 관료적 이중 언어로 대할 뿐이다. 만약 당신이 말한다면 그들은 당신에게 불평분자라고 부를 것이다. **(8591)**[87]

인민군 제45사단에 있던 우리는 지금 자발적으로 동의하야 유엔군으로 하여금 우리의 글을 제군에게 보내게 한다. 우리는 웨 자유스러운 유엔 쪽으로 넘어오게 됐는지 그 리유를 설명하련다.

첫째—공산당이 북한을 로서아와 중공의 괴뢰로 만들고 말았기 때문이며

둘째—우리는 끈임없는 감시와 무자비한 자기비판, 무능한 지도정신, 정치위원들의 거짓말 등에 대하야 그 이상 더 참을 수가 없었기 때문이다. 우리가 로서아를 위하야 죽을 필요가 어데 잇단 말인가!

셋째—우리는 자유로운 사람이 되고 싶었기 때문이다.

동지들이여!! 각성하라!

빨리 유엔 쪽으로 넘어와 우리와 손을 잡자! 모든 친구들이 제군을 환영하며 잘 대우하고 음식은 물론 필요하면 곳 극진한 치료도 받을 수 있는 것이다. **(1163)**[88]

이처럼 안전보장 증명서와 함께 투항과 도망을 내용으로 하는 삐라

그림 20 _ (8591 앞면)

그림 20-1 _ (8600)

가 뿌려졌다. 글을 모르는 중국군을 대상으로 뿌린 삐라도 많은데 〈그림 20〉인 삐라 8591이 대표적인 형태이다. 삐라 8591 앞면에는 글을 모르는 중국군이 거부감을 갖지 않도록 그림과 만화로 상황을 설명하고 있다. 이 삐라에 대한 설명에는 "중국군의 낮은 문해율(30~40%)은 삐라를 글이 아닌 메시지로 개발하게 했다. '멍청이', 'Henry'와 같은 간단한 만화는 글을 모르는 중국 병사들에게 큰 효과를 가져올 것이다. 글을 모르는 중국 병사는 만화에 끌릴 것이고 글을 아는 동료에게 설명해달라 할 것이다. 이리하여 이 삐라는 글을 아는 병사와 글을 모르는 병사 모두에게 호소한다. 글을 알든 모르든 적어도 만화 상태를 확실하게 이해할 것이다"라는 언급이 있다. 〈그림 20〉, 〈그림 20-1〉이 모두 이런 의도 아래 생산됐다.

8군사령부는 중국군을 상대로 도망 경로를 세세하게 알려주는 삐라를 많이 뿌렸다. 〈그림 21〉인 삐라 8679는 도망 경로를 지도로 설명했다.

제2차 세계대전 때 태평양 방면 육군 총사령부 투항 권유 삐라의 결말은 언제나 '전후 일본을 재건하는' 중대한 임무가 있음을 강조했다. 그러나 한국전쟁 때 극동사령부나 8군사령부는 2~3종을 빼고는 투항 권유 삐라에서 '재건 문제'를 언급하지 않는다. 그 까닭은 재건은 유엔사령부의 일이라고 여겼기 때문에 북한군이나 빨치산을 재건이라는 임무로 설득하지 않았다.

(4) 개인의 곤경과 선물

행동주의를 표방했던 미 사회과학자들은 심리전은 이데올로기나 정치 또는 경제적 구조를 내세울 것이 아니라 감성적으로 개인의 곤경이나

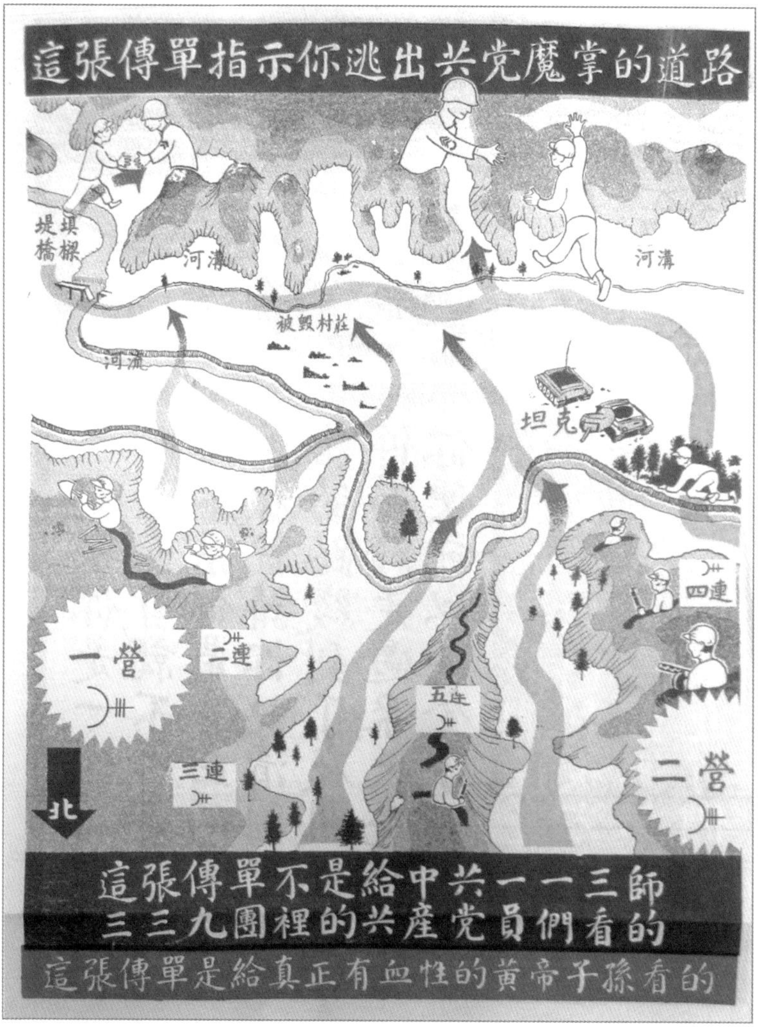

그림 21 _ 도망 경로(8679)

죽음에 호소해서 투항을 유도하라고 충고했다. 그들은 이로써 전쟁이 파괴 없이 승리로 끝나리라고 확신했다. 그러한 의도가 가장 잘 드러나는 사례가 겨울철 동상, 죽음을 내용으로 하는 삐라이다.

병사가 살아 있더라도 그는 싸울 수 없다. 왜? 그의 손과 발은 절단됐다. 그가 군의관에게 보였을 때 너무 늦었다. 그의 정치 장교는 그에게 "곧장 언덕으로 가라. 기다려 보라. 우리는 전선에서 네가 필요하다. 네 의무는 병사라는 것을 기억하라"고 말했다.

그러나 언덕으로 갈 수 없었다. 곧 그의 발은 마비됐다. 피부는 검게 변했다. 마지막으로 고통으로 인해 그는 의사에게 갔지만 너무 늦었다. 그의 손과 발은 더 이상 치료할 수 없었다. 너의 손과 발이 마비되기 전에, 너무 늦기 전에 유엔 쪽으로 와라. 좋은 대우와 따뜻한 휴식처가 주어지리라. **(7105)**[89]

혹독한 추위가 구석구석을 파고들어 당신의 고통은 증가하고 있다. 영하의 날씨와 눈보라가 지속됐다. 불쌍하게도 당신은 춥다. 병참 부족으로 밥을 제대로 먹지 못해 당신은 배고프다. 당신은 발에 동상을 얻었고 치료는 거의 받지 못해서 아프다!

언 땅에서 참호를 파고 당신은 탈진해버렸다. 당신은 피곤한데도 미끄러운 길에서 비틀거리거나 산에 통로를 내야 한다. 벌거벗은 겨울철, 위장은 부족하고 당신은 공중의 폭격으로 공격받기 쉽다.(…) **(8599)**[90]

위의 삐라들은 전장에서의 춥고 배고프고 피곤한 일상을 말하면서 개인의 곤경이 죽음으로 이어지라고 경고하고 있다. 죽음에 대한 경고는 주로 숫자로 표시했는데 삐라 7018~7020이나 삐라 8165~8170이 여기에 해당한다.

중국 병사들이여!

공산당 지도자들은 4명 중 1명은 죽는다고 포고했다. 당신은 희생자 가운데 하

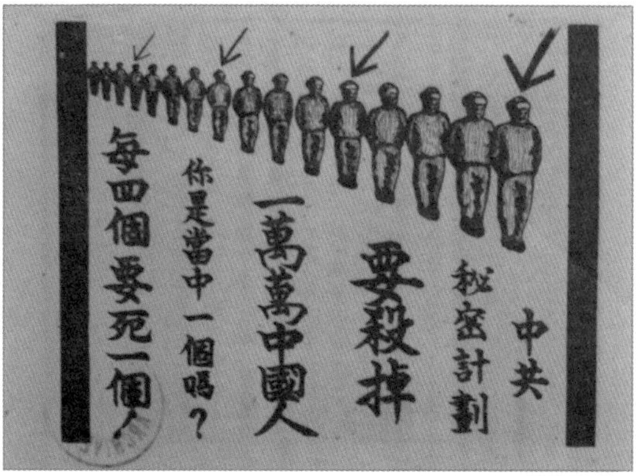

그림 22 _ (7018)

그림 23 _ (8170)

> 나인가? 왜 한국에 와서 다른 나라의 전쟁에서 싸워야 하는가. (…) 공산당은 4명 가운데 한 명 또는 1억 중국인을 희생할 계획을 갖고 있다. 그래서 중국을 더 쉽게 통치하려 한다. 왜 당신은 죽음과 대면하게 될 한국에 보내졌는가? 공산당 간부가 무의미한 전쟁에 중국인을 그렇게 밀어넣는 이유가 무엇인가? (7018)[91]

〈그림 23〉은 삐라 8170으로 "18만 4,762명은 유엔의 관할 아래 있는 현재 포로 수이다. 단순하고 드라마틱하게 호소하여 이미 보고된 전투 사상자 형상을 그려냈다. 그러한 삐라는 중국군 병사의 마음을 두렵게

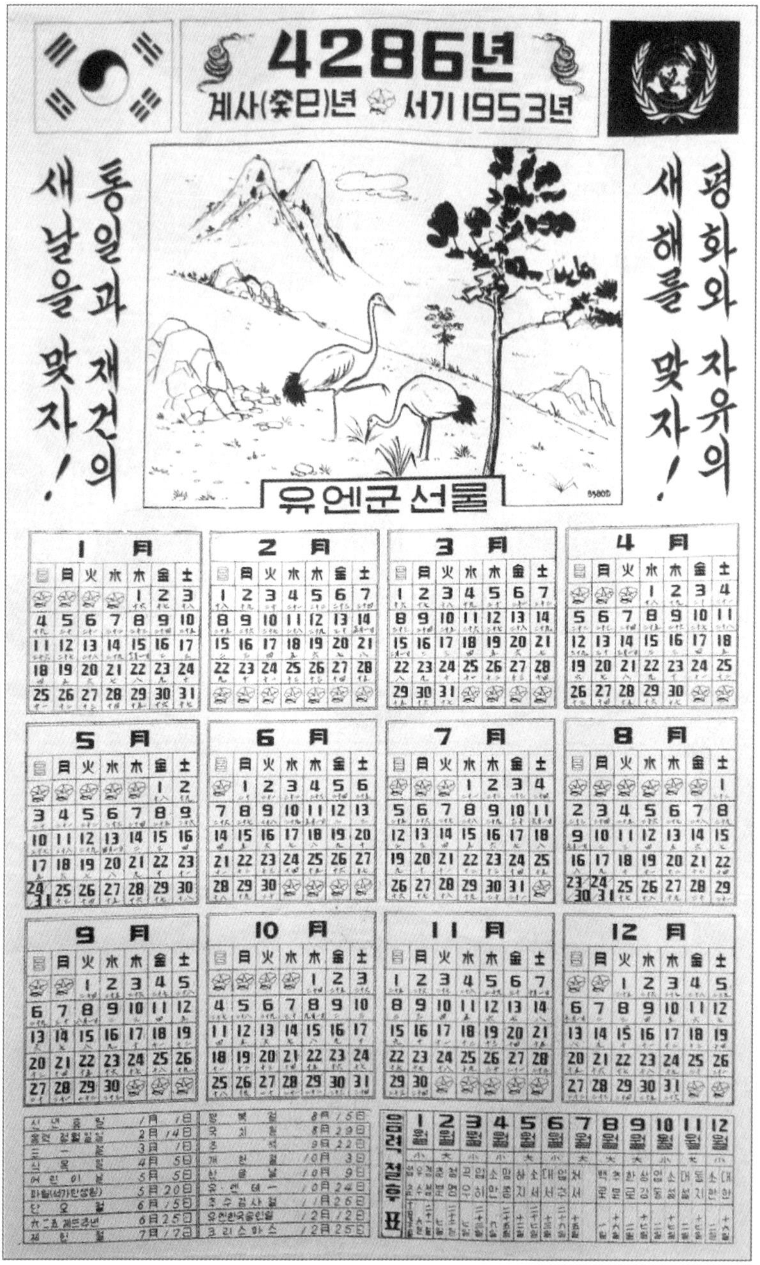
4286년
계사(癸巳)년 서기1953년
통일과 재건의 새날을 맞자!
평화와 자유의 새해를 맞자!
유엔군선물
1月 2月 3月 4月
5月 6月 7月 8月
9月 10月 11月 12月
음력 절후표

그림 24 _ 달력 선물

하고 혼동을 가져왔다고 믿는다. 유엔 쪽으로 넘어온 동료보다 전투에서 죽고 부상당한 수를 제시하는 것이 효과적"이라는 설명이 붙어 있다.

또한 호감을 주기 위해 만든 삐라도 있다. 선물 시리즈가 그것이다.

> 담배 마는 종이
>
> 우리들은 당신들의 공급부대가 그대들에게 담배 말아 피울 종이조차 주지 못하는 것을 알고 있으며 그대들이 삐라로 담배를 말아 피우는 것도 잘 알고 있다. 그래서 이 종이는 유엔군이 특히 제군이 담배를 말아 피울 수 있도록 마련한 종이인 것이다. 물론 유엔수용소에서는 유엔군이 말아놓은 담배만 주니까 말아 피우거나 할 필요는 조금도 없는 것이다. 제군은 어서 유엔 편으로 넘어와 전쟁 없는 데서 맘 편히 즐겁게 말아놓은 그 좋은 담배를 피우라. **(1111)**[92]

새해 인사와 새해 선물 시리즈도 있다. 8380 시리즈가 그것이다. 담배 5개, 성냥 1갑, 편지지 6장, 장기판, 달력과 연하장 따위를 투명 고무 방수 가방에 넣어 떨어뜨렸다. 그 까닭은 "새해를 맞아 유엔군을 믿도록 선물을 떨어뜨리는 것이다. 선전은 대개 비호전적이어야 한다. 유엔 선물은 적에게 친밀한 인상을 효과적으로 주는 데" 있었다.[93] 〈그림24〉는 소나무와 학이 그려진 새해 달력이다.[94]

또한 가방을 뿌리기도 했다. 투명 고무 가방 앞면에는 유엔 장병의 선물이라는 제목 아래 "모든 자유국은 한국을 파괴하는 공산주의의 침입을 멈추려고 한다. 그러나 우리는 병사에게는 어떤 증오도 없다. 이 가방은 우정으로 당신들에게 주는 것이다. 당신이 유엔으로 넘어오면 훨씬 더 많은 우정을 누릴 것이다"라고 적었다.

3

적 이미지와 상징 그리고 기호 만들기

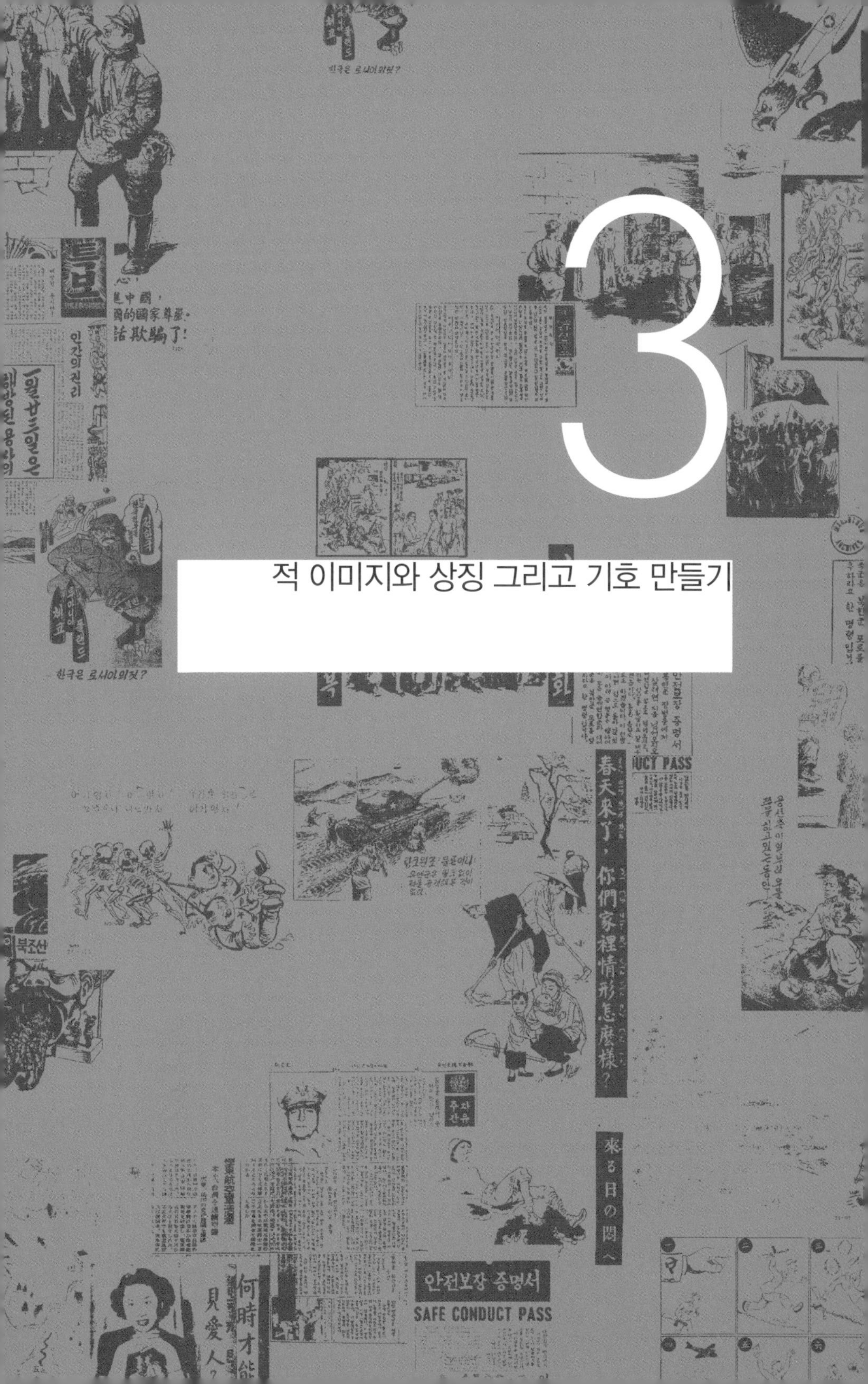

제3장
적 이미지와 상징 그리고 기호 만들기

미국 심리전의 일차적 대상은 자국민이 아닌 '적' 군인이나 민간인이다. 따라서 '적을 어떻게 부를 것인가', '적을 상징하는 것은 무엇인가', '적 이미지를 어떻게 만들 것인가' 따위가 심리전의 중요한 과제이다. 더구나 삐라는 호명呼名, 상징, 기호, 이미지가 모두 결합되어 있다. 허구를 실제로 믿게 만드는 일, 아니 실제를 넘어 진실로 믿게 만드는 일이 바로 삐라가 해야 할 몫이다. 그러나 이는 전투 경험과 전략적 설정만으로 해결될 수 없다. 군사적 능력을 넘어서는 적의 문화와 사회 · 정치적 이해가 있어야 가능하다. 따라서 한국전쟁 때 미국의 심리전은 극동사령부나 8군사령부의 군인들뿐만 아니라 미국의 사회과학 연구자들과의 긴밀한 연계 속에서 이루어졌다.

그렇다면 적의 호명과 이미지 생산 과정에서 미 사회과학 연구자들의 역할은 무엇일까? 그들은 극동사령부나 8군사령부의 심리전 작전명을 '이아고', '데스데모나', '나이팅게일' 따위로 호명했다. 그들은 왜 이렇게 호명했을까?

그 질문에 답을 구하면서 중학생 때 읽었던 『제인 에어』가 떠올랐다. 나에게 『제인 에어』는 제인과 로체스터의 숭고한 사랑만으로 기억됐던 소설이었다. 나는 한 번도 모든 여성의 선망인 로체스터의 재력이 어떻게 얻어졌는지 의문을 갖지 않았다. 왜 로체스터의 부인은 미치광이가 돼 다락방에 갇혔는지 알지 못했다. 내게 그녀는 다만 제인과 로체스터의 사랑을 가로막는 장애물일 뿐이었다. 그녀는 로체스터를 불행에 빠트린 아주 나쁜 여자라는 것이 책을 읽고 난 뒤 느낌이었다.

그리고 제인과 로체스터의 부인인 버사의 마주침은 그녀 자신의 감금된 "굶주림, 반항, 그리고 분노"와의 대결 혹은 만남이며, 자아와 영혼의 내밀한 대화라는[1] 산드라 길버트와 수전 구바의 해석에 대한 가야트리 차크라보르티 스피박의 다른 해석을 읽기 전까지 그 감상은 유지됐다. 적어도 로체스터의 매력적인 재력이 바로 그 부인의 재산으로부터 출발했다는 사실을 지적하기까지 아무런 의심을 하지 않았다. 로체스터는 아버지가 재산을 장남에게 몰아주고 차남인 자신은 돈 많은 서인도제도의 '미심쩍은' 여성에게 반강제로 결혼시켰다고 호소한다. 곧 자기도 희생자라고 말한다. 로체스터 부인인 버사는 순수한 백인이 아니라 백인 메이슨과 자메이카 태생의 크레올 여자인 어머니 사이에서 태어났다. 곧 그녀는 순수한 백인이 아닌 혼혈이었다. 로체스터는 이 사실을 알기 전까지 버사가 그런대로 괜찮아 보였는데 사실을 알게 되자 버사가 그렇게 비열하고, 천하고, 흉측하기 짝이 없는 미친 여자인데다 술고래이고 음탕한 여자로 보이더라는 것이다.[2] 스피박은 버사의 목소리는 침묵을 강요당한 채, 잊힌 채 간과되어 왔다고 했다. 또한 로체스터의 부는 식민지 착취로부터 나왔다.

미 사회학자들이 심리전의 작전명을 문학작품에서 빌어다 쓴 까닭은 그런 호명이 로체스터의 매력과 같은 효과가 있었기 때문이다. 사람들에게 사랑받았던 로체스터의 매력은 포장된 것이었고 그 속에는 다른 진실이 있었다. 마찬가지로 미 사회학자들의 호명은 심리전(삐라)의 기호와 상징, 언어 속에 담긴 거짓, 협박, 차별, 폭력 따위를 인간의 보편적 감정인양 드러내려는 의도였다. 곧 심리전이 인간이라면 누구나 느낄 수 있는 본능적 감정을 불러일으키려는 목적에서 출발했다고 사람들에게 알리기 위함이었다. 거짓이건, 불의이건 심리전에서 생산한 언어와 상징을 접한 사람들이 이를 보편적 진실로 믿으면 심리전은 성공한 작전이 된다. 따라서 인간 행위에 대한 분석보다 중요한 일은 바로 이런 호명과 재현이고 이의 구조적 재생산이었다. 이로써 심리전은 전장의 삐라로서가 아니라 사람들의 의식 속에 살아가는 생물이 될 수 있었다.

01 적 호명과 이미지 만들기

적敵의 호명과 이미지 만들기는 심리전에서 가장 중요한 작업이다. 적 이미지 만들기의 첫 작업은 적을 정하는 일이다. 적이 정해지면 "진실이 무엇이든 간에 아군은 억압된 선량자이며 적군은 죽음의 이미지인 사탄"인 것이다.[3] 적, 곧 타자他者는 세상 모든 악의 상징으로 만들어져야 한다.

한국전쟁 때 삐라의 삽화, 문구, 기호, 이미지는 모두 국무부의 지침을 바탕으로 한 극동사령부 심리전부의 조사와 토론의 결과였다. 따라서 삐라 속 텍스트나 상징, 이미지는 한국전쟁을 다시 읽는 중요한 매개이다. 나아가 삐라 속 텍스트와 상징, 이미지는 전쟁 뒤에도 끊임없이 재생산됐고 한국 사회에 자리 잡았다. 곧 적어도 삐라는 '현대 한국인의 신념체계가 어떻게 형성됐는가'라는 질문에 답을 찾을 수 있는 좋은 자료 가운데 하나이다. '재생산'과 '안착'이야말로 바로 심리전의 역할이기 때문이다. 삐라를 포함한 심리전은 인종, 계급, 성별(젠더)이라는 익숙한 틀과

'냉전'에 걸맞은 반공주의가 결합하면서 이루어졌고 그 결과 증오와 두려움을 극대화한 이미지와 '호명'이 나타났다.

갱스터 군국주의자와 평화주의자 천황

제2차 세계대전 때 태평양 방면 육군 총사령부는 갈등과 분열, 사기 저하 따위의 주제를 담은 삐라를 뿌려 일본군과 일본인의 투항을 이끌었다. 이를 위한 가장 적절한 방법은 장교와 사병들 사이에 분열을 일으키는 것이었다. '갱스터 군국주의자'와 '평화주의자 천황'이라는 대립 구도는 매우 효과적이었다.

> 1만 명이 죽는 동안 1명의 장군이 명성을 얻는다.
>
> 도쿄 군국주의자는 유명한 군인 야마시타山下에게 일을 맡겼다. 그는 실패했고 1만 명을 죽게 했다. 야마시타는 인간을 희생시켜 무더기로 쌓아놓는 것 외에 어떤 전략도 사용하지 않았다. "1만 명의 죽음은 1명의 장군에게 명성을 준다"는 옛말과 같다. 그러한 야망에서 당신의 목숨은 그에게는 관심 밖에 있다. 병사들이여! 책임감 없고 무능력한 야마시타 때문에 당신은 먼 땅에서 개죽음을 당해야 하는가. **(19-j-1)**[4]

삐라 19-j-1은 군신軍神으로 알려진 노기 마레스케乃木希典 제독을 구름으로, 야마시타 도모유키山下奉文를 진창으로 묘사하며 둘을 비교하고 있다. 러일전쟁에서 전공을 세워 천황의 명예를 빛냈으면서도 수만 명의 병사를 잃은 사실을 안타까워했던 노기와 달리 야마시타를 비롯한 갱스터 군국주의자들은 패전이 눈앞인 상황에서도 병사들을 죽음의 구

그림 25 _ (19–j–1)

렁으로 몰아넣고 있다고 말한다. 이는 태평양 방면 육군 총사령부 심리전과에서 나온 정책으로 전쟁의 모든 원인과 책임을 군국주의자에게 묻는다. 대신 사병들의 정신적 지주인 천황에 대한 직접적인 공격은 하지 않았다. 이러한 정책을 실시한 까닭은 다음의 판단에서였다.

> 천황을 반대하는 일본인은 없다. 일본인의 입장에서 천황은 잘못했지만 그 잘못을 따지는 행위는 가톨릭에서 신성모독과 같다. 대중은 갱스터 군국주의자들이 그들의 신성한 천황을 배반했음을 깨닫게 될 것이다. 군국주의자들은 하늘의 아들인 천황을 파괴의 길로 이끌었다. 천황을 속인 그들은 일본에서 존재할 수 없다.[5]

그리고 더 나아가 천황의 상징과 이미지를 '평화주의자'로 정착시켰다. 천황과 평화를 연결시킨 까닭은 "평화라는 용어는 약점이 없으며 이 방법이 일본에서의 전쟁을 끝낼 수 있는 방법"이었기 때문이다. 만약 천황을 전쟁범죄자로 몰 경우 "예수가 십자가에 못 박힌 것과 비교된다. (일본인들은) 모두가 개미처럼 죽기로 싸울 것"으로 판단했다. 오히려 "천황은 (…) 군사적으로 철저하게 파괴된 일본에 선과 평화를 위한 힘을 줄 수 있다. (…) 천황 지배 아래 자유로운 정부가 형성되어 일본인의 삶이 새로운 방향으로 향하게" 될 것으로 기대했다.[6]

태평양 방면 육군 총사령부 심리전과의 일차적 목표는 천황과 군 지도부의 분리였다. 평화와 천황을, 전쟁과 군국주의자를 대립시켜 이미지화했다. 그리고 다시 군 지도부와 사병 그리고 평범한 일본인의 경계를 나누었다. 군부 지도자를 제거하면 평화가 찾아오니 평화로운 일본을 건설할 사병들은 죽음이 아닌 삶을 선택하라는 선전이 이어졌다.

그림 26 _ (111-j-1) 일본인 부부와 아이의 뒷모습. 군수 물자가 쓰레기와 뒤섞여 있다. 쓰레기 더미에 야자수가 있는 것으로 보아 태평양에 있는 섬들로 여겨진다.

당신은 용감하게 싸웠다. 미래에 대해 생각할 때가 아닌가?

당신은 무의미한 죽음이 아닌 어떻게 하면 현재 상황을 극복할 수 있을지 생각해야 한다. 왜 당신은 평화가 올 때 새로운 일본을 건설하기 위해 살아야 한다는 생각을 갖지 않는가? 미래 일본은 많은 일을 할 당신을 필요로 한다.

의심할 여지가 없다. 군부 지도자가 일본의 표면에서 사라질 때에야 평화롭고 새로운 나라가 건설될 것이다. 전 노력을 나라와 가족을 건설하기 위해 헌신할 때이다. 당신의 가장 중요한 책임이다. **(111-j-1)**[7]

일본이 현재 처한 비참함에 대한 책임은 오직 군국주의자에게 있다. 공격을 이끌었던 자들은 그들이지 모든 일본인이 아니다. 어느 날 군국주의자가 분쇄되고 평화가 돌아올 때 당신은 일본을 재건설하는 위대한 작업을 해야 하지 않겠는가? **(113-j-1)**[8]

삐라들은 무조건 항복만이 일본을 평화롭게 하며, 미군의 적은 군국주의자이지 천황이나 평범한 일본인이 아니라고 분명하게 밝히고 있다. 그리고 무조건 항복은 일본의 노예화가 아니라 평화로운 새로운 일본을 건설하는 길임을 거듭 강조한다. "무조건 항복은 종전終戰을, 군국주의자의 격멸을 뜻한다. 사람들의 노예화 혹은 전멸을 의미하지 않는다"라는 내용의 삐라가 뿌려졌고, 무조건 항복하지 않으면 유럽에서 승리한 연합군이 모두 일본으로 몰려오리라고 경고했다.

트루먼은 일본 군국주의를 파괴하겠다고 선언했고 무조건 항복의 의미를 분명히 했다.

(…) 군사적으로 무조건 항복은 일본인에게 무엇을 의미하는가? 싸움을 끝내는 것이고 일본을 파멸로 이끌었던 군국주의자의 권력을 끝내는 것을 의미한다. 육군 병사와 해군이 자신의 가족과 마을로, 일터로 다시 돌아오는 것이다. 일본인의 전멸 또는 노예화를 의미하지 않는다.(…) **(137-j-1)**[9]

항복을 받아내는 또 다른 방식은 일본 군인과 미군의 대비이다.

그림 27 _ (3-j-1)

그림 28 _ (27-j-1)

〈그림 27〉의 삐라 3-j-1은 필리핀 섬에 누워 있는 일본군의 모습을 보여주고 일본으로 돌아올 일을 걱정한다. 일본군은 홀쭉한 상체를 드러내며 너저분하게 표현돼 있다. 비참한 모습으로 고립된 현실을 직시하라는 경고이다. 또한 폭격이 끊임없이 이어지고 병참선이 끊겨 음식

도 모자란 상황에서 죽음을 택하지 말고 투항하라는 제안이기도 하다. 〈그림 28〉의 삐라 27-j-1은 미군이 독일 전선에서 일본으로 건너가는 모습으로, 유럽에 있던 연합군의 무기와 군사력이 동양으로 옮겨오리라고 말한다. 삐라 27-j-1 속의 미군의 모습은 삐라 3-j-1 속 일본군과 달리 건강하고 활기에 차 있다.

오랑캐 또는 러시아의 주구走狗, 중국

> 놈들은 기회만 있으면 우리 민족을 자기들의 노예로 만드려 했으나 그 야망이 한 번도 이루어진 일은 없었다. (…) 원래 중공군은 토비土匪 군벌의 패잔병들을 모와놓은 오합지졸에 지나지 않으며 국민당의 부패한 틈을 타서 중국을 일시 제압하고 있는데 지나지 않는다.
> 우리의 선조들은 자기의 수십 배나 되는 되놈들의 침입을 능히 물리쳤다. 우리들은 다 빛나는 역사를 가진 고구려의 후손들이다.[10]

> 오랑캐란 중공이란 되놈이랍니다. 잔인한 금수들입니다. 우리의 형제자매들이 놈들의 마수에 신음하고 있습니다. 우리도 무자비해야 되겠습니다. 놈들의 인해 전술을 우리의 인해 전술로 쳐부숩시다.[11]

국방부 정훈국이 생산해 1951년 1월 남한 민간인들에게 뿌린 삐라들이다. 이들 삐라에서 중국은 '되놈' 또는 '오랑캐'로 호명됐다. 이 밖에도 다른 삐라에서는 '평화의 파괴자', '금수'라고 부르기도 했다. 조선 사대부들은 북방 여진족이 세운 청靑을 '중화中華'로 인정하지 않고, 대신 '오랑캐'라고 멸시했다. 그러다 정묘호란과 병자호란이 일어났고 결국 한양이 함락되어 모든 백성이 시련을 겪어야 했다. 삐라들은 오랑캐라는 부정적인 이미지를 현재의 중국과 연결시키고자 했다. 중국은 잔인한 금수이자 미개한 오랑캐의 나라다. 그들은 국토를 유린하고 남녀노소 가릴 것 없이 살육하고 여성을 겁탈할 것이다. 8군사령부가 북한 민간인을 대상으로 만든 삐라에도 오랑캐라는 말이 등장한다.

〈앞〉 오랑캐의 세상인가!

〈뒤〉 아는가!

오랑캐 놈들이 우리 동포의 쌀을 먹는 것을, 밤에 우리 동포의 집에서 자는 것을, 우리 재산을 약탈하는 것을, 여러 가지 악질병을 옮기는 것을. 이래도 당신은 '오랑캐' 놈들을 '동무'라고 하는가! (8027)[12]

1951년 1월 살포된 삐라 8027은 매우 독특하다. 당시 8군사령부에서 제작된 삐라 어디에서도 '오랑캐'라는 말은 찾아볼 수 없었다. 유독 이 삐라에만 '오랑캐'가 등장하는 것으로 보아 국방부 정훈국과의 유기적 관계 아래에서 나왔으리라고 추측된다.

사실 전쟁 초기 국무부와 극동사령부는 소련과 중국을 자극하는 표현을 사용하지 말라는 지침을 세웠다. 그러나 중국군의 대규모 참전으로 전황이 급변한 1950년 12월 14일부터 사정이 달라졌다. 중국에 대해 '침략'이라는 표현이 사용되기 시작했다.

그 뒤 극동사령부가 생산한 삐라에는 중국공산당을 '러시아의 주구'나 '대포 밥' 따위로 비하해 표현하곤 했다. 중국군이나 중국 지도자를 소련의 '대포 밥', 곧 총알받이로 자주 이미지화했다. '대포 밥'이라는 이미지는 대표적으로 삐라 8708에서 볼 수 있다.

그림 29 _ (8708)

<앞> 소련은 중국을 대포 밥으로 이용하고 있다.

<뒤> 공산당은 약삭빠른 속임수를 쓴다. 그들은 모든 것은 인민을 위한 것이라고 말하지만 사실은 주인인 소련이 지시한 임무를 수행하는 것에 불과하다. 그들은 임무를 수행하면서 (오히려) 인민에게 타격을 가한다. (8708)[13]

또한 '침략', '러시아의 주구'라는 표현이 등장하고 마오쩌둥毛澤東이나 저우언라이周恩來 같은 중국 지도자에 대한 묘사와 호명도 이루어졌다. 미 육군 심리전 장교 보스웰James O. Boswell과 한센K. K. Hansen의 편지에서 당시 상황을 알 수 있다.

나는 당신에게 워싱턴포스트Washington Post로부터 스탈린, 몰로토프, 저우언라이에 대해 (삽화) 허락받았다고 말했다. 우리는 삐라 7210을 고안했다. 이 삐라의 목적은 마오 정권에 대한 중국군 병사의 지지를 낮추는 데 있다. 우리는

소련의 지배와 중국의 착취라는 주제를 활용했다. 총 88만 3,000장이 생산됐다.[14]

삐라 7210(그림 30)은 모스크바의 크렘린 궁전 첨탑에 '환영 소련의 괴뢰'라는 플래카드가 있고 궁전 돌담 앞에 스탈린과 몰로토프가 웃으면서 곤혹스러워하는 저우언라이의 등을 떠밀고 있다.

그림 30 _ (7210)

그림 31, 31-1 _ (7233)

〈앞〉 "착한 아들아, 아버지를 위해 선물을 가져오너라. 그리고 아버지를 위해 돌아올 때 선물을 가져와야 한다."

〈뒤〉 소련이 중국인을 죽음으로 몰아넣다.

소련은 당신들을 배반한 괴뢰의 두목이다. 그들은 소련의 명령에 따라 피를 흘리고 그 대가는 소련이 가져간다. 소련은 공산당 두목들로부터 받은 공물인 만주를 통치한다. 소련은 대도시에서 중국을 거느리려고 한다. 당신들의 두목은 소련을 추종하나 소련은 침략자다.

소련은 한국을 침략했다. 당신들을 전쟁으로 몰아넣었다. 소련은 당신들의 희

생만을 원한다. 소련을 위해 죽지 마라. 자유 중국으로 도망쳐라. (7210)[15]

〈앞〉 중국인이 러시아의 노예가 되다.

마오쩌둥-스탈린은 적어도 한 달에 50만의 노예를 보내달라고 한다. 지금 수천 명을 보냈다. 나머지도 빨리 보내야 한다.

〈뒤〉 1만 명의 중국인이 러시아의 노예 노동자가 됐다. 한국에서 러시아를 위해 싸우는 동안 너의 가족은 노예가 됐다! (7233)[16]

삐라 7233도 삐라 7210과 같은 의도로 만들어졌다. 삐라 7233의 설명에는 소련을 위해 중국이 노예 노동자를 모집한다는 사실을 보여줌으로써 중국인이 소련 공산주의자를 싫어하게 할 목적이라고 쓰여 있다.

〈앞〉 애국적 대중이여! 심사숙고하라!

소위 고문이라는 소련의 특별 대리인이 중국으로 들어오고 있다. 그들은 중국을 통제한다. 공산 소련의 개들과 싸워라!

〈뒤〉 소위 소련 고문들은 중국을 통제하기 위한 러시아의 특별 대리인이다. 중국인은 공산주의자 소련 개의 지배를 받을 것이고 독립은 없다. 소련 개들과 싸워라!

중공 병사에게 보내는 유엔 글이니 그들이 볼 수 있게 부쳐주시오. (7240)[17]

〈그림 32, 32-1〉의 삐라 7240은 중국 지도자인 마오쩌둥, 저우언라이, 류샤오치劉少奇를 모두 소련의 괴뢰 또는 개라고 부르고 있다. 이 삐라에는 다음의 설명이 있다. "중국으로 건너오는 그들은 소련 고문이라는 이름을 달고 있다. 그들은 창문에서 소련의 개 류, 소련의 괴뢰 마오,

그림 32, 32-1 _ (7240)

소련의 인형 저우라는 꼭두각시를 일렬로 조종하고 있다.” 그리고 중국에 있는 소련 고문들은 중국을 통제하는 정보 대리인이라고 말해졌다. 이 삐라는 1953년 4월 3일 살포됐다. 삐라 7240은 전쟁 막바지에 이를수록 냉전의 골이 깊어가고 있음을 알려준다. 1951년 4월 극동사령부 심리전부의 주제 목록 가운데 있던 “적을 동물로 비교하는 일은 피해야 한다”는 주의는 더 이상 적용되지 않았다. 중국 지도자들은 중국 인민이 아닌 소련의 이익을 위해 일하는 존재로 묘사됐다.

죽음의 사자, 스탈린

국방부 정훈국이 생산한 삐라는 소련을 ‘적색 제국주의’, ‘공산 제국주의’라고 불렀지만 그런 경우가 많지는 않았다. 8군사령부와 극동사령부의 삐라도 소련을 ‘공산 제국주의’, ‘러시아 제국주의’로 불렀다. 소련은 미국을 비롯한 서구 사회와 대비되는 ‘미개하고 무지한 야만의 종족’이며 ‘적색 파시스트’로 묘사됐다.[18]

제2차 세계대전 뒤 ‘제국주의’나 ‘파시스트’로의 호명은 적을 규정하는 최고의 방법이었다. 왜냐하면 사람들은 파시스트와의 싸움이었던 제2차 세계대전의 고통을 기억하고 있었기 때문이었다. 한반도의 대중들은 ‘파시스트’나 ‘제국주의’보다 ‘군국주의’란 말에 익숙했고 몸서리쳤지만 그렇다고 ‘군국주의’ 소련 또는 ‘군국주의’ 러시아로 부르진 않았다. 그 까닭은 ‘군국주의’라 부르면 일본을 연상했기 때문이다. 이에 극동사령부는 ‘군국주의’란 표현을 쓰지 말라는 주의를 내렸다.

‘제국주의’나 ‘파시스트’로 부르려면 소련이 벌인 ‘착취’나 ‘억압’ 따위를 구체적으로 나열해야 했다. 그러나 ‘소련의 만행’을 증명하기에는 어려움이 있었다. 그래서 심리전 담당자들은 이미지와 상징으로 사실을 대체했다. 곧 상징은 '공산 제국주의'라는 호명과 함께 짝을 이루었다. 무엇보다 국기를 연상시키는 상징이 반복적으로 이용됐다.

삐라들은 유엔기에는 "유엔–평화와 자유의 방어자"라고, 한국기에는 "태극기와 함께 한국의 통일과 자유를"이라는 문구를 덧붙인다. 그리고는 북한기는 "민족을 노예화하고 조국을 절단하는 상징", 중국기는 "피의 깃발이며 인민을 학살하는 상징", '망치와 낫'은 "노예와 죽음의 상징"으로 표현했다.

국기를 단순화한 상징과 그 상징에 대한 호명은 쉼 없이 거듭됐다. 망치와 낫은 극동사령부 심리전부에서 생산한 거의 모든 삐라에 등장했고, 소련을 가리켰다. 망치와 낫은 광범위하게 사용됐지만 소련이라는 공식 명칭과 스탈린의 삽화는 이용하기를 꺼렸다. 그러나 이러한 경계

그림 33 _ (8705)

는 1952년 중반기에 이르러 훨씬 느슨해졌다.

〈그림 33〉의 삐라 8705는 앞면에 스탈린의 초상을 넣고 뒷면에는 '살해자의 상징과 배반자의 얼굴'을 기억하라는 문구가 있다. 삐라의 앞면은 온통 붉은 바탕에 스탈린의 얼굴과 망치와 낫을 그려 넣었다. 이런 방식의 이미지화는 삐라 8709와 삐라 8716에도 적용됐다. 이 삐라들은 모두 1952년 12월과 1953년 1월에 살포됐다.

> 자신을 봐라! 10월과 11월 공격에서 많은 동료들이 쓸모없이 죽었다.
> 왜?
> 스탈린과 러시아 공산주의자가 너희에게 전쟁을 강요했기 때문이다. 그들이 죽은 중국 군인을 돌보지 않기 때문이다. 스탈린과 러시아 공산주의자들은 중국과 북한을 더 큰 힘으로 제압할 뿐이다.
> 용감한 중국 병사들! 너희는 배반당했다. 중국인은 한국 땅에서 러시아의 압력 때문에 싸운다. **(8705)**[19]

스탈린은 실물 사진처럼 세밀하게 그리기도 했지만, 트레이드마크인 콧수염과 짙은 눈썹으로 이미지화됐다. 〈그림 34〉의 삐라 1171은 스탈린에 대한 이미지 가운데 하나이다. 몸은 뱀이고 뱀의 갈라진 혀를 거쳐 군인들이 입속으로 들어가고 있다. 뱀의 꼬리는 크렘린 궁에 닿아 있고 궁전에는 망치와 낫이 그려져 있다. 마치 나치의 하켄크로이츠와 히틀러 초상이 짝을 이루듯 망치와 낫 그리고 스탈린의 초상은 언제나 함께 등장했다. 삐라 속 스탈린의 얼굴이 그를 닮지 않아도 상관없었다. 낫과 망치가 있고 콧수염만 있으면 소련과 스탈린이 연상됐다.

죽음의 사자로 표현된 〈그림 35〉는 소련의 대표적 이미지이다. 얼굴

그림 34 _ (1171)

그림 35 _ (7125)

은 해골이며 오른손에는 낫을 들고 왼손에는 망치를 든 죽음의 사자가 중국군을 무참하게 살육하는 그림이다.

〈앞〉 이것이 인민의 지원군인가?

〈뒤〉 중국 병사들이여

공산당은 당신들을 "인민지원군"이라 한다. 그러나 "지원자"는 자진해서 온 사람이다. 당신들은 한국에 침입하는 공산 지도자들의 싸움에 지원했는가? 공산 지도자가 휴전 협상을 오도 가도 못하게 하는 동안 당신은 또다시 겨울을 맞아 곤경에 처하려 지원했는가? (7125) [20]

〈그림 36〉인 삐라 8293은 마오쩌둥과 김일성을 북한 인민과 중국 병사들을 죽음으로 몰아넣는 사탄으로 이미지화했다. 해골의 모습을 한

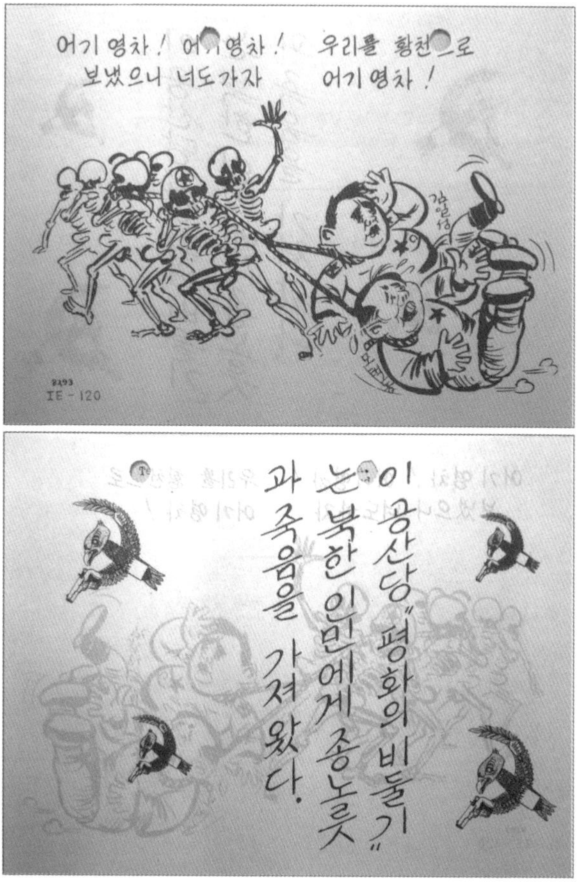

그림 36, 36-1 _ (8293)

죽음의 사자가 김일성과 마오쩌둥을 데려가는 모습이다. "어기영차! 어기영차! 우리를 황천으로 보냈으니 너도 가자 어기영차! 이 공산당 '평화의 비둘기'는 북한 인민에게 종노릇과 죽음을 가져왔다."[21] "그는 역사에 전무후무한 살인귀요 마왕이며 그 폭악성은 로마 네로 왕도 따르지 못할 독재 군주로서 자타가 공인하고 있습니다."[22] 스탈린과 소련에게는 이처럼 죽음, 황천, 마왕 따위의 표현들이 따라붙었다.

소련의 꼭두각시, 김일성

전쟁 전부터 김일성을 가리키는 대표적 이미지는 '꼭두각시'(괴뢰)와 '가짜'였다. 이 이미지는 전쟁 동안 다시 활개쳤다.

국방부 정훈국이 생산한 삐라에는 북한과 김일성에 대한 다양한 비유들이 있다. 가장 일반적인 호칭은 괴뢰군이고, 소련 '앞재비', 두목, 공비, 비적, 적귀, 역도 따위로 불렸다. 그밖에 민족반역자, 매국노, 비도, 게릴라, 적도, 인류의 적, 민족의 적, 괴수, 도당, 강도, 만고의 역적, 적괴도당, 매국역적, 반역군, 반역도배, 적구, 오열, 모략분자, 침략의 노예, 인종의 적, 세기의 적, 잔인한 마귀, 악당 따위로 불렸다. 또한 북한과 김일성을 수식하는 형용사는 '음흉한', '야만적', '악독한', '간흉무도한' 따위였다.

국방부 정훈국은 일반적으로 사용됐던 괴뢰군이나 소련 '앞재비', 공비뿐만 아니라 두목, 역도, 강도, 도당 따위의 '역적'을 가리키는 용어를 자주 사용했다. 이는 봉건 질서 아래 군왕과 역적이라는 전근대적 틀로 중국을 오랑캐라고 부른 태도의 연장이다. 곧 사회주의 또는 공산주의라는 사상에 대한 비판보다는 북한이나 김일성의 등장이 군왕에 대한 반역으로 말해졌다. '역적'이나 '역도'라는 용어는 그런 의미였다. 왜 그랬는가? 봉건 질서의 해체와 그 대체가 자본주의라면 자본주의를 비판하는 출발선이 사회주의 사상이다. 당연히 전쟁의 양 진영은 자본주의와 사회주의를 토대로 삼았다. 그럼에도 정치, 경제적으로 근대사회에 대한 다른 지향을 가졌던 자본주의와 사회주의를 말하기보다 북한을 봉건 질서 안에서 호명하고 이미지화한 까닭은 해방공간에서의 대중 경험을 침묵시키기 위한 장치로 여겨진다. 이러한 호명과 이미지화는 '전통의 재현과 파괴'라는 방식으로 진행됐다. 또한 해방공간 화두였던 민족 반역자 또는 매국노라는 용어 대신 사용되기도 했다.

'역적'보다 더욱 일반적인 비유는 꼭두각시였다. 꼭두각시는 남의 조종대로 움직이는 사람의 비유로 괴뢰傀儡라고도 하며 '앞재비', '허수아비'로 불리기도 한다. 이 호칭과 이미지화는 전쟁 전부터 사용됐다. 전쟁 전 나온 한 삐라의 삽화에는 스탈린이 허수아비 김일성을 데리고 급히 도망하는 모습이, 쓰러지는 허수아비 김일성을 일으켜 세우려고 안간힘을 쓰는 모습이 등장했다.

> 김일성은 소련의 앞재비 심부름꾼이다.
>
> 김일성은 나라와 민족을 소련에 파라먹고 영원히 종노릇을 시킬랴고 한다. 이것을 위하여 동족을 죽이고 동포의 재산에 불을 놋는 만행을 자행하고 있다. 앞으로 닥처오는 뼈아프고 살을 베어찢는 치위와 먹을 것 없는 슬픔을 어떻게 지낼 작정인가![23]

전쟁 전 삐라에는 "쏘련=스탈린=김일성=공산당=인민군"으로 소련과 김일성을 일치시키고 이들은 곧 죽음을 뜻한다는 연상작용을 일으키려 "패전=죽엄=멸망"이라는 어휘들을 사용했다. 꼭두각시론은 신탁통치 파동 뒤 미국이 자신의 이해관계에 따라 한반도 내의 정치세력을 분류하면서 등장했는데, 중국의 경우도 이와 사정이 비슷했다.[24] 북한 꼭두각시론은 주한미군 사령관 하지가, 중국 꼭두각시론은 미국 국무부 장관이 언급했다.[25]

극동사령부 심리전부는 꼭두각시 이미지화를 적극적으로 이용했다. 〈그림 37〉부터 〈그림 37-4〉까지는 소련의 꼭두각시 이미지를 이용한 삐라들이다.

그림 37

그림 37-1

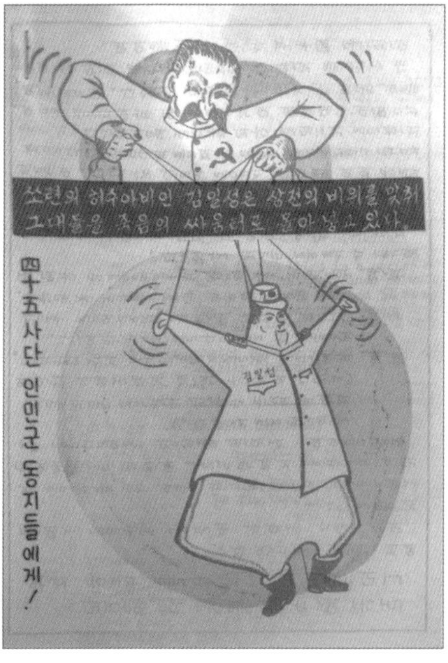

그림 37-2

그림 37-3

그림 37-4

〈그림 37〉은 김일성 뒤에 마오쩌둥이 있고, 둘은 뒤에서 병사에게 총을 겨누며 앞으로 나아가자고 요구하고 있다. 이 그림을 확대한 것이 〈그림 37-1〉이다. 병사의 뒤에는 김일성이 총을 겨누고 있고 앞에는 유엔군 포와 탱크가 막고 있어 북한군 병사에게는 오직 죽음의 길과 항복의 길이 있을 뿐이다.

삐라 8234인 〈그림 37-2〉에는 "쏘련의 허수아비인 김일성은 상전의 비위를 맞춰 그대들을 죽음의 싸움터로 몰아넣고 있다. (…) 동지들이여! 쏘련의 앞잡이 김일성은 쏘련이 북한을 지배하도록 내버려두고 애매한 그대들만 싸움터로 내몰아 헛죽음을 하게 하고 있다"고 쓰여 있다.[26] 〈그림 37-3〉인 삐라 8244는 "김일성 일당은 4년 전에 쏘련의 허수아비 정권을 세웠다! 김일성은 크레므린의 피리에 맞춰 춤추고 있다!"라고 쓰여 있다. 〈그림 37-4〉는 병사들을 죽음으로 내모는 김일성과 그 김일성에게 코뚜레를 끼워 조종하는 스탈린을 그린 삐라 8397이다.

〈앞〉 인민군 7군단 3사단, 7사단, 37사단 동지들이여!

쓰딸린의 앞잡이 김일성이는 쏘련 두목을 위하여 여러분을 희생시키고 있다.

〈뒤〉 인민군 7군단 동지들이여!

유엔군의 대포와 함포 사격으로 막대한 사상자를 낸 1군단은 물러가고 여러분이 교대해 온 것을 우리는 다 알고 있다. 김일성 도당은 쏘련 두목들을 만족시키기 위하여 여러분을 죽엄의 길로 몰아넣고 있으니 우리는 여러분의 딱한 입장을 동정하는 바이다. 김일성 도당은 쏘련의 야욕을 채워주기 위하여 조국을 파괴하며 수많은 인민의 목숨을 희생시키고 있다.

인민군 7군단 동지들이여! 조심하라 유엔군의 함포 사격과 대포의 밥이 되지 않도록 몸을 피하라! (8397)[27]

〈그림 38〉인 얼굴 없는 김일성을 묘사한 삐라 1028은 '가짜 김일성'의 이미지를 표현하고 있다. 마오쩌둥과 스탈린을 위해 살아가는 김일성은 얼굴을 잃어버렸다.

〈앞〉 "아! 내 상판이 어디루 갔나?"

우리들은 평화를 갈망합니다. 그러나 공산당은 한국에서 권세를 잡기 위해서 전쟁을 하여야 한다.

〈뒤〉 김일성이라고 자칭하는 자는 여러 가지로 한국 사람을 속여 왔고 그 중에도 제일 고약한 것은 이 자가 한국의 위대한 한 영웅인 김일성으로 거짓 행사한 것이다. 이 자는 절대로 김일성이 아니다. 진정한 김일성은 1885년에 나서 15

년 전에 만주에서 돌아간 분이다.

이 가짜 김일성은 1910년까지는 나지도 않았다. 이 자의 정말 이름은 김성주다. 공산주의자로 1945년에 쏘련서 한국으로 보낸 자다. 이 자는 김일성이라고 행세하면서 사람들의 신망을 얻으려고 했다. 얼마 동안은 성공했으나 지금은 누구나 이 자에 대한 사실을 알게 됐다. 진정한 김일성은 한국의 적과 싸운 위대한 군사적 지도자였다. 이 김성주는 한국 사람으로 하여금 동포끼리 죽이게 만들었다. 이 자는 권세욕과 무능으로 말미아마 한국을 황폐하게 만들었다. 이 자는 모든 진정한 한국 사람의 적이다. **(1028)**[28]

가짜 김일성이라는 호칭과 이미지는 전쟁 전에도 사용됐다. 이에 북한은 "(1949년) 10월 25일 오전 7시경부터 약 25분간 소위 국방군 비행기가 해주 시내 상공에서 다음과 같은 내용의 삐라를 살포했다. 소시민 해주시 사미동 가정부인(23세)은 '그놈들이 암만 그래도 무슨 소용이 있나.

그림 38 _ (1028)

진짜 김일성이든 가짜 김일성이든 정치만 잘했으면 되지 않나'"라며 가짜 김일성 삐라가 북한 사회에 큰 영향을 주지 않았다고 알리고 있다.[29]

가짜 김일성을 선전하는 삐라에 대해 작전연구소는 "'가짜'라는 의심을 가져오는 삐라는 미군 심리전 교본에 따른 것도 아니고 북한 민간인에게도 분노를 가져오지도 않는다"고 비판했다.[30] 작전연구소는 "존재 그 자체, 무엇보다도 이데올로기적인 문제가 아니라 비이데올로기적인 문제로 김일성에 대한 반대를 가져와야 한다"고 지적했고 이러한 지적은 어느 정도 수용됐다.

'가짜 김일성'론論이 아닌 김일성의 존재 자체에 대해 문제를 제기하고 분노를 일으키려는 삐라들이 생산됐다. 그 대표적인 사례가 김일성의 죄악사를 정리해놓은 삐라들이다.

〈앞〉 평화를 가장한 공산당 비둘기

이 무장한 공산당 비둘기는 북한 인민에게 고통과 죽음을 가져왔다.

〈뒤〉 김일성 죄악사

1. 수십만 청년을 싸움으로 내몰아 죽이고 있다.

2. 중공을 끌어들여 동족을 죽이고 있다.

3. 애국 동포의 재산을 약탈하여 사리사욕을 채웠다.

4. 많은 애국동포를 학살했다.

5. 현물세로 농민의 피땀을 착취하고 있다.

6. 강제로동으로 800만 북한 동포를 울리고 있다.

7. 많은 동지를 피의 숙청으로 죽였다.

8. 생산기계와 중요 물자를 쏘련으로 실어가고 있다. **(IE-111)**[31]

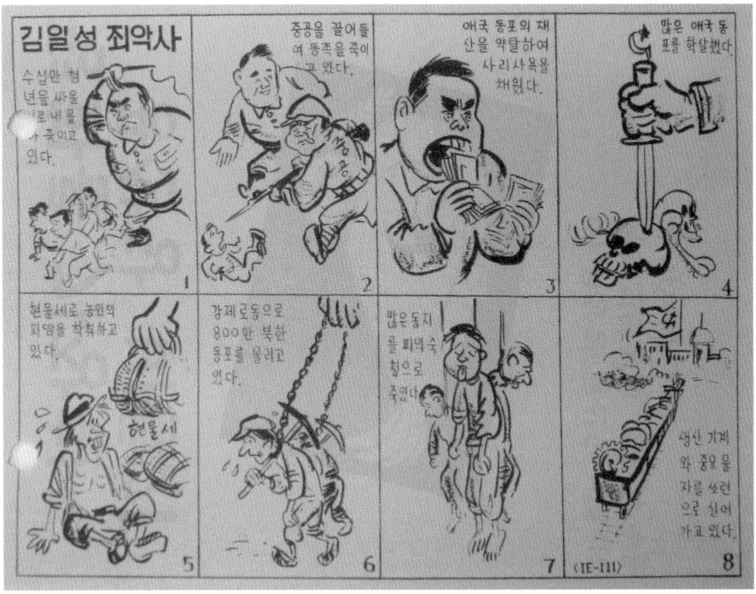

그림 39 _ (IE-111)

또 "김일성의 죄과는 히틀러나 동조(도조 히데키)보다도 수배나 더한 것으로 사상에도 유례가 없을 것이다"라고도 했다.[32] 심지어 "김일성이는 죽었읍니다. 아마 여러분들 중에는 어제까지도 김일성이를 보셨거나 또는 승리를 얻는다고 여러분들에게 노력동원을 강요하는 그의 목소리를 드르신 분이 계실 것입니다. 그러나 지금 김일성이는 죽은 것입니다. 김일성이는 자기의 조국을 배반했읍니다. 언제나 반역자의 마지막은 죽엄인 것입니다. 다만 짐승과 같은 생활을 하고 있을 뿐입니다. 그런데 이 단지 짐승으로써의 존재조차도 다만 순간적인 것입니다. 즉 정의가 반드시 이길 그때까지입니다"라며[33] 김일성의 죄악이 김일성을 죽음으로 몰아넣을 것이라며 그의 죽음을 상징적으로 알리기도 했다.

죽음의 상징인 김일성은 곧장 병사들의 죽음, 해골 탑으로 상징됐다.

다음 삐라들은 그러한 상징을 바탕으로 한다.

공산 침략자가 평화스러운 대한민국을 침범하여 쓸데없이 수많은 희생자를 낸 지 일 년이 됐다. 공산 침략자는 이 침범을 통해 무엇을 얻었는가? 김일성의 무모한 침범으로 말미암아 백만 이상의 공산군 병사들이 사상했다. 그대들의 지금의 립장은 작년 6월 25일보다 더 한층 불리하다. 이런 어리석고도 무참한 노릇이 어디 있는가? **(8132)**[34]

〈앞〉 돌아보라! 6·25의 참상을! 이 강산을 해골로 덮은 자는 만고역적 김일성이다.

〈뒤〉 1. 6·25전란을 이르킨 자도 김일성이다.

2. 이 민족을 파멸에 빠뜨린 자도 김일성이다.

그림 40 _ (8132)

그림 41 _ (8302)

3. 이 강산을 재떠미로 만든 자도 김일성이다.

4. 각 가정에서 아들딸을 끌어낸 자도 김일성이다.

5. 집집마다 강제 노동에 끌어낸 자도 김일성이다.

6. 이 강산을 해골로 덮은 자도 김일성이다.

이 강산을 재떠미로 만들고 이 민족을 피바다에서 헤매게 한 것은 모두 김일성의 죄악인 것이다. 돌아보라! 6 · 25의 참상을! (8302)[35]

삐라 8302는 작전연구소의 충고를 가장 잘 따른 삐라이다. '가짜'라고 말하지 않고 '김일성'의 존재와 그 행적이 개인의 분노를 일으키도록 해야 한다는 충고에 따라 '가족을 파괴하고 강제 노동으로 혹독한 생활을 하게 하며 금수강산을 잿더미와 해골로 뒤덮고 민족을 파멸로 이끈' 장본인이 김일성이라고 말하고 있다.

그 결정판은 김일성을 흡혈귀로 그린 삐라 8232이다. 〈그림 42〉의 앞면에는 "800만 북한동포들을 죽음의 구렁으로 몰아넣으면서 김일성 일당은 호의호식을 하고 있다. 피 빨아먹는 흡혈귀 김일성을 없애라!"라는 문구와 함께 그림을 넣었다.

그림 42 _ (8232)

초등학교 때 배운 교과서에서 북한군은 항상 토끼, 사슴 따위를 괴롭히는 늑대였고, 김일성은 사람이 아닌 괴물이었다. 한국 현대사회에서 대표적 적 이미지는 인간이 아닌 존재이다. 삐라 1171, 삐라 1185, 삐라 7063, 삐라 8130은 적을 비인간으로 그려낸 대표적 삐라들이다. 150쪽 〈그림 34〉의 삐라 1171은 스탈린을 뱀으로 형상화했고, 〈그림 43〉인 삐라 1185는 북한에 언론 자유가 없음을 형상화한 삐라이다. 몸이 없는 콧수염과 짙은 눈썹의 스탈린 얼굴이 위아래로 연결된 기괴한 모습이다. 여러 개의 팔에는 낫과 망치, 확성기를 들고 있거나 마이크를 들고 있고 아래 그림에는 혀에 못이 박힌 사람들을 그려 언론의 자유가 없음을 나타내고 있다. 삐라 7063은 낫과 망치 문신을 한 곰이 앞발로 중국 땅을

그림 43 _ (1185)

그림 44 _ (7063)

할퀴는 모습이다. '중국의 고통'이라는 이 삐라 대본은 소련이 가족을 강탈하니 빨리 집으로 돌아가라고 충고한다. 삐라 8130의 앞면에는 '공산주의 마수를 끊어버리라!'는 문구와 함께 북한군과 그 가족들이 큰 문어에게 휘감겨 옴짝달싹 못하는 모습을 형상화했다. 문어의 몸통에는 낫과 망치 표시가 있다.

그림 45 _ (8130)

이들 삐라에서 적은 뱀, 문어, 곰, 정체를 알 수 없는 기괴한 모습으로 등장했다. 한국전쟁 심리전에서는 적에 대한 비인간 이미지를 자주 사용하지 않았다. 사실 동물로 비유하는 비인간 이미지는 피해야 할 내용이었다. 물론 전쟁 전에 비인간 이미지가 유포되기도 했다. 여순사건의 홍역을 치른 이승만 정권은 좌익세력의 폭력과 비인간성을 강조하면서 좌익세력을 짐승, 비인간, 악마로 표현하곤 했다. 신문기사들은 우익 경찰을 살해한 봉기군과 좌익세력의 만행을 성토하면서, 이들을 짐승이나 마귀와 같은 존재로 묘사했다.[36]

전쟁 동안 국방부 정훈국이 생산한 포스터와 글들은 공산주의자들을 '음흉하고도 잔인한 무리', '동물성밖에 아니 남은 자들'로 인간이 아니거나 도깨비로 표현하곤 했다. 국방부에서 만든 포스터 가운데 유엔군과 국군이 총과 칼을 들고 김일성을 위협하는 장면이 있다. 김일성은 머리에 뿔이 달려 있고 몸에는 짐승과 같이 털이 나 있으며 빨간색으로 칠

해져 있다. 그리고 얼굴 외곽은 푸른색으로 칠해 음산한 분위기를 연출했다.

한국 사회에서 형성된 '레드 콤플렉스'와 '뿔 달린 괴물' 공산당의 확실한 밑그림은 전쟁 동안 그려졌다. 삐라뿐 아니라 포스터나 만화, 삽화 등에서 공산당은 구렁이나 쥐새끼, 승냥이, 시커먼 털이 달린 짐승의 손, 그리고 해골 따위의 끔찍한 모습으로 그려졌다. 더 이상 인간으로서 대화의 상대가 아닌 박멸해야 될 대상이었다.[37]

전쟁이 끝나면서 비인간 이미지는 더욱 강렬해졌고 뱀, 늑대, 돼지 따위로 구체화됐다. 악하고 음흉한 동물로 여겨지는 여우와 늑대는 '붉은 수령'의 부하로 등장해 북한군의 이미지로 형상화됐다. 늑대와 여우의 이미지는 북괴군이라는 명칭과 함께 북한 군인을 상징하는 이미지로 자리 잡게 됐다.[38]

그런데 뱀과 늑대로 상징되는 적 이미지는 한국인 정서와 거리가 있었다. 동양에서 뱀은 십이지신 가운데 하나로 신성하게 여겨졌다. 뱀의 몸과 형상을 한 고구려 고분벽화의 신이라든가 신라 토기에 생명을 상징하는 동물로 형상화된 뱀은 흔히 접할 수 있는 터주신 가운데 하나였다. 미국인에게 『빨간 모자』나 『돼지 삼형제』에 등장하는 사납고 악랄한 늑대가 익숙할 테지만 우리네 민담에서는 오히려 여우의 교활함이 더 친숙하다. 한국인에게 익숙한 비인간 이미지는 늑대나 뱀보다 사실 여우(구미호)나 도깨비였을 것이다.

공산당을 형상화한 동물 캐릭터의 등장은 1954년 제작된 조지 오웰의 소설을 원작으로 한 애니메이션 〈동물농장〉에서도 찾아볼 수 있다. 이 애니메이션에서도 돼지의 이미지는 타락한 리더로 등장한다. 욕심 많은 돼지로 캐릭터의 성격을 표현했다.[39] 이같이 북한을 괴물이나 동물로 묘사하는 일은 남한 사회에서 끊임없이 반복됐다. 반공 만화영화 속에서 붉은 옷을 입은 탐욕스런 돼지가 수령으로 나오고 그 수하들은 여우와 늑대로 묘사됐다.[40]

비인간-적의 이미지는 김일성, 마오쩌둥, 스탈린 같은 개인을 가리키기도 하고 공산주의자 또는 공산 정권을 의미하기도 했다. 비인간-적의 이미지는 한국전쟁을 거쳐 냉전 시기 가장 많이 적용된 이미지이다. 이는 다음 세대를 교육하는 교과서, 영화, 만화 따위로 만들어졌다.

02 성별화性別化된 적

이미지와 상징은 어느 날 갑자기 하늘에서 뚝 떨어진 것이 아니다. 한 무리의 영혼 없는 신체, 살아 있는 시체, 좀비, 귀신 들린 자는 유럽의 전 역사에서 탄압받았다. 총력전을 펼치면서 제3제국 내부의 유대인, 집시, 노예라는 낯선 신체를 적대시하는 사회적 전선을 그어놨을 때, 나치가 한 일도 바로 이것이었다.[41] 이미지와 상징은 가장 익숙한 위계화와 권력 구조를 이용한다. 성별화라는 범주도 마찬가지이다. 한 사회의 성별화는 그 사회의 경계를 넘나들며 다른 국가, 인종, 민족으로 성별 위계화를 이루며 그렇게 보편화된 성별화는 의도하는 권력을 생산한다.

서양과 동양, 일본

극동사령부와 8군사령부에서 생산한 삐라에서 소련과 중국은 자주 여성을 뜻하는 'she' 또는 'her'로 불렸다. 그렇다고 이러한 도식이 한국전쟁 심리전에서 처음 등장한 것은 아니다. 제국의 권력과 국가라는 개념은 영국의 첫 유럽 '식민지' 아일랜드에서부터 시작됐는데, 식민지 개척국과 식민 상대국은 남성다움과 여성다움이라는 젠더와 문화적 구조로 표상됐다. 오랫동안 영국 논평가들은 아일랜드인을 짐승 같고 여성 같다고 표현했다. 또한 여성이 직접 관련되지 않은 관계에서도 곧잘 지배하는 개인이나 집단은 남성적인 용어로, 종속되는 개인이나 집단은 여성적인 용어로 드러나곤 했다.[42] 민족국가도 모국母國 또는 부국父國으로 묘사되며, 침입이나 제국주의자들의 정복은 강간으로 묘사되면서 젠더적인 성격을 부여받고 있다. 근대와 더불어 태동한 원시적 풍경은 서구의 시선에서 야만적, 동양적, 그리고 여성적인 것으로 간주됐다.[43]

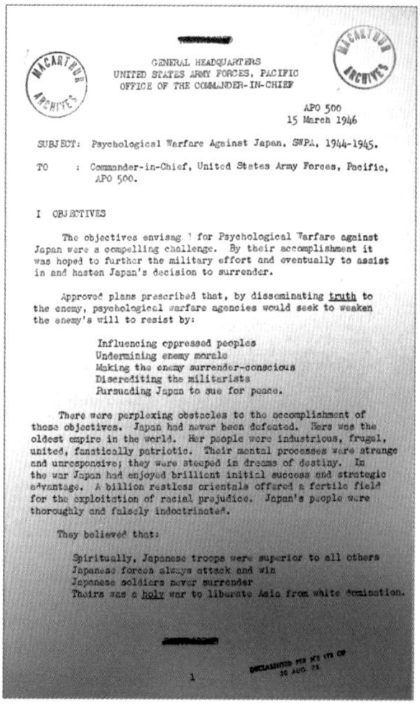
[redacted]

GENERAL HEADQUARTERS
UNITED STATES ARMY FORCES, PACIFIC
OFFICE OF THE COMMANDER-IN-CHIEF

APO 500
15 March 1946

SUBJECT: Psychological Warfare Against Japan, SWPA, 1944-1945.

TO : Commander-in-Chief, United States Army Forces, Pacific, APO 500.

I OBJECTIVES

The objectives envisaged for Psychological Warfare against Japan were a compelling challenge. By their accomplishment it was hoped to further the military effort and eventually to assist in and hasten Japan's decision to surrender.

Approved plans prescribed that, by disseminating truth to the enemy, psychological warfare agencies would seek to weaken the enemy's will to resist by:

Influencing oppressed peoples
Undermining enemy morale
Making the enemy surrender-conscious
Discrediting the militarists
Pursuading Japan to sue for peace.

There were perplexing obstacles to the accomplishment of these objectives. Japan had never been defeated. Hers was the oldest empire in the world. Her people were industrious, frugal, united, fanatically patriotic. Their mental processes were strange and unresponsive; they were steeped in dreams of destiny. In the war Japan had enjoyed brilliant initial success and strategic advantage. A billion restless orientals offered a fertile field for the exploitation of racial prejudice. Japan's people were thoroughly and falsely indoctrinated.

They believed that:

Spiritually, Japanese troops were superior to all others
Japanese forces always attack and win
Japanese soldiers never surrender
Theirs was a holy war to liberate Asia from white domination.

[redacted]

1

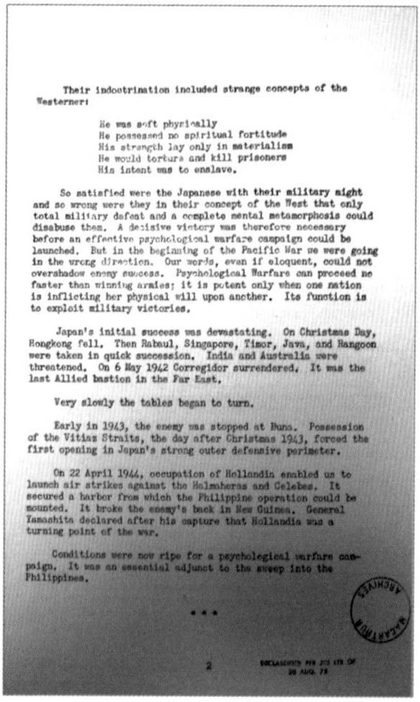
Their indoctrination included strange concepts of the Westerner:

He was soft physically
He possessed no spiritual fortitude
His strength lay only in materialism
He would torture and kill prisoners
His intent was to enslave.

So satisfied were the Japanese with their military might and so wrong were they in their concept of the West that only total military defeat and a complete mental metamorphosis could disabuse them. A decisive victory was therefore necessary before an effective psychological warfare campaign could be launched. But in the beginning of the Pacific War we were going in the wrong direction. Our words, even if eloquent, could not overshadow enemy success. Psychological Warfare can proceed no faster than winning armies; it is potent only when one nation is inflicting her physical will upon another. Its function is to exploit military victories.

Japan's initial success was devastating. On Christmas Day, Hongkong fell. Then Rabaul, Singapore, Timor, Java, and Rangoon were taken in quick succession. India and Australia were threatened. On 6 May 1942 Corregidor surrendered. It was the last Allied bastion in the Far East.

Very slowly the tables began to turn.

Early in 1943, the enemy was stopped at Buna. Possession of the Vitiaz Straits, the day after Christmas 1943, forced the first opening in Japan's strong outer defensive perimeter.

On 22 April 1944, occupation of Hollandia enabled us to launch air strikes against the Halmaheras and Celebes. It secured a harbor from which the Philippine operation could be mounted. It broke the enemy's back in New Guinea. General Yamashita declared after his capture that Hollandia was a turning point of the war.

Conditions were now ripe for a psychological warfare campaign. It was an essential adjunct to the sweep into the Philippines.

* * *

2

그림 46, 46-1 _ 태평양 방면 육군 총사령부에서 발행한 남태평양에서의 심리전 보고서(1944~1945년) 원문. 일본을 'she' 또는 'her'로 표현하고 있다.

미국의 인식은 이 틀에서 조금도 벗어나지 않았다. 제2차 세계대전 때 태평양 방면 육군 총사령부 심리전과에서는 일본과 서구로 대비시켜 심리전의 목적을 설명하고 있다.

일본은 결코 패배하지 않았다. **그녀는** 세계에서 가장 오래된 제국이다. **일본인**은 부지런하고 검소하고 단합되어 있고 광신적인 애국심을 갖고 있다. (…)
그들의 교화는 서양인에 대한 뜻밖의 개념을 포함한다; **그(서양인)**는 육체적으로 약하다. 그는 정신적 측면을 갖고 있지 않다. **그**의 강함은 오직 물질적인 것이다. **그**는 포로를 고문하고 죽인다. **그**의 의도는 (일본을) 노예화하는 데 있다.
Japan had never been defeated. **Hers** was the oldest empire in the world. **Her people** were industrious, frugal, united, fanatically patriotic. (…)
Their indoctrination included strange concepts of the **Westerner:**
He was soft physically.
He possessed no spiritual fortitude.
His strength lay only in materialism.
He would torture and kill prisoners.
His intent was to enslave.[44]

1945년 6월 7일 도쿄방송: 미국은 모든 종류의 선전을 내보내고 심지어 일본에 다수의 평화 타진자가 있다고 말한다. **그녀**가 선전 인쇄물에 빠져든 까닭은 **그녀** 자신을 위해 빨리 전쟁이 끝나기를 원하기 때문이다.
The United States is sending out all manner of propaganda and is even saying that there are a number of peace feelers from Japan. The only reason **she** indulges in this type of propaganda is that **she** wishes a short war **herself**.[45]

태평양 방면 육군 총사령부의 대일 심리전 보고서는 일본과 미국, 동양과 서양을 '그녀she'와 '그he'로 대비시켜 설명하고 있다. '일본=she'라는 인식은 일본인의 심리를 설명하는 교재에도 등장한다.

> 일본(의 역사가) 시작된 이래로 **그녀**의 역사는 피로 쓰였다. **그녀의** 역사는 모든 신앙들 가운데 가장 이상한 것에 의해 유지되어온 군사력의 성쇠에 관한 이야기이다. (…) 어느 날 일본은 서양 문명의 충격과 만났다. **그녀**는 빠르게 산업화됐다. 반세기가 지나고 **그녀**의 군사력은 산업(성장)과 맞물렸고 **그녀**는 작은 섬나라 왕국에서부터 세계 권력으로 올라섰다.
>
> From the beginning Japan has Written **her** history in blood. **Hers** is the story of the rise and fall of military power sustained by the strangest of all religions. (…) Then suddenly Japan met the impact of Western civilization. **She** industrialized rapidly. Half a century later, with **her** military power geared to industry, **she** had risen from a tiny island kingdom to a world power.[46]

교재는 처음부터 끝까지 일본은 'she'라고 불렀다. 이 같은 호명은 일본 군인과 민간인을 대상으로 한 삐라에서도 찾아볼 수 있다.

> 미군은 지금 필리핀에 기지를 건설했다. 공급선을 어떻게 할 것인가?
>
> 노무라 기치사부로 원수는 다음과 같이 말했다.
>
> 일본의 강력함은 예전 네덜란드령 동인도제도의 석유와 다른 중요한 군수 물자 생산이 필요한 원자재의 소유권을 **그녀**가 가졌기 때문이다.
>
> Japan's great strength is due to **her** possession of the petroleum and other vital military raw materials of the former Dutch East Indies. **(14-j-1)**

일본은 **그녀**가 제대로 (물자를) 보급할 수 있는 동안만 **그녀의** 전쟁을 계속할 수 있다.

Japan can continue **her** war only as long as **she** is well supplied. **(30-j-1)**

미국은 **그녀**에게 사나운 공격을 계속할 것이다.

America will continue **her** fierce attacks. **(112-j-1)**

삐라의 대본 속 일본의 호칭은 처음에는 고유명사 'Japan'이지만 곧장 '그녀'를 뜻하는 'she'로 바뀌었다. 반면 미국과 서유럽의 호칭은 고유명사를 계속해서 사용했다. 미군의 심리전은 일본을 철저히 여성화했다. 또한 패전 뒤 일본에서 미국은 철저히 남성적 가부장의 역할을 연기했다. 이 절대적인 가부장 앞에서 일본은 급속히 거세당하고, 말하자면 여성화되어 갔다. 전쟁 뒤 미국과 일본 사이의 성적性的 관계는 정부 스스로 알선자가 되어 미군 병사를 위한 위안부를 모집한 일, '도쿄의 꽃 파는 처녀' '긴자의 캉캉 처녀' 따위로 긴자를 노래한 유행가의 가사까지 갖가지 일상풍경으로 드러났다.[47]

그녀들, 소련과 중국

143쪽 〈그림 30〉인 삐라 7210은 소련의 명령에 따르는 중국공산당 지도자를 보여준다. 그런데 특이하게도 이 삐라에서 소련은 그녀 'she'이다. 또한 삐라 7128과 삐라 8641은 중국을 그녀 'she'로 부른다.

러시아는 당신을 죽음으로 몰아넣었다. 러시아는 한국을 침략했다. **그녀**는 당신을 전쟁으로 몰아넣었다. 러시아는 당신의 희생만을 원한다.

Russia pushes you to your death! Russia plotted the korean aggression. **She** pushed you into war. Only Russia gains from your suffering.[48]

〈앞〉 중국인-미국인의 우정은 항상 강하고 명예로웠다.

제2차 세계대전 동안 중국과 미국은 서로 협력하며 싸웠다. 러시아가 **그녀(중국)의** 배후를 공격할 때까지 미국은 중국을 도왔다.

During World War II, while the Chinese and Americans fought side by side, the United States aided China-while Russia turned **her back**.

〈뒤〉 자, 공산주의자가 친구인 미국을 향한 중국인의 마음속에 반감을 갖도록 하는 동안 그들은 **그녀**(중국)의 공장, 철도 그리고 민족적 자긍심을 빼앗았다.

Now, While the Communist attempt to poison Chinese minds against your friends the Americans, they strip China of **her** factories, railroads and national pride. **(7128)**[49]

당신은 자식으로서의 임무를 완성해야 한다. 당신은 아이를 낳아야 하고 늙은 부모를 부양해야 한다. **그녀(중국)**의 청춘인 남자다움이 죽거나 심각한 상처로 거세된다면 중국은 살아갈 수 없다. **그녀**의 기름진 땅에 여성과 늙은 남자 이외에 남아 있지 않다면 중국은 살아갈 수 없다. **(8641)**

You must beget children, care and properly bury your old parents. China cannot live if the flower of **her** manhood is dead or emasculated by dreadful wounds. China cannot llive if **her** fertile fields remain untilled except by women and old man.[50]

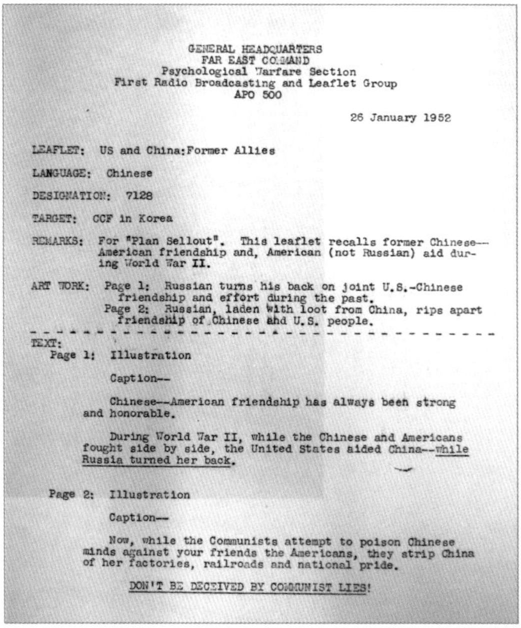

GENERAL HEADQUARTERS
FAR EAST COMMAND
Psychological Warfare Section
First Radio Broadcasting and Leaflet Group
APO 500

26 January 1952

LEAFLET: US and China:Former Allies

LANGUAGE: Chinese

DESIGNATION: 7128

TARGET: CCF in Korea

REMARKS: For "Plan Sellout". This leaflet recalls former Chinese--American friendship and, American (not Russian) aid during World War II.

ART WORK: Page 1: Russian turns his back on joint U.S.-Chinese friendship and effort during the past.
Page 2: Russian, laden with loot from China, rips apart friendship of Chinese and U.S. people.

- -

TEXT:
Page 1: Illustration

Caption--

Chinese--American friendship has always been strong and honorable.

During World War II, while the Chinese and Americans fought side by side, the United States aided China--while Russia turned her back.

Page 2: Illustration

Caption--

Now, while the Communists attempt to poison Chinese minds against your friends the Americans, they strip China of her factories, railroads and national pride.

DON'T BE DECEIVED BY COMMUNIST LIES!

그림 47 _ 극동사령부 심리전부에서 만든 삐라의 설명으로 원문에 중국을 'her'로 표현하고 있다. (7128)

제2차 세계대전 때 태평양 방면 육군 총사령부가 일본을 '여성'으로 불렀던 것처럼 한국전쟁 때 극동사령부는 소련과 중국을 '여성'으로 호명했다. 앞서 〈그림 34〉(150쪽)의 뱀으로 형상화한 스탈린 이미지도 같은 의도를 갖고 있다. 뱀으로 이미지화된 소련, 그녀로 호명된 소련은 모두 '이브Eve' 이미지와 맞닿아 있다. 기독교 문화를 기초로 한 유럽에서 뱀과 이브는 모든 죄악의 출발이다. 서구 문명을 위험에 빠뜨리는 하등 인간, 곧 볼셰비키라는 짐승 같은 인간에 대한 두려움은 1943년 내내 괴벨스의 주요한 선전 모티프가 됐다 한다.[51] 나치의 선전 모티프를 답습한 극동사령부는 소련을 뱀과 여성으로 이미지화하고 호명해 소련(공산당)이 모든 죄악의 근원이라고 알렸다.

또한 중국과 소련을 여성으로 호명한 데는 서양과 동양을 남성과 여성 그리고 문명과 미개로 정의했던 제국의 논리가 담겨 있다. 제국의 논리는 사회를 위계화할 뿐만 아니라 민족, 국가 사이도 위계화한다. 히틀러가 『나의 투쟁』에서 "본질적으로 절대다수의 국민은 그 태도에 있어서 여성적이기 때문에 냉정한 논리보다는 감정적인 감각이 그들의 생각과 행동을 결정한다. 또한 이와 같은 감각은 복잡한 것이 아니라 매우 단순하고 제한적인 것"이라고 주장한 것도 같은 논리이다.[52] 히틀러의 논리는 대중을 여성화해 대중은 감성적이고 단순하기 때문에 영웅(독재)의 지도가 필요하다고 강조하고 있다.

여성, '그녀'로의 호명은 이미 모든 권력 구조에서 위계화된 여성성을 소련의 이미지와 결합시킴으로써 소련을 저열하다고 비난하는 동시에 여성성을 침해하는 행위이다.*

삐라로 재현된 여성성

서구 역사에서 여성은 순수하고 수동적 목적을 갖는 상징이다. 남성 병사는 국가의 정치적 운명에 영향을 받고 개인의 운명을 결정할 수 있는 자유의지를 갖는 사람으로 대표된다.[53] 자유의지를 가진 사람으로서의 남성 병사의 이미지는 투항이나 도망을 알리는 삐라에 자주 등장한다. 세 가지 선택(삐라 1077), "선택하라! 삶이냐! 죽음이냐!"(삐라 8128), "선택은 자유다!"(삐라 8229) 따위로 남성 병사는 개인의 '선택'에 따라 다른 길을 갈 수 있는 자유의지를 가진 사람으로 등장한다.

---

* 미 여군을 포함해 미군이 침해한 것은 이라크의 남성성이 아니라 이라크를 여성화함으로써 여성성을 침해하는 것이다(정희진, 『페미니즘의 도전』, 교양인, 2005, 253쪽).

그림 48 _ (8229)

그림 49 _ (1222)

서구 사회에서 여성은 사회적 담지자가 아니고 남성에게 영향을 미친 하위의 수동적 대표성을 갖는다. 여성은 피와 살보다 변함없는 어떤 것–국가의 상징, 전통의 대표성, 환상과 욕망의 목적–이다.[54] 삐라 1222는 "공산당이 못 가져가게 곡식을 감추자!"는 문구와 함께 벼를 수확하는 들판을 배경으로 벼를 한 아름 안고 있는 여성을 전면에 배치했다. 삐라 8229에서 '선택'이라는 용어가 개인의 자유의지를 표현하고 있다면 삐라 1222의 여성은 '선택'이 아닌 주어진 목표에 맞게 행동하라고 요구받고 있다.

이들 삐라에서 남성은 자유의지를 갖고 실재하는 사람이라면 여성은 자유의지조차 없는 그저 상징과 대표성일 뿐이다. 이 같은 삐라의 도식에 로빈은 "여성을 상징과 대표성으로 여긴 서구적 방식이 비서구인의 이미지에 영향을 줄 수 있는가? 그것은 수수께끼이다"라는 의문을 던진다.[55] 이 글의 질문은 그 수수께끼를 푸는 데에 있지 않다. 오히려 상징과 대표성을 갖는 여성이 삐라에서 어떻게 이미지화되고 있는가, 상징과 대표성으로서의 여성 이미지가 어떤 효과를 가져왔는가에 관심을 두고 답을 구하고자 한다. 왜냐하면 상징과 대표성은 사회가 바라는 여성상을 담고 있을 뿐 아니라 전쟁 뒤 재건 과정에서 권력 구조가 작동하는 출발점이기 때문이다.

(1) 아들도 미래도 없다

제2차 세계대전 때 태평양 방면 육군 총사령부는 일본 본토를 대상으로 심리전을 계획했다. 목적은 일본인에게 의심, 공포, 불안, 긴장 따위를 형성하는 데 있었는데 특히 눈길을 끄는 대목이 있다. "전통적으로 남성들의 몫이었던 일을 하는 여성들로 남성의 여성화를, 여성 지위의 역전을 보여준다. (이는) 동양적 정신에 큰 모욕을 줄 것이다."[56] 전쟁동원에 따른 남성의 부재로 남성적 공간으로 여겨져 온 일터에서 여성들이 일하는 모습을 보여줌으로써, 일본인에게 전통이 무너질지도 모른다는 두려

그림 50, 50-1 _ (8671)

움을 조장하고 이를 이용하겠다는 작전이다. 당시 남성의 여성화 또는 여성의 남성화에 대한 근거 없는 두려움은 여성을 억압하던 관습이나 제도에서 조금만 벗어나면 어김없이 나타나곤 했다. 특히 제2차 세계대전이 끝났을 때 여성을 가정으로 돌려보내려는 움직임은 미국과 유럽에서 끈질기게 전개됐다. 이러한 역사적 상황은 일본 본토의 심리전 계획에서, 그리고 한국전쟁 심리전 과정에서도 고스란히 반영됐다.

노인과 아내가 농사를 짓고 있다. (8671)[57]

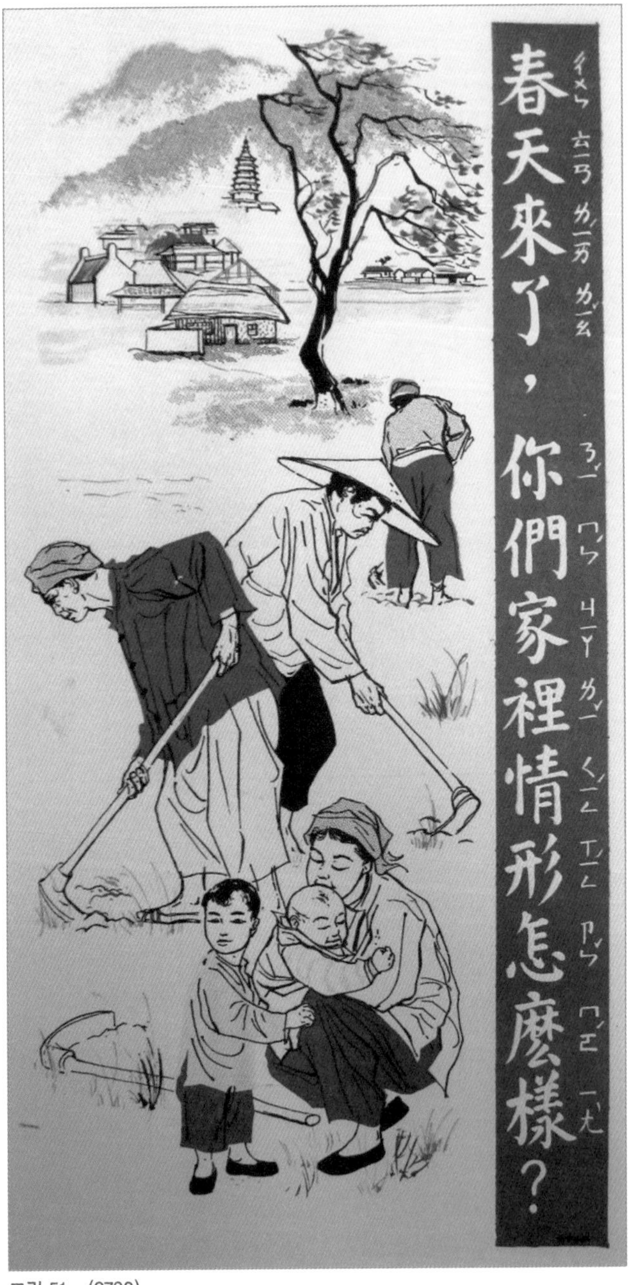

그림 51 _ (8730)

중국에도 봄이 왔다. 가족들이 얼마나 괴롭겠는가? (8730)[58]

농민 출신 인민군 동지들이여!
그대가 전쟁터로 끌려 다니는 동안 밭을 갈 사람이 없다. 어머니나 아내나 누이는 (…) 힘든 일은 할 수 없지 않은가. (…) 이 분이 이 밭을 갈 수 있을까. 이들이 농구를 고칠 수 있을까. 그대가 아니면 누가 한단 말인가. (8260)[59]

삐라 8671의 앞면에는 늙은 부모와 아내, 아이들의 모습이, 뒷면에는 늙은 부모와 아내, 딸이 모를 심는 그림이 그려져 있다. 이 삐라는 중국군을 상대로 하고 있지만 남북한 농촌의 실정을 묘사했다고도 할 수 있다. 그때 남북한의 농촌에서는 남성 노동력이 없어 여성들이 중심이 되어 농사일을 했고, 여성들만으로 구성된 모내기 작업단도 있었다. 삐라 8730은 봄이 왔음에도 변함없는 현실을 말하고 있다. 삐라 8730의 설명에는 색을 넣어 평화로운 중국의 농장을 그렸다고 했다.

〈앞〉 아내와 가족이냐? 전장에서의 죽음이냐?
〈뒤〉 중국 병사는 길 잃은 영웅이다. 그는 세계 혁명의 영원한 노예로 중국 지도자들에 의해 운명 지어졌다. 그는 결코 아내와 아들을 얻는 즐거움을 모를 것이다. (…) 아들이 없기 때문에 다른 나라 전쟁터에서 그와 함께 사라질 것이다. 공산 병사들에게, 아내도 아들도 미래도 없다. (6023)[60]

당신은 자식으로서의 임무를 다해야 한다. 당신은 아이를 낳아야 하고 늙은 부모를 봉양해야 한다. (8641)[61]

그림 52 _ (7117)

아버지와 어머니가 없는 자 누구인가? 아내와 아이가 없는 자 누구인가? 부상당하거나 살기를 포기하면 가족들의 마음에 상처가 될 것이다. 만약 부상당했다면 아직 친척집에 갈 수 있다. 살기를 포기하는 것도 생명을 이어가는 것도 당신 몫이다. (8707)[62]

삐라 6023, 삐라 8641, 삐라 7117, 삐라 8707 따위는 아내와 아들이 없기 때문에 미래도 없다고 말한다. 삐라 8641은 병사들에게 대를 잇고 부모를 봉양하는 의무를 이행하지 않았다고 한다. 삐라 7117과 삐라 8707은 몸이 다쳐 아이들을 안을 수 없는 남자, 남편 없는 아내 옆에서 울고 있는 아이들을 보여주고 있다. 이들 삐라는 소련 때문에 아내도 아들도 얻지 못하고 죽어가는 모습을 형상화했다. 그런데 이 삐라들은 '아들'은 가계(대)를 이을 존재로 말하면서도 딸의 존재는 말하지 않는다. 향수와 가족을 소재로 한 삐라 가운데 딸의 모습을 보여주는

그림 53 _ (8707)

그림 54 _ (8007)

삐라는 8007이다. 북한군을 대상으로 하는 삐라는 딸의 모습도 자주 그렸는데 중국군을 대상으로 하는 삐라는 특별히 아들의 존재를 부각시켰다. 딸은 존재하지 않거나 〈그림 54〉의 삐라 8007처럼 울고 있다.

삐라 8726과 삐라 8418은 남성 부재로 결혼하지 못하는 여성을 다루고 있다. '젊은 여성의 과잉'이라는 제목의 삐라 8418에는 "수백만의 사상자로 북한에 젊은 여성의 과잉을 가져왔다. 그들의 미래는 불확실하다. 북한 병사들에게 오랫동안 지속적인 걱정을 불러일으키게 하려고 디자인했다. 그들은 이런 상황을 만든 공산당을 비판"하리라는 설명이 붙어 있다.

그림 55 _ (8726) 어머니와 아들

북한의 젊은이들이 수없이 죽었다! 수많은 젊은 여성들이 결혼할 수 없게 됐다. 이것은 다 로동당 때문이다! (8418)[63]

결혼할 수 없다면, 그리고 아들을 얻을 수 없다면 공산주의자들을 비난하라! (8726)[64]

삐라 8726은 "결혼하고 가족을 만들려는 내면의 욕망이 실현 불가능함을 알려 그들이 억압적인 상황에 있음을 강조한다. 이러한 상황은 공산주의자에 대한 비난을 폭발"시키리라는 기대 아래 제작됐다. 이를 자극하려 글 없이 젊고 예쁜 중국 여성과 그녀의 아들이 평화롭게 앉아 있는 모습을 그려 넣었다.

이들 삐라들은 전통적으로 남성의 일로 여겨져 온 모내기 작업을 하는 여성들을 묘사해 여성의 남성화에 대한 두려움과 아들을 낳지 못해

대가 끊어지리라는 공포를 조성했다.

이와 달리 삐라 8425는 가정주부로서 여성의 역할을 강조했다.

〈앞〉 재미있는 가정생활을 못 하는 것도 김일성 때문이다.

〈뒤〉 당신들은 뼈저린 훈련과 지루한 근무에 시달리고 있다. 김일성 때문에 행복한 가정생활을 누릴 수도 없다. (8425)[65]

삐라 8425의 앞면에는 남편을 마중하는 아내의 모습이 뒷면에는 군복을 입은 여성의 모습이 담겨 있다. 집안의 가재도구로는 시계, 양복, 화장대 따위가 있고 파마머리를 한 여성의 모습은 '신여성'임을 짐작하게 한다. 뒷면에는 민청본부 앞에서 보초를 서고 훈련을 받고 무기 사용법을 배우는 여성들이 있는데 이들은 온통 기운 군복에 발가락이 다 나오

그림 56, 56-1 _ (8425)

는 군화를 신고 있다. 이 장면은 빗줄기 때문에 더욱 처량하다. 주부의 모습과 민청 같은 사회단체에 나가 활동하는 모습의 대비로 여성의 역할이 무엇인지 그리고 행복을 어디에서 찾아야 하는지 이 삐라는 말해주고 있다. 그러나 이런 삐라들의 메시지가 여성들에게도 똑같은 두려움을 주었는지는 의문이다.

> 정자의 그 자그마한 체구에 깨끗한 녹색 군복이 잘 어울렸다. 빨간 별이 달린 군모에 긴 가죽 군화를 신은 그녀는 내가 전부터 알고 있던 얌전하고 내성적인 정자의 모습이 아니었다. 신념에 찬 여자 혁명투사, 정자의 모습은 당당하고 활기찼다.[66]

성차별은 존재했지만 해방 뒤 많은 여성들은 자유로이 강연을 들으러 다녔고, 집회에 참석했고, 활기차게 거리를 활보했다. 해방공간의 경험은 이들 지식 여성에게 '지식'이 결혼을 잘하기 위함이 아니라 사회에서 인정받고 그 지식을 활용할 수 있는 공간의 확장으로 작용했으리라. 그리고 그 경험이 녹색 군복을 입고 나타난 여성을 보면서 더욱 분명해지지 않았을까!

(2) 아들과 남편을 기다리는 망부석望夫石

삐라에서 재현된 여성 이미지 가운데 가장 많은 주제는 아들과 남편을 기다리는 망부석이다. 대표적인 것이 삐라 7034로 여기에는 남편을 전쟁터에 내보낸 젊은 아내가 아들과 함께 외롭게 생활하는 모습을 그렸다는 설명이 있다.

그림 57 _ (7034)

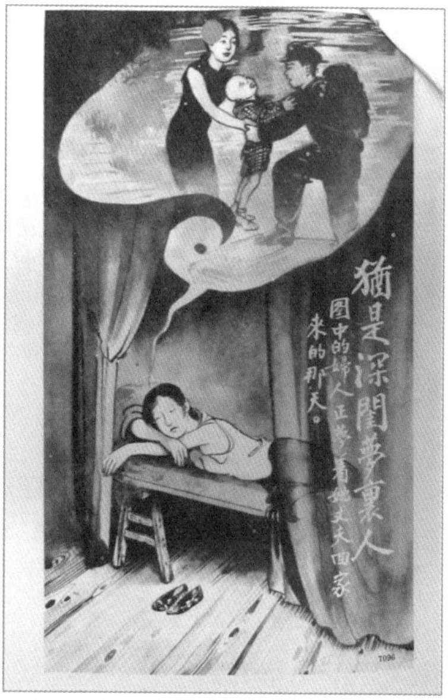

그림 58 _ (7096)

"꿈속에서는 모습을 보지만 깨어나면 멀리 사라진다."

이날 여성의 꿈은 그녀의 남편이 오는 것이다. (7096)[67]

〈앞〉 왜 조선의 먼 땅에 와서 죽는가?

〈뒤〉 육체는 없지만 마음은 집에 있다.

그는 젊음을 바칠 '조선인민지원군'으로 아름다운 아내를 떠난다.

그는 돌아올 때를 알지 못한다. (8663)[68]

〈앞〉 "아버지 어디 있어?"

〈뒤〉 공산 간부가 평화회담을 오도 가도 못하게 하는 동안 집안의 누군가 당신에게 묻는다. 소련을 위해 당신은 싸우는가? (7116)[69]

그림 59 _ (8663)

그림 60 _ (7116)

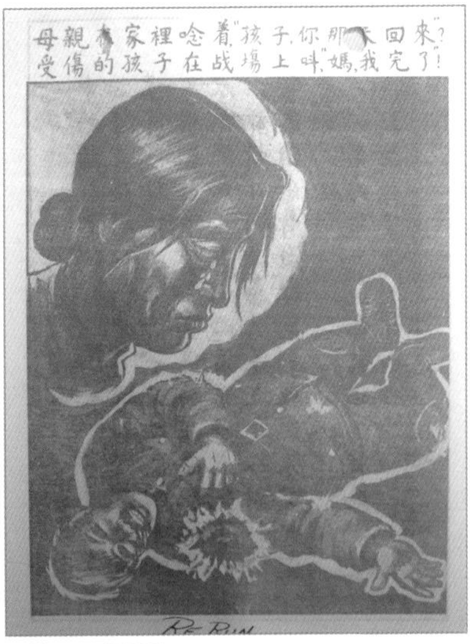

그림 61 _ (8608)

〈앞〉 "아들아, 언제 집에 돌아오니?" "어머니, 나는 끝났어요."

〈뒤〉 장병들이여!

매일 밤 당신은 어머니의 꿈을 꾼다. 꿈에서 어머니는 울며 말한다. "오, 나의 아들아, 언제 집에 돌아오니?" 중상 당한 당신의 동료들은 울면서 "어머니, 나는 끝났어요"라고 말한다. (8608)[70]

〈그림 57〉은 기다리다 지쳐 망부석이 되어 버린 아내를, 〈그림 58〉은 꿈속에서 남편을 만나는 아내를, 〈그림 61〉은 아들을 기다리는 어머니를 그렸다. 〈그림60〉는 아들의 사진을 바라보는 늙은 어머니와 아버지의 안부를 묻는 아들을 외면하는 젊은 아내의 모습이다. 이들 삐라는 "가족 간 연대의 단절과 파괴되는 중국 문화를 그려 중국군에게 반발을 일으키도록 하는 데"에 목적을 두고 있었다. 이 삐라들은 모두 중국군을 대상으로 하고 있다. 다음의 삐라는 같은 내용으로 북한군을 대상으로 했다.

〈앞〉 이 늙은 몸이 죽기 전에 아들의 얼굴을 한 번만이라도 보았으면!

〈뒤〉 이래도 김일성을 위하여 싸우겠는가?

늙으신 어머니는 어느덧 머리에 백설을 이고 시달린 몸을 지팡이에 의지하여 눈물을 흘리면서 남쪽 하늘만 바라보시고 있다. 이래도 김일성을 위하여 싸우겠는가? (8366)[71]

사랑하는 남편이여! 당신이 개죽엄하면 이 어린 자식들의 장래가 불상하지 않어요? 아이들이 보기 싶지 않으세요?

하루가 천추같이 당신 도라오기만 기다리고 있습니다. (8205)[72]

그림 62 _ (1048)

그림 63 _ (1136)

그대들의 사랑하는 아기는 젖 달라고 한없이 울고 있다. 아기가 울면 어머니도 운다. (8286)[73]

삐라 1048(그림 62)과 삐라 1136(그림 63)은 각각 삐라 7034(그림 57), 삐라 7116(그림 60)과 대비된다. 〈그림 64〉는 앞 · 뒷면에 아들을 기다리다 지친 늙은 어머니의 모습을 담고 있고 〈그림 65〉와 〈그림 66〉은 어린 아이들과 함께 있는 아내의 모습을 담았다.

위 삐라들은 내용보다 삽화를 강조했다. 한두 문장으로 주장하는 바를 전달하고 대부분을 삽화로 채웠다. 다음의 삐라처럼 남편에게 보내는 아내의 달콤하고 간절한 마음을 담기도 했다.

그림 64, 64-1 _ (8366)

그림 65 _ (8205)

그림 66 _ (8286)

사랑하는 남편에게

(…) 봄! 봄은 다시 돌아왔건만!

저는 당신을 만나지 못하는 것이 제일 쓰라린 번민예요. 꿈에라도 다시 한 번 당신을 만나서 마음것 포옹하고 싶어요. 당신이 없는 생활은 죽음의 생활예요. 돌아오세요. 부디 돌아오세요. 아기들도 아침저녁으로 아빠 아빠하고 부르고 있읍니다.

서기 1952년 4월 15일 묘향산 동굴에서 아내로부터 (8280)[74]

남편을 기다리는 여성은 〈그림 67〉처럼 울고 있거나 먼 곳을 바라보고, 현실을 외면하는 모습이다. 〈그림 68〉처럼 남편이나 아들을 기다리는 여성들은 때론 기다림에 지쳐 여귀女鬼와 같은 모습으로 등장하기도 한다. 〈그림 68〉인 삐라 8253은 "김일성 괴뢰 도당들아! 내 아들을 돌려

보내라! 내 남편을 내놓아라!"라는 문구와 함께 삽화를 그려 넣었다.

아내와 어머니 이미지는 망부석처럼 기다리는 모습뿐만 아니라 보호받아야 할 대상으로 그려졌다. 이들은 남편 또는 아들에게 가족에게 닥친 곤경을 말하고 빨리 돌아와 해결해달라고 호소한다. 호소는 크게 세 가지 형태를 띠고 있다.

첫째, 가족들이 굶고 있으므로 가족의 생존을 생각해 돌아오라고 호소하고 있다. 〈그림 69〉인 삐라 1115는 추운 겨울날 맨발로 아이들을 안은 채 빈 그릇을 손에 들고 있는 여성이 그려져 있다.

겨울이 다가왔는데 집 없는 여성과 그녀의 아이들에게는 무슨 일이 일어났는가?

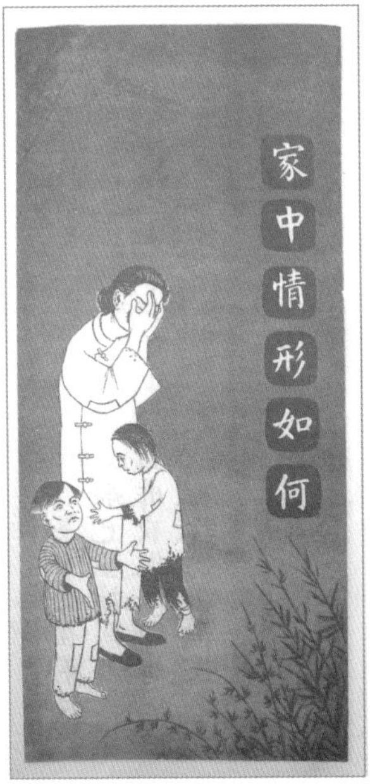

그림 67 _ (8670)

그림 68 _ (8253)

그림 69 _ (1115)

그림 70 _ (8311)

어디에서 먹을 것과 몸 둘 곳을 찾을 것인가.

공산군이 일부러 휴전회담을 끌고 있기 때문에 많은 죄 없는 북한 부인들과 어린이들이 이번 겨울에 죽을 고생을 하게 될 것이다. 그 가운데 제군의 아내 어머니 자식들도 끼어 있을 것이다. (1115)[75]

둘째, 후방에 남아 있는 가족들이 편안하게 생활하지 못하고 공산당의 강제 노동에 시달리고 있다고 호소한다. 삐라 8311은 강제 동원의 상황을 실감 나게 표현하고 있고 삐라 8156은 등짐의 무거움을 견딜 수 없을 만큼 힘겨운 강제 노동을 표현하고 있다.

〈앞〉 인민군 동지들이여! 중공군은 그대들의 가족을 종처럼 부려먹고 있다!

〈뒤〉 인민군 동지들이여!

후방에서 중공군이 그대들 가족에게 강제로동을 시키고 있는 사실을 그대들은 아는가?

길을 닦고 철로를 고치고 구덩이를 파는데 노인네, 부인네 심지어 아이들까지 밤낮 강제 동원을 시키고 있는 것이다.

중공군은 먹을 것도 주지 않고 무보수로 구덩이를 파게 하여 구덩이 속에서 재우는 사실을 그대들은 아는가?

벤벤이 먹지도 못하고 로동이 심해서 그대들 가족은 대부분 병들고 있다. 위험한 일을 하다가 죽는 수도 많다! 인식하라! 북한을 지배하고 있는 것은 중공군임을! 그대들이 일선에서 싸우는 사이 그대들 가족은 이런 고통을 당하고 있다. 경계하라! 중공군이야말로 그대들의 진짜 적이다! (8311)[76]

공산주의자들이 여러분의 부모를 어떻게 하고 있는지를 생각해 본 일이 있읍니까? 그대들이 싸우고 있는 동안 누가 그대들의 부모를 돌보아줄 것입니까? 공산주의자들이 돌보아줄 줄 아십니까? 공산주의자들은 그대들의 부모 처자를 말할 수 없이 학대하고 있읍니다. 노친네들을 집에서 몰아내고 노친네들을 뼈가 아프도록 강제 노동을 시키고 식량을 빼앗아가고 공갈과 위협으로 기부를 강요하고 있는 것을 아십니까? (8156)[77]

그림 71 _ (8156)

셋째, 식량 부족과 강제 동원에 그치지 않고 더 나아가 거처와 가족 구성원을 모두 빼앗겼다고 호소하고 있다.

아들에게!

집을 떠난 지 얼마나 됐는가? 나의 눈은 중국에서 행복하게 살았던 때를 생각하면 눈물이 난다. 오랫동안 중국은 평화로웠는데 매일 살인자 공산당에 의해 죽임을 당한다. 공산당은 아버지를 네가 보이지 않자 데려갔다. (…) 우리의 이웃 재단사 왕汪과 가난한 교원인 이李는 공산당에게 모두 살해당했다.

아들아! 오직 너희 젊은 세대만이 우리를 구할 수 있다. 너와 다른 젊은이들은 집으로 돌아와야 한다. 그래야 우리를 잔악한 공산당으로부터 구할 수 있다. 공산 권력과 싸우기는 힘들다. 우리는 복수해야 한다. 공산당은 미친개다. 그들은 살인자다! (8586)[78]

그림 72 _ (1121)

이 여자는 그대가 꿈에도 잊지 못할 어머니 사랑하는 안해 혹은 누이일찌도 모른다.

공산주의자들은 무자비하게도 그 여자에게서 집, 양식 심지어는 식구들까지도 빼앗어 가고 말었다. 그가 마주막으로 갖인 하나

님께 기도 올리는 것조차 공산당들은 못 하게 할 것이다. 평화! 평화는 오직 전쟁을 갖어온 공산주의 침략자들을 쫓아낸 뒤에만 오게될 것이다. **(1121)**[79]

기다림, 가족의 곤경, 강제 노동과 박해 따위의 소재를 극대화한 삐라는 기념일이나 명절과 관련한 내용이다. 특히 새해, 단오, 추석, 용 축제일 따위 명절을 이용한 삐라는 남성이라곤 나이 든 이들뿐인 명절의 풍광을 그리거나 젊은이들의 빈자리가 경제적 곤란을 가중시킨다는 내용을 담았다.

〈앞〉 제군의 자리만은 쓸쓸히 빈 채로 남아 있을 것이다.

〈뒷〉 공산당 간부들이 무성의하게도 휴전회담을 끌고 있는 동안……

설날이 되어 모든 가족들이 모일 때 제군의 자리만은 쓸쓸히 빈 채로 남아 있을 것이다. (…) 제군 가족들의 마음 속에는 늘 빈 자리가 쓸쓸히 남아 있을 것이다. **(1135)**[80]

그대는 작년 추석을 어디서 쇤는가? 고향에서는 그대가 없어서 그 얼마나 쓸쓸하게 이 추석을 쇨 것인가? 집에서는 누가 추석 차례를 지낼 것인가? 그리운 내 고향! 보고 싶은 내 부모 처자! **(8350)**[81]

〈그림 73〉인 삐라 1135는 모든 가족이 모인 설날, 비어 있는 젊은 남성의 자리를 형상화했다. 〈그림 74〉인 삐라 8398은 이를 훨씬 자극적으로 표현했다. 널뛰기를 하는 젊은 여성들의 모습과 그 옆에서 사내아이의 손을 잡고 있는 부인, 그리고 나이 든 남성이 있다. 여성들의 의복은 빨간색과 파란색 한복으로 향수를 자극하게 그려져 있다.

그림 73 _ (1135)

그림 74 _ (8398)

많은 삐라들은 남성의 빈자리를 강조하면서 명절인데도 남성 부재로 이를 즐기지 못하고 오히려 집에서 쫓겨나야 하는 신세를 강조하고 있다.

"한국의 부녀자들은 먹고 입을 것을 찾으며 전쟁 속에서 살길을 얻고저 헤매고 있다. 그들은 공산 침략자 때문에 집을 잃고 흩터진 가족을 찾아다니고 있는 것이다. 한국의 부녀자들이야말로 공산 침략의 피해를 가장 많이 입은 불상한 사람들이다."(〈자유세계〉 66호)[82]

(3) 성적 판타지

삐라에 재현된 성적 판타지는 크게 '순결'(정조)과 '연애'로 나뉜다. 연애의 여성 이미지는 '낭만적' 사랑을 암시하는 장면들로 채워져 있다. 반면 '순결'의 이미지는 주로 '강간'(성폭력)을 당하는 모습이다.

제2차 세계대전 때 이탈리아에서 제작된 한 포스터는 미군의 상징으로 흑인 병사의 사진을 사용했다. 짐승의 모습을 한 건달로 묘사된 병사는 가장 사랑받는 고대 그리스 예술 작품인 밀로의 비너스를 약탈하고 있다. 이처럼 적군을 여성을 겁탈하는 인물로 묘사하는 일은 전쟁에서 흔히 있는 전략으로 침략은 곧 강간과 동일시됐다. 양차 세계대전 때 제작된 수많은 포스터는 촌스러운 영국 병사, 미개한 러시아인, 여성을 강간하는 혐오스러운 프로이센 장교 같은 적대국에 대한 부정적인 이미지를 양산했다.[83]

〈앞〉 여러분의 안해와 누이들을 오랑캐의 마수에서 구원하라!

〈뒤〉 아는가 모르는가?

그림 75, 75-1 _ (1271)

일선에 있는 장병들은 후방의 집안 식구들 생각으로 잠을 못 이룰 때가 많다. 더욱이 어여쁜 안해를 생각할 때…….

그러나 후방에서 친구의 안해가 당하고 있는 몸서리치는 광경을 목격한 북한 공산군 제15사단 50연대에 소속된 이원섭 소대장은 여러분 앞에 이 사실을 눈물로서 호소하는 것이다…….

1. 이 소대장이 후방에 군사훈련을 받으러 가게 되자 친구인 강전사는 자기 처에게 편지를 전해달라고 했다.

2. 그가 바로 강전사의 집에 이르렀을 때다. 그는 여자의 우름소리에 고함소리를 듣게 된 것이다. "사람 살류!"

3. 문구멍으로 방안을 드려다 본 그는 방안에서 중공병이 강전사의 안해를 강간하려고 하고 있는 것을 보게 됐다.

이 순간 그는 한국인의 진정한 적이 중공군이라는 것을 깨달았다!

북한 주민들과 일선 장병들이어!

중공 오랑캐들은 한국전쟁에 간섭함으로써 전쟁을 끌게 하고 같은 피를 가진 여러분의 형제를 죽이고 있을 뿐만 아니라 그들은 또한 후방에서 여러분의 안해와 누이들의 정조를 농락하고 있다.

여러분의 안해와 누이를 오랑캐의 마수로부터 구원하기 위하야 총뿌리를 돌려대고 싸우라! 한국 민족의 진정한 적은 중공군이다! 오랑캐를 북한에서 몰아내라! **(1271)**[84]

삐라 1271은 '강간'당하는 아내와 누이의 모습을 포착한 대표적 삐라이다. 앞면은 감정을 고조시키는 노란색 바탕에 성폭력 장면을 그렸고 뒷면은 대본의 내용을 삽화로 그려 넣었다. 이 삐라는 중국군이 북한군의 아내를 성폭행한 내용이다. 〈그림 76〉인 삐라 7236은 소련 장교가 중국 여성을 '강간'하는 장면을 그려 넣었다. 삐라를 설명하는 글에는 "러시아 장교가 반항하는 젊은 중국 여성을 겁탈하려 한다"는 내용이 있다.

〈앞〉 러시아인은 중국 가정을 파괴한다.

러시아 병사–그녀의 남편은 오랫동안 집을 떠나 있다. 자, 새로운 결혼법에 따라 그녀는 당신의 아내가 됐다.

〈뒤〉 러시아인은 중국 가정을 파괴한다.

아들–나는 그가 반동이라고 증언한다.

어머니–아들아, 너는 아버지를 반동이라고 말해서는 안 된다.

아들–스탈린이 나의 아버지다. (7236)[85]

그림 76, 76-1 _ (7236)

이들 삐라에서 재현하는 주체는 남성이며, 보이는 사람, 곧 재현의 대상은 여성이다. 국가를 여성의 몸으로 간주하여 정복의 대상으로 삼아 동원의 논리를 만드는 방식과 마찬가지로 후방의 여성들을 외국 군대에게 강간당하는 몸으로 간주하는 것도 전쟁 동원의 논리이다. 곧 여성의 몸을 외국 군대로부터 지키려면 남성은 전장에 나가 싸우라는 논리이다. 그리고 이 논리는 여전히 보이는 대상으로서 여성의 위치를 강조한다.

그림 77 _ (8392)

그림 78 _ (8715)

그림 79 _ (8664)

성적 판타지 가운데 하나는 공산주의를 매혹, 치명적인 결과를 낳는 유혹의 여성 이미지로 그린다.[86] 유혹하는 스파이, 간첩 이미지는 한국전쟁 삐라에는 거의 등장하지 않았다. 왜냐하면 좌익 여성을 상징하는 스파이, 간첩 그리고 그 여성에 포섭된 남성은 자국민이기 때문이다. 한국전쟁 심리전은 자국민이 아닌 적 민간인과 군인을 상대로 하기 때문에 스파이 이미지보다 후방 여성을 강간하는 외국 군대나 외국 군대와 놀아나는 후방 여성의 이미지를 강조했다. 삐라 8392와 삐라 8715가 그러한 후방 여성의 이미지를 담고 있다.

> 우리의 인권을 유리하고 우리의 국토를 짓밟는 자 중공 오랑캐들은 응당 하늘을 거역하고 자연에 배반하는 인류의 공적으로 규정할 수밖에 없읍니다. (…) 그들의 침략 방법은 예외 없이 파괴, 살인, 약탈 또는 부녀자의 능욕 같은 만행으로 일관합니다.
>
> 국방부 정훈국[87]

> 〈앞〉 후방에 있는 중공군 간부들은 이렇게 호화로운 생활을 하고 있다!
>
> 〈뒤〉 북한 젊은이들이 일선에서 갖은 고생과 개죽엄을 하는 동안 북한은 중공의 식민지가 되어버렸다! **(8392)**[88]

> 〈앞〉 중국에 있는 소련 고문은 여성들과 향략하고
>
> 〈뒤〉 조선에 있는 중국 병사들은 러시아의 전쟁에서 구식 무기로 싸운다. **(8715)**[89]

이 삐라들은 "중국에 있는 러시아 고문이 중국에서 중국 인민의 향상을 위해 일하지 않고 개인적으로 화려한 생활을 하고 있"음을 알리려는 목적으로 생산, 살포됐다. 이 삐라들 속의 여성은 적의 공격에 무기력한 희생자로서 묘사됐다.

한편 심리전은 연애의 대상으로 여성 이미지를 이용했다. 성적 판타지와 관련해 군은 "또 하나 특수한 것은 성적 자극을 통한 수단이다. 이것은 피아가 서로 사용했는데 적들은 역시 동양적인 사고방식을 가졌기 때문에 극단적으로 난잡한 성 사진을 쓰지는 않았고 우리도 또한 중국인의 특수한 예에 비추어 완전 착의着衣의 미인 사진만을 사용"했다고 평가했다.[90]

〈앞〉 나의 눈은 집에 돌아오는 그대를 바라보느라 눈물이 난다. 상사相思 때문에 나의 얼굴로 눈물이 흘러내린다.

〈뒤〉 견우와 직녀는 은하수를 건너 만난다. 그러나 나의 사랑하는 이는 언제 만날 것인가? (8668)[91]

그림 80 _ (8723)

그림 81, 81-1 _ (8668)

그림 82 _ (8724)

평화로운 시골 마을, 중국 소녀가 꽃을 줍는 장면을 묘사한 삐라 8723은 "중국공산당과 병사들 사이의 분리 시리즈의 하나이다. 그들의 가족과 집을 위한 중국인의 관심을 잘 표현했다. 그래서 주울 필요 없이 땅에 떨어진 채로 읽을 수 있게 묘사했다. 한 면은 공간으로 남겨두고 간단하게 편지지로 사용하게 했다"라고 설명돼 있다. 삐라 8724도 삐라 8723과 동일한 목적으로 젊은 남자가 없는 중국 가족의 모습을 그렸다. 〈그림 81〉인 삐라 8668은 남녀 간 애틋한 사랑의 상징인 견우와 직녀를 이용해 지금 상황이 견우와 직녀보다 가혹하다고 호소한다.

삐라 8729도 병사들이 오랫동안 일반적 인간관계를 누리지 못한 현실을 강조하여 병사들로 하여금 이를 강요했던 정부를 불신하도록 하는 데 목적이 있다고 설명하고 있다.[92]

그림 83 _ (8388)

그림 84 _ (8408)

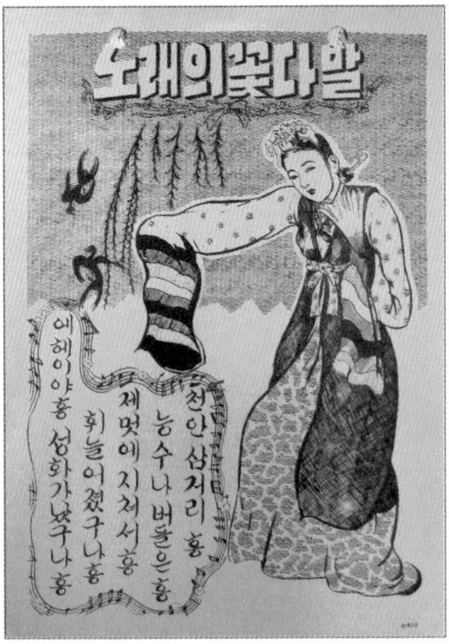

그림 85 _ (8410)

〈앞〉 오- 나의 사랑이여! 오- 나의 번민이여!

〈뒤〉 친애하는 인민군 동지들이여!

동지들의 사랑하는 애인은 지금 어디 있을까요?

아침저녁으로 산봉오리나 진지 속에서 고생하는 그대들에게 어느 때나 궁금한 것은 사랑하는 아내의 소식일 것입니다.

당신의 사랑하는 애인도 폭격을 피하고 먹을 것을 구하느라고 오늘은 이곳 내일은 저곳으로 헤매면서도 항상 당신 생각이 간절할 것입니다.

한숨! 눈물! 둘도 없는 사랑!

김일성도당 때문에 달콤한 사랑도 속삭일 수 없는 애닯은 환경!

그대의 사랑하는 아내도 이 전쟁을 반대하는데 그 누구를 위하여 싸우겠읍니까?

총을 버리고 돌아가시오! 돌아가 사랑하는 애인을 구하시오! **(8388)**[93]

에해이요

가슴 타고 속 타고 내 마음이 산란한데

저 달조차 저리 가면 나는 못 살리라

에라 놓아라 못 놓리라

옷자락이 열두 조각이 나도 못 놓리라 **(8408)**[94]

삐라 8408에는 "여성과 교제한 지 오래됐음을 자극한다. 이로써 북한 병사들로 하여금 공산 정권을 불신하도록 하는 데 있다"는 설명이 있다. 삐라 8412는 "한국의 젊은 여성과 남성 사이 구애를 보여주고 있다. 이 텍스트는 오랫동안 권리를 거부당한 북한 병사를 자극"하리라는 바람 아래 살포됐다. 이런 바람은 "동지들이여! 사랑하는 사람을 언제나 또다

그림 86 _ (8412)

그림 87 _ (8727)

시 만나볼 것인가!"라는 문구로 표현됐다.[95]

빼라 8727는 여성과의 교제가 너무 오래됐음을 자극하고 병사와 중국 정부 사이의 분열이 강조되도록 묘사했다. 중국 전통 의상인 치파오를 입은 젊은 여성이 깍지 낀 손으로 턱을 괸 채 웃으며 정면을 응시하고 있다. 그리고 삐라는 중국군 병사에 묻는다. "언제 사랑하는 이를 다시 만날 것인가?"[96] 이 삐라에는 어느 대만 여성의 사진이 사용됐다.

03 두 세계: 자유세계와 노예세계

해방 뒤 미 공보원은 〈월간 아메리카〉에 미국이 기존 자유방임주의적 자본주의와 전체주의적 공산주의를 극복한 체제라고 알리는 글들을 실었다. 이 글들은 미국을 노동자의 권익을 옹호하며 국민의 자유를 보장하고 복지를 책임지는 국가로 소개했다. 미국은 기업도, 노동자도, 연방정부도 경제제도를 독자적으로 농단하지 못하며 경제 발전을 위해 새로운 권력관계를 형성한 나라였다.[97] 곧 미 공보원은 미국을 두 전체주의, 사회주의와 파시즘을 지양하고 제2차 세계대전 뒤 인류의 행복을 보장하는 국가라고 한국인에게 말하고자 했다. 그러나 미국은 한국전쟁 전 자본주의와 공산주의를 극복한 체제를 어떻게 부를지 분명하게 제시하지 않았다.

두 세계의 상징

존스홉킨스대학교 작전연구소는 한국에 살포된 삐라의 내용과 삽화에 다음의 문제를 제기했다.

> 현재 사용되는 몇몇 상징(예를 들면 죽음의 머리, 유엔 상징, 낫과 해머)은 대상이 되는 대중에게 의미를 제대로 전달하지 못했다. 조사 결과 그림보다 사진이 의미

> 전달에 유리하고, 만화(삽화)보다는 그림이 낫다. 분명한 사실은 이해되지 못하는 상징은 폐기되어야 한다는 점이다. 그림보다는 사진을, 삽화보다는 그림을 사용한다.[98]

중국군과 북한군이 투항하고 싶어도 삐라 속 상징만으로는 '유엔이 왜 좋은지', '소련이나 중국, 공산당이 왜 나쁜지' 이해할 수 없다는 지적이다. 이런 평가에 따라 상징을 군인들에게 각인시키는 계획이 실행됐는데, 곧 안개계획이다. 안개계획의 목적은 "중국 병사들은 유엔과 공산당의 상징을 잘 알지 못하기 때문에 그들을 향한 선전은 효과가 없었다. 이들 상징을 자주 사용하여 병사들에게 유엔은 자유를, 공산당은 노예와 죽음을" 뜻한다고 인식시키는 데 있었다.

> 1. 유엔기: 유엔–평화와 자유의 방어자.
> 2. 한국기: 자유한국과 통일.
> 3. 북한기: 민족적 노예와 조국의 분할 상징.
> 4. 중국기: 5개의 별은 유혈의 기. 인민을 살상했던 기의 상징을 기억하라.
> 5. 해머와 낫: 노예와 죽음의 상징.[99]

〈그림 88〉은 이들 상징을 알리는 작은 사이즈의 삐라들이다. 유엔 깃발을 제외한 태극기, 인공기, 오성기, 소련기는 해당 국가의 국기이다. 태극기와 유엔 깃발은 전혀 훼손이 없다. 그러나 인공기는 흰색의 원 안에 붉은 별 대신 해골을 넣었다. 중국 국기인 오성기는 붉은 바탕에 공산당을 뜻하는 큰 별과 노동자, 농민, 자산계급과 소자산계급을 가리키는 네 개의 작은 별이 금색으로 그려져 있다. 그러나 삐라에서는 금색이 아

그림 88 _ (0705)

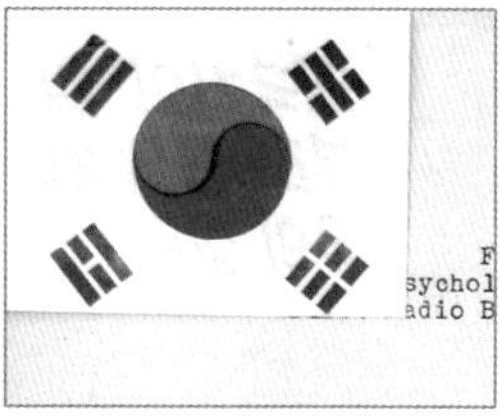
그림 88-1 _ (0106)

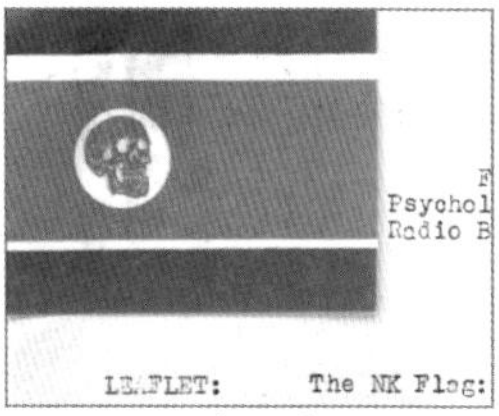

그림 88-2 _ (0109)

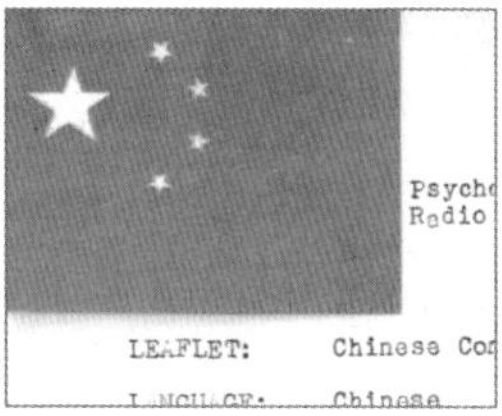

그림 88-3 _ (0706)

그림 88-4 _ (0707)

닌 흰색이다. 소련의 국기는 붉은 바탕으로 한쪽 구석에 낫과 망치를 금색으로 그린 위에 5개 별인 오광성五光星을 그렸다. 낫은 농민, 망치는 노동자, 붉은 바탕은 '공산당의 지도 아래 사회주의와 공산주의의 건설을 지향하는 소련 인민의 영웅적 투쟁'을 뜻했다. 그러나 삐라에서는 이렇게 부여되어 있는 모든 상징적 의미들을 제거하고 낫과 망치를 붉은색으로 칠해 '노예와 죽음'의 의미로 바꿨다.

〈앞〉 노예와 죽음을 표시하는 표식! 이 표식을 기억하라!

〈뒤〉 이래서 노예다!

1. 그대들은 끊임없이 감시를 받고 있다. 그러니 노예가 아니냐!

2. 그대들은 사상의 자유가 없다. 그러니 노예가 아니냐!

3. 그대들은 맘 놓고 누구하고 이야길 못한다. 그러니 노예가 아니냐!

4. 그대들은 불평이 있어도 입 밖에 낼 수가 없다. 그러니 노예가 아니냐!

5. 그대들은 강제로 자기비판을 당하고 있다. 그러니 노예가 아니냐!

그림 89 _ (8226)

그림 90 _ (8227)

이래서 죽는다!

1. 유엔군 탄알 수효보다도 더 많은 인민이 우리나라에 있노라고 공산당은 큰 소리를 친다. 그러니 다 죽일 작정이 아니냐!

2. 선발대가 전멸을 당하면 그 찌꺼기 무기를 가지고 후방 부대를 무장시켜 공산당은 이용해먹고 있다. 그러니 다 죽일 작정이 아니냐!

3. 남한에 있는 유엔군은 쏘련과 중공이 제아무리 애를 써도 정복할 수는 없다. 그러니 다 죽일 작정이 아니냐!

4. 북한 인민일찌라도 온종일 땅을 파며 싸우거나 밤을 새워 짐을 날으는 일을 언제까지 계속할 수는 없는 노릇이다. 그러니 다 죽일 작정이 아니냐!

5. 공산당 때문에 우리 단군의 죄 없는 자손들이 유엔군의 불바다 속에서 무수히 죽었다. 그러니 다 죽일 작정이 아니냐!

공산당 표식을 기억하라! 그것은 노예와 죽음의 표식이다! (8226)[100]

〈앞〉 이 표식을 기억하라! 자유와 행복의 표식!

〈뒤〉 정말 자유와 희망이 무엇인지 아는가!

1. 자유란 정치안전 장교의 감시를 벗어나는 것이다.

2. 자유란 집으로 돌아가서 가족과 더불어 행복스럽게 사는 것이다.

3. 자유란 자기에게 맞는 일자리에서 일을 하는 것이다.

4. 자유란 유엔군의 불바다를 벗어나는 것이다.

5. 자유란 공산주의자 밑에서 개죽음을 면하는 것이다.

1. 희망이란 다시금 사람다운 생활을 하게 되는 것이다.

2. 희망이란 밤낮 일하며 길을 가며 땅을 파는 신세를 면하게 되는 것이다.

3. 희망이란 자기 집에서 살다가 편안히 죽는 것이다.

4. 희망이란 우리나라를 공산주의 마수에서 벗어나게 하는 것이다.

5. 희망이란 공산주의자들의 탄압과 독재를 물리치는 것이다.

유엔 표식을 기억하라! 그것은 자유와 희망의 표식이다! (8227)[101]

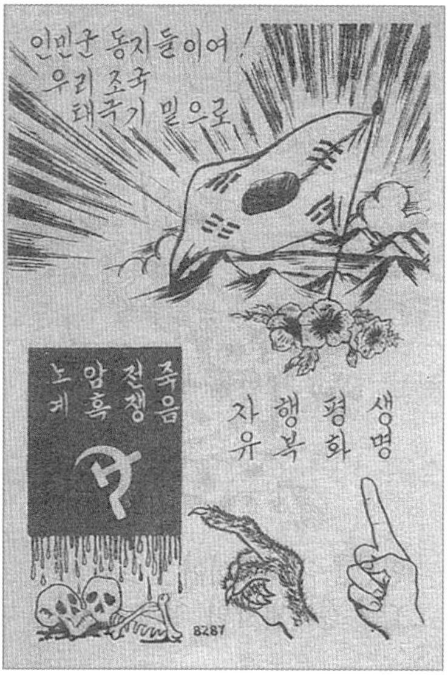

그림 91 _ (8287)

삐라 8226과 삐라 8227의 한 면에는 상징을, 다른 면에는 왜 '노예와 죽음', '자유와 행복'인지를 설명한다. 이로써 삐라 속에서 상징은 구호(호명)와 결합됐다. 〈그림 91〉인 삐라 8287은 상징과 구호 그리고 이미지를 결합시켜 "생명, 평화, 행복, 자유/죽음, 전쟁, 암흑, 노예"의 차이를 사람과 짐승의 손으로 형상화했다.

두 세계의 이미지 만들기

〈앞〉 대한민국에서는 모든 백성들이 자유롭게 산다.

자유롭게 직업을 선택할 수 있고,

자기네들이 원하는 정부를 가질 수 있다.

그러나 북한에서는 노예생활이 전염병 퍼지듯 늘어가고 있다.

공산 정부가 명령하는 대로 일을 해야 하고,

총칼로 백성을 다스리고 있다.

〈뒤〉 대한민국에서는 모든 백성들이 자유롭게 산다.

농민은 자기가 거둔 곡식을 가질 수 있고,

학생들은 자유로운 배움의 생활을 할 수 있다.

그러나 북한에서는 노예생활이 전염병 퍼지듯 늘어가고 있다.

공산 정부는 농민의 곡식을 빼앗아가고,

학생들을 혁명과 미움과 전쟁의 정신병자로 만들고 있다. **(1158)**

〈앞〉 철의 장막: 중국 인민을 쇠사슬로 묶어둔 인민 민주 독재.

청산투쟁清算鬪爭, 노예 노동자, 학살. 사상 통제.

연합국의 목표: 모든 개인의 자유가 보장된 세계.

정치적 생각의 자유, 언론 · 출판의 자유, 직업의 자유, 두려움으로부터 자유, 종교 · 신앙의 자유, 집회 · 결사의 자유.

〈뒤〉 오늘날 우리는 두 세계의 존재를 본다. 하나는 민주주의 자유세계이고 다른 하나는 독재적인 공산세계이다. 자유세계에 살고 있는 사람들은 자유, 평등, 형제애를 바탕으로 하는 행복한 사회에서 살고 있다. 공산 노예세계에 살고 있는 사람들은 노예, 억압, 미움뿐인 고통스러운 삶을 살고 있다. 모든 개인이 인

그림 92 _ (8287)

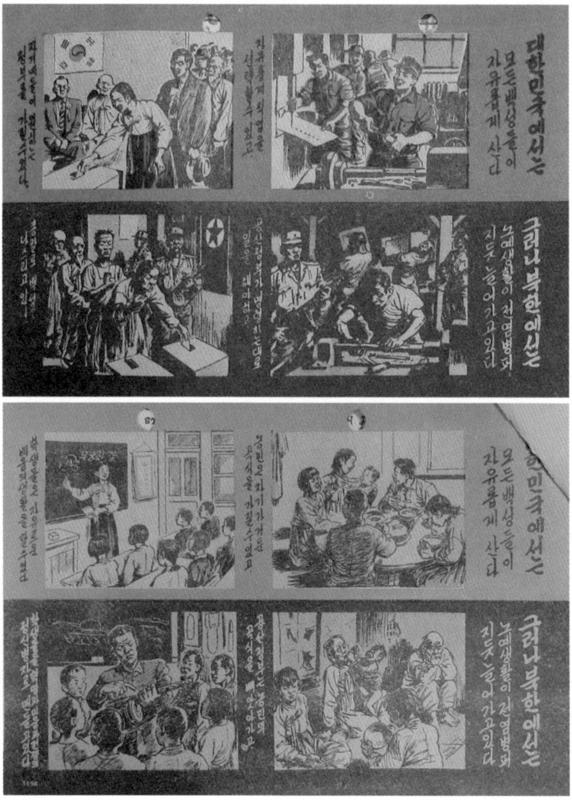

그림 93, 93-1 _ (1158)

그림 94 _ (8174)

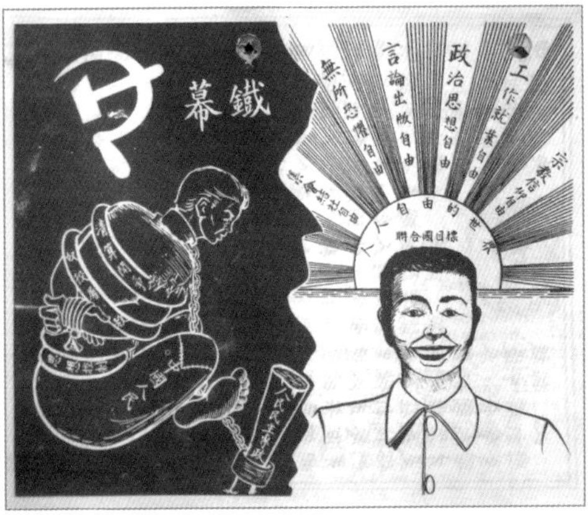

그림 95 _ (8593)

> 권과 자유를 가져야 한다는 것이 유엔의 목적이다. 누구도 노예의 삶을 살 필요가 없다.
>
> 공산당은 태어날 때부터 가지고 있는 인권을 빼앗는다. 당신은 군대로 가야 했고 당신은 청산당하고 추방당했다. 당신은 항상 두려움에 떠는 삶을 살고 있다. 개인의 자유는 무엇인가? (8593)[102]

〈그림 92〉인 삐라 8287에는 "공산주의 신과 자유의 여신을 비교해 죽음과 행복"을 보여준다는 설명이 있다. 삐라 1158은 위, 아래로 직업의

선택, 선거, 학교, 가족생활을 배치해 두 세계를 대비시켰다. 삐라 8174는 생사의 갈림길이라는 푯말을 사선으로 배치해 착취와 원조로 형상화했다. 삐라 8593은 한 면에는 자유세계와 공산세계를 밝음과 어둠, 자유와 결박으로 이미지화했고, 다른 면에서는 이를 설명했다. 이 삐라는 자유세계와 노예세계가 '개인'을 어떻게 다루는지를 보여주려 한다. 노예세계의 개인은 오직 국가의 목적을 위한 도구인 데 반해 자유세계는 개인의 도구화를 막으려 한다고 주장했다.

이들 삐라들은 어둠과 빛, 결박과 자유, 죽음과 부활, 부패와 재생 따위의 이분법을 활용했다. 이러한 이분법은 파시즘의 선전에서 가장 잘 드러나는데,[103] 그런 측면에서 극동사령부의 심리전은 파시즘의 선전과 그 표현 방식이 크게 다르지 않았다.

유엔과 공산세계의 비교는 전장에까지 이어졌다. 다음 삐라들은 벙커 속, 군용 모자, 식량과 난로, 탱크, 수송, 포병부대 따위로 두 세계를 비교하고 있다.

죽음!

1. 벙커에 유엔군의 공격이 넘쳐나는데

2. 안에 머물러 싸우기를 멈추지 않으면

3. 유엔 병사는 벙커를 파괴할 것이다—너는 죽을 것이다.

삶!

1. 벙커에 유엔군의 공격이 넘쳐나는데

2. 두 손을 높이 들고 나오면

3. 유엔은 당신을 안전하고 좋은 대우를 보장한다.

이것이 삶이고 죽음이다! 너는 어떻게 할 것인가? (8662)[104]

〈앞〉 헌겁 모자로 싸우는 공산군

공산도배들은 제군을 맞아 죽기 알맞은 엷은 헌겁 모자를 씌워 전쟁터로 모라넣었다.

총알을 막아낼 철모도 못 얻어 쓴 제군들은 머지않어 총알로 골통을 뚫리어 죽고 말 것이다.

〈뒤〉 유엔 병사들을 수호하는 철모

유엔은 늘 유엔 병사들을 애낀다! 유엔군은 세계에서 가장 훌륭한 장비를 가춘 군대다. 철모 안 쓴 병사는 한 명도 없다. (1227)[105]

"춥고, 배고파 못 살겠네."

"안전하고 따뜻하고 여기는 별천지야." (8164)

〈앞〉 탕크 원조? 물론이다! 유엔군은 탕크 없이 적을 공격해본 적이 없다.

〈뒤〉 탕크 원조? 하늘의 별 따기만하다! 북한군이 탕크를 맨들어낼 수도 없고 로서아가 이것을 줄 리도 없다. (9021)[106]

〈앞〉 수송! 두말할 것도 없다! 유엔 측은 전 세계에서 사용되고 있는 차량의 9할을 맨드러낸다

〈뒤〉 수송? 부끄럽다! 공산군 두목들은 그 병졸들을 무거운 짐과 자기네들의 거짓 약속을 잔뜩 실은 소처럼 부리고 있다. (9022)[107]

〈앞〉 포병부대의 후원!! 물론! 유엔군이 가는 곳마다 포병부대가 후원한다.

〈뒤〉 포병부대의 후원? 있을 리 없다! 공산군은 이것도 없이 싸우다가 개주검하고 마는 것이다. (9023)[108]

그림 96 _ (8662)

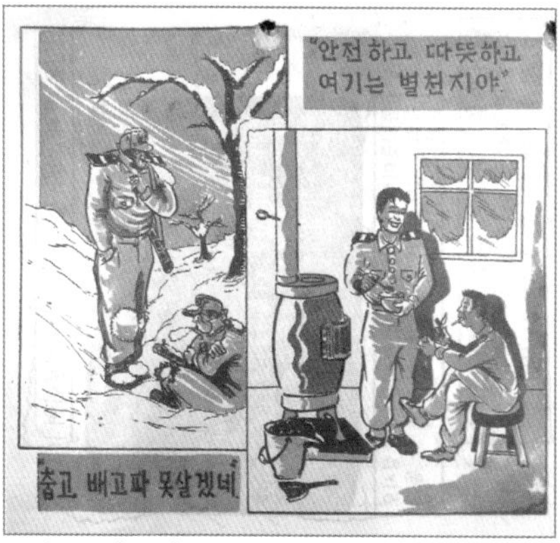

그림 98 _ (8164)

그림 97, 97-1 _ (1227)

그림 99, 99-1 _ (9021)

그림 100, 100-1 _ (9022)

그림 101, 101-1 _ (9023)

미국의 심리전은 세계를 두 세계, 자유세계와 노예세계로 나누고 있다. 그러나 자유세계보다 더 자주 불린 명칭이 유엔이었고 한국전쟁 때 미국 심리전에서의 세계는 유엔과 공산세계이다. 이 호명의 대비 자체가 틀렸는데도 불구하고 한국 사회에서 너무나 자연스럽게 받아들여졌다. 유엔은 국가 간 연합 기구이지 정치나 사회 또는 경제체제를 가리키지는 않는다. 그런데도 심리전에서의 '유엔'이란 명칭은 정치나 사회체제를 의미했고, 자유세계의 상징이었다. 반면 공산세계는 유엔과 대비되어 세계 기구가 아닌 정치체제를 의미했다. 이러한 모순에도 유엔과 공산세계, 자유세계와 노예세계라는 대비는 냉전시대에 자연스럽고 올바른 사용례로 정착했다.

04 유엔을 이용하라

미국이 아닌 유엔이라는 용어를 써라

전쟁 초 국방부 정훈국이 생산한 삐라에는 유엔(유엔군)보다 미국(미군)이라는 표현이 더 자주 등장한다.

> 미군은 언제나 자유를 위하여 싸워온 군대다. 카이자의 독일에 대항하여 제1차 세계대전에 참가했으며 팟쇼 침략주의를 반대하여 제2차 대전에서 또한 용감히 싸웠다. 대전 후 쏘련 적색 제국주의가 자유와 정의를 무색케한 때에 그들은 감연 궐기하여 민주주의 진영의 대표적인 국가로서 싸우고 있다. 6월 25일 쏘련과 중공의 지원 밑에 북한 괴뢰군이 불법 남침하자 국제연합 결의에 의하여 대한민국을 도웁고저 미군은 또다시 이 땅으로 진주하여 온 것이다. 끊을 수 없는 정의와 이념을 같이하는 두 나라 군대가 어깨를 나란히 공동의 적과 싸우고 있는 이 마당에서 우리는 더욱더 그들에 대한 한 동지적인 존경과 애정을 느끼지 않을 수 없다. 그들은 명랑하고 쾌활하며 예절다운 군대다. 그들이 지금 우리를 위하여 싸우고 있다. 우리는 쌍수를 들어 그들을 기뻐 마지하자.

성조기에 영원히 영광 있으라! 한미 공동작전 만세!

대한민국 국방부[109]

삐라는 성조기의 영원한 영광을 염원한 대한민국 국방부가 미군을 환영했던 까닭이 미군이 자유를 위해 싸워온 군대이고 민주주의 진영을 대표하며 명랑·쾌활하고 예절이 있기 때문이라고 말한다. 그러나 국방부의 열렬한 환영에도 미국은 소련의 전쟁 개입이 표면적으로 드러나지 않은 상황에서 세계 여론을 의식하지 않을 수 없었다. 이러한 미국의 조바심은 전쟁 초기 포로 조사 과정에서도 드러난다. 〈표 25〉는 전쟁 포로들이 생각하는 미국이 한국에서 싸우는 이유를 조사한 내용이다. 포로들을 대상으로 한 이 조사는 1950년 10월 대구와 서울에 있는 포로수용소에서 진행됐다.

〈표 25〉 미국이 한국에서 왜 싸운다고 생각하는가?[110] (단위: 명, %)

의견	인원	비율
한국을 보호하기 위해	25	24.2
한국의 통일을 위해	22	21.3
한국의 자유를 위해	4	3.9
한국을 부유하고 강하게 하기 위해	1	1.0
한국인이 잘 먹고 사는 것을 돕기 위해	2	1.9
미국이 한국을 사랑하기 때문	1	1.0
한국에 평화를 구축하기 이해	4	3.9
한국 정부가 미국을 좋아하게 만들기 위해	1	1.0
우리나라를 팔려는 김일성과 그 무리들을 내쫓기 위해	4	3.9
유엔 결정을 이행하기 위해	7	6.8
세계 평화와 한국 통일을 위해	2	1.9

공산주의자들이 다른 전쟁을 일으키는 것을 막기 위해	1	1.0
공산주의자의 침입을 막기 위해	4	3.9
전쟁을 가능한 한 빨리 마무리 짓기 위해	1	1.0
러시아가 남한을 정복하려는 북한을 도와주기 때문에	1	1.0
정의를 위해	1	1.0
모르겠다	6	5.8
무응답	6	5.8
설명 못 함	10	9.7
총계	**103**	**100**

〈표 25〉에 따르면 포로들 가운데 절반 가까이 미군은 한국에서 '한국을 보호하고, 통일 또는 자유를 위해서' 싸운다고 답했다. 그런데 '모르겠다', '무응답', '설명 못 함'이라고 답한 경우도 22명으로 21.3퍼센트나 된다.

반면 '우리나라를 팔려는 김일성과 그 무리들을 내쫓기 위해'(4명), '공산주의자들이 다른 전쟁을 일으키는 것을 막기 위해'(1명), '공산주의자의 침입을 막기 위해'(4명), '러시아가 남한을 정복하려는 북한을 도와주기 때문'(1명)이라고 답한 포로는 10명에 불과했다.

작전연구소는 이런 자료를 바탕으로 1951년 2월 극동사령부와 8군사령부의 심리전 방향을 조언하는 보고서를 제출했다. 그러나 이 통계를 볼 때 적어도 전쟁 초기 미군 심리전의 핵심인 '적 이미지 만들기'는 그다지 성공적이지 못했다. 포로들의 대답에는 대립하는 두 세계, 자유세계와 노예세계의 구분은 드러나지 않는다. 미 국방부는 38도선으로 북진할 때 "한국에서 평화를 확고히 하고, 정치 · 경제적 재건이란 민감한 문제에 대처하기 위해 유엔의 노력을 극대화할 필요가 있다"는 미군의 행동에 준거가 될 지침을 국가안전보장회의에 제출했다.[111] 이는 한국전쟁 내내 미국이 취한 입장이었다.

미군을 환영하는 국방부 정훈국과 달리 북한이 생산한 삐라는 미국이 일본 제국주의와 다르지 않다고 선전했다. 식민지 경험을 한 한국인에게 일본 제국주의라는 말은 가장 격렬한 비난이었다.

> 해방된 우리 조국에 침입한 미 제국주의자들은 33년 전의 왜놈들보다 더 수많은 우리 동포들을 학살하고 조국의 강산을 재떼미로 만들고 있지 않은가?
> 만일 그대의 가슴 속에 일본 제국주의 침략자를 반대하는 투쟁에서 흘린 선조들의 고귀한 피가 한 방울이라도 흐르거든 같은 동포인 인민군대와 싸우지 말고 미 제국주의 침략자를 반대하여 나서라.[112]

북한은 일본 제국주의가 연상되도록 미국을 미 제국주의자로 불렀다. 북한이 생산한 삐라에서 미국은 '미 제국주의자', '월가의 강도', '미국 강도', '원쑤', '미국 살인귀', '사냥개' 따위로 불렸다. 이러한 북한의 선전에 대응해 극동사령부 심리전부는 '미국이 아닌 유엔을 강조'하고 부각시켰다.

> 1951. 10. 15. 정책 지침 68호
> 전쟁 초기부터 심리전 정책은 미국보다 유엔을 강조하는 것이다. 이러한 접근의 유용성은 전쟁을 미 제국주의 활동으로 묘사하는 공산주의자들의 격렬한 노력이 다시금 강조되어온 데 있다.[113]

> 극동사령부 삐라 프로그램의 목적은 한국에서 군사적, 정치적으로 유엔의 업적을 드높이는 데 있다. 미군이 아니라 유엔으로 행동한다. 현지 사령관도 이를

> 분명히 한다. 유엔사령관과 그의 부관들은 "유엔사령부의 소리"로 말해 미국 개입에 대한 책임 (문제)을 공산주의자에게 설득력 있게 제공한다.[114]

이렇게 미국이 아닌 유엔, 미군이 아닌 유엔군이란 용어를 사용하라는 주문은 단지 북한의 선전에 반대하기 위함만이 아니다. 유엔이라는 용어의 사용은 미국의 이익을 염두에 두고 있었다.

> 이 협상(휴전 협상)에서 우리의 도덕적, 논리적 입장은 비록 세계가 확실히 이를 알지는 못하지만 공산주의자들의 입장보다 훨씬 낫다. 우리는 유엔이라는 악기를 충분히 사용하지 않았다. (…) 더 나아가 만일 휴전회담이 갑자기 중단된다면 책임 추궁 면에서 우리의 입장을 은폐할 수 있다.[115]

극동사령부 심리전부는 전쟁이 미군이 아닌 유엔의 이름으로 치러진다는 사실을 적극적으로 선전했다. 미국이 아닌 '유엔', '미국의 소리'가 아닌 '유엔의 소리'로 말해야 미국에게 유리하다는 것이다. '유엔'이란 용어를 사용함으로써 미국은 도덕적 · 이데올로기적 우위에 서게 되고, 세계 여론의 공격을 효과적으로 방어할 수 있었다. 따라서 미국은 이러한 정책을 보다 적극적으로 실행했다.

> (유엔의 이름으로 행하는 심리전의 목적은) 한국인이 유엔에 관심 갖게 하고 (유엔의) 정체성을 부여하는 데 있다. 심리전 매체, 민주적 의견 개진, 정책 발표는 유엔의 이름으로 한다. 유엔은 북한 정권과 인민의 의지를 무시한 공산당의 침입을 반대한다는 사실을 분명히 한다. 일본 군국주의의 반미 구호였던 "아시아를 위한 아시아" 같은 구호는 사용하지 않는다.[116]

유엔을 앞세운 미군의 심리전은 전쟁에서 승리했을 때의 북한 점령-통치 계획과도 궤를 같이했다. 실제로 북한 지역을 점령했던 시기 유엔보건복지부대UN Public Health & Welfare Detachment 파견대가 군부대와 함께 북한 지역에서 점령 정책과 민생 업무를 수행했다. 미군의 계획은 북한 지역에는 재교육과 재적응re-education and re-orientation 프로그램으로 미국과 유엔의 민주적 삶의 방식의 덕목을 보여주겠다는 것이었다.[117] 유엔을 통한 점령과 통치라는 미국의 계획은 전선이 한반도 중부 지역에서 교착 상태에 빠진 뒤에도 변함이 없었다. 따라서 유엔을 앞세운 심리전은 고조될 수 있는 국제 여론의 비난을 피한다는 목적과 함께 '정의로운' 유엔이라는 이미지를 만들려는 통치 계획의 연장선으로 이해할 수 있다.

유엔의 날

1950년 7월 14일 극동사령부는 한국 파견 지상군 총사령관 육군중장 W. H. 워커의 명의로 "국제연합은 연합군 총사령관으로 더글러스 맥아더 장군을 임명했으며 우리와 같이 싸우고 있는 국가의 군대가 그들의 국기와 나란히 연합유엔기를 사용할 것을 지시했"다는 삐라를 뿌려 유엔이 한국전쟁에 개입했다고 알렸다.

국방부 정훈국이 생산한 삐라들은 유엔군을 '정의', '자유 투쟁', '정의의 사자', '정의와 자유', '자유와 평화', '세기의 영웅', '우리 민족의 은인', '평화의 사도', '정의의 칼', '불패의 군대' 따위로 불렀다.

침략자를 물리치고 약한 자를 도우려고 일어난 유엔군을 우리들은 '평화의 사도'로 알고 진심으로 환영합시다. 정의는 이긴다고 말하지만 이렇게도 생생한 사실로서 체험하게 되는 감격이야말로 무엇으로 형언해야 좋을는지 모릅니다. 그저 하늘에 해와 달이 있는 것과 같이 신성할 따름입니다. (…) 어찌 유엔군을 해와 달같이 신성하다고 하지 않겠읍니까. '신이여 유엔군을 끝까지 보호하시고 이기게 하소서.'

대한민국 국방부[118]

'해와 달' 같은 "유엔군은 전 세계 인류의 정의와 자유를 위한 평화의 사도이며 국군은 국가와 민족을 위한 진실한 구호자"였다. 국군은 대한민국에 국한된 것이라면 유엔군은 전 세계 인류의 군대라는 뜻이다. "유엔의 존재와 우리 대한민국과의 관계는 처음부터 긴밀하고 절대적인 것이었다. 만일 유엔의 기구가 존재치 아니했던들 우리 대한민국은 탄생을 보지 못했을지도 모르며 또한 이번의 북한 침략군을 당해내지 못하고 다시 소련의 노예 생활로 들어가게 됐을지도 모른다. 세계 평화의 상징인 유엔 기구는 동시에 우리 대한민국의 장래를 축복하는 거룩한 대상인 것이다."[119] 국방부 정훈국이 발행한 팸플릿의 지적과 같이 유엔은 대한민국의 탄생과 긴밀한 관계가 있었다.

이러한 유엔의 신성시와 극동사령부의 "한국 사람들이 관심을 갖도록 유엔과의 일체화 정책을 수행하"라는 지시가 맞물려 해마다 10월 24일을 앞뒤로 '유엔의 날' 기념행사가 대대적으로 열렸다.

한국에서는 유엔데이를 축하하기 위해서 서울 종로에 있는 인경을 울릴 것입니다. 일본으로부터 한국이 해방된 때와 같이 한국 역사에서 중대 사건을 축하할 때에는 인경을 울렸읍니다. 특히 한국 인민들은 유엔에 희망을 가지고 있읍니다. 국제연합은 세계의 모든 나라를 포함하고 있고 국제연합의 가장 중요한 기관이 둘이 있는데 이것은 안전보상이사회와 총회입니다. 유엔 안전보장이사회는 북한 공산주의자들이 대한민국에 쳐들어온 사실을 1950년 6월 27일에 침략 행위로 단정하고 공산주의자들에게 정전을 권고했읍니다. (…) 유엔총회는 지난 1950년 10월 8일에 전 한국에 자유선거를 시행하고 통일 독립국가를 건설하자는 결정을 채택했읍니다.

유엔데이는 전 세계의 평화에 대한 갈망과 나라와 나라 사이의 우호 관계를 상징하는 날입니다. (1029)[120]

이날을 기념하여 기념식, 음악회, 영화 상영이 진행됐다. 극동사령부는 유엔의 날을 알리는 3종류의 삐라를 생산했다. "하나는 세계 평화를 보호하는 유엔 기능을 강조하여 유엔의 배경과 목적을 설명했다. 두 번

그림 102 _ (1120)

그림 103 _ (7122)

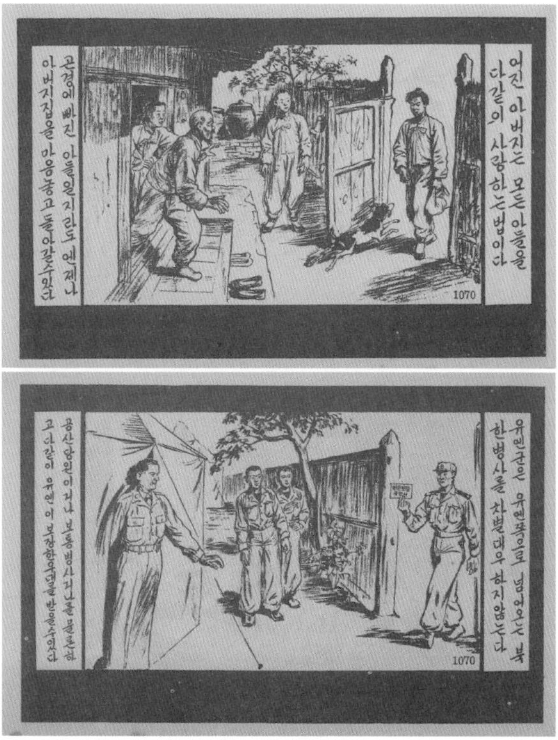

그림 104, 104-1 _ (1070)

째는 감정적 호소로 '유엔데이' 중요성을 기초로 구성했다. 세 번째는 유엔의 의미를 안 적 병사가 투항하는 것을 묘사했다."[121] 다음 삐라들은 이런 목적에 따라 생산, 살포됐다.

〈앞〉 어진 아버지는 모든 아들을 다 같이 사랑하는 법이다.

곤경에 빠진 아들일지라도 언제나 아버지 집을 마음 놓고 돌아갈 수 있다.

<뒤> 유엔군은 유엔군 쪽으로 넘어오는 북한 병사를 차별대우하지 않는다.

공산당원이거나 보통 병사이거나를 물론 하고 다 같이 유엔이 보장한 우대를 받을 수 있다. (1070)

그림 105 _ (1085)

'유엔 상징에 서 있는 사람들'이라는 제목의 삐라 1120은 앞면 가득 유엔 깃발이 날리고 있고 그 아래로 한복과 양장을 한 여성들과 아이들이 모여드는 장면을 그렸다. 〈그림 103〉은 오른쪽에 그려진 유엔의 상징이 밝은 빛을 내뿜고 이를 향해 내민 구원을 원하는 손들을 그렸다. 유엔을 마치 메시아인 듯 묘사해 유엔에 의한 구원을 감정적으로 전달하는 듯하다. 〈그림 104〉는 아버지와 유엔을 동일시했다. 한 면과 다른 면의 구도가 비슷하고 '어진 아버지는 모든 아들을 다 같이 사랑하는' 것처럼 '유엔군 쪽으로 넘어오는 북한 병사를 차별대우하지 않는다'고 말한다. 집을 찾아가듯 유엔으로 오라는 암시이다. 〈그림 105〉는 유엔과 유엔군의 다양한 구성을 알려준다. 삐라들에서 계속 강조됐던 유엔군은 세계의 군대라는 이미지화이다.

유엔을 부각시키는 정책은 모든 부분에서 진행됐다. 삶의 터전을 소개疏開당해 포로수용소에서 머물렀던 민간인들이 집으로 돌아갈 때에도 유엔의 이미지를 활용했다.

첫 번째 목적에 따른 주제

민간인들이 전쟁이 일어나자 전쟁 포로와 혼합되어 이동했다. 그들은 전쟁 포로가 아니다. 공산당의 책략 때문에 유엔사령부는 이들이 한국에 충성스런 시민인지 공산당의 군인 또는 스파이인지 곧바로 식별하지 못했다. 지루한 과정을 거쳐 이들 민간인 피수용자가 한국에서 유엔사령부의 안전을 위험에 빠트리지 않음을 확신하게 됐다. 조사와 검사 뒤에 이들 2만 7,000명의 민간인이 석방됐다. 이는 유엔이 개인의 정당한 권리를 고려했음을 보여 준다. 민간인 피수용자의 석방은 판문점에서 유엔사령부가 제안한 인도주의와 일치한다.

두 번째 목적에 따른 주제

집으로 돌아가기 전 의복, 배급, 의료 혜택이 민간인 피수용자에게 주어진다. 피수용자는 한국 정부와 유엔 민간원조 사령부UNCACK가 제공하는 운송수단으로 집으로 돌아갈 것이다. 그들은 한국 시민으로 모든 권리와 의무를 다시 가질 것이다.[122]

귀환계획은 민간인을 포로로 다루고 억류했었다는 사실을 알려준다. 민간인을 포로와 같이 다룬 까닭은 근거 없는 의심에서 출발했다. 얼굴색만으로 적을 구분할 수 없었던 미군은 민간인을 근거 없이 의심했고, 이 의심은 한국전쟁 내내 일어났다. 피난민의 이동 금지나 피난민 심사와 수용소 운용은 모두 여기에서 출발했다. 당연하게도 이 과정에서 민간인이 억류당하면서 생명을 잃은 사례도 있었다. 잠깐 동안의 피난을 고려했던 민간인들의 경우 가족의 이산과 재산상 손해가 발생하기도 했다. 이 모든 일에 민간인들은 어떠한 항의도 하지 못했다. 오히려 극동사령부는 "개인의 권리를 유엔이 고려"했고, 이런 방침은 "인도주의" 원칙에서 근거했다고 역설했다. 민간인을 억류한 까닭은 순전히 "공산당의 휴전 협상 방해" 때문이라고 강변했다.

한국에서 유엔의 날 행사는 전쟁 뒤 재건 과정에서도 이어졌다. 유엔은 신생 세계 기구에 불과했지만 한국전쟁을 거치면서 명실상부한 세계 기구로서 힘을 갖게 됐다.

그러나 미국은 유엔의 가장 중요한 임무인 "전쟁범죄에 대해서는 코멘트하지 않는다"는 원칙을 세웠다.[123]

유엔의 이미지: 평화·통일·재건

1950년 11월 유엔의 참전 목적을 알리는 구호는 '평화·통일·재건'이었다. 이 구호는 '미국에 저항, 북한 원조, 고향을 보호抗美援朝, 保国爲民'라는 중국의 슬로건에 대항해서 나왔다.[124]

〈앞〉 이 그림은 비록 적지만 그 뜻은 크다. 어린이의 깨어진 작난감을 볼 제 그것을 고쳐주는 것은 사람의 상정이다.
〈뒤〉 이 그림은 뒷면에 있는 그림을 크게 한 것이다. 침략으로 말미아마 나라가 파괴됐을 때 이를 재건하여 주는 것은 친한 나라의 상정이다.
평화는 유엔의 한국에 대한 군사적 목적이다.
통일은 유엔의 한국에 대한 정치적 목적이다.
재건은 유엔의 한국에 대한 경제적 목적이다.
유엔은 무슨 모양으로든지 한국을 도우려고 한다. (1086)[125]

이 삐라는 유엔의 구호인 평화, 통일, 재건을 가장 적절하게 묘사했다. 군사적 목적인 평화, 정치적 목적인 통일, 경제적 목적인 재건이란 구호

그림 106, 106-1 _ (1086)

는 어떻게 이미지화됐는가? 평화는 현실에 없는 판타지, 통일은 전통의 재현, 재건은 물질적 원조로 형상화됐다. 판타지, 전통, 물질(재화)을 통한 유엔의 이미지 구성은 나치의 대중 선전과 닮아 있다. 나치는 그리스 로마 신화를 재현해 '순수한' 아리아인과 가족을 구성했으며, 피폐해진 삶은 자본주의의 폐해라며 대자본을 비판했다. 이는 독일인을 매료시키기에 충분했고 나치당이 빠르게 다수당으로 발돋움하는 계기가 됐다.

(1) 평화—현실에 없는 판타지

미국은 평화를 이미지화하는 데 두 가지 단상을 이용했다. 하나는 현실에는 없는 판타지의 이용이고, 다른 하나는 군사력에 의한 제압이다.

〈그림 107〉인 삐라 1135에서 한 남자가 논에서 농사를 짓고 있다. 그는 부인과 자식들이 가져온 새참을 먹으러 걸어 나오고 있으며, 주변에서 일하는 사람들은 모두 환한 미소를 머금고 있다. 그저 좋은 시절의 묘사일 수도 있는 이 그림에는 "공산 두목들이 침략 전쟁에 몰아넣지 않았으면 화평했을 것"이라는 문구가 있다. 그림 속 평화가 '공산군이 침략하지 않았다면' 가능했을 상황이며, 현실에는 없는 행복이다. 거꾸로 이 선전물에는 가족과 평화, 웃음이 존재한다.

한편으로는 이렇게 가능했을 법한 행복을 파괴한 공산주의를 대비시키면서, 다른 한편으로는 이를 다시 회복하려 유엔이 노력하고 있다고

그림 107 _ (1135)

알렸다. 〈그림 108〉의 경우, 어른부터 아이들에 이르기까지 많은 사람이 북적거리는 시장에서 사람들이 자유롭게 필요한 물건을 사고, 평화롭고 안정된 생활을 누리고 있다. 이 그림에는 "그 시절-유엔은 그리운 그 시절을 회복하기 위하야 힘쓰고 있다"는 문구가 적혀 있다. 결국 이 행복했던 현실을 가운데 두고 한쪽에는 이를 파괴한 원인으로서의 공산주의가, 다른 한쪽에는 이 행복했던 시절을 회복시켜줄 유엔이 위치한다.

〈앞〉 그 시절-유엔은 그리운 그 시절을 회복하기 위하여 힘쓰고 있다.

〈뒤〉 한국에도 한때는 평화스러운 시절이 있었다. 아이들은 즐겁게 놀고 있었고 늙은이들은 장죽을 피며 친구들과 옛이야기에 취해 있었으며 부녀들은 장보기에 바빴고 동리 젊은이들은 새 가정을 이루워 행복된 생활을 하고 있었다. 그러나 어떤 날 갑자기 공산주의자라는 무리가 무자비하고 참혹한 전쟁을 시작했다. 그리하여 평화스럽던 마을은 깨여지고 사람마다 공포 없이는 살지 못

그림 108 _ (1124)

그림 109 _ (1138)

하게 됐다.

그러나 멀지 않어 한국의 마을들은 다시 평화를 회복하게 될 것이다. 유엔이 제일 먼저 하려는 일은 한국에 평화를 회복시키는 데 있기 때문이다. 이리하여 한국에는 또다시 평화가 돌아와 그 장거리 마을에서는 어린이들의 기쁜 우슴소리를 다시 들을 수 있을 것이며 독립국가의 자유정신으로 다시 활기를 띠우게 될 것이다. 한국에 평화를 회복하기 위하여 유엔에 적극 협력하라! (1124)[126]

이 삐라들에는 주로 전쟁과 대비되는 평화와 행복의 판타지들이 실려 있다. 이 판타지들은 선전물들에는 있지만 현실에는 없다. 이렇게 판타지를 이용해서 이를 제공해줄 수 있는 자와 이를 파괴한 자를 대립시켰다. 〈그림 109〉인 삐라 1138은 유엔 회원인 세계 여러 나라 사람들이 한국의 평화를 기원하는 모습을 그렸다. 이 삐라는 극동사령부의 "유엔은 평화에 헌신할 뿐만 아니라 실제로 평화 사도라는 것을" 알리라는 지침

을 잘 나타내고 있다.[127]

'어느 날 갑자기' 깨어진 평화를 회복하는 힘은 유엔의 군사력이다. 평화를 이미지화하는 다른 하나의 방법은 바로 군사력에 의한 평화 유지이다. 〈그림 106〉인 삐라 1086에서 '평화는 유엔의 한국에 대한 군사적 목적이다'라고 선언하고 있다.

〈앞〉 유엔군 전선 뒤에는 점점 강해가는 공업 생산력이 있다.

〈뒤〉 자유 국가들의 뭉친 힘은 한국에서 큰 승리를 얻었다.

오늘 유엔의 무력은 점점 강해가고 있다. 거기는 세계 무비의 공업력이 있고 막

그림 110 _ (1087)

그림 111 _ (1092)

대한 자원이 있으며 침략을 쳐부수랴는 철석같은 결심이 있다.

유엔은 평화를 주장하지마는 만족한 휴전이 이루어질 때까지 전쟁을 계속할 것이다. (1087)[128]

〈그림 110〉인 삐라 1087과 〈그림 111〉인 삐라 1092는 군사력으로 이루는 평화가 무엇인지 분명하게 설명하고 있다. 군사력에 의해 깨어진 평화를 군사력으로 회복한다는 논리는 냉전시대에 '평화'를 제기하는 전형적인 방식이었다. 미국과 소련 사이의 끝없는 군비 경쟁은 자국민에게 평화를 가져오는 힘이라 했고, 남북한의 군비 경쟁 또한 평화를 얻고 자신을 지키기 위함이라고 했다. 우리들에게 '평화'는 공존이 아닌 단지 적일 뿐인 상대방을 군사력으로 억누르는 '힘'이었다.

(2) 통일: '한 시조-한 피-한 민족'

한 줄기 단군의 피를 나눈 동포로서 제군들의 양심에 호소한다. (…) 여러분의 가슴 속에 파동치는 배달민족의 피소리를 드러보라. 여러분이나 우리나 다 같은 대한의 아들이며 새 국가 건설의 중책은 우리 청년의 쌍견에 달려 있다.[129]

위의 삐라는 전쟁 전 뿌려진 삐라로 북한군에게 투항을 요구하며 '같은 피가 흐르는 동족'이라고 강조한다.

지난날 을지문덕 장군과 고구려의 건아는 수나라의 백만 대군을 청천강에서 함몰시키었으며 당나라의 30만 대군을 요동 벌판에서 섬멸했읍니다. 분명히 당신들은 고구려와 을지문덕 장군의 후예입니다. 국방부[130]

당신들은 화랑의 후예랍니다. 이순신 장군의 자손입니다. 오랑캐들이 제아모리 수효가 많다 하드라도 그것은 오합의 무리라는 것을 잊지 마십시오. 이순신 장군의 몇 척의 거북선이 400여 척의 왜군을 함몰시켜 나라를 구하던 옛일을 기억하십시다.[131]

살펴보라!
중공군은 동족이 아니다!
인민군 동지들이여!
당신들은 평화와 자유를 남달리 사랑하는 단군의 자손들이 아니였읍니까?[132]

이 삐라들은 북한군이든 한국군이든 모두 을지문덕, 화랑, 이순신의 자손이라 한다. 또한 현재의 상황이 고구려와 수·당의 전쟁과 다르지 않다고 한다. 중국을 오랑캐라 부르면서 이순신을 말한다. 과거와 현재의 역사적 사실을 뒤섞어놓았다. 정묘호란과 병자호란을 연상시키는 '오랑캐'라는 호칭을 사용하면서 한민족이 이순신의 자손임을 기억하게 한다. 삐라에서 전통을 재현하고 불러오는 방식은 나치의 전통 재현과 크게 다르지 않았다. 나치의 선전은 그리스 신화의 신들 가운데 제우스, 아폴론, 아테나 등만을 불러내 경건함, 숭고함, 질서, 정신력의 상징으로 삼고, 그것이 아리아 인종의 특징이라고 했다.[133] 반면 포세이돈, 디오니소스 등은 감각적 쾌락, 황홀함, 무질서, 성적인 것을 상징한다며 비非아리아 인종의 특징이라 했다.

삐라는 민족적 정통성을 단군의 핏줄에서 시작해 화랑의 후예, 이순신의 자손으로 이어지는 '같은 피'에서 찾았다. 사실 민족의 정통성을 담보하는 핏줄의 강조는 일민주의一民主義 이데올로그에 의해 전쟁 전부터 제기됐다. 초대 문교부장관이었던 안호상이 전통을 강조한 데는 외래 사상인 공산주의를 배격하려는 목적이 있었는데, 그 전통의 중요성을 담보해주는 역할을 맡은 것이 다름 아닌 핏줄이다.[134]

미군의 심리전은 행동주의 사회과학의 영향과 주도 아래 진행됐다. '한 민족, 한 핏줄, 한 할아버지'라는 민족주의를 강조하는 '단일민족' 삐라는 집단보다는 개인을 강조했던 행동주의와 상반된 경향이다. 그런데도 극동사령부는 왜 '단일민족'을 강조했을까? 일치계획은 그 까닭을 이렇게 밝히고 있다.

> 공산주의자의 선전에 맞서 심리전을 선점하기 위해 유엔의 목적, 유엔의 업적, 유엔의 지위를 강조했다. 유엔의 목적과 한국인의 목적이 동일해야 했다. 특히 통일이라는 주제는 한국인을 대상으로 하는 가장 강력한 선전 가운데 하나이다. 유엔의 업적은 한국에 안정을 제공하고 전쟁을 그치게 하고 비군사적 원조를 하는 데 있다.[135]

> 한국 통일을 위한 유엔 활동에 따른 주제는 이렇다. '한 민족-한 문화-한 인민'. 경제적 · 정치적 · 문화적으로 한국의 분할은 불필요하다. 유엔은 자유 · 민주주의 · 독립을 요구한다. 유엔은 한국의 문화, 역사, 전통을 존중한다. 유엔은 평화적 수단으로 통일을 원한다. 공산주의는 한국을 분할하려고 한다.[136]

극동사령부는 유엔을 내세운 심리전의 3대 구호 가운데 '통일'을 이미지화하려 '한 시조-한 피-한 민족'을 주창했다.

> 〈앞〉 단군의 자손 배달민족, 한 시조-한 피-한 민족!

〈뒤〉 대한의 시조 단군은 그 자손이 한 아버지를 바뜰고 한 피로써 한 민족이 되어 천년만년 의좋게 살기를 바랬다.

오늘 유엔은 모든 한국 사람들이 평화 가운데서 국민이 한데 뭉쳐 풍성한 생활을 대대 손손이 누리기를 바랜다.

한 아버지, 한 피, 한 민족. (1089)[137]

투항을 권할 때도 '같은 형제'라며 단군의 자손이라고 호소한다. 나아가 북한군은 동족이지만 중국군은 동족이 아니기 때문에 섬멸해야 한다고 말한다.

그러나 단일민족이라는 민족, 민족주의를 강조하면서도 다른 한편으로는 인종차별주의를 강화해나갔다. 미 공군대학 인적자원연구소의 보고서는 심리전 대상인 북한(남한) 대중은 미국인보다 교육 수준이 낮기

그림 112 _ (1089)

때문에 이성적이지 못하다고 평가했다. 따라서 삐라를 만들 때 아래와 같은 사항을 고려하라고 조언했다.

우리는 우리의 (선전 대상이) 미국인보다 낮은 수준의 교육을 받았음을 알고 있다. 그러므로 우리는 간단하게 말해야 한다. 앵글로색슨 인은 너무 자신의 인종적 우월성을 확신하고 있기 때문에 그들은 비판에 고무되고 자신의 행위를 비판하고 실수에 대해 사과하는 경향이 있다. 이런 것이 한국에는 없다. (…) 한국인은 논쟁의 자유가 없다. 유Dr. Yu는 "공산주의의 억압을 받았던 한국인에게 자유롭고 창의적 활동을 기대하기는 어렵다"고 말했다. (…) 일본에서 맥아더의 성공은 확실하고 분명한 정책이다. 반면 한국에서 우리는 끊임없이 미국인의 의도에 대해 의심을 받았다. 그 의심은 악의가 있는 것은 아니었다. 정보의 부족 특히 경험의 부족이었다. '미국인이 장개석을 어떻게 포기했는지 봐라. 그들은 여기에서도 그렇게 할 것이다'라는 생각이 한국의 공산주의자에게 퍼져 있다.[138]

한국인은 비이성적이기 때문에 비판 능력도 떨어지고 창의성도 없으며 미국인의 의도를 의심한다는 뜻이다. 비이성적이라는 판단은 '동양'에 대한 선입견으로 제2차 세계대전을 거쳐 한국전쟁 때도 변함없이 적용됐다. 예컨대 〈타임〉 지는 태평양의 이오지마 섬에서의 혈투를 보도하면서, "보통의 일본인은 비이성적이며 무지하다. 그들도 아마 인간이겠지만, 이를 나타내주는 (증거는) 아무것도 없다"고 썼다.[139]

(3) 재건-물질적 원조와 구세주

장교는 당신을 잘못 이끌고 있다. 일본의 미래를 위해 전후 평화로운 나라를 건설하기 위해 살아야 한다고 생각한다. 당신의 임무는 장래 나라를 생각하고 조상의 땅에서 생을 살도록 노력하는 데 있다. **(101-j-1)**[140]

유엔은 건설에 힘쓰고, 공산당은 파괴만을 일삼는다!
유엔은 필요한 자에게 의복을 준다.
유엔은 젊은이들을 건강케 하고 위안을 준다.
유엔은 헤여진 가족을 다시 만나게 한다.
유엔은 집 없는 자에게 집을 지어준다. **(1172)**[141]

태평양 방면 육군 총사령부가 생산한 삐라 101-j-1은 전후 재건은 일본 병사의 몫이라고 말했다. 이 내용을 이미지화한 삐라가 〈그림 113〉인 삐라 113-j-1이다. 건축 작업장에서 건장한 남성이 못을 박고 있다. 저 멀리 후지 산이 보인다. 도쿄, 나고야, 고베 같은 대도시는 모두 폭격으로 파괴됐는데 이를 재건할 사람들은 바로 일본 군인임을 강조하는 삐라이다. 다른 삐라에서도 "진정한 충성은 전후 일본을 건설하고 살아가는 것이다(116-j-1)"라고 부추긴다.

비록 건장한 남성의 몸은 미국인인 듯한 착각을 가져오지만 그래도 재건은 일본인 남성의 몫이다. 반면 〈그림 114〉의 삐라 1172에서는 의복을 주고, 건강을 선물하고, 가족을 다시 만나게 하고, 집을 지어주는 자는 한국인 남성이 아닌 바로 유엔이다.

두 삐라는 재건이라는 주제가 제2차 세계대전과 한국전쟁에서 어떻게 다르게 이미지화되는지 분명하게 보여준다. 그렇기 때문에 미군은 일본군에게 재건의 임무를 강조하며 투항을 권했지만 한국전쟁 때 미군은 북한군에게 '같은 피'만을 강조해 항복하라고 했다.

그림 113 _ (113-j-1)

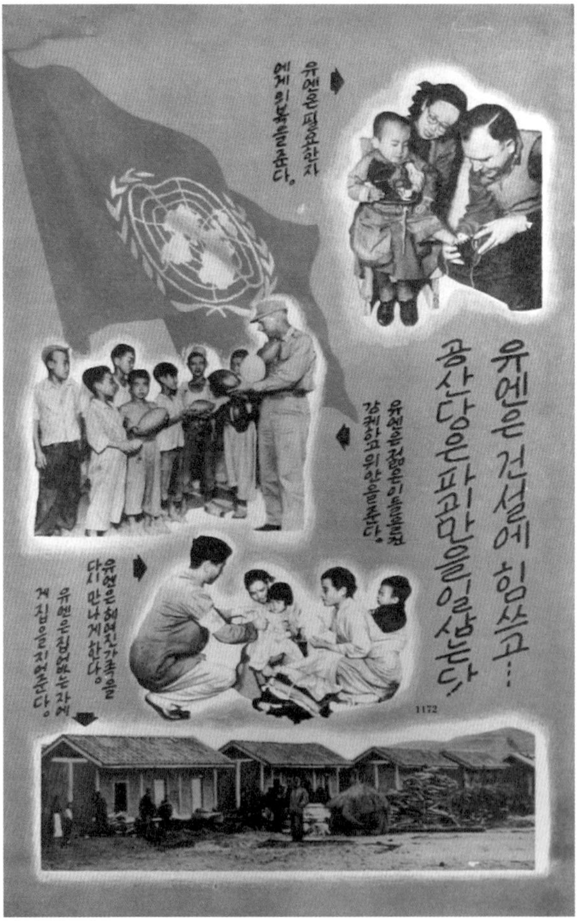

그림 114 _ (1172)

한국전쟁 삐라에서의 재건은 한국인의 몫이 아니었다. 재건의 주체는 유엔이었고 한국인은 그저 도움을 받는 구호 대상이었다.

재건의 이미지화는 크게 두 가지 측면에서 진행됐다. 하나는 유엔의 구호 활동을 끊임없이 증명하려 구호물자를 나열하고 그것들을 숫자로 표시했다.

> 너도나도 다투어 대한민국을 원조하고 있는 이 세계의 군호軍呼를 보시라.
>
> 육군부대를 보내는 나라! 싸이암(태국), 토이기(터키), 영국, 호주, 뉴질랜드, 볼리비아.
>
> 비행기를 보내는 나라! 카나다(캐나다), 백이기(벨기에), 히랍(그리스).
>
> 선함을 보내는 나라! 불란서, 노웨이(노르웨이), 카나다(캐나다).
>
> 군의대와 의약품을 보내는 나라! 서전(스웨덴)과 페루.
>
> 약소강국 또는 빈부 국가를 막론하고 대한민국의 원조를 맹서했읍니다. **(1008)**[142]

〈그림 115〉는 유엔의 전쟁 개입을 알리면서 그 구성과 구성원의 자원 내역을 알려주는 삐라이다. 50개국을 등에 업은 한국 병사의 모습은 그저 보여지는 대상이다.

유엔은 "한국의 경제 부흥을" 목적으로 7개국으로 구성된 국제연합 한국통일 부흥위원단을 조직했다. 국제연합 한국통일 부흥위원단은 "1. 국제연합 한국 위원이 형금까지 담당하여온 직책을 인계하며, 2. 전 한국을 통하여 민주주의 자주통일 정부를 수립하는 데 있어서 국제연합을 대표하며, 3. 총회가 경제사회 이사회의 건의안을 접수한 후에 한국의 구제 부흥 사업에 관하여 결정할 직책을 수행한다.(1022)"라고 목적과 직무를 명시하고 있다.[143]

그림 115 _ (1008)

삐라들은 한국의 재건이 유엔의 책임 아래 진행되어야 한다고 강조했다. 삐라 1008은 군수 물자를 나열했고 아래 삐라들에서 구호의 범위는 생필품뿐만 아니라 농업, 공업 따위로 광범위하다.

〈앞〉 유엔은 오직 한국의 부흥을 도웁고 있다.

유엔은 지금 한국 사람들이 병마와 굶주림과 불안 상태에 빠지지 않도록 하며 한국의 주택, 농업, 공업 그리고 도시의 재건을 위한 계획을 세우고 있다. (…)

〈뒤〉 유엔은 이렇게 한국의 산업 재건에 이바지하고 있다.

원료로서 가장 필요한 솜, 털실, 생고무 등을 수입하여 각 제조공장에 배급하고 있다. 석탄, 토탄, 석유, 코-크 등을 생산하야 필요한 화력을 증강시키고 있으며 세멘트와 목재와 기계 등속도 한국의 공업 재건에 큰 역할을 하고 있다. 또 기술 면에 있어서도 한국의 자주경제를 위하여 유엔은 많은 지도를 주고 있다. (2500)[144]

한국에 있는 유엔 민간협조처의 발표에 의하면 파키스탄에서 보리, 이스라엘에서 통조림, 뉴질랜드에서 가루우유, 인도에서 약품, 토이기(터키)에서 재봉 바늘, 에티오피아에서 약품, 노르웨이에서 약품, 희랍에서 세탁비누, 이란에서 담요, 서전(스웨덴)에서 구두, 리베리아에서 침구 등을 보내오고 기타 수천 톤의 물자를 그 외 나라들이 보내왔다 한다. (R-2601)[145]

〈앞〉 유엔은 구세주다! 유엔 구제위원회에서는 쌀을 서울 주민에게 무상 배급하고 있다.

〈뒤〉 유엔의 목적은 모든 한국 사람을 행복스럽게 살도록 하는 데 있다.

공산 침략으로 말미암아 여지없이 파괴된 가축사업을 유엔은 다시 부흥시키고 있다. (…)

유엔의 자유 국가는 남한의 어린이들을 위하여 많은 옷을 가져왔다. (…)

전쟁 이래 처음으로 씨가 좋은 송아지가 생겼다. 유엔의 원조로 쇠고기와 우유

그림 116, 116-1 _ (2504)

의 생산량이 증가하고 있다. 유엔은 남한을 평화스럽게 하도록 노력하고 있다.

(…) (2504)[146]

그림 117 _ (128-j-1)

그림 118 _ (9501)

위의 삐라들은 통조림, 우유, 비누, 구두, 담요, 의복, 약품에 이르는 생활필수품뿐만 아니라 송아지나 보리 종자를 포함했고 공장을 운영하기 위한 원료의 제공, 주택의 건축과 도시의 재건에 이르기까지 유엔의 구호가 광범위하다고 알린다. 삐라에 유엔의 구호물자를 숫자 세듯 나열한 까닭은 유엔 구호사업의 대표 킹슬러의 대답으로 짐작할 수 있다. 킹슬러는 "한국은 자유를 위한 전쟁으로 말미암은 파괴를 재건하는 데 있어서 집단적 원조의 위대한 능력을 표시하는 좋은 실례"라 했다.[147] 곧 한국 원조가 유엔 결의의 상징이자 원조의 표본이었기 때문에 이를 과시하는 나열이 필요했다.

유엔군 또는 미군의 대표적 이미지 가운데 하나가 보호와 구호의 이미지이다. 특히 보호의 이미지는 항상 어린아이를 안고 있는 모습으로 재현되곤 한다. 다음 삐라들은 제2차 세계대전과 한국전쟁 때 뿌려진 것으로 미국의 보호 이미지는 변함이 없다.

오키나와 소녀가 병사에 안겨 있다. "사탕 주세요", "놀아요"라고 소녀는 거대한 미군 친구에게 어리광을 부린다. 즐거운 장면이 아닌가? **(128-j-1)**[148]

고아원을 찾아 한국 고아들과 휴가를 보내는 영국 군인들.
한국 어린이들의 좋은 친구인 영국 군인 아저씨. **(9500)**

휴가를 이용하여 한국 어린이와 즐기는 불란서 군인. **(9501)**

삐라 9500–9504 시리즈는 통합계획의 하나로 모두 어린이와 유엔군이 함께 있는 장면을 담았다. 〈한국 재건화보〉에 실린 아래의 내용은 구

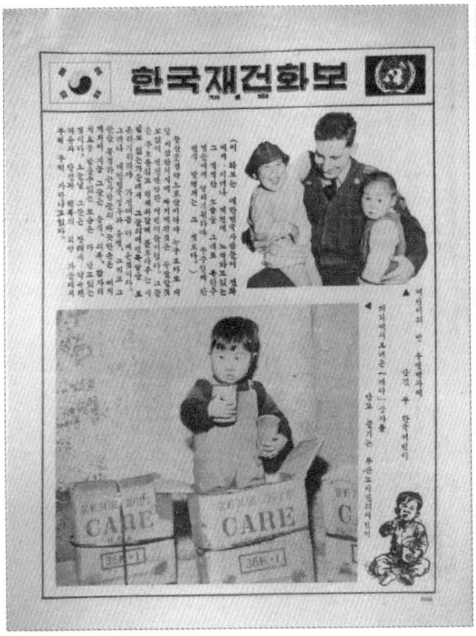

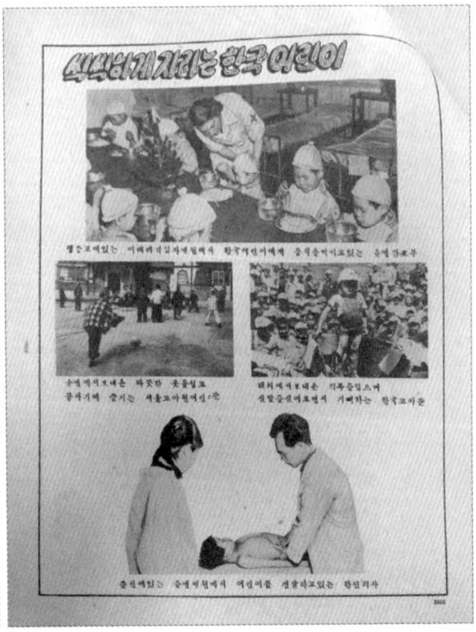

그림 119, 119-1 _ (2600)

호를 받고 있는 어린이를 소개하고 있다.

> 공산군 침략으로 말미아마 누구보다도 제일 비참한 처지에 빠지게 된 것은 두말할 것도 없이 천진란만한 어린이들이었다. 그들은 부모를 잃고 형제와 갈려 돌보아주는 사람도 없는 가운데서 그들의 어린 목숨을 보존하기 위하야 가진 애를 다 써온 것이다.
>
> 그러나 대한민국 정부와 유엔, 그리고 그들을 동정하는 사람들의 따뜻한 손은 뻐치게 되어 지금 그들은 음식, 의복, 잠자리, 치료 등 받을 수 있는 도움은 다 받고 있는 것이다. 오늘날 그들은 장래에 약속된 자유와 안전과 행복의 희망 가운데서 무럭무럭 자라나고 있다. (2600)[149]

나아가 〈자유세계〉 60호는 이러한 유엔의 구호 활동 결과를 '영양 많은 음식 섭취, 한국인이 제일'이라는 과장된 기사로 소개하기도 했다.

> 대한민국 국민들은 지금 아세아 어느 나라 사람보다 영양분이 많은 음식을 먹고 있다. 이것은 자유세계 각국으로부터 보내온 식료품이 풍족한 까닭이다. 유엔 민간구제처는 지난 일 년 동안 매달 3만 톤의 곡식을 배부했는데 이 사업은 한국이 자급자족하게 될 때까지 계속될 것이다.[150]

유엔의 재건과 심리전 예산

유엔이 한국인에게 구세주로 각인된 계기는 원조와 재건이었다. 전후 일본 재건의 주체인 일본 군인은 건설 현장의 노동자로 이미지화됐다. 그러나 재건의 대상인 한국인의 이미지는 줄을 서서 쌀을 받는 여성들, 나눠준 담배를 피우는 군인들, 사탕이나 초콜릿을 받아 행복해하는 아이들로 채워져 있다. 삐라는 시혜의 현장을 이미지화하는 한편 끊임없이 재건 비용을 거론했다. 많은 한국인은 화폐 단위가 다른 달러로 표시된 재건 비용이 어느 정도 규모인지 알 수 없었다. 그런데도 재건 비용을 달러로 표기한 까닭은 무엇일까? 아마도 그 규모를 제대로 가늠할 수 없게 함으로써 한국인들에게 '유엔(미국)이 막대한 비용을 들여 우리를 돕는구나'라는 막연한 기대와 호의를 갖게 하려 한 것은 아닐까? 아래의 삐라들에는 이런 의도가 반영되어 있다.

> 유엔 한국부흥국은 1953년 6월 30일까지 한국 구제사업에 금년도 예산 7,000만 달러의 미화를 소비하게 될 것이며 부흥국장은 1,300만 달러의 추가로 전쟁에 파괴된 학교 수축과 이동의료반 설치 등을 실시하게 됐다고 발표했다. 이 7,000만 달러 외에도 29개국이 2억 500만 달러를 담당하여 전후 한국 재건에 힘쓰게 되어 있으나 소련은 협력을 거부했다.

그러므로 유엔 한국 원조는 이 7,000만 달러에 국한된 것이 아니라 유엔 민간협조처는 6 · 25 이후 1952년 7월 31일까지 2억 6,000만 달러에 해당하는 식량, 의류, 의료품, 생산원료 등을 가지고 한국 구제부흥 원조를 했던 것이다.
내년도 유엔 한국 부흥사업에는 벌써 1억 3,000만 달러의 미화가 예산되어 있다. **(2511)**[151]

유엔 가입 42개국이 한국의 재건사업을 원조하기 위하야 2억 5,000만 달러를 제공할 것이다. **(8127)**[152]

유엔의 한국 구조 첫해 예산 2억 5,000만 달러: 유엔 부흥처장 킹슬리 씨가 언명한바 유엔은 자유한국을 원조해 공산주의 지역의 공업시설과 광산에 의존하지 않고 균형이 잡힌 경제를 건설할 계획을 진행하고 있다. 재건 비용으로 유엔은 초년도 예산에 2억 5,000만 달러를 계상했다. **(〈자유세계〉 25호)**[153]

한국 재건을 위해서 유엔군이 소비한 금액: 1950년 7월 1일부터 1952년 3월 15일까지 유엔 각국과 사설단체에서는 한국의 구제와 경제 부흥을 위하여 미화 4억 7,150만 달러를 소비했다. 한국의 경제원조 계획에 소비된 것만 2억 2,700만 달러가 넘으며 한국 부흥을 위한 유엔군의 기술원조 기타 종목에 2억 2,500만 달러이다. **(〈자유세계〉 63호)**[154]

삐라 2511은 '유엔 소식'을 담고 있는데 유엔 민간협조처는 1950년 6월 25일부터 1952년 7월 30일까지 2억 6,000만 달러를 원조 비용으로 사용했고 1953년에 재건 비용으로 1억 3,000만 달러를 계상했다고 한다. 1951년 6월 8군사령부 보고서에서는 2억 5,000만 달러의 재건 비용이 사용되리라는 추측이 나왔다. 1951년 8월 17일 발간된 〈자유세계〉 25호에서는 유엔 첫해 예산은 2억 5,000만 달러라고 언급했다. 1952년 5월 5일 발간된 〈자유세계〉 63호에서는 1950년 7월부터 1952년 3월까지 4억 7,000만 달러의 비용이 사용됐다고 한다.

이 모두를 정리하면 여하튼 전쟁 발발부터 1952년 중반까지 적게는 2억 5,000만 달러에서 많게는 4억 7,000만 달러의 재건 비용이 사용됐음을 추측할 수 있다. 2억 달러든 4억 달러든 그 비용이 어느 정도인지 구체적으로 가늠하기는 쉽지 않다. 그러나 이 비용과 미국이 심리전에 사용한 비용의 비교는 가능하다. 이 비교로 재건사업과 심리전 가운데 미국 입장에서 보다 중요한 정책이 무엇이었는지 가늠할 수 있다.

20년 동안 존스홉킨스대학교 작전연구소에서 일했던 페티George S. Pettee는 1950년 하반기 동안 평균 30명이 일하면서 심리전에 소요된 비용이 평균 2,700만 달러라고 했다. 이를 바탕으로 1951년에 소요된 심리전 비용을 추정하고자 한다. 먼저 인적 구성을 비교하면 1950년 하반기 30여 명이었던 심리전 요원은 38쪽 〈표 3〉에 따르면 적게는 128명에서 197명으로 평균 166명가량이다. 곧 인적 구성에서는 6배 정도로 늘었다. 다음으로, 살포된 삐라의 양이다. 69쪽 〈표 10〉에 따르면 개전부터 1950년 11월까지 뿌려진 삐라는 1억 2,000만 장이었다. 1951년 12월까지의 누적된 삐라 살포량이 9억 6,000만 장이므로 1951년 뿌려진 삐라는 1950년도의 7배가 넘는 8억 4,000만 장가량이 되는 셈이다. 셋째, 삐라의 살포 지역과 방법이다. 삐라의 살포 지역은 1950년에는 남한 지역이었으나 1951년에는 전선과 북한 지역으로 이동했고 항공기를 이용했다. 따라서 심리전 비용에서 많은 부분을 차지하는 살포 비용은 단순한 살포량의 차이를 넘어설 것으로 추정된다. 넷째, 라디오와 확성기의 이용으로 드는 비용이다. 1951년에는 지상과 공중에서 확성기를 이용한 심리전이 자주 이루어졌으며 여기에 많은 비용이 소요됐을 것으로 추정된다. 다섯째, 페티의 심리전 추정 비용에는 빠져있는데 군이 존스홉킨스대학교를 비롯해 미국 각 대학교 및 연구소와 연계해 심리전 관련 대형 프로젝트를 수행한 비용이다.

이 요소들을 감안해 인적 구성만을 비교한다면 1951년 심리전 비용은 3억 달러가량이 들었다는 추정이 가능하며 삐라 살포량만을 비교하면 1억 8,000만 달러가량이 들었을 것으로 추정된다. 여기에 살포 방식에 따른 비용, 라디오 확성기 방송 이용 따위를 감안할 때 1951년 소요된 심리전 비용은 적어도 2억 달러를 넘어 3억 달러에 가까울 것이다. 심리전에 들인 단순 추정 비용도 2년 동안 유엔이 한국에서 사용했다는 원조와 재건 비용보다 많다. 특히 대학과 군의 연계로 진행된 대형 프로젝트를 감안한다면 1950년대 초반 미국이 매년 10억 달러 정도를 심리전에 사용했다는 지적은 참고할 만하다.

> 국무부, 공보부, CIA 등 미국 연방정부 기관들과 그 담당자들은 실질적으로 1945~1960년 사이에 미국 학자들이 수행한 모든 대규모 커뮤니케이션 연구 프로젝트의 자금 대부분을 지원했다. 연방정부가 1950년대 초반에 매년 약 10억 달러를 심리전과 선전 활동에 투자했다는 것은 부정할 수 없는 사실이다.[155]

미국이 한국전쟁 발발 뒤 2년 동안 한국 재건에 들인 비용보다 훨씬 많은 비용이 심리전에 투입됐다. 유엔의 표본이라 했던 한국의 재건보다 미국은 들판에 뿌릴 삐라가 훨씬 중요했다. 이제 노암 촘스키의 지적을 꼼꼼히 따져볼 때이다. "마셜 플랜 원조금의 어마어마한 규모는 유럽을 재건하기 위해 필요한 재원을 반영하는 것이 아니라, 오히려 그것은 저명한 경제학자들이 예측한 대로, 신경과민한 (유럽의) 자본이 (미국으로) 이동하는 것을 상쇄시키는 데 필요한 규모의 자본이다."[156]

05 이데올로기가 아닌 개인의 감정을 건드려라

정부-군부-학계 3자 연합과 총력전

미국 인문·사회과학 연구자들이 군과 연계해 진행한 작업은 한국전쟁이 처음이 아니었다. 이미 제2차 세계대전 때 미군은 인문학이나 사회과학, 자연과학에서 이루어놓은 업적을 충분히 흡수했다. 곧 미국은 사회과학이 이룬 최근의 성과를 대담하고도 신속히 이용할 수 있었다.[157]

사회학자 재너위츠Morris Janowitz는 1941년부터 1943까지 미국 사법부의 조직 및 선전국 선전 분석가로 활동했다. 그는 실스Edward Shils와 함께 유럽의 포로수용소에서 일했다. 이데올로기의 기각, 중요한 사회적 결속, 본능적 의지라는 그들의 작업은 과학적 사실로 받아들여졌다.[158] 선전 내용과 목표가 이들에 의해 체계화됐다.

미국의 대다수 사회과학자들은 심리전 프로그램이 국제적 갈등을 전면전이 아닌 계몽적이고 상대적으로 평화적인 방법으로 해결하리라고 여겼다.[159] 사회과학 연구자들은 국무부, 공보부, CIA 같은 미국 연방정부 기관들의 지원 아래 분쟁 지역에서의 조사, 조사 보고서, 활용 방안 따위를 생산했고 이들의 보고서는 정부 기관들의 정책 수행에 이용됐다.

미국의 대학교에 매스커뮤니케이션을 제도화한 슈람Wilbur Schramm

은 릴리John W. Riley와 함께 1950년 11월 미국의 공군대학 인적자원연구소Human Resources Research Institute/HRRI를 통해 부산으로 파견돼 연구를 수행했다. 이들은 북한군 점령 기간 90일 동안 서울에 남아 있었던 75명의 관료, 200명의 납북한 시민 대표, 1,300명의 전쟁 포로, 1,400명의 난민을 대상으로 인터뷰를 진행했다.[160] 여기엔 한국의 사회학자, 정치학자 24명이 보조 연구원으로 함께 했다. 주요한 연구 내용은 점령기 북한군과 공산당의 선전 전략이었다.

문화심리의 관점에서 연구를 수행한 존 펠젤은 인적자원연구소의 지원 아래 공산화된 한국 농촌 지역을 현지 조사했다. 존 펠젤의 연구는 다른 인류학자와 마찬가지로 공산주의 문화 연구의 일환으로 '남한의 두 농촌 사회의 소비에트화'라는 주제로 진행됐으며 공산주의 문화가 한국 농촌 사회에 끼친 영향을 다루었다.[161]

존스홉킨스대학교의 작전연구소Operation Research Office/ORO는 전쟁 포로 심문서를 바탕으로 심리전의 효과를 조사했다. 작전연구소가 생산한 ORO 보고서 시리즈는 극동사령부와 8군사령부의 심리전에 직접적으로 영향을 주었다.

존스홉킨스대학교의 랜드연구소Rand Corporation와 작전연구소ORO, 시카고대학교의 정치학자 메이어Samuel Meyer가 이끄는 인간관계연구소Human Relations Research Office/HumRRO 연구팀이 거제도에 수용된 포로들의 정치적 신념을 알아보려 파견됐다.[162] 인간관계연구소HumRRO의 책임자인 스코필드Carleton F. Scofield는 1952년 11월 27일 도쿄에 도착했다. 그는 극동사령부 심리전부에 "중국인과 한국인의 인류학적 · 사회적 · 심리적 배경에 관한 자료와 포로들뿐만 아니라 최근 공산 지역에서 피난한 피난민들을 통해 공산주의자가 된 동기, 교화, 훈련, 설득 따위를 조사한 자료를" 요구했다.[163] 스코필드는 12월 4일 한국으로 출발했고 8군사령부와 함께 1군단, 연합정찰사령부Army Combined Command for Reconnaissance Activities Korea/CCRAK, 미군병참관구 사령부The Korea Communication Zone/KCOMZ, 포로수용소 사령부와 논의해 프로젝트를 발표했고 제주도와 거제도 포로수용소를 방문했다. 그는 12월 16일 방문 결과를 극동사령부에 보냈다.[164] 인간관계연구소 연구는 공산주의자가 된 계기, 사상적 주입, 개인의 성격에 따른 공산주의자와 반공주의자의 차이 따위로 '공산주의자 멘탈리티'와 관련된 문제들을 이해하는 데 목적이 있었다. 그러한 조사 결과는 또한 심리전 작전의 계획과 평가에 이용됐다.

극동사령부는 대민정훈국Civilian Information and Education Division/CIE을 설립해 전쟁 포로의 '재교육' 프로그램을 만들어냈다. 그 밖에도 미군의 전쟁 포로들이 전쟁 뒤 고국에 돌아와 자신의 전쟁범죄를 공개적으로 고백하는 등 세뇌brainwashing 현상에 대한 연구를 수행했다. 이러한 연구들은 대체로 미국의 행동주의적behavioral 이론과 심리학을 토대로 행해졌다.[165]

이들 연구는 심리 프로그램을 기획하는 데 이용됐는데 인간의 성향을 동물적 성향과 사회적 성향으로 구분하고 이 성향에 따른 심리전 수행 지침을 제시했다.

> 동물적 성향은 배고픔과 목마름, 과로, 성性, 도망, 방어 따위이다. (…)
>
> 동물적 성향인 성이란 다음의 특징을 갖는다. 여성은 여성다움과 아름다움을, 남성은 강함을 부모로부터 물려받았고 이는 태생적인 것이다. 여성은 남성보다 성적 관심이 적다.
>
> 이들 심리적 성향에 따른 적용례는 다음과 같다. (…)

배고픔과 목마름: 공산주의자의 음식 선전은 가득 찬 수확물(농작물), 음식 선물 따위이다. 반면 미국인은 결코 배고픔을 알지 못한다. 그래서 미국인은 공산주의자의 심정과 사람들의 가장 강력한 호소를 간과하기 쉽다. 따라서 선전은 항상 배고픔을 극대화해야 한다. 가득 찬 수확물이 있다면 농부들에게 공산 정권에 대항하려면 농작물을 숨기라고 경고해야 한다.(…)
과로: 성性에 이를 연관시킨다면 폭발적으로 읽힐 수 있다.(…)
성: 성은 어떤 군대에서든 가장 중요하다. 공산주의자가 생산한 삐라와 선전에서 성을 미군을 향해 직접 이용했다. 우리가 배제하는 동안 공산주의자들은 이를 사용했고, 다른 성향과 결합해 선전의 중요한 부분이 됐다. 예를 들면 중국군과 북한군에게 예쁜 여성(사진)을 보여준다. 병사들의 과로와 대비해서 화려함을 강조한다.(…)
도망: 우리는 유엔 공군력과 폭격의 두려움, 네이팜탄의 두려움, 죽음과 부상의 두려움, 분할의 두려움을 포함해 이를 이용해야 한다.[166]

인간의 성향에 대한 행동주의 사회과학 이론은 기존의 이론들과 어떤 차이가 있는가? 기존 정신분석학, 사회학, 인류학 같은 분야에서 인간 성향 분석은 환자, 특정 지역 또는 특정 집단을 대상으로 했다. 그러나 제2차 세계대전이나 한국전쟁에서 분석 대상인 인간은 환자도 특정 집단도 아닌 다양한 인종, 민족으로 구성된 '지극히 평범한' 포로들이었다. 연구자들은 포로들에 대한 심문 조사서, 심층 인터뷰, 현지조사 따위로 의심스러웠던 인간 성향과 행동을 과학적 이론으로 정립했다. 행동주의 사회과학의 차별성은 여기에 있었다.

로빈은 미국의 정부-군부-학계 3자 연합이 냉전시대의 적 만들기에 중요한 행위 집단이었으며 그 가운데 행동과학이 학계에서 가장 중요한 역할을 했다고 밝히고 있다. 심슨은 1950년대 냉전의 심리전 전략을 만들어낸 매스커뮤니케이션의 대표적 연구자들은 1960년대 베트남 전쟁에서 같은 개념을 적용했다고 지적한다.[167] 냉전시대에 이르러서는 실질적으로 전쟁의 그림자 역할을 했으며 여기서 냉전의 적을 만드는 데 활약했던 대부분의 아카데믹 전사들은 국가의 사회적, 정치적 문제들을 수용하기 위한 학제적 연합집단이었던 행동주의 과학자들이었다.[168]

작전연구소(ORO)의 심리작전 호명

미국은 한국전쟁 동안 제2차 세계대전 때 행했던 여러 실험을 검증하고 확장했다. 언론학, 심리학, 사회학, 문화인류학 같은 분야의 연구자들이 심리전을 수행하는 데 내용, 이미지 따위를 제공했다. 이들의 활동은 이미지와 내용을 제공하는 것에 그치지 않았다. 이들은 심리전을 기반으로 새로운 담론을 생산했다.

〈표 26〉 작전연구소(ORO)가 분류한 삐라 살포작전(1950.9~1951.11)[169]

작전명	정의	내용
불도저 Bulldozer	유엔군은 강하다. 당신들은 결국 패배할 것이다. 유엔군이 장비, 물자의 측면에서 우세하다.	유엔군의 우월한 무기. 적 공군력의 부족.
구사일생 Skinsaver	목숨을 건질 수 있는 기회를 놓치지 말라.	임박한 죽음과 사상자 수.
외통수 Checkmate	당신은 전술적으로 절망적인 상황에 처해 있다.	불필요한 희생.
고향과 어머니 Home and Mother	향수 때문에 기분 나쁘고 분개한 감정을 생각하라.	향수. 가족의 곤경.

이아고 Iago	당신의 상관, 전쟁 목적, 공산주의를 믿지 마라. 당신은 이용당하고 있다.	이행되지 않는 공산당의 약속. 중국인과 한국인의 분열. 의료 부족. 소련 공산주의자의 착취.
데스데모나 Desdemona	유엔군의 전쟁 목적은 정당하다. (폭격 예고에서 보듯이) 유엔군은 당신이 다치기를 원치 않는다.	유엔의 목적. 유엔의 우정.
나이팅게일 Nightingale	당신은 포로로서 환대받을 것이다.	항복. 좋은 대우. 안전 증명.
길잡이 Signpost	삐라 내용대로 하면 안전하게 투항할 수 있다.	항복의 방법.
땀과 고생 Sweat and Toil	다가올 겨울, 참호 파기, 피로 등 당신이 감수해야 할 고통을 생각하라.	음식 부족. 겨울철 곤경.

〈표 27〉 작전별 삐라 살포 비율(1950.9~1951.11)[170] (단위: %)

작전/살포	실제 살포율(1950.9~1951.11)			계획 대 실제 살포 비율	
	북한군	중국군	적후방	계획	실제 살포
불도저	10.2	8.9	16.0	12	11
구사일생	6.0	8.1	4.7	8	7
외통수	4.6	1.95	2.6	6	3
고향과 어머니	1.3	5.6	1.1	7	1
이아고	28.7	28.05	28.9	12	27
데스데모나	7.8	11.6	34.8	23	18
나이팅게일	17.4	16.2	–	26	15
길잡이	21.1	17.2	0.2	3	15
땀과 고생	3.1	2.3	11.6	4	2
합계	**100.2**	**99.9**	**99.9**	**101**	**99**

작전연구소는 극동사령부로부터 한국전쟁 동안 진행됐던 삐라, 방송 대본 및 사령부 보고서를 제공받고 심리전을 분석하고 평가했다. 그 결과의 하나가 바로 ORO-T-21로 그 부록에 1950년 9월부터 1951년 11월까지 계획되고 뿌려진 삐라를 자신들이 붙인 작전명에 따라 분석한 것이 〈표 26〉과 〈표 27〉이다.

〈표 27〉에 따르면 살포 규모가 큰 작전은 이아고, 데스데모나, 나이팅게일, 길잡이 작전이었다. 이 가운데 이아고와 데스데모나는 서로 다른 범주의 작전이다. 〈표 26〉의 작전명의 정의에 따르면 이아고는 적 내부의 분열을 유인하는 내용이었다면 데스데모나는 유엔의 정의로움을 알리는 내용이었다. 이렇게 서로 다른 범주에 속하는 두 작전에 작전연구소는 셰익스피어의 희곡『오셀로』에 나오는 서로 상반되는 성격의 두 주인공 이아고와 데스데모나를 작전의 이름으로 삼았다.[171]

이러한 호명의 의미는 무엇일까? 한국전쟁 심리전을 분석했던 행동주의 과학자들(미국 사회과학자들)은 실행된 심리전을 분류하고, 호명했다. 미 사회과학자들은 한국전쟁 심리전이 집단이 아닌 개인에게, 정치적인 것이 아닌 비정치적인 것에 초점을 맞추어야 한다고 했다. 그런 특징은 그들이 호명한 작전명에도 그대로 반영됐다.

작전연구소는 219종의 삐라를 불도저, 구사일생, 외통수, 고향과 어머니(향수), 이아고, 데스데모나, 나이팅게일, 길잡이, 땀과 고생이라는 작전명에 따라 분류했다. 이아고와 데스데모나는 모두 셰익스피어의 희곡『오셀로』에 나오는 인물이다. 이아고는 교활하고 야망이 많은 오셀로의 기수이고 데스데모나는 오셀로의 아내로 순진하고 아름다운 여성이다. 그런데 이 작전명만 듣는다면 이아고와 데스데모나로 분류된 삐라가 어떤 내용인지 짐작할 수 없다. 작전연구소는 작전명에 따른 정의를 내렸지만 그렇다 해도 작전명과 정의가 연결되지는 않는다.

그렇다면 왜 이아고와 데스데모나로 불렸는가? 왜 나이팅게일인가? 왜 향수인가? 왜 불도저인가? 그 단서는 극동사령부와 8군사령부의 월간 보고서에서 찾을 수 있다.

극동사령부와 8군사령부 월간 보고서에는 작전연구소와 같은 작전명이 없다. 월간 보고서에서 작전 명칭과 계획의 명칭이 구체적으로 드러난 때는 1951년 11월부터이다. 이미 1장에서 살펴본 것처럼 극동사령부는 "결렬계획, 사선계획, 교착계획, 단절계획, 일치계획, 결말계획, 눈보라작전, 용계획, 배반계획, 사기계획, 건국자계획, 애국자계획, 협잡계획, 안개계획, 침입계획, 해방계획, 기만계획, 귀환계획, 파괴계획, 대비계획, 물라계획" 따위로 분류했고, 8군사령부는 "손도끼작전, 호두까기작전, 쥐잡기작전, 거짓약속계획, 갱생작전, 통합계획, 축제계획, 자유편지계획, 강화계획, 에리스계획, 고통작전" 따위로 분류했다.

극동사령부와 8군사령부의 심리전 작전과 계획의 명칭은 무엇을 의미하는지 분명하다. 어떤 목적에서 계획과 작전이 수행됐는지 짐작 가능하다. 반면 작전연구소 사회과학자들이 붙인 작전명은 분명하지 않다. 군 작전과 계획은 그 의미가 매우 분명하게 전달돼야 하기 때문에 심리전의 작전과 계획 명칭이 위와 같이 붙여진 것은 너무나 당연했으리라. 그러나 작전연구소 사회과학자들이 붙인 작전명은 그 실체가 모호하고 불투명하다.

심리전의 60퍼센트를 넘게 차지하는 작전이 바로 이아고와 데스데모나, 그리고 나이팅게일이다. 불도저를 제외하고 길잡이, 향수로 분류한 작전명은 거부감이 드는 용어가 아니다. 어디에서나 들을 수 있는 보편적 용어들이다. 더구나 이아고와 데스데모나는 문학작품에서 차용해

왔다. 셰익스피어는 인간의 보편적 감정과 갈등을 가장 잘 드러낸 문학가이고『오셀로』는 대표적인 작품이다. 스테판 피스가 "진실이 무엇이든 간에 아군은 억압된 선량자이며 적군은 죽음의 이미지인 사탄"이라고 말한 것처럼 심리전은 전쟁의 승리가 유일한 목적이다. 유일한 목적인 승리를 위해 수단은 어떤 방식이든 상관없다. 그런데 셰익스피어는 어떤가? 그가 그렇게 오랫동안 추앙받고 그의 작품이 끊임없이 재해석된 까닭은 인류의 보편적 감정, 갈등, 사랑 따위를 다루었기 때문이고 결과보다 과정을 중요하게 여겼기 때문이다. 곧 뻔한 결론이지만 과정은 뻔하지 않다. 그렇지만 심리전은 과정은 어떤 것이든지 중요하지 않고 오직 승리라는 결과만을 중시했다. 그런데도 셰익스피어를 빌어 심리전 작전을 호명했던 것은 셰익스피어가 추앙받았던 효과를 이용하기 위함이다.

작전명은 한국전쟁에서 행한 미군의 심리전이 인간 보편적 감정을 기반으로 수행됐다고 강변한다. 호명의 효과는 여기에 있다. 사회과학자들은 그러한 호명으로써 미군의 심리전이 인류 역사를 바탕으로 인간주의적이고 개인을 보호하려는 목적에서 실행됐다고 알리고 싶었으리라.

나이팅게일이라는 명칭은 어떤가? 나이팅게일은 보호, 보살핌이라는 이미지를 갖고 있다. 고향과 어머니, 길잡이 같은 호칭도 이런 목적을 갖고 있다.

불도저란 호칭은 강한 느낌을 전달하지만 불도저는 파괴적이라기보다는 전통적이고 미개한 것들을 쓸어버리고 문명으로 전환시키겠다는 의지가 느껴진다.

미 사회과학자들이 작전명으로 인류의 보편적 감정을 들먹이며 호명했던 까닭은 그 호명이 파괴적 군사작전에 이러한 이미지들을 덧칠할 수 있었기 때문이다. '심리작전을 어떻게 부를까'는 한국전쟁 내내 상당히 중요한 지점을 제공한다. '정의의 전쟁인가, 아닌가?', '침입에 대한 개입인가, 아닌가?', '중국군을 어떻게 부를 것인가?', '인민군을 괴뢰군으로 부를까, 한 핏줄로 부를까?'

이아고로 분류된 내용이 주로 공산주의에 대한 비판을 담고 있다면 데스데모나로 분류된 내용은 유엔과 관련되어 있다. 사악하고 나쁜 인간으로 이미지화된 이아고는 당연히 공산주의자의 이미지로 전이될 것이고 반면 착하고 순수한 데스데모나는 유엔에 대한 이미지로 전환될 것이다. 이미지의 이용보다 더 중요한 문제는 이들 연구자들이 심리전으로 '인간의 행동과 결과, 인간의 성향'을 여러 방식으로 실험해서 인간 행동 이론을 생산하고, 심리전이 나쁜 의도가 아닌 오직 선한 의도인 인간의 행동을 분석하고 갈등 없는 사회로 나아가기 위한 분석임을 밝히는 데 있었다. 그들의 분류가 셰익스피어의 이미지를 단순히 재생산하는 데 그치지 않고 과학이라는 잣대로 이론화하는 데 있었음을 알려준다.

결국 이미지는 단순한 이미지로 그치지 않는다. 때로는 추악한 본질을 아름답게 포장하기도 하고, 선을 악으로 대체하기도 한다. 그 이미지의 잔상은 이미지로 인해 전도된 본질에 영속성을 부여하기도 한다. 그렇다면 미 사회과학자들과 심리전 담당자들이 한국전쟁 때 생산한 이미지들은 어떻게 됐는가?

4

교과서와 심리전의 재생산 메커니즘

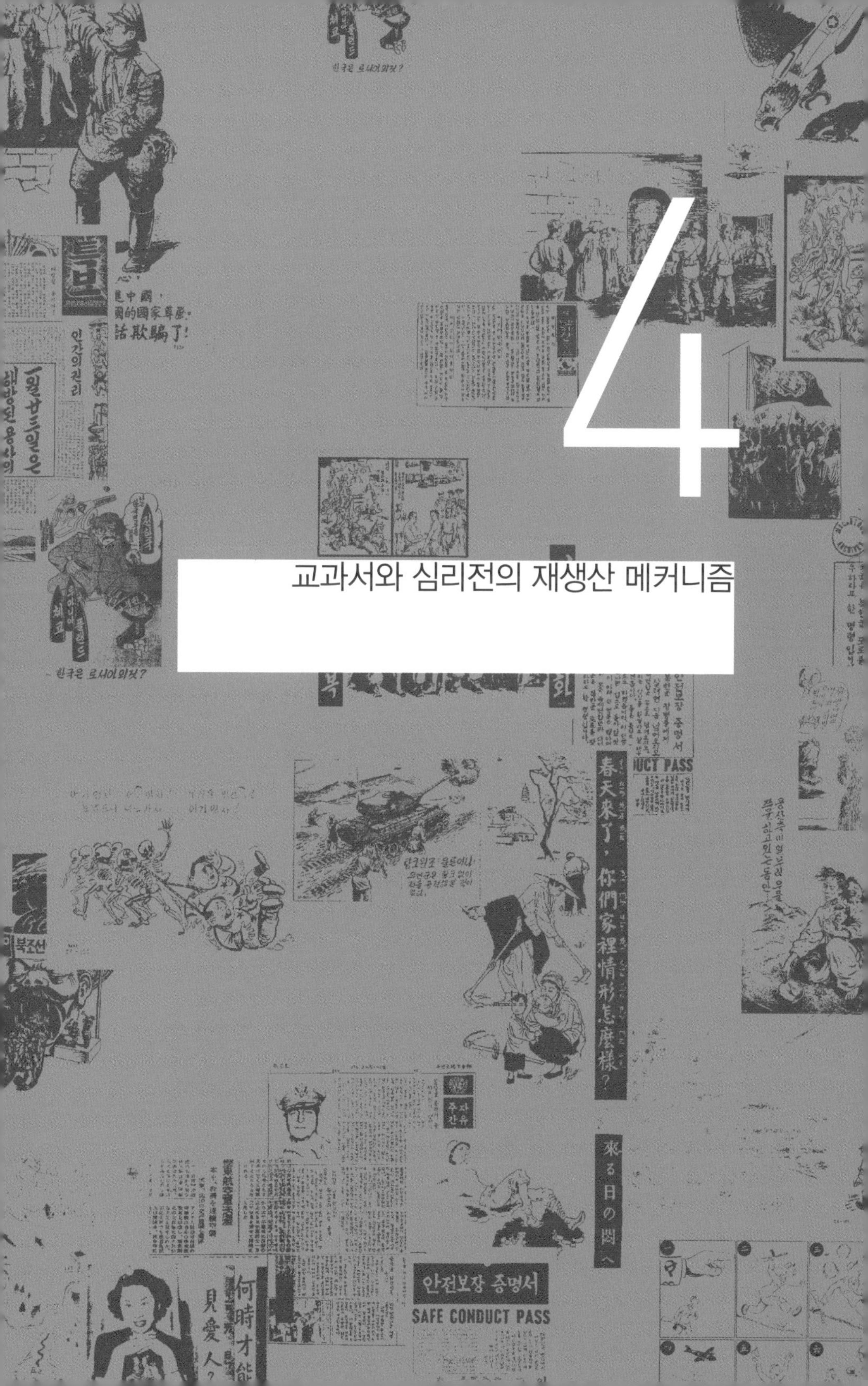

제4장
교과서와 심리전의 재생산 메커니즘

'아아 잊으랴! 어찌 우리 이날을 (…) 이제야 갚으리 그날의 원수를.'

'전후의 시체를 넘고 넘어 앞으로 앞으로.'

초등학교 다니는 내내 이 노래들을 즐겨 불렀다. 우리는 고무줄놀이를 할 때마다 이 노래에 맞춰 펄쩍펄쩍 뛰면서 놀이를 했다. 고무줄놀이를 잘 못해 이편도 저편도 아닌 깍두기였지만 그럴수록 흥겹게 노래를 불러야 했다. 이렇게 전쟁놀이는 자연스럽게 우리 세대(냉전세대)에게 녹아 있다. 딱지나 카드에는 마오쩌둥과 스탈린 그리고 김일성이 그려져 있었고 그들이 나오면 지옥에라도 떨어진 듯 낭패감을 맛보아야 했다. 그런데 고무줄놀이를 하지 않는 요즈음 아이들에게 전쟁은 어떻게 재현되고 있을까?

> 남한의 대한민국 정부는 민주주의 국가로의 발전을 꾀했다. 그러나 북한은 남한과 다른 이념을 가지고 있었기 때문에 서로 갈등과 반목이 깊어 갔다. 그러던 중에 북한은 남한을 무력으로 공산화하기 위해 6·25전쟁을 일으켰다.
>
> 1950년 6월 25일, 북한은 남한을 무력으로 통일하기 위하여 전쟁을 일으켰다. 우리 국군은 북한 공산군의 침략에 맞서 용감히 싸웠으나 공산군의 대규모 남침에 일시 후퇴했다.

유엔은 북한을 침략자로 규정하고, 북한 공산군의 침략을 저지하기 위해 유엔군을 우리나라에 파견했다. 그 해 9월, 유엔군의 인천상륙작전을 계기로 북한군은 38도선 이북으로 퇴각했다.

이때에 국군은 북한 공산군을 무찌르기 위하여 압록강까지 진격했으나, 중국군의 개입으로 다시 후퇴하게 됐다. 서로 밀고 밀리던 남과 북은, 결국 1953년 7월에 휴전을 했고, 남북이 분단된 채로 오늘에 이르고 있다.[1]

한국전쟁의 재현과 재생산이 어떻게 나타나고 있는지 가늠하는 지표는 바로 교과서와 학교 교육이다. 2008년 초등학교 사회과 교과서에 실린 한국전쟁 내용은 기존의 방식을 그대로 재현했다. 한국전쟁은 공산주의와 민주주의의 대립으로 일어났고, 전쟁 과정은 남침, 인천상륙작전, 북진, 중국군 개입, 휴전협정이라는 5단계로 나누어서 설명한 뒤 전쟁의 결과는 파괴, 상처, 현충일의 기억 따위로 배치하고 있다. 내용의 세밀한 분석을 차치하더라도 위의 내용을 초등학교 6학년 학생들이 이해할 수 있는지, 이러한 인식이 평화통일과 어떤 연관이 있는지, 학생들이 그런 문제를 제기할 수 있는지 의문스럽다. 초등학생에게 역사는 논리적이기보다 감성적 차원으로 접근해야 한다면 한국전쟁을 소재로 한 소설과 자서전을 가르치는 것이 초등교육에 맞는 방식이다. 어린이의 입장에서 어떻게 전쟁을 이야기하는지 또는 전쟁을 겪은 사람들의 이야기와 왜 한반도에 평화가 필요한지를 끌어내는 것이 교과에 어울리는 내용이리라.

01 문교부로 간 심리전 대본

재건과 반공의 새로운 국가관을 유포해 체제 유지, 사회적 사건과 정치적 변동을 설득하고 무마하기 위한 장치로써 삐라는 매우 유효한 수단이었다.[2] 전쟁 뒤 수많은 삐라들이 생활 세계에 등장했다. "유엔 한국위원회, 유네스코, 민사원조 사령부를 비롯한 각 기관의 협조를 얻어 그들의 심리전은 다량의 뉴스와 포스터 그리고 팸플릿을 인쇄, 배포하고 있다. 예를 들면 농민들에 대해서는 현대적인 농업의 기술과 방법을 문자와 회화로서 제시하며 가정의 주부들은 그곳에서 신생활 설계나 위생 등에 관한 지침을" 얻었듯이 대중들을 계몽하는 주요한 도구로 자리 잡았다.[3]

심리전 그 가운데서도 삐라의 대본과 상징, 이미지가 가장 효과적으로 재생산된 곳은 학교였다. 학교라는 공간에서 심리전은 다시 생산되고 심리전에서 말해진 가치들이 살아났다. 학교에서 심리전을 이용하는 방식은 아이들이 즐기는 노래나 놀이로 삐라를 살포하는 형태와 교과서로 하는 학습이었다.

아이들의 노래나 놀이로 삐라를 살포하는 형태는 빨치산을 토벌하는 과정에서 상당한 효과를 가져왔다.

> 지방 유지가 백번 강연하는 것보다도 심리전 장교가 천 번 공작하는 것보다도 아이들이 부르는 군가를 통해서 부락민은 점차 사상적으로 유도되어 갔다. 어린 아동들은 노래를 가르쳐주기만 하면 무의식적으로 부르기를 좋아한다. 주민들은 음악으로 이해하는 것이 아니라 말의 뜻으로 이해하는 것이다.[4]

> 어린이 여러분!

여러분은 집을 잃었읍니다.

여러분은 옷을 잃었읍니다.

여러분은 학교를 잃었읍니다.

여러분은 동무를 잃었읍니다

여러분은 선생님을 잃었읍니다.

재작년 6월 25일 북한 공산군이 쳐내려 와서 하마터라면 우리나라를 잃어버릴 뻔한 것을 용감한 국군과 유엔군이 나서서 도로 물리쳐 버렸읍니다.(…) **(8297)**[5]

삐라 8194와 삐라 8297은 고무줄놀이 때 불렀던 '6 · 25의 노래'를 한 면에 실었고 다른 면에는 산에 있던 빨치산이 집으로 돌아오는 장면과 어린이들이 모여 있는 장면을 싣고 있다. 국방부 정훈국에서는 군가를 아이들에게 가르쳐 퍼트렸으며 삐라로 만들었다.

노래 퍼트리기보다 더 효과적인 방식은 심리전을 교과서에 담아 넣기

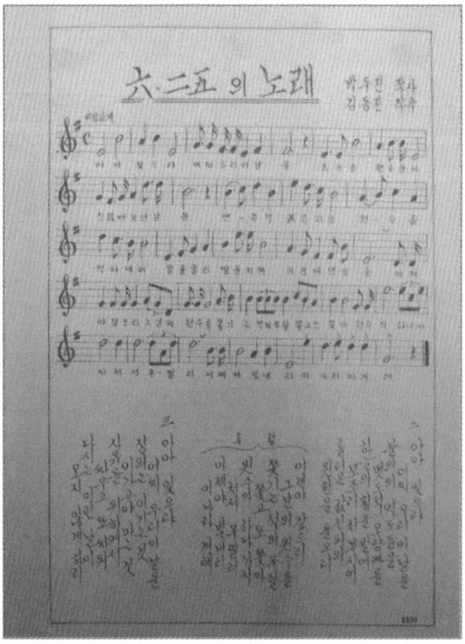

그림 120, 120-1 _ (8297)

였다. 심리전 삐라는 1952년 포로 교육의 목적으로 만들어졌다. 그리고 포로들의 교육과 오락 프로그램을 맡았던 미군 병참관구 사령부KCOMZ 대민정훈과나 현지 작전사단은 1953년 1월 포로들을 교육시킬 프로그램을 마련했다. 미군 병참관구 사령부의 포로 교육 프로그램은 포로만을 대상으로 하지 않았다. 그 교육 프로그램은 확장, 발전했다. 1953년 9월 심리전부 연합사단의 책임자는 장차 이행할 정보와 교육 프로그램을 논의하려 미 공보원United States Information Service/USIS, 경제자문국Office of Economic Advisory, 국제연합 한국재건단United Nations Korean Rehabilitation Administration/UNKRA, 민간원조 사령부Korean Civil Assistance Command/KCAC, 한국 내무부장관(백한성), 문교부장관(김법린), 연세대학교 총장(백낙준), 이화여자대학교 총장(김활란)을 비롯한 각 기관의 대표자들과 회의를 가졌다. 이 회의에서 미 공보원의 히긴스Higgins는 다음과 같이 말했다.

> 회의 참석자들은 그러한 프로그램을 환영한다고 말하고 심리전을 돕겠다고 했다. 포로를 위해 개발된 교육 프로그램에 좋은 감동을 받은 그들은 한국에서 이를 이용하는 것 외에 심리전을 보조하고 재료를 제공하겠다고 했다. 히긴스는 한국인이 접근할 매체를 생산하려 했지만 자금과 인원이 부족해서 미 공보원은 이행하지 못했다고 했다. 한국에서 휴전협정 전 목적을 이루기 위한 정보 프로그램 같은 종류를 이행하지 못했고 도움받지 못했다고 했다.[6]

히긴스는 심리전부에서 교육 프로그램을 마련했지만 재정과 인력 부족으로 이행하지 못했다고 말했다. 이어 교육 프로그램은 미래 한국의 교육을 위한 것이기 때문에 여러 기관이 함께 진행하자고 제안했다.

1. 미 공보원, 심리전(부서), 민간원조 사령부KCAC, 모든 주요 사령부의 PIO(공보처, Public Information Office) 그리고 국제연합 한국재건단UNKRA과 정보와 교육 프로그램을 협조한다. "우리는 평화를 함께 건설하고 함께 싸우자." 각 기관은 서울과 부산의 위원회에 대표를 파견한다.

2. 심리전(부서)은 포스터, 전단(광고지), 신문, 삐라, 팸플릿, 텍스트북, 라디오 프로그램과 필름을 생산하기에 다른 어떤 기구보다 효과적이다. 히긴스는 심리전(부서)은 미 공보원을 위한 프로그램뿐만 아니라 다른 기관을 위한 자료도 생산하자고 제안했다. 그는 미 공보원에서 요청한 포로 교육 프로그램을 위해 인쇄된 100종의 팸플릿을 각각 3만 부씩 복사하자고 말했다.

3. 심리전부는 도쿄에서 고등훈련을 받은 한국 참모를 고용했다. 그는 한국에서 민주적이고 반공주의적인 팸플릿을 생산했다.

4. 한국어로 된 필름을 생산해야 한다. 미 공보원은 필요한 양을 생산할 정도로 설비를 갖추고 있지 못하다고 설명했다.

5. 심리전 교육참모는 한국에서 훈련된 기구, 작업장, 훈련 프로그램을 이용할 수 있다.[7]

미 공보원의 제안은 이렇다. 첫째 각 기관들은 교육 프로그램에 협조하고 위원회에 대표를 파견한다. 둘째, 심리전에서 이용됐던 모든 형태의 자료와 매체를 미 공보원의 교육용 자료로뿐만 아니라 각 기관의 교육용 자료로 이용한다. 셋째, 교육 프로그램 담당자는 반공주의 사상을 가진 한국인 참모를 고용한다. 넷째, 미 공보원에는 한국어로 된 필름을 생산할 설비가 없다. 다섯째, 교육 참모들은 한국의 기구, 작업장 따위를 이용할 수 있어야 한다. 이 다섯 항목은 결국 심리전 자료를 다양한 교육 프로그램으로 전환하고 비용, 인원, 설비 및 기구를 확보하라는 요구이다.

극동사령부는 포로 교육용 교재를 만들려 새로 50명가량의 한국인을 일본으로 불러들였다. 이들 가운데 일부는 그 뒤 대학교수, 미국 대사(함병춘), 멕시코 대사(장상문) 등이 됐다.[8] 이때 고용된 한국인들은 대부분 20대 초반의 연령으로 이 일을 끝내고 미국이나 일본에서 유학했던 것으로 추측된다. 함병춘과 장상문이 대표적이 사례이다. 함병춘은 1956년 노스웨스턴대학교를 졸업하고 1959년 하버드대학교에서 법학박사 학위를 받았다. 장상문은 1948년에 부산 미 공보원장이었으며 1955년 와세다대학교를 수료했다.

이 제안에 문교부와 국방부장관은 자료와 서비스를 제공하겠다 했고 연세대학교와 이화여자대학교의 총장인 백낙준과 김활란은 교사를 훈련하는 프로그램에 도움이 되므로 교육에 적용하겠다 했다.

> 국제연합 한국재건단UNKRA은 심리전부와 협력 관계를 유지하기로 했다.
>
> 문교부장관은 다음과 같은 자료와 도움을 요청했다. ① 포로수용소를 폐쇄한 뒤 남아 있는 교육 자료들. ② 학교 및 성인 교육 프로그램과 일반에 배포할 교육 자료들의 지속적 생산. ③ 교사 훈련 프로그램을 위한 교육적 자문.
>
> 경찰은 빨치산 출몰 지역에 배포하려 심리전부가 개발했던 반공 자료들을 무제한 이용할 수 있다는 사실을 깨달았다.
>
> 국방부장관은 다음과 같이 요구했다. ① 최근 북한의 포로수용소에서 돌아온 병사 8,000명의 탈세뇌화에 사용할 포로 교육 프로그램. ② 탈세뇌화 프로그램을 도와줄 미국인 장교와 병사로 된 팀.
>
> 연세대학교와 이화여자대학교 총장은 교사 훈련 프로그램 수립하기 위한 심리전부의 적당한 자문과 도움을 요청했다.[9]

그런데 포로 교육 프로그램으로 다른 한국인을 교육시키려면 '비용, 인원, 설비'가 필요했다. 이에 극동사령부와 미 공보원은 이를 맡을 기관들을 불러 회의를 열었다. 미 공보원의 제안에 위의 기관장들이 답한 내용을 보면 왜 이들 기관이 필요했는지 짐작이 간다. 비용은 국제연합 한국재건단이나 경제자문국이, 내무부 · 문교부 · 국방부 · 사법부는 인원과 설비를, 대학은 교사 훈련 프로그램을 담당했다. 백낙준은 1953년에는 서울시 교육회장을, 1956년에는 대한교육연합회 회장을 지냈다.

미 공보원과 극동사령부 심리전부는 교육 프로그램을 준비하고 교안을 제작하고 지도하려 전쟁 뒤 재건 과정에 깊숙이 개입했다. 1954년 1월 극동사령부 심리전부와 미 공보원은 합동작전을 계획했다.

> 심리전 기관들은 포스터, 벽보, 낱장신문news sheet, (광고)전단지, 영사 슬라이드 및 기타 자료들을 생산한다. 미 공보원의 초안은 한국 정부 부처와 다른 기관들을 통해 정리해 주한 미 공보원에 전달될 것이다. 한국 정부 부처들과 다른 기관들과의 연락은 미 공보원이 책임진다. (…) 첫 주제는 다음의 점들을 강조했다.
> 자유세계에 사는 사람들과 공산세계에 사는 사람들을 대비하여 공산주의의 해악.
> 민주주의 사회와 정부의 본질.
> 미국-유엔군사령부-한국 사이의 유대를 특별히 강조하여 자유세계의 공동체에 포함됨으로써 얻을 한국인의 이익들.
> 민간원조 사령부KCAC, 국제연합 한국재건단UNKRA, 대외활동본부Foreign Operation Administration/FOA, 개인들의 원조에 따른 안정, 재건으로 발생하는 한국인들의 이익.[10]

1953년 9월 모임은 1954년 1월 형태를 갖추었다. 이 회의에서 미 공보원은 모든 자료의 출구이자 연락기관의 역할을 담당하겠다고 했다. 그리고 상설기구로의 조직도 결정됐다.

> 미 공보원, 심리전부, 대외활동본부, 민간원조 사령부, 국제연합 한국재건단의 대표자, 한국에 있는 공보처의 주요 책임자들로 구성된 비공식적 합동위원회를 조직한다. 합동위원회는 한 달에 한 번 서울에서 만나 주요한 정보와 교육에 관련된 주제, 각 기관이 협력한 사업의 진행, 결과의 공동 이용, 사업의 중복 방지 따위를 논의할 것이다.[11]

극동사령부 심리전부와 미 공보원의 작업은 심리전의 내용이 교육 프로그램으로 전환되는 계기였다. 교육 프로그램에는 앞에서 지적했듯이 미 사회과학 연구자들도 깊숙이 관여했다.

이 교육 프로그램의 제작과 재생산은 냉전 시기 미국의 의도와 전쟁에 임하는 미국의 태도를 파악하는 데 도움이 된다. 미국은 심리전이라는 방식으로 전쟁터에서 수많은 이미지와 상징, 기호를 생산했다. 이는 다시 포로 교육 프로그램으로 전환됐고 여기에서 멈추지 않았다. 적을 향했던 심리전 내용이 교육 프로그램으로 만들어져 전쟁 뒤 한국 교육 프로그램으로 정착됐다. 곧 전쟁용 심리전 자료가 평시의 교육 자료로 전환됐다. 이로써 전시와 평시의 경계가 심리전 속에서 여지없이 허물어져버렸다.

교육 프로그램과 관련되어 고려할 점은 전쟁 비용의 교묘한 전가이다. 미 공보원이나 극동사령부는 전쟁용 프로그램을 교육용 프로그램으로 전환시킬 비용을 유엔과 한국 정부에 전가했다. 유엔과 한국 정부는 비용, 인원, 설비를 제공했다. 곧 유엔의 재건 비용이 심리전 교육 프로그램을 사들이는 데 쓰였다.

심리전은 단순히 전쟁을 승리하려 수행된 군사작전이 아니다. 심리전에 사용된 매체(삐라, 라디오, 확성기 등)나 대본은 전쟁 뒤 재건 과정에서 고스란히 재생산됐다. 심리전의 대본이 가장 효과적, 적극적으로 이용된 곳은 학교였다. 교과서, 교사 지도 프로그램, 학생 지도 프로그램 그리고 계몽이라는 이름으로 시행된 각종 성인 교육이 심리전을 자원으로 삼았고 심리전의 결과였다.

02 전시생활과 삐라

전시하 교육 특별 요강과 전시생활

문교부는 1951년 1월 7일 부산시청을 임시 공관으로 결정하고 2월 26일 「전시하 교육 특별조치 요강」을 발표했다. 이에 따르면 전쟁 동안의 교육 방침은 '멸공필승의 신념을 배양하고 전국戰局과 국제집단 안전보장의 인식을 명확히 하여 전시 생활을 지도하는 데' 있었다. 이에 따라 피난학교와 노천교실을 개설하고, 전시 연합대학를 설치했으며 '전시 생활을 지도할' 교재을 발간했다. 문교부는 〈표 28〉과 같이 초등학생용 교과서로 『전시생활』을, 중 · 고등학생 교과서로 『전시독본』을 발행해 피난학교 학생들에게 무상으로 배포했다. 3종 3회에 걸쳐 발행된 전시 교재의 발행 부수는 253만 8,000권에 달했다.[12] 이와 함께 문교부는 유엔 각 나라의 국기를 인쇄해 나누어주었다.

〈표 28〉 전시 교재[13]

교재명	1집	2집	3집
전시생활1 (1·2학년용)	비행기	탱크	군함
전시생활2 (3·4학년용)	싸우는 우리나라	우리는 반드시 이긴다	씩씩한 우리 겨레
전시생활3 (5·6학년용)	우리나라와 국제연합	국군과 유엔군은 어떻게 싸우나	우리도 싸운다
전시독본 (중등학생용)	침략자는 누구냐	자유와 투쟁	겨레를 구원하는 정신

전시 교재 발간에는 최현배가 편수국장으로 최태호, 최병칠, 홍웅선이 편수관으로 참여했다. 편수관이었던 홍웅선은 그 과정을 다음과 같이 회고했다.

학생들에게 당장 가르칠 교재가 없었다. 그래서 편수국은 학생들의 전시 생활을 지도하기 위한 임시 교재로서 초등학교용『전시생활』과 중등학교용『전시독본』을 각각 3집씩 편찬, 발행하여 전국 각지의 피난학생들에게 이를 무상으로 배부했다. 그 일을 지시하고 추진한 분이 바로 외솔 최현배 국장이었으며 모든 것이 갖추어지지 아니한 피난지에서 전시 교재를 서둘러 편찬한 편수관들은 최태호, 최병칠, 홍웅선이었다.[14]

전시독본은 초·중 각 상·중·하의 세 종류를 표지도 붙이지 않고 배부했다. 이 내용은 전의를 앙양하고 공산주의를 배격하는 것이었다. 이것은 교육의 분야라기보다는 도리어 선전사업에 속하는 것이라고 외부의 평은 그다지 좋지 않았다. 전시 교육요항은 등사판 프린트를 해서 배부됐다.

다음은 부산에서의 교과서 생산이었다. 문교서적이 탄생되고 백장관이 아세아재단에서 용지를 얻어온 것도 이때의 일이요, 최현배 국장이 일본에서 교과서를 제작해 오자는 미(국)인 측의 제안을 완강하게 거부한 것도 이때의 일이었다.[15]

『전시생활』은 임시로 가르칠 교과였지만 교과서 발행이 쉽지 않았던 사정을 고려한다면 이 교과서는 그 뒤에도 사용됐으리라. 1952년 발행된 목포 북교국민학교의 중핵 교육과정core curriculum 자료는『전시생활』을 참고물로 제시하고 있다.[16]『전시생활』 내용은 〈표 29〉와 같다.

〈표 29〉『전시생활』 단원과 내용*

전시 생활	단원명	내용
1-1 비행기	1. 비행기1 2. 비행기2 3. 비행기3	폭격기, 제트기, 정찰기, '잠자리비행기' 종류 소개 중공군을 쳐부수러 간다는 내용 미국 비행기의 구별 방법 유엔군의 여러 국기에 색칠하기 위문편지 쓰기
1-3 군함	1. 군함1 2. 군함2 3. 군함3	군함의 종류 소개 국군의 원산상륙에 대한 내용 해병대에 대한 설명 위문품과 위문편지 쓰기
2-2 우리는 반드시 이긴다	1. 자유를 찾아서 2. 유엔은 우리를 돕는다	피난 기차에서 겪은 일 대구에서의 피난 생활 부산에서의 전쟁 상황 모습 봄 소식(새 무기), 전시 공부 세계의 경찰, 두 가지 나라 대한은 빛난다

* 1-2와 2-1, 3-2의『전시생활』은 구하지 못해 서술하지 못했다.

2–3 씩씩한 우리 겨레	1. 전투기 2. 용감한 신호병 3. 이기는 길 4. 우리의 힘으로	신호병의 이야기–용감한 군인상 필승의 신념을 동요로 나타냄 전쟁에 이기기 위해 할 수 있는 일 길을 고친 일
3–1 우리나라와 국제연합	1. 북한 공산군이 남한으로 쳐들어온 내력 2. 공산주의와 민주주의 3. 국제연합과 우리나라 4. 우리를 도와주는 나라들	한국전쟁이 진행된 과정 공산주의와 민주주의 국가의 특징 국제연합의 역할
3–3 우리도 싸운다	1. 영진이와 싸우는 일기 2. 거룩한 희생	승리를 위해 우리들이 할 수 있는 일 토의하기

『전시생활』은 어느 한 교과목으로 이루어진 것이 아니라 종합 교과서의 성격을 가지고 있다. 이 교과서의 내용에는 편지글, 일기, 생활문 같은 국어과적 요소들이 있으며 비행기 프로펠러의 원리를 설명하는 과학적인 요소, 행진곡과 군가 같은 음악적 요소, 세계 여러 나라의 지도와 함께 자연 인문적인 환경을 설명하는 사회과학적 요소도 있다.[17] 전시생활 1–1의 뒷장에는 '지도상의 주의'라는 항목이 있어 교과서의 특징을 확인할 수 있다.

이 교과서는 비행기를 주제로 하며 어린이의 생활을 발전시키려는 취지로 편찬한 것임. 1. 독해력이 붙지 못한 1학년 학급에서는 그림을 보이는 것을 주로 하여 자유롭게 이야기하도록 하고 교재는 필요에 따라 교사가 읽어줄 것. 글자를 억지로 가르치고자 하지 말 것. 2. 독해력이 붙은 1학년 및 2학년 학급에서는 그 정도에 맞추어 국어과 교과서로서 지도할 것.[18]

3·4학년용 교재는 대구, 부산에서의 피난 생활, 전쟁 상황과 유엔에 대한 소개, 길을 고친 이야기, 국군과 가족이 제2국민병으로 나간 집 도와주기 같은 동화적인 서술로 전쟁 체험의 비참함과 공포를 환기시키며 공산군에 대한 부정적 기술로 자연스럽게 적개심을 고취시켰다.[19] 전시생활은 모두 전쟁과 관련된 것으로 전쟁에 쓰이는 무기, 우리를 돕는 유엔군, 어린이들이 전쟁에서의 승리를 위해 할 수 있는 일, 전쟁이 일어난 내력 따위를 다루고 있다.

『전시생활』과 삐라

『전시생활』은 종합 교과서라고 평가됐지만 내용은 크게 비행기·군함·탱크라는 제목에서 알 수 있듯이 무기의 소개, 이분법적 세계관, 총력전에 대한 규정, 상이군인이나 참전군인에 대한 구호의 필요성, 군인과의 일체성 따위를 다루고 있다. 여기에서는 주로 삐라에서의 이미지·상징·내용이 『전시생활』의 그것과 어떻게 유사한지 알아보고자 한다.

먼저 무기에 대한 설명과 그림이 삐라와 얼마나 닮았는지 살펴보자.

> 폭격기 다섯 대는 기운차게 북쪽으로 날아갑니다.
>
> "저 비행기들은 공산군을 쳐부-수러 가는 거지?"
>
> 영이가 물었읍니다.
>
> "그래, 우리나라에 쳐들어온 중공 오랑캐를 쳐부수러 가는 거야. 저 폭격기들이 폭탄을 막 떨어뜨리면, 그놈들은 쩔쩔매고 달아날 거야."
>
> 폭격기는 점점 멀어져 갑니다.

“국군 만세! 유엔군 만세!”

철수는 멀어져 가는 비행기를 바-라보며, 큰 소리로 만세를 불렀읍니다. (…)

철수는 그림을 그립니다. (…)

“아유, 폭탄이 막 떨어지네, 불이 나고, 연기도 나고. 공산군 놈들은 무서워서 쩔쩔매고 달아나겠지.”

영이는 그림을 보고, 손벽을 쳤읍니다.[20]

젯드기는 벌써 북쪽 하늘로 날아가 버렸읍니다. 모두 네 대입니다. (…)

“저 비행기는 사람을 쏘아 죽이는 비행기요?”

“아니야, 저 비행기는 불덩어리 대포알을 쏘아서, 집도 부수고, 차도 부순단다. 왜, 작년 여름에 저 비행기가 양쪽 날개에서 불덩어리 대포알을 쏘는 걸 보지 않았어.”[21]

“저 비행기에는 별을 그렸네. 저건 어느 나라 비행기요?”

“저건 미국 비행기야, 미국 비행기에는 하얀 별을 그렸어.[22]

초등학교 1 · 2학년을 대상으로 하는 「비행기」에 나온 내용이다. 첫 예문은 북쪽으로 날아가는 폭격기를 보고 기뻐하는 모습으로 이를 아이들이 그림으로 그리고 즐거워하는 내용이다. 〈그림 121〉에서 아이들은 기차와 주택을 폭격하는 모습을 담아냈다. 예문 두 번째와 세 번째는 네이팜탄에 대한 이야기와 미군 비행기를 식별하는 대화를 다루고 있다.

〈그림 122〉는 미군 폭격기가 논밭을 폭격하는 모습이고 〈그림 123〉은 폭격하러 가는 미군 비행기를 환영하는 모습으로 『전시생활1-1』「비행기」에 실려 있다. 이 모습은 삐라 8681과 같다. 〈그림 124〉인 삐라

그림 121 _ (전시생활1-1, 6쪽)

그림 122 _ (전시생활1-1, 13쪽)

그림 123 _ (전시생활1-1, 4쪽)

그림 124, 124-1 _ (8681)

8681은 오성기가 있는 중국군 주둔 지역을 폭격하는 모습이다. 이 모습은 전면에 폭격기를 배치한 것을 제외하고 〈그림 122〉와 비슷하다. 〈그림 124-1〉은 예문에서 설명하는 것처럼 미군 비행기가 폭탄을 떨어뜨리는 장면을 담고 있다.

무기에 대한 설명은 3 · 4학년용『전시생활』에 가면 더 구체적이다.

"비행기가 하루에 일천 번이나 쳐들어가서, 이번에 새로 나온 네이빰탄을 막 퍼부었대. 그 폭탄은 넓이 90미터, 길이 270미터를 불바다로 만든다는구나."

명길이는 눈을 동그랗게 떴읍니다.

"어머니. 그럼, 그게 원자탄이 아니어요?"

"원자탄 아니야. 이 폭탄은, 기름에 불이 붙어서 타는 것인데, 탕크 같은 것도 빨갛게 달아서, 그 안에 들어 있는 사람까지 타 죽는단다."

어머니는 이 밖에도 재미있는 새 무기 이야기를 들려주셨읍니다.

탄환을 화약의 힘으로 얼마든지 멀리 가게 하는 로켙포, 탕크를 쳐부수는 바주까포, 적군이 몰래 파묻어 놓은 지뢰를 찾아내는 기계, 밤이나 날이 흐린 때에도 적이 있는 곳을 찾아내는 전파탐지기, 모두 신기한 이야기뿐이었읍니다. 그 중에도 유도폭탄이라는 것이 제일 신기했읍니다.[23]

〈그림 125〉는 '함포 사격의 위력'이라는 삐라 1305이다. 〈그림 126〉과 〈그림 127〉은『전시생활』「군함」에 나온 그림이다. 〈그림 125〉와 〈그림 127〉은 같은 사진이라고 해도 될 정도이다.

너른 앞바다에 큰 배가 많이 떠 있었읍니다. (…)

"저, 군함들은 공산군이 배를 타고 쳐들어오지 못하게 막기도 하고, 공산군이

그림 125 _ (1305)

그림 126 _ (전시생활1-3, 4쪽)

그림 127 _ (전시생활1-3, 15쪽)

숨어 있는 곳을 찾아가서 대포를 쏘아 쳐부수기도 한단다."

앞바다를 지나가는 군함들이 점점 똑똑하게 보였읍니다. (…)

아버지는 "철수야 똑똑히 보아라. 저게 바로 미조리 호라는 전함이다. 저 군함이 작년에 인천 바다에서 대포를 쏘아서 서울에 있는 공산군을 쩔쩔매게 했단다." (…)

"아암, 저 군함이 대포알을 한 방만 쏘면, 집이 대여섯 채는 없어진단다."[24]

무기를 소재로 한 1·2학년용『전시생활』은 비행기, 탱크, 군함을 소개하고 비행기의 종류와 그 위력을 소개하고 있다. 무기의 소개와 짝을 이룬 것은 폭격의 위력을 소개해 북한군보다 우월한 무기를 가지고 있다고 자랑하고 이에 아이들이 환호하는 내용이다. 이러한 내용은 삐라에서도 동일하다. 삐라들은 무기를 소개하고 그 위력을 알리면서 투항을 권한다. 다만 삐라와 다르게 교과서에서 무기를 소개하고 그 위력을 설명하는 주체는 대개 어머니이다. 특히『전시생활 2-2』의「우리는 반드시 이긴다」는 단원에서 어머니는 폭격기에 대해 자세하게 설명하고 있다. 군인이 아닌 어머니가 새로운 무기에 대해 자세하게 알 수 없기 때문에 교과서에서의 어머니는 무늬만 어머니일 뿐이다.

『전시생활』 속 무기에 대한 소개와 폭격의 내용은 문교부장관의 지시에 가장 충실하다고 할 수 있다. "싸우는 국가의 교육은 싸우는 교육이어야 하고 싸우는 교육은 싸우는 교사에 의해 추진되는 것이고 정치와 경제의 밑받침이 되는 사상통일 교육이 그 내용이어야 한다".[25]

『전시생활』에는 민주주와 공산주의라는 이분법적 세계관도 잘 드러나 있다. 민주주의는 언제나 유엔과 유엔의 도움을 받는 대한민국이 하나의 쌍을 이루며 등장한다. 그러면서 전쟁이 일어난 까닭을 민주주의와 공산주의의 대립으로 설명한다.

> 세계는 지금 두 가지 나라로 갈라져 있습니다. 하나는 민주주의 나라요, 또 하나는 공산주의 나라입니다.
> 민주주의 나라는 사람의 목숨과 자유를 대단히 귀하게 여깁니다. 백성들이 모두 즐겁게 잘살기 위하여, 백성들이 바라는 대로 백성들이 정부를 세워서 나라 살림을 하여 갑니다. 사람을 귀하게 여기기 때문에 제 나라 백성뿐만 아니라,

남의 나라와 백성들의 자유도 귀하게 여깁니다.

공산주의 나라는, 공산당이 백성들을 부려먹는 나라입니다. 공산주의 나라 백성들은, 공산당이 하라는 대로 하지 않고는 살아나갈 수가 없읍니다. 하고 싶은 말도 못하고, 하고 싶은 일도 못하고, 살고 싶은 곳에서 살지도 못합니다. 고삐에 매인 소처럼 끌려서, 공산당이 하라는 대로 하고, 죽으라는 대로 죽어야 합니다.[26]

대한민국은 민주주의 나라이기 때문에 유엔이 전쟁에 개입했다고 말하면서 유엔을 다음과 같이 소개하고 있다.

즐겁고 자유롭게 잘살려고 하는 사람들이, 옳지 못한 나라 때문에 불행에 빠진다는 것은, 얼마나 억울하고 슬픈 일입니까?

유엔은, 이런 억울하고 슬픈 일이 일어나지 않도록, 재판소와 경찰서의 일을 합니다. 어느 나라든지 다 같이 자유와 평화를 누리게 하고, 나라 사이의 싸움을 미리 막아냅니다. 남의 나라를 얕보고서 욱박지르고 도둑질하는 나라에는 유엔군을 보내서 벌을 줍니다.[27]

유엔은 나라 사이의 싸움을 막고, 도둑질하는 나라를 벌하는 세계의 경찰이라고 말한다. 유엔이 세계의 경찰, 재판소라고 했지만 아이들이 생활세계에서 유엔을 접할 수는 없었다. 이에 『전시생활』은 아이들이 생활세계에서 유엔을 접할 수 있는 구체적 사례로 '예방주사'를 들어 유엔의 우월성을 설명하고 있다.

아버지께서는, (…) 지금 공산군들은 돌림병 때문에 병자가 날마다 몇천 명씩 늘

> 어간다고 말씀하셨읍니다. (…) 돌아오는 길모퉁이에서는 띠띠디 소독을 하고 있었읍니다. 흰 가루투성이가 된 사람들이 서서, 지나가는 사람들의 목덜미와 소매에 뿌려줍니다. 아버지께서 (…) 이런 소독약도 유엔 여러 나라에서 보내준 선물이라고 일러주셨읍니다.[28]

예문은 선한 유엔은 전염병을 예방해 생활세계에서도 아이들의 몸을 지켜준다고 말한다. 그리고 몸을 튼튼히 하는 일은 국가를 튼튼히 하는 일이라고도 했다. 유엔군 민간정보 교육국이 1950년 발행한 초등부 지침서『민주주의와 평화, 공산주의와 전쟁』을 보면 책 표지에 흰옷을 입고 피리를 부는 여인과 총을 든 채 거꾸러지는 검은 그림자가 선명히 대비되어 있다.[29] 선과 악, 천사와 악마라는 도식은 삐라에서 끊임없이 사용됐다. 이러한 도식이 그대로 교과서에 재생산되고 재현됐다.

5·6학년용 교재인『우리나라와 국제연합』가운데 한 꼭지인「공산주의와 민주주의」는 "여러분 꼭두각시놀음을 아는가? 꼭두각시놀음에 나오는 꼭두각시들은 무대 뒤에 있는 조종사가 시키는 대로 울기도 하고, 웃기도 하고, 춤도 추고, 싸우기도 한다. 소련은 이 조종사이며, 다른 나라의 공산당들은 생명도 없고, 자유도 없는 가엾은 꼭두각시들인 것이다. 소련은 이러한 꼭두각시들을 앞잡이로 세워 공산주의 세력을 온 세계에 퍼트리려고 한다. 북한 공산군의 괴수 김일성이나, 중공의 모택동이가 다 이러한 꼭두각시들이다. 이것만으로도 여러분은 북한의 공산군이나 중공 오랑캐들이 어째서 우리나라에 쳐들어왔는지 잘 알 수 있을 것이다."라고 설명하고 있다.[30] 이처럼 민주주의와 공산주의를 선과 악으로 단순도식화했다.

『전시생활』에서 채택한 그림을 통한 상징 학습효과는 그 뒤에도 이어졌다. 교사용 교재에는 공산주의는 천사와 대비된 악마 이미지, 사나운 곰, 큰 칼을 든 해적 따위로 그려져 있고, 공산주의 국가에 사는 주민은 입에 재갈을 물린 채 수많은 짐을 지고 기어가는 노예로 묘사되어 있다. 고학년 교재에도 군인들이 총을 겨누고 있는 가운데 떨면서 투표하는 공산주의 세계와 세련된 차림새의 시민들이 자유롭게 투표하는 민주주의 세계를 한눈에 대비해 보여준다.[31]

그림을 비롯한 이미지를 이용한 학습으로 반공의식이 주입되고 한국인의 무의식에 영향을 미쳤다면 생활세계에서의 실천은 이를 더욱 단단하게 했다. 국가와 사회는 전쟁터의 군인이 목숨을 내놓고 싸우는 대신 후방의 국민, 학생들은 자신들이 해야 할 일들을 찾아 실천하라고 요구했다. 그 일은 노력동원이나 원호였다. 이를 『전시생활』은 총력전이라고 설명하고 있다. 학생을 포함한 모든 국민이 이런 일들을 솔선수범해야 전쟁에서 이길 수 있다고 말했다.

> 움푹 팬 구렁은 흙을 한 삽, 푹 파다가 메워도 여전히 깊었습니다. 그래도 영철이는 자꾸 파다가 메웠습니다. 비가 온 뒤이기 때문에 흙이 물렁물렁해서 파기는 쉬었지만 무거워서 힘이 퍽 들었습니다. 그뿐만 아니라 자동차가 지날 적마다, 도로 파헤치고 가기 때문에 구렁은 좀처럼 메워지지 않았습니다. 그래서 다시 돌을 주워다가 메우기로 했읍니다. (…) 구렁이가 반쯤 메워졌을 때, 영철이는 다시 삽으로 흙을 파 던졌읍니다. 해는 어느덧 서쪽 산에 기울어지고, 영철이의 온몸에는 땀이 흠씬 배었읍니다. (…) 영철이 아버지도 소를 몰고 돌아오시다가 같이 일을 하셨읍니다. (…)
>
> "참 너는 오늘 장한 일을 했다. 우리는 싸움터에 못 나가는 대신에 뒤에서 우리 힘이 미치는 데까지 도와주어야 한다. 이렇게 국군과 국민들이 힘을 한데 모아

야 오랑캐들을 빨리 무찌를 수가 있는 것이다. 이러한 싸움을 총력전이라고 한다."[32]

영철이는 혼자서 도로를 메우는 작업을 했고 나중에 어른들과 함께 일을 마쳤다. 아버지는 영철이가 한 일은 후방에 있는 사람들이 할 일이고 이것이 총력전이라고 설명한다. 어린이들이 복구 과정에 동원되거나 솔선수범해 나서는 이야기는 그 뒤에도 교과서에서 반복 재생산되는 대표적 이야기이다. 교과서 『도의생활』(1954)에 '책임'이라는 덕목의 「고개를 지킨 소년」 꼭지에는 산사태라는 위험천만한 상황에서 자신의 위험을 무릅쓰고 이를 군인들에게 알린 소년 수돌이의 이야기가 나온다.

> 유엔군과 국군을 가뜩 실은 츄럭이 몇 대 앞서 오고 그 뒤로 군수 물자를 가뜩 싣고 또 츄럭이 연달아 오고 있었읍니다. 힘차게 부르는 국군들의 군가 소리가 바람을 타고 이곳까지 흘렀읍니다. 수돌이는 추운 것도 잊어버리고 웃 저고리를 벗어 들었읍니다. 그리고 흔들기 시작했읍니다. (…)
> 그제서야 수돌이를 발견했는지 앞에 달려오던 츄럭이 정거했읍니다. (…) 그때였읍니다. 천지를 진동하는 소리와 함께 산모퉁이는 와르르 무너지기 시작하여 삽시간에 그 골짜기를 덮어버렸읍니다. (…) 공작대의 힘으로 고개는 곧 수리되고 츄럭은 무사히 그 고개를 통과하여 전선으로 전선으로 달려가는 것이었읍니다.[33]

총력전은 『전시생활3-3』에 더 구체적으로 서술되어 있다. "공부, 공부도 중하다. 그러나, 공부는 어느 때나 할 수 있는 것이 아니냐? 전시에 특히 할 일이, 하지 않으면 안 될 일이, 얼마든지 있지 않겠니?"라는 교사의 질문에 한 학생이 "작년 여름, 대구로 피란했을 적에 동네 어른들과 같이 군용도로를 고치러 나간 일이 있었고, 서울로 다시 돌아갔을 때에는 집안 식구와 같이 위문편지를 써서 내었읍니다"라고 대답한다.[34] 학습 내용으로 전재복구와 후방의 위안이 어떻게 전개되어야 하는지 실천 항목을 자세하게 설명했다.

> 세 시간 공부가 끝난 후, 제각기 가지고 온 괭이를 총 삼아 어깨에 메고, 진격의 노래를 높이 부르며 개간 작업장으로 갔다. 마치 제일선으로 떠나는 듯한 기분이었다. 작업장에 오자, 몇 마디 선생님의 주의 말씀을 듣고, 곧 작업하기 시작했다. 한편에서는 큰 바윗돌을, 한편에서는 큰 나무뿌리를, 모두 힘을 합쳐 파내고 뽑아내는 그 모양은 참으로 장관이었다. (…) 집에 오니까, 옆집 호창이가 마침 왔다.
>
> "우리 오 학년에서는 저 건너 민둥산에 사방공사 작업을 하기로 했어. 그리고, 위문 갈 노래 연습도 하기로 하고, 위문주머니도 만들고……."[35]

5·6학년용 『전시생활3-3』 속 총력전이 무엇인지 학습하는 장면이다. 이에 따르면 초등학생들이 할 수 있는 총력전으로는 위문편지 쓰기, 도로 정비 같은 노력동원, 상이군인 위로 따위가 있다. 또한 전쟁 비용을 충당하기 위한 절약이 국민의 도리로 실천해야 할 덕목이었다.

영철이 이야기는 마침내 아이들의 장래 희망으로 이어졌다.

> "저건 정찰기야. 공산군 놈들이 어디 숨어 있나 찾아다니는 거야. 국군이 탔어! 나도, 이담에 크거든, 비행사가 될 테야."
>
> 철수는 뽐내며 말했읍니다.[36]

선생님께서는,

"전쟁 때문에 학교를 군대가 쓰고 있으니, 여기서 공부하기로 한다. 춥고 불편하지만 열심히 공부하여 훌륭한 어린이가 되자, 우리 국군은 밤낮 눈보라 치는 산골짜기에서 싸움을 하고 있지 않느냐? 우리도 추위와 싸우며 굳센 힘을 길러서 훌륭한 일군이 되어야 하겠다." 하시고 (…) 말씀했읍니다.[37]

아이들은 자연스럽게 전투비행사, 국군이 되겠다는 희망으로 국가와 자신을 일체화시켰다. 교과서, 나아가 국가는 나라, 겨레, 국가 같은 추상적인 관념으로 포장하여 아이(국민)들로 하여금 끝없는 충성과 희생을 요구했다. 나라와 민족, 세계 같은 추상적인 거대담론을 끊임없이 들먹임으로써 비록 어리지만 대단히 중요한 일에 참여한다는 허위의식을 어린이들에게 심어주고 현실에 대한 성찰과 비판의 계기를 제거하고 있다.[38]

나는 어머니께 말씀드렸읍니다.

"참, 국군 아저씨는 고마워요. 나라도 지키고, 학교도 지어 주고, 선물까지 주었어요."

어머니는 이렇게 말씀하셨읍니다.

"너도 공부 잘해서, 훌륭한 국군이 되어야 한다."[39]

이 밖에도 「우리를 돕는 유엔」, 「위문편지」, 「서울탈환」 같은 전시교재의 내용 일부가 각 학년 국어 교과서에 재수록됐다.[40] 전시교재는 남/북을 선/악으로 도식화했고 북한군뿐 아니라 북한의 주민들마저 악한 존재로 설정한 반면, 남한 사람은 악행에 대해서도 선행으로 대하는 도덕적으로 우월한 존재로 등장한다.[41]

03 교실로 간 삐라의 논리

> 제11과. 총, 대통령, 일등, 상사, 대동강
>
> 산도적 소탕은 우리 사명.
>
> 침략자 중공군을 섬멸하자.
>
> 민주진영의 일선은 압록강이다.
>
> 삼일정신은 민족정신이다.
>
> 총후방어도 철통이다.
>
> 애기는 크면 대한의 방패가 된다.
>
> 해방된 우리 민족 너도나도 단결하자.
>
> 태극기는 우리나라 기상이다.
>
> 새 나라 건설에 총진군하자.
>
> 너도나도 대한의 방패가 되자.
>
> 개고리 우는 마을에 개나리 꽃피네.
>
> 대장부 가는 길은 싸움터라네.
>
> 캐여내자 오천 년의 찬란한 역사.[42]

미 병참관구 사령부가 뿌린 '한글교본'이라는 삐라의 일부 내용이다. 이 삐라는 한글 학습을 목적으로 하고 있으며 4절지 크기에 총 30과로 구성되어 있다. 30개 과 가운데 21개 과가 앞의 예문처럼 '전쟁 무기, 군, 산도적, 괴뢰군, 오랑캐, 침략, 재건' 따위의 내용으로 구성되어 있다. 한글 교본이 글자를 익히는 데에 목적을 두기 때문에 단절적이고 단편적이라면 교과서는 글자뿐만 아니라 내용을 익히고 세계관의 형성을 목적으로 하기에 서사적이며 연속적인 특징을 갖는다. 임시 교재로 생산된『전시생활』은 전후 재건 과정에서 교과서로 다시 탄생했다. 삐라와 『전시생활』의 핵심적 내용인 이분법적 세계관, 유엔과 미국, 무기와 폭력의 세계, 국가주의와 국가와의 일체성 따위는 교과서로 다시 태어나거나 각색됐다.

공민, 도의, 도덕

교과서는 학생들의 지적 성장에 직접 영향을 주는 자료일 뿐 아니라 국가의 교육이념이나 목적을 구현하는 수단이며 도구이다. 그 속에 반영된 내용으로서의 문화 가치체계는 학생의 행동 변화에 큰 영향을 준다.[43]

해방 뒤 미군정의 교과목 편제와 시간 배당은 일제 말기 중등학교의 교과목과 시간 배당을 기본으로 삼았다. 미군정은 수신과를 폐지하고 '새로운 민주시민 양성을 위한' 공민과를 신설했고 사회생활과를 도입했다. 1946년 신설된 사회생활과는 일제강점기 수신修身과처럼 특정한 과목으로 일정한 시간을 배당하지 않고 전 교과 속에 녹아들어 학교생활 전반의 구체적인 경험과 실천으로 이루어져야 한다는 새교육운동론자들의 견해를 수용한 결과이다.[44]

전쟁을 치르면서 국가 안보를 내용으로 하는 이념 교육이 대두됐고 윤리교육은 전쟁 뒤 도의교과로 제도화됐다.[45] 도의교육은 모든 영역에서 '모든 국민에게 공통한 도덕규범', 곧 국민도덕의 수립을 목표로 했다. 도의교육은 사회구성원 모두의 생활 영역을 교육의 대상으로 삼았다. 실제로 교과교육과 학생 생활지도로 이루어진 도의교육에서 가장 강조된 생활 영역은 국가생활, 곧 애국생활이었다. 도의교육이 제시한 애국적 이념은 반공주의, 민족주의, 민주주의였다.[46]

이 지향의 차이는 1946년 군정청 학무국이 발행한 『초등공민』과 1957년 문교부가 발행한 『초등도의』의 단원을 비교하면 알 수 있다.

〈표 30〉 '공민'과 '도의' 교과서 비교

1946년 『초등공민』(5 · 6학년)	1957년 『초등도의』(5학년)
1. 개천절	**一. 맑고 부드러운 마음**
2. 세종임금과 한글	1. 예절의 정신
3. 자유	2. 새와 대통령
4. 인격	3. 입술에 노래를 가지라
5. 민주정치	**二. 사람을 대하는 태도**
6. 정의	4. 너의 어머니
7. 노동	5. 형제
8. 사회	6. 참다운 친구
9. 보건과 위생	7. 바다와 산에서 부치는 편지
10. 시간 지키기	8. 점자의 발명
11. 용기	**三. 명랑한 사회**
12. 화랑도	9. 여학생과 집 없는 소년
13. 나랏사이 교제	10. 한 뿌리의 피
14. 우리 민족성	11. 가난한 사람들의 재판관
15. 우리 겨레의 사명	12. 다우다의 불빛
	13. 카나리아섬
	14. 화랑의 애국심
	四. 경제생활
	15. 능률
	16. 목화 종자를 가져온 어른
	五. 방공의 싸움
	18. 태극기 휘날리는 백마고지
	19. 방공을 위한 조직

1945년 9월 22일 군정청 학무국은 교육 방침을 결정, 발표했다. 여기에서 교육상 유의할 점으로 "공론에 의하여 정당한 민의를 발양하고 정치적 책임을 공담公擔함으로써 자유를 향유할 수 있는 공민적 자질을 적극적으로 연성하여, 정치적 우매가 폭력을 유발하고 폭력이 중하면 민

의를 질식窒息케 하는 것을 자각시킬 것. 이기적 관념을 일소하여 봉공정신에 철저케 하고, 특히 공덕公德과 공법公法을 절대 준수하는 정신을 관습화하게 할 것……" 따위가 강조됐다.[47] 이러한 군정청의 방침은 『초등공민』 교과서에 그대로 반영됐다. 〈표 30〉에서처럼 『초등공민』은 민족(개천절과 한글), 공민으로서의 권리와 의무 그리고 사회를 운영하는 원리(자유 · 인격 · 민주정치 · 정의 · 노동 · 사회), 규율(보건과 위생 · 시간 지키기, 용기), 국가 사이의 관계 따위를 내용으로 하고 있다.

이러한 공민교과서는 한국전쟁을 거치면서 변화를 맞는다. 초등학교의 도의교육은 "1년에 35시간 이상을 도의교육에 충당하도록 되어 있지만, 그것은 초등교육에 있어서의 도의교육 활동의 최소 기준을 제시한 것에 불과하고 학교의 전 교육 활동, 즉 교과 학습, 특별 활동, 기타 일상생활 전반에 걸쳐 유기적으로 관련되어 때와 곳을 가리지 않고 강조되어야 할 것이고, 유효 적절한 실제 지도가 계속 되어야" 할 교과였다.[48] 1956년에는 '도의교육 요항'을 발표해 국정교과서로 편찬했다. 도의교육 과정은 "ㄱ)자기실현의 도덕, ㄴ)인간관계(가정, 학교 등 신변의 사회)의 도덕, ㄷ)경제 직업(생산, 소비 등)의 도덕, ㄹ)공민으로서의 도덕, ㅁ)반공방일反共防日의 정신"의 다섯 가지 생활 영역으로 구분됐다.[49] 곧 초등학교 도의교육은 개인 생활, 대인 생활, 공민 생활, 경제생활, 반공방일 따위의 영역으로 이루어졌다.

이 가운데 반공방일 교육의 목표는 "반공, 방일의 사상을 굳게 한다. 국가에 대한 충성심을 갖는다. 민족의 고유문화와 미풍양속을 유지 발전시킨다. 품위 있는 세계시민으로서 자유세계와 친화한다"는 데 있었다. "도의교육의 목표는 그 국가와 사회의 이상과 현실, 또는 당면한 과제와 특수성을 내포하는 것이라야 함은 말할 것도 없다. 반공과 방일 그것은 오늘날 한국, 우리 민족의 현실적인 역사이며, 피하지 못할 과제이다."[50]

이러한 문교부의 의도는 『초등도의』에 그대로 반영됐다. 〈표 30〉과 같이 『초등도의』는 맑고 부드러운 마음(개인), 사람을 대하는 태도(대인), 명랑한 사회(국민), 경제생활, 반공으로 구성되어 있다. 이러한 구성은 『중학도의』에도 변함없다. 1956년 판 『중학도의 I』의 단원은 "새로운 희망, 화목한 가정생활, 올바른 학교생활, 교우, 애향심, 우리 조국"으로 구성돼 있어 『초등도의』의 구성 항목에 약간의 내용을 덧붙여 심화시킨 데 불과했다.

〈표 31〉 『도덕』 교과서의 내용

도덕1-2, 1963	도덕2-1, 1961	도덕2-1, 1962
1. 운동장	1. 이 학년이 된 날	1. 이 학년이 된 날
2. 고무신	2. 필통	2. 멍멍이와 꿀꿀이
3. 어린이와 놀이터	3. 멍멍이와 꿀꿀이	3. 말과 나귀
4. 개천절	4. 말과 나귀	4. 버스 안에서
5. 산소	5. 우산	5. 우산
6. 학교 생일	6. 양 치는 아이	6. 양 치는 아이
7. 수영이와 길수	7. 누구의 대답이 옳을까?	7. 누구의 대답이 옳을까?
8. 순원이와 지우개	8. 영진이가 한 일	8. 현충일
9. 설날	9. 사람의 목숨	9. 동일이와 인철이
10. 겨울 밤	10. 동일이와 인철이	10. 누가 국기를 달았나
11. 공군 아저씨 만세	11. 버스 안에서	11. 어떤 어린이
12. 쫓겨난 이리	12. 누가 국기를 달았나?	12. 아저씨 제삿날
13. 거북이와 독수리	13. 어떤 어린이	13. 군인 아저씨
14. 개미와 베짱이	14. 군인 아저씨	14. 외할머니
	15. 외할머니	15. 해주 아저씨

도의교육은 박정희 정권에 들어서 도덕교육으로 바뀌었고 교과서 명칭도 『도덕』으로 변경됐다. 〈표 31〉과 〈표 32〉는 1961년부터 1963년까

지 발행된 초등학교 도덕 교과서의 목차이다. 1963년 판『도덕1-2』는 총 14단원으로 구성되어 있다. 그 가운데 3단원 '어린이 놀이터', 5단원 '산소', 6단원 '학교 생일', 11단원 '공군 아저씨 만세', 12단원 '쫓겨난 이리'가 이분법적 세계관, 군인, 한국전쟁, 공산 정권을 다루고 있다. 내용은 공산군에 잡혀가 학살당한 작은아버지, 한국전쟁 때 공산군이 불태운 학교를 국군이 새로 지어주었다는 내용, 제트기와 공군에 대한 이야기, 공산당을 이리로 이미지화해 결국 다른 동물들에게 쫓겨나게 된 이야기이다.

1961년 판『도덕2-1』은 총 15개 단원 가운데 5단원 '우산', 14단원 '군인 아저씨', 15단원 '외할머니'의 3개의 단원이 한국전쟁 그리고 반공과 관련된 단원이다. 1962년 판『도덕2-1』도 총 15개 단원인데 전년도 판에 있었던 2단원인 '필통', 8단원인 '영진이가 한 일', 9단원인 '사람의 목숨'이 없어지는 대신 8단원 '현충일', 12단원 '아저씨 제삿날', 15단원 '해주 아저씨'가 추가됐다. 1962년 판『도덕2-1』에서 전쟁이나 반공주의와 관련된 15개 단원 가운데 6개 단원으로 늘었다. 경희는 전쟁 때 아버지를 잃고 어머니가 일을 하기 때문에 학교에 우산을 가져오지 못했지만 다른 아이의 도움으로 집으로 왔다는 이야기, 전쟁 때 훈장을 탄 군인 아저씨, 이북에 있는 외할머니의 이야기를 다루고 있다. '아저씨 제삿날'이나 '해주 아저씨'는 공산당의 학살이나 만행을 다루고 있다.

한편 1961년 판『도덕3-2』에 있던 단원 가운데 8단원 '영호와 보건시간'을 포함한 7개 단원이 이듬해인 1962년 판에서 사라졌다. 대신 1962년 판『도덕3-2』에는 반공 및 전쟁을 소재로 하는 5개 단원 '기남이 아버지(학살)', '동물 농장 이야기', '찬수의 공훈(간첩)', '파랑대문집(납북자 가족)', '착한 얼굴들(월남)'이 수록됐다. 이때부터 낯선 사람에 대한 경계, 간첩 잡는 이야기, 동물 농장 이야기가 교과서에 본격적으로 나오기 시작

〈표 32〉 도덕 교과서

도덕3-2 1961	도덕3-2 1962	도덕4-1 1962	도덕6-1 1963
1. 웃는 어린이	1. 웃는 어린이	1. 내가 어른이 되면	1. 6학년 교실에서
2. 즐거웠던 일요일	2. 즐거웠던 일요일	2. 반장선거	2. 그림 붓
3. 나뭇잎 쓰는 아이들	3. 기남이 아버지	3. 귀염받는 어린이	3. 창수의 용기
4. 주인을 구한 강아지	4. 주인을 구한 강아지	4. 용수와 산수 시간	4. 바위 거인
5. 고향을 떠나는 두루미들	5. 고향을 떠나는 두루미들	5. 늙은 소나무와 아기 소나무	5. 구포의 저녁해
6. 어머니와 감기	6. 동물 농장 이야기	6. 꾀꼬리	6. 공원의 능금
7. 한 단의 나무	7. 찬수의 공훈	7. 청소당번	7. 모내기
8. 영호와 보건시간	8. 파랑 대문 집	8. 강물에 버린 금 덩어리	8. 시바이쩌의 어렸을 때
9. 웅길이의 마음	9. 나뭇잎을 쓰는 아이들	9. 공부를 마치고	9. 젊은 시절의 석가
10. 책상	10. 한 단의 나무	10. 집 보기	10. 최무선과 화약
11. 많이 써야 할 말	11. 어머니와 감기	11. 참다운 친구	11. 정시의 충성
12. 어린이 야경	12. 착한 얼굴들	12. 아버지	12. 월남 이상재 선생
13. 크리스마스 선물	13. 상	13. 아버지를 구해 낸 기와	13. 할아버지의 산소
14. 올빼미와 꿀벌	14. 아름다운 말씨	14. 꽃밭	14. 할아버지의 제삿날
15. 제 잘못을 안 부자	15. 올빼미와 꿀벌	15. 꽃길	15. 찬수의 소원
16. 고구려의 장수	16. 고구려의 장수	16. 기차를 타고	16. 철조망 너머의 마리이
17. 3·1절 저녁	17. 어진 임금님과 욕심쟁이	17. 수남이네 집 라디오	17. 38선의 소
		18. 어떤 나무꾼	18. 농장의 마술사
		19. 제일 쉬운 일	19. 이순신 장군을 읽고
		20. 과수원의 보물	
		21. 네 동무	
		22. 홍의장군	
		23. 해방 전의 어린이	
		24. 수복 지구의 어린이	
		25. 용감한 공군 아저씨	
		26. 벤플이트 장군과 그의 아들	

했다. 교사들이 사용한 『국민학교 도덕』은 반공교육에 대해 다음과 같이 밝히고 있다.

> 반공교육은 종래 도덕교육의 일부분으로 다루어 오기는 했으나 반공교육 강화라는 긴급한 현실적 필요성에서 볼 때 그것만으로는 미흡한 점이 있는 것이다. 이에 문교부는 우선 긴급조치로서 지난 1961년 10월에는 반공교육 강화를 위한 교사용 지침을 발간, 매 학교에 배부하여 보는 기회를 포착하여 반공교육 강화를 촉구하도록 한 바 있었고 동시에 도덕 교과서를 개편하는 사무를 진행하여 반공교육에 관한 내용이 보강된 교과서를 1962년 신학기부터 사용토록 한 것이다. (…) 문교부에서는 (…) 매 학년 매 학기 4~5개 단원에 걸쳐 반공교육을 실시할 수 있도록 개편했으며……[51]

아울러 1963년도 초등학교 도덕교과의 반공교육을 어떻게 시행해야 하는지 다음과 같은 지침을 정했다.

〈표 33〉 1학기 초등교육 도덕교과 반공교육 지침(1963년도)[52]

제1학년 1학기	**제16단원. 입대하시는 오빠**–입대하는 오빠를 온 가족이 모여 축하하는 계기를 통하여 병역 의무의 성스러움과 씩씩하게 나라를 지키는 국군에 대한 고마움을 깨닫게 한다. **제17단원. 우리 국군**–국군이 나라를 지켜주는 데 대한 신뢰감과 아울러 그 밖에도 후방에서 건설, 복구사업을 도와주는 국군의 고마움을 깨닫게 하여 군민 친선의 정신을 공고히 하는 동시에 다음 단원에서의 공산군의 만행과 비교하게 한다. **제18단원. 공산 오랑캐**–공산군이 우리나라에 쳐들어와서 저지른 만행을 깨닫게 하고, 동시에 공산군이 공산치하에 있는 우리 동포를 괴롭히고 있는 실정을 깨우쳐줌으로써 공산주의에 대한 적개심을 일으키게 한다. **제19단원. 6·25 때 이야기**–6·25 공산 남침에서 겪은 우리 겨레의 수난을 깨닫게 하는 동시에 공산 침략을 막기 위하여 용전분투한 국군의 노고를 알게 하여 공산격멸의 정신과 국군에 대한 신뢰감을 가지게 한다.

제2학년 1학기	**제8단원. 현충일**–현충일 행사를 계기로 6·25 때 공산 침략을 막기 위하여 희생된 영령에 대한 고마움을 깨닫게 하고 영령에 대한 보답으로 군경 위문, 유가족 위문 정신을 일깨워주고 나아가서 공산격멸에 대한 결의를 굳게 한다. **제12단원. 아저씨 제삿날**–6·25사변 때 공산군이 우리의 양민을 괴롭히던 실례를 들어 공산주의에 대한 적개심을 일으키게 한다. **제13단원. 군인 아저씨**–휴가로 집에 돌아온 군인 아저씨와의 대화를 통해 국군에 대한 신뢰감과 공산 격멸에 대한 결의를 굳게 한다. **제14단원. 외할머니**–같은 가족이 남북으로 갈려 살아야 하는 국토 양단의 비애를 느끼게 하고 공산 격멸을 통하여 국토통일을 하려는 결의를 굳게 한다. **제15단원. 해주 아저씨**–이북에서 피난 오신 아저씨 이야기를 통하여 이북 공산 치하에서의 생활의 비참상을 깨닫게 하고 민주 대한의 국민으로서의 자랑을 가지게 한다.
제3학년 1학기	**제9단원. 말조심**–현재 우리나라에는 무수한 공산 간첩이 준동하고 있다는 사실과 그들의 활동상에 대한 개략을 인식시켜 간첩 방지와 색출에 대하는 마음을 가지게 한다. **제12단원. 굳은 결심**–6·25사변 때 우리 국민을 속여서 많은 사람을 납치해간 사실과 재물들을 약탈해간 사실들을 알려 공산당과 공산군의 정체를 간파케 하고 반공에 대한 결의를 더욱 굳게 한다. **제13단원. 용감한 아버지**–6·25 때 우리 국군의 용감 분투함을 알게 하여 국군에 대한 신뢰를 더욱 두텁게 하고 공산격멸에 대한 결의를 추구한다. **제14단원. 국군 아저씨**–공산군을 막기 위한 국군의 노고를 알 뿐 아니라 (…) 반공국가의 군인정신을 이해케하고 군민 친선의 마음을 일으키게 한다. **제15단원. 할머니 생활**–공산당의 방해로 말미암은 국토 양단의 현실을 깨닫게 하고 현재 이북 공산 치하에서 우리 동족의 비참한 생활상을 알려 국토 통일과 동포 구출의 마음을 일으키게 한다.
제4학년 1학기	**제15단원. 꽃길**–국군에 대한 위문 정신을 발전시켜 군민 친선, 군민 유대를 더욱 강화하는 마음을 기르게 한다. **제17단원. 수남이네 집 라디오**–공산당의 허위성, 기만성을 깨닫게 하고 그들의 허위 선전 속에 숨겨진 그들의 야욕을 깨닫게 하여 반공에 관한 정신무장을 튼튼히 한다. **제24단원. 수복 지구의 어린이**–휴전선 접경 지대에 있는 수복 지구의 생활을 알리고 공산군과 국군의 차이를 알려 국군을 신뢰하고 공산군을 격멸하여야겠다는 생각을 일으키게 한다. **제25단원. 용감한 공군 아저씨**–용감한 공군 아저씨의 책임감과 기지機智 있는 이야기를 통하여 국군에 대한 신뢰감을 더욱 굳게 한다. **제26단원. 벤플리이트 장군과 그 아들**–밴플리이트 장군 부자의 우리나라에서의 공훈을 알림으로써 공산격멸을 위해 애쓰는 자유 우방 여러 나라에 대한 고마운 마음을 가지게 하고 아울러 국제친선정신을 일깨워 준다.

제5학년 1학기	**제8단원. 어느 간첩의 수기**-공산 간첩이 우리나라에 넘어와 회심하는 과정을 통해 공산사회에서의 비참한 생활 실태를 알고 우리 민주 사회에서의 행복한 생활에 대한 자부심을 갖게 함과 동시에 방첩 사상을 고취한다. **제9단원. 북한 소식**-북한 어부들의 이야기를 통하여 공산 치하의 북한 동포들의 비참한 생활 실태와 공산당의 기만성을 알게 하여 공산 격멸과 동족 구출에 대한 결의를 갖게 한다. **제13단원. 창복 아저씨의 다리**-6·25 때의 공산당의 악랄한 파괴 행위와 그 속에서의 우리 동포의 애국적 반공 투쟁 실례를 알게 하여 멸공의 정신을 더욱 굳게 한다. **제14단원. 연못가의 자두나무집**-6·25 때의 공산군의 강도와 같은 악랄한 행동을 알게 하여 공산 격멸의 정신을 굳게 한다. **제16단원. 태극기 휘날리는 백마고지**-공산군 격멸을 위하여 싸운 우리 국군의 용감한 희생정신을 알게 하여 국군에 대한 고마움과 전몰장병에 대한 보답 정신을 깨우쳐준다.
제6학년 1학기	**제14단원. 할아버지의 제삿날**-6·25 때 공산군이 죄 없는 인민이나 애국자를 학살한 사실을 알게 해 공산당에 대한 적개심과 민족적 의분을 일으키게 한다. **제15단원. 찬수의 소원**-공산세계에서의 국민들의 비겁한 생활 실태와 그들의 마음 가운데는 민주주의 세계에 대한 동정심이 살아 있다는 사실을 알려 공산 격멸과 동포 구출의 마음을 일으키게 한다. **제16단원. 철조망 너머의 마리이**-우리나라와 같은 운명에 있는 독일의 사례를 통하여 온 세계 사람들이 공산주의를 싫어하는 사실을 알려 민주주의 대한 신념을 굳게 하고 공산주의 격멸에 대한 마음을 굳게 한다. **제17단원. 38선의 소**-38선 접경지대에서의 실화를 통하여 공산 세계에 비하여 민주세계 사람들의 아름다운 마음씨를 알게 하여 민주 대한민국에 대한 애착심을 더욱 굳게 한다.

〈표 33〉의 내용에 따르면 1963년도 초등교육 도덕교과의 반공교육은 아(군)에 대한 고마움과 신뢰감, 적(군)에 대한 적개심을 키우는 데 있었다. 고마움과 적개심의 감정은 높은 학년으로 올라갈수록 정신 무장, 멸공 정신으로 굳어졌다. 곧 오랫동안 초등교육에서 도덕교과의 목적은 '좋다' '나쁘다'는 감정에서 벗어나 반공주의를 이념이자 윤리로 굳히게 했다.

세계는 아(군)과 적(군)으로 구분된다

심리전에 등장하는 아이들은 선전의 정당성을 뒷받침하고 빛과 어둠을 대비시키는 도구였다. 삐라에 등장하는 아이들보다 더 중요한 사실은 한국전쟁 때 뿌려졌던 삐라의 대본이 고스란히 교과서로 흡수됐다는 점이다.

> 달님이 방그레 웃습니다.
> "한국 아이들은 좋겠다.
> 재미있게 놀고 있네.
> 열심히 공부도 하겠지?
> 참, 좋을 거야."
> 달님은 이야기했습니다.
> 달님은 걱정을 합니다.
> "북한 아이들 불쌍해.
> 혼자 힘없이 앉아 있네.
> 즐겁게 놀지도 못하고,
> 배도 많이 고플 거야."
> 달님이 이야기했습니다.[53]

위 내용은 1963년 판 『도덕1-2』에 실려 있다. 이 예문에 딸려 있는 〈그림 128〉과 〈그림 128-1〉은 학교를 배경으로 아이들과 놀고 있는 남한의 어린이들과 초가집에 혼자 앉아 있는 북한의 어린이를 비교하고 있다. 그림 속 남한은 나뭇가지에 나뭇잎도 우거지고 달도 웃고 있어 풍요

그림 128 _ (도덕1-2, 1963년, 13쪽)

그림 128-1 _ (도덕1-2, 1963년, 12쪽)

그림 129 _ (〈자유세계〉 161호)

로움이 느껴지지만 북한은 나뭇잎도 다 떨어지고 앙상한 가지에 달도 찡그린 쓸쓸한 풍경이다. 초등학교 1학년 도덕 교과서에서 사물은 사물 그 자체가 아니라 남한인가 북한인가에 따라 다른 가치를 표현하고 있다. 그림은 풍성함과 쓸쓸함, 즐거움과 고달픔의 이미지를 담고 있다.

〈그림 129〉인 〈자유세계〉 161호에 있는 삽화는 이와 비슷한 구도이다. 이 삽화 속 북한 어린이는 새장에 갇혀 있는 데 비해 남한 어린이들은 자유로운 모습을 하고 있다. 북한의 고아들은 강제 노동 수용소에 수용되어 있지만 남한의 불쌍한 아이들은 직업교육을 받고 유능한 시민으로 자라고 있다고 대비시키고 있다.

공산 지배하의 지역에서는 고아들은 강제 노동 수용소-혹은 다른 공산 국가의 수용소-로 납치되어 종교교육을 받지 못하게 되고 자유를 거부당하고 그들의 떳떳한 권리를 빼앗기고 만다. 이 어린 생명들은 공산 식인귀의 이기적 야욕에 희생이 된 것이다.

그러나 온 자유세계 사람들의 협조적 노력에 의하여 인제 (남한의) 이 불행한 아이들은 좋은 기회를 많이 가지게 됐다. 그들은 농업, 축산, 제염, 목공, 재봉, 요리, 이발 등 여러 가지 직업에 걸쳐 실제 훈련을 받게 됐다. 그들은 남과 협조하고 남을 이해하고 각 개인을 그 재능에 따라 존경하기를 배운다. 이와 같은 토대 위에 자유는 건설되는 것이다. 이러한 경험을 통하여 그들은 자신을 가진 유능한 내일의 시민으로 등장할 것이다. 오늘의 어린이는 내일의 지도자이다. **(〈자유세계〉 161호)**[54]

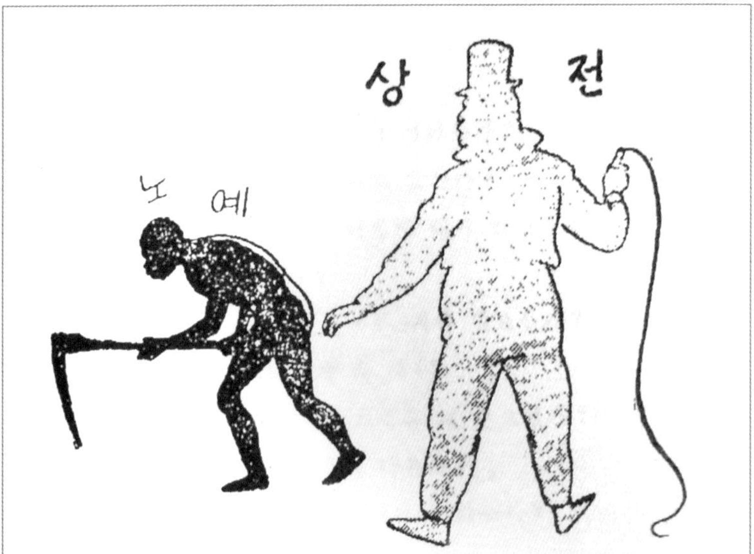

그림 130 _ (중학도의2, 1958년, 22쪽)

사물에 대한 감성적 비교나 생활세계에서의 대비는 각각의 사회에 대한 비교로 나아갔다. 미 군정청 학무국에서 발행한 『공민』에는 공산주의나 자본주의에 대한 언급이 없다. 1946년 판 『중등공민』 교과서에서는 "이 사람들이 아무런 불법적 구속도 받지 않고 다 같이 자유스럽게 활동하고 살아나가게 하기 위하여 인민의 대표자가 인민을 다스리는 것이 민주정치이다"라고 민주주의를 소개하고 있을 뿐이다.[55]

반면 1958년 판 『중학도의』에서는 「자유인과 노예」라는 단원으로 "오늘날과 같이 문화가 발달된 시대에도 공산주의 국가에서는 독재주의로 나라를 다스리기 때문에, 백성들은 옛날 전제주의 시대보다 더 심한 압박과 속박을 받아, 거의 노예와 같은 생활을 하고 있다. (…) 우리는 하루빨리 38선을 없애고 국토를 통일하여 북한 동포를 자유인으로 해방시켜야 하겠다"라며 공산주의 사회를 노예 사회로 설명하고 있다.[56]

『초등도의』 또는 『중등도의』 교과서는 자유와 노예로 자본주의 사회와 공산주의 사회를 설명하고 있다. 물론 이때도 자본주의 대신에 민주주의라는 용어를 사용했다. 자유와 노예의 대비는 도덕 교과서에서 강렬해졌다. 그리고 앞의 교과서에서처럼 사물도 반공 이데올로기에 의해 선과 악, 밝음과 어둠, 풍성함과 쓸쓸함 따위로 나뉘었다. 자연도 이데올로기에 따라 선과 악으로 나뉘었다.

도의 교과가 도덕 교과로 바뀌면서, 특히 1963년 3차 교육과정을 개정하면서 반공은 교과서의 3분의 1을 차지했다. 그리고 삐라에서의 이미지, 구호, 내용은 자연스럽게 교과서에 흡수됐을 뿐 아니라 기존의 이미지는 더욱 강렬하게 표현됐다. 『도덕1-2』에서처럼 사물도 위치하는 곳에 따라 선하기도 악하기도 했다. 공산당 또는 공산주의에 대한 표상은 삐라에서 산도둑이나 꼭두각시뿐만 아니라 짐승으로 형상화되기 시작했다. 1963년 판 『도덕1-2』의 「쫓겨난 이리」, 1962년 판 『도덕3-2』의 「동물 농장」, 「짐승 같은 공산당」이 모두 여기에 해당한다.

> (…) 북쪽으로 갔던 곰과 당나귀들이 달려왔습니다. 곰과 당나귀들은 이리를 붙잡아 묶어 놓고 말했습니다.
> "이놈, 나쁜 놈! 북쪽 마을에 가니 먹을 것도 없더라. 죽도록 일만 시키더라. 말도 마음대로 못 하게 하더라." (…)
> 이야기를 듣고, 소가 점잖게 말했습니다.
> "이 이리 말에 속은 당신들도 잘못이오. 남의 말에 속아서는 큰일 납니다. 이제부터는 속지 맙시다. 나쁜 말을 퍼트리지도 맙시다. 그리고, 우리 손으로 이 마을을 키워갑시다."[57]

> 인수네는 해방되기까지 이북에서 농사를 짓고 살았다. 집도 크고, 논도 밭도 많았다. 머슴이 두 사람씩이나 있었다. (…) 공산당들은 토지개혁을 한다는 핑계로, 인수네의 논밭을 모조리 빼앗고 말았다. (…) 인수네도 강제로 어느 산마을로 실려 갔다. 아끼고 감춰두었던 세간은 모조리 빼앗고, 당장 입고 덮을 것만 실어 보냈다. 농사를 지을 수도 없는 황무지였다. (…)
> 인수는 어린 마음에도, 공산당은 강도나 다를 바 없다고 생각했다. (…) 추수할 때에 일일이 이삭의 낟알을 세어서 현물세를 받아갔다. 그것도 부족하여, 김일성의 동상을 세우느니 뭐니 해가지고는, 쌀을 헌납해야 된다는 구실로 또 쌀을 빼앗아 갔다. 일 년 내내 땀 흘려 농사를 짓기는 했으나, 남은 것이란 아무것도 없었다.[58]

위의 첫 예문은 이리의 말을 듣고 북쪽으로 갔던 동물들이 이리의 말

그림 131 _ (도덕3-2, 1962년, 40쪽)

그림 132 _ (도덕4-1, 1962년, 92쪽)

이 모두 거짓임을 폭로하고 쫓아내는 이야기이고 아래 예문은 월남한 인수의 말로 공산주의 사회의 실상을 폭로한다. 첫 예문은 2학년 교과서 내용이고 아래 예문은 4학년 교과서이다. 저학년 도덕 교과서에서 북한, 공산당은 직접적으로 말해지지 않고 이리나 늑대로 묘사된다. 그러나 상급학년이 되면 월남한 사람들 또는 피난한 사람들의 말로 북한이나 공산당의 실체를 말하는 것으로 바뀐다. 이는 교과서에 실린 그림에도 잘 드러난다. 1962년 판『도덕3-2』의 〈그림 131〉은 이리가 오리를 끌고 가는 장면을 표현하고 있고, 1962년 판『도덕4-1』의 〈그림 132〉는 총을 든 공산당이 사람을 위협하거나 물건을 빼앗아가는 장면을 담고 있다. 당연하게도 초등학교 학생들은 이리를 자연스럽게 공산주의자로 연상했으리라.

미국과 유엔

전쟁 동안 북한군이 행한 학살 소식이 큰 활자로 신문에 실릴 때 미군 관련 기사들은 불우 여성이나 전쟁고아를 돌보고 피난민을 구출했다는 따위의 미담으로만 이어졌다. 전쟁고아를 위해서 미군 장교들은 사재를 희사하고 자기의 봉급을 털었으며 보육원을 지었다. 심지어 귀국한 뒤에도 전쟁고아를 잊지 못해 의류를 기탁했다는 일화들이 지면을 차지했고 결식아동을 도왔다는 기사도 적지 않았다.[59] 전쟁 폭력을 배경으로 한 자부慈父의 애정이야말로 미국과 대한민국 사이의 관계를 상징한 것인지 모른다. 분단과 반공 이데올로기가 대한민국을 낳은 어머니라면 군사적으로 강력한 보호자인 미국은 한국전쟁을 거치며 대한민국을 보살피는 가장 노릇을 톡톡히 했기 때문이다.[60]

전쟁 앞뒤로 발행된 교과서에서 미국을 설명한 내용을 비교하면 전쟁을 거치면서 어떤 인식의 변화가 있었는지 확인할 수 있다.

그들은 자유와 평화를 주장하고, 무슨 일에 실제적이고, 활동력이 크고, 명랑하고, 모험을 좋아한다. 또 그들은 무엇이든지 세계 제일을 이상으로 삼는다. 그러나 그들의 사람됨이 너무 가볍고, 돈에 대하여 무섭고, 동양 도덕으로 보아 어느 방면의 도덕심이 부족한 것은 그 사람들의 결점이다.[61]

미국은 세계에서 우수한 자본 국가임에는 틀림없으나, 결코 제국주의적 침략을 정책으로 삼는 국가는 아닌 것이고, 자유와 인권을 존중하는 민주주의를 지키려 하는 국가이다. 그리하여 미국은 어디까지나 공산주의 침략을 막으려고 하기 때문에 소련공산당은 미국을 특히 미워하며, 세계 각국에 반미 사상을 일으키게 하려 하는 것이다.[62]

국제연합 한국 재건위원단은 한국의 교육을 위하여 4285년도의 국정교과서 인쇄용지 1,540돈을 문교부에 기증했다. 이 책은 그 종이로 박은 것이다. 우리는 이 고마운 원조에 감사하는 마음으로 한층 더 공부를 열심히 하여, 한국을 재건하는 훌륭한 일군이 되자. 대한민국 문교부장관 백낙준[63]

1949년 발간『공민독본』에서 미국과 미국인은 자유와 평화를 주장하긴 하지만 돈에 무섭고 사람됨이 부족하다. 전쟁 전 한국인은 미국을 자본주의 체제의 대표 국가로 생각했고, 자본주의에 대해 비판적 입장을 견지했다. 한국전쟁은 이러한 미국에 대한 한국인의 인식을 바꾸어 놓았다. 민주주의 국가이자 교과서 종이까지 원조하는 고마운 나라로 변모했다. 미국과 미국인의 이미지는 교과서에 '한국의 은인', '전쟁고아의 아버지' 따위로 소개되면서 분명해졌다. "파괴된 우리 한국을 위하여 힘있게 일하고 있읍니다. 그러므로 그는 한국의 은인이 아니겠습니까. 한국과 그리고 세계 평화를 위해 싸우다가 자기 아들까지 이 땅에 바친 인

26. 밴플리이트 장군과 그의 아들

6·25 사변 때, 미 제8 군 사령관이요, 유우엔 지상군 사령관을 지낸 이로 밴플리이트 장군이 있었읍니다.

밴플리이트 장군은 인자하고도 용맹한 이요, 또 우리 한국에 대하여 깊은 이해를 가진 이입니다. 장군은 한국을 떠난 후에도, 자주 우리 나라에 찾아오고 있읍니다. 제주도에 목장을 만드는 사업도 그 한 예인 것입니다.

— 145 —

그림 133 _ (도덕4-1, 1962년, 145쪽)

류 정의의 투사"인 벤플리트를 '한국의 은인'이자 자유와 정의감의 귀감으로 소개하고 있다.[64] 벤플리트에 대한 소개는 여기서 머물지 않았다. 국군의 아버지라는 별칭을 달고 있는 벤플리트 장군 동상 건립을 추진했다. 동상 건립 계획은 국내 실업계의 도움으로 진행됐다고 하지만 대한상공회의소가 총공사비 4,000만 환 가운데 2,700만 환을 내고 나머지 1,300만 환은 전국 공무원 및 군인의 봉급에서 염출할 계획이었다.[65] 벤플리트와 그의 아들의 이야기는 1962년 판『도덕4-1』교과서에 실렸다. 전쟁고아의 아버지라 불린 딘 헤스의 이야기도 교과서에 본받을 만한 인물로 소개됐다.

밴 플리이트 장군은 인자하고도 용맹한 이요, 또 우리 한국에 대하여 깊은 이해를 가진 이입니다. 장군은 한국을 떠난 후에도, 자주 우리나라에 찾아오고 있읍니다. 제주도에 목장을 만드는 사업도 그 한 예인 것입니다. (…)

미 제8군사령관이요, 유우엔 지상군 총사령관인 밴 플리이트 장군의 아들 제임즈 밴 플리이트 중위는, 그때 비이26 포격기를 부리고, 북한 하늘 깊숙이 쳐들어가, 공산 오랑캐를 무찌르는 구실을 맡게 됐읍니다. (…)

그러나, 그로부터 며칠 후의 신문기사를 읽고 우리들은 몹시 놀랐고, 그것이 사실이 아니기를 빌었던 것입니다. 그것은 제임즈 중위의 비행기가 적군을 치러 나갔다가, 불행히도 행방불명이 됐다는 소식이었읍니다. (…) 밴 플리이트 장군과 그의 아들 제임즈 중위가, 한국 전선에서 나타낸 위대한 업적과 정신은, 세계 역사에 길이 빛날 것입니다.[66]

헤스 대령이 제주도까지 데려간 고아들의 수는 모두 9백 명이나 됐다. 뿐만 아니라, 헤스 대령은 한국 보육원을 세워, 이들 고아들의 따뜻한 집을 마련해 주었다.

이런 일이 있은 후, 누구의 입에서 나오기 시작했는지, 헤스 대령을 '한국전쟁 고아의 아버지'라고 부르게 됐다. 정말 헤스 대령은 이렇게 불리어 마땅한 사람이었다.[67]

한국전쟁 때 활약한 미국이 초등학교 교과서에서 은인의 나라로 미화되기 시작했다. 교과서 속의 미국 이미지는 짧은 기간 안에 북한을 격퇴하고 이데올로기적 내전 상태를 수습할 대한민국의 보호자와 일치했다. 그 이미지를 통해서 한국전쟁의 야만성과 한반도의 병영화는 더욱 합리화됐으며 그럴수록 미국에 대한 아이들의 환상도 커졌다.[68] 그렇지만 미국에 대한 환상의 그림자는 적에 대한, 곧 북한 공산당에 대한 어둡고 배타적인 증오심의 뒷면이다.

단일민족과 국가주의

국가와 개인(나)의 동일시는 사회에서 너무나 자연스러운 학습 과정이었다. 어떠한 인식 과정을 거쳐 당연하게 여기는 유기체로서의 국가 개념을 가지게 됐는가?

심리전에 등장하는 아이들은 삐라의 구성 요소만으로 머물지 않고 심리전의 직접적인 대상이 됐다. 곧 전쟁 폭력을 선동하는 삐라가 아이들을 목적으로 삼기 시작했다.[69] 그것도 적의 이름과 이미지를 빌려 국가가 자국 아이들에게 국가주의를 직접 심는 하나의 방법이었다. 이른바 스테레오타입의 반공교육은 한국전쟁 때부터 국가주의와 밀접하게 결합했다. 전쟁 선전물에 만연한 외부의 적에 대한 증오심은 실제로는 내부의 단결을 목적으로 했으며 국가주의의 집단 숭배를 조장하고 국가의 야만성을 드러냈다.[70]

삐라 속 국가주의는 적을 향한 적개심과 분노를 한편으로 하고 애국심과 동포애를 다른 편으로 한다. 그리고 애국심과 동포애의 발휘는 한 핏줄이라는 호명에서 비롯됐다.

> 민족이 흩어지고 나라가 없어지는 날 개인의 운명도 끝나는 것이니 민족을 살리고 나라를 바로 잡기 위하여 작은 한 몸을 바치기에 조금도 주저하지 맙시다. 유한한 생으로 무한한 업적을 남김이 이 얼마나 장엄한 장부 일대의 쾌심사입니까.[71]

근대 공산주의자들은 각자가 속하는 국가에 대하여 일부 혹은 전적으로 충성을 바치는 것까지도 거절하지 않으면 안 됩니다. 그러므로 그들 노동자들은 그들이 속하는 계급에서 일생을 바치게 되며 그들이 이 노동계급의 한 사람이라는 사실이야말로 무엇보다도 가장 중대한 것입니다. 그리고 그들은 각기 나라나 국민을 위한 일체의 애국주의 사상을 포기해야만 합니다.[72]

위 예문은 국방부 정훈국이 제작한 삐라와 팸플릿 내용이다. 삐라는 국가가 없으면 개인도 없기 때문에 국가를 위해 아낌없이 희생하라고 했고, 공산주의는 애국심이나 애국주의 사상이 없기 때문에 불쌍하다고 했다. 그렇다면 교과서는 어떠할까?

교과서에서의 도덕적 판단의 기준은 언제나 타인과 사회이다. 언제나 개인의 이익보다 국가의 이익이 더 중요하다고 가르치는 것은 파시즘 이상도 이하도 아니다. 더구나 도덕교육이 타인에 대한 희생과 봉사를 넘어 실체화된 국가를 위한 희생과 충성을 맹목적으로 강요할 때 도덕은 파시즘의 이데올로기로 전락하게 되는 것이다.[73]

우리는 왜 대한을 사랑하지 않으면 안 되느냐고

여러분들의 머릿속에는 무수한 대답이 떠오를 것입니다.

나의 어머니가 대한의 사람인 까닭입니다. 나의 혈관 속에 끓고 있는 붉은 피가 대한의 피인 까닭입니다. 나의 어머니가 서러워하고 나의 아버지가 존경하는 사람이 묻혀 있는 땅이 대한의 땅인 까닭입니다. 나의 나은 곳이, 나의 하는 말이, 내가 배우는 책이 또는 나의 형제가, 나의 자매가, 나의 동지가—내가 살고 있는 주위의 모든 사람들이—나를 둘러싸고 있는 아름다운 자연이 또는 내가 보고, 내가 사랑하고, 내가 연구하고, 내가 느끼는 모든 것이 대한의 것이기 때문입니다. 우리는 한시도 대한을 떠나서는 대한을 잊고서는 살 수가 없는 까닭 입니다.

대한민국 국방부[75]

모든 파시즘이 그러하듯 삐라는 모호한 감정에 호소한다. 교과서 또한 다르지 않다. 교과서는 국가를 다른 어떤 구체적인 것에 비유해 학생들의 마음속에 무엇인가 국가에 대한 생동적인 감정을 불러일으키려 하는데, 그 비유의 대상이 바로 어머니이다. 위의 삐라와 유사하게 아래의 교과서에서도 국가에 감정적 일치를 느끼게 하는 고리는 '어머니'와 '가족'이다.

무릇 민족이란 위에서 말한 바와 같이 피와 땅을 같이한 사람의 공동체이다. 우리 겨레는 옛날 단군의 후예로서 이 강산에서 오랜 역사를 가지고 같은 말, 같은 풍속, 같은 생활양식을 가지고 살아왔다. 또 어려우나 기꺼우나 다 같이 동고동락하여 같은 운명 아래서 고유한 문화를 이루어냈다. 어떤 민족이든 이러한 점에 있어서 다름이 없을 것이다. (…) 우리나라는 단일 민족으로써 한 나라를 이루고 있으므로, 참으로 동포애가 지극한 것이다. (…) 두 몸인 듯하면서도 하나의 형체에서 갈라진 것일 뿐이요, 그 정기는 서로 연결된 것이니. 이른바 형제요, 동포이다. 우리들은 이 뜻을 잘 알고 서로 자진하여 사랑하고 공경하도록 하라는 뜻이다. 사실 내 자신을 넓히면 형제 친척이요, 온 겨레도 한 동포이니, 친형제와 다름이 없다 하겠다. 그러므로, 우리가 다 같이 동포끼리 서로 사랑하면 겨레의 단결이 굳어질 것이다.[75]

298쪽 〈표 33〉 도덕교과 반공교육 지침에 따르면 교과서는 삐라에서 형성된 국가주의의 틀을 그대로 흡수했다. 유기체로서의 국가 개념과 국가와 개인의 일체화, 적개심과 애국심이 한 짝을 이루며 도의나 도덕 교과서에서 한국의 국가주의가 구성됐다. 애국심을 갖지 않으면 공산당과 같다는 교육 방식은 동일성과 위계화의 폭력이 자라나는 토양을 마련한다. 곧 자신을 국가에 동일시하지 않는 자를 향한 철저한 배타심은 적개심으로 변화되고 이는 우월감으로 전환된다.

냉전세대

냉전은 '공갈빵'과도 같다. 겉은 딱딱해서 잘 부서지지 않다가도 막상 깨물면 곧바로 금이 간다. '공갈빵'의 안은 더 기가 막히다. 둥그런 큰 빵 속에는 팥이나 크림은 하나도 없이 텅 비어 있다. 인류 역사가 지향해왔던 어떤 가치도 생산해내지 못한 채 속이 텅 비어 있다는 점에서 냉전은 '공갈빵'과 같다. 그런데도 냉전은 부풀어진 '공갈빵'처럼 20세기 내내, 전 지구를 휘감았고 한국 사회는 21세기에도 그 틀을 벗어나지 못하고 있다. 지금 한국 사회에서 냉전이 '공갈빵'처럼 쉽게 부서지지 않는 것은 바로 냉전세대들 때문이다. 냉전교육을 받고 자라온 사람들, 세계를 도식화하고 적을 먼저 규정하고 스스로 감시와 통제의 대상이 되기를 감수하는 사람들, 나를 비롯한 40~70대 한국인이 그들이다. 냉전의 벽이 서서히 깨지기 시작한 때는 1980년 광주 민주항쟁으로부터 시작해 그 뒤 민주화 항쟁을 거치면서였다. 그리고 베를린장벽의 붕괴와 함께 냉전은 우리 밖에서 빠르게 무너져갔다. 그렇지만 어린 시절과 청소년 시절 냉전교육을 받고 자라난 세대의 일상에서 냉전의 벽은 쉽게 깨지지 않았다. 냉전교육이 단순히 반공교육의 핵심 교재인 도덕 교과서만으로 이루어지지 않았기 때문이다. 우리 일상에서 반공은 켜켜이 쌓였고 교과서에서의 학습 과정을 거쳐 자연스럽게 생활 속으로 들어왔다.

> 우리나라는 6·25사변으로 말미암아, 많은 사람들이 집을 잃었다. 지금 웬만큼 복구는 됐지만, 그래도 아직 멀었다. 그래서, 우리나라에서는 좀 더 많이 집을 짓기 위하여 매우 힘쓰고 있다. 우리나라뿐만 아니라, 미국이나 유엔에서도 이 일을 돕고 있단다. 자, 그럼 우리에게 이처럼 필요한 집에 대한 공부를 좀 더 하여 보기로 하자.[76]

1950년대에 발간된 초등 교과서 『사회생활3-1』의 「즐거운 우리 집」 단원에 나온 내용의 일부이다. 여러 지역의 집과 집의 용도를 배우는 단원인데도 집에 대해 서술하기에 앞서 전쟁을 상기시킨다. 전쟁으로 많은 사람들이 집을 잃어서 미국과 유엔이 집을 짓는 데 도움을 주고 있다는 말도 잊지 않는다. 아래의 내용은 『사회생활3-2』에서 도시와 시골, 평야 · 산간 · 해안 지방의 생활, 남쪽과 북쪽 지방의 생활을 설명한 내용이다. 「날씨가 따뜻하고, 살기 좋은 남쪽 지방」과 「다섯 도가 있는 북쪽 지방」을 다음과 같이 서술했다.

> 남쪽 지방은 들도 많지만 기후가 따뜻하고 강이 많아서 물을 대기 편리하기 때문에 매우 농사가 잘된다고 말씀하셨읍니다. 그렇기 때문에 우리나라에서도 제일 중요한 곳은 남쪽 지방이라고 말씀하셨읍니다. 6·25사변 때, 공산군들은 살기 좋고 쌀이 많이 나는 우리 대한민국이 탐이 나서, 우리나라를 빼앗아 보려는 못된 욕심에서 쳐들어왔다가, 도리어 큰 매를 맞고 쫓겨 가게 됐던 것입니다.[77]

북쪽 지방에는 험한 산이 많기 때문에, 우리 국군 아저씨와 유엔군 아저씨들이 북한 괴뢰군을 쳐부수러 압록강 가까지 쳐들어갈 때도 대단히 고생을 했지만 중공 오랑캐들 때문에 후퇴를 할 때도, 산이 험해서 매우 고생을 했다고 말씀하셨읍니다. 그리고 중공 오랑캐들이 나오는 것을 빨리 모른 것도, 북쪽 지방의 험한 산줄기를 타고 내려왔기 때문이라고 말씀하시고 북한에 사는 우리 동포들이 더 많이 남으로 내려오지 못한 것도 모두 산이 많아서 교통이 불편한 탓이라고 말씀했읍니다. (…) 북쪽 지방은 우리들의 생활에 필요한 물건이 많이 나는 곳으로, 우리나라에서도 여간 중요한 곳이 아닙니다. 그러므로 우리들은 하루 속히 북쪽 지방을 도로 찾도록 온갖 힘을 다 기울여 힘써야 하겠읍니다.[78]

남쪽과 북쪽의 지리와 생활을 설명하면서, 남쪽은 날씨가 따뜻하고 살기 좋아서 북한이 침입했고, 북쪽은 험한 산이 많아서 후퇴할 때 국군과 유엔군이 고생했다고 말하고 있다. 아래 예문은 『사회생활5-1』의 「공업을 일으키자」라는 단원의 내용이다. 미군정은 공장을 복구하는 데 힘썼는데 북한의 침략으로 헛수고로 돌아갔다고 덧붙이고 있다.

공장이 제대로 움직이지 아니하면 국민이 행복을 누릴 수 없음은 물론이요, 국가의 경제적 독립도 바랄 수 없다. 이에 남한에 진주했던 미군은 우리를 도와 공장 복구에 힘을 썼다. 이러한 노력의 덕분으로 공장의 운영이 복구되어, 겨우 숨을 돌리려고 할 무렵에 뜻하지 않은 공산군의 침략을 받아 이번에는 공장 시설마저 8할이 소실, 혹은 파괴를 입었다. 공산군의 침략이 더욱 밉고 분한 노릇이다.[79]

평야가 많은 남쪽과 산이 많은 북쪽은 자연지리 그 자체가 아니라 살기 좋은 남쪽과 되찾아야 할 영토인 북쪽, 자유세계와 공산세계로 나뉜다. 집이 무너진 것도, 공장시설이 없는 것도 모두 '공산당' 때문이라는 설명이 언제나 뒤따른다. 사물에 가치를 주입하는 순간 그 사물은 사회관계를 반영하게 된다. 산부인과에서 흔히 빨간색과 파란색이 여자아이와 남자아이를 구별하는 표식으로 삼곤 하는데 그 순간 빨간색과 파란색은 여성과 남성이라는 사회적 가치를 반영하게 된다. 이처럼 자연과 지리 또는 사물을 설명하는 모든 곳에 반공의 가치를 반영해 가르친다면 그 자연과 지리, 사물은 반공의 가치 속에서 이해될 수밖에 없다. 그렇게 자연스럽게 반공은 모든 교과서에 그리고 생활에 스며들었다. 생활에서 반공은 사물을 가르는 가장 중요한 잣대였다.

5

‘미국적 가치’와 한국 사회의 윤리

SAFE CONDUCT PASS

제5장
'미국적 가치'와 한국 사회의 윤리

잠깐 내 경험을 이야기해보려고 한다.

중학교 3학년 여름방학을 맞은 딸아이가 자기가 얼마나 서럽고 황당한 일을 당했는지 들어보라고 한다. 내가 대답한다.

"뭔데?"

"글쎄! 내가 감기에 걸려 누워 있는데 아빠가 학원 다니는 게 좋겠다라고 하잖아."

다음날 남편한테 그 일을 물었더니 아이가 그렇게 아픈 줄 몰랐단다. 하루종일 빈둥거리고 있어 무언가 했으면 좋겠다는 생각에서 한 말이라고 한다. 채근하듯 물었지만 아마 그 자리에 있었다면 나 또한 남편과 같은 마음이었으리라. 방학을 맞아 빈둥거리는 아이의 모습을 견디지 못하기는 나도 마찬가지였으니까.

다른 부모들과 마찬가지로 나도 아이가 중학교에 들어가자 몹시 다급해졌다. 영어는 얼마만큼 했는지, 수학은 끝냈는지, 매일 매일 거듭되는 잔소리에 아이도 나도 지쳐갔다. 그런 잔소리에 아이는 "알았어"라며 큰소리로 대꾸하고 나는 나대로 짜증을 냈다. 그렇게 아이와의 대화는 서로 화를 내며 끝맺곤 했다.

아이가 초등학교 다닐 때까지만 해도 여유가 있었는데 중학교에 올라가자 어느새 채근하는 부모가 되어버렸다. 모두 앞만 보고 뛰는 현실에서 팔짱만 끼고 있을 수가 없었다. 나도 동참했다. 거침없이 성장한 한국 사회, 나 또한 그 한복판에 서 있었다.

부병富病, 경쟁, 무한질주, 성공. 이는 오늘날 한국 사회를 지배하는 가치이다. '세상이 왜 이래?'라고 한탄하면서도 많은 사람들이 그 흐름 속에 깊숙이 빠져들고 있다. 대한민국에서 태어나고 자란 사람은 누구도 예외일 수가 없다. 어려서부터 남을 짓밟고 성공하는 것이 유일한 가치이자 생존 방법이라고 배우고 그 결과를 직접 눈으로 보게 되는 현실, 그런 상황에서 더 무엇을 기대하느냐는 반문은 나를 비롯한 대부분 사람들을 당황하게 한다.[1] 왜 그럴까? 한국 사회는 무조건 1인자가 되어야 한다. 함께 일하고 힘들게 성취해도 결과물은 한 사람이 차지하곤 한다. 한국 사회에서 성공이란 이런 것이다. 성공이란 남을 짓밟고 일어서 1인자가 되는 일이다.

이러한 논리는 심리전에서 정의가 무엇이든, 과정이 어떻든 무조건 이겨야 한다는 방침과 비슷하다. 남을 짓밟고 성공해 1인자가 되어야 한다는 가치가 지금 한국 사회에서 지지받는 까닭은 전쟁 경험과 학습받은 냉전 이데올로기 때문이기도 하다.

성공하고자 하는 열망, 부병富病, 경쟁은 자식 교육으로 번져갔다. 나를 포함한 386세대는 아이의 빈둥거림을 못 참아내고 곧장 대학 입시로 매진하곤 한다. 경쟁심과 물질 만능주의를 체화하지 않으면, 이기심을 무한 계발하지 않으면 안 되는 과정은 자본의 가치관을 뼛속 깊이 새기는 과정이다.[2] 마치 성차별적이고 권위주의적인 습속과 극우 독재 체제 속에서 자라면서 뼈에 새겨지고 몸에 체화된 의식과 버릇들을 좀처럼 바꿀 수 없는 냉전세대처럼 말이다.

이러한 '성공 신화'는 '이 사람이 나와 같은 일을 해도 나의 절반밖에 안 되는 월급을 받는 것이 당연하다'고 생각하는 윤리관, 가치관으로 이어졌다.[3] 이러한 차별화와 위계화는 자본의 논리, 제국의 논리이다. 차별화와 위계화의 논리는 '다름=틀림'의 등식으로 나아간다. 다름을 차이가 아니라 틀림으로 이해함으로써 다름의 관계를 '옳고/그름'과 '우/열'의 관계로, 나아가 '선/악', '정상/비정상'의 관계로까지 증폭시킨다. '나는 옳다'를 전제로 한 '다름=틀림'의 등식이 성립하는 것은 타자만을 대상화하고 자아를 성찰 대상으로 삼지 않기 때문이다.[4] 이러한 논리는 신자유주의의 논리와 절묘하게 일치했고 한국 사회에 쭉쭉 뻗어나갔다. 신자유주의는 죽거나 죽이거나, 이기거나 지거나 경쟁과 통제 도구적 합리성을 밀고 나갔다.[5]

자본의 논리 속으로 깊숙이 빠져들 때, 그 늪에서 허우적거릴 때 오히려 나에게 다른 생각의 실마리를 제공한 이는 '빈둥거리는' 아이였다. 나는 아이가 고등학교를 대안학교로 가겠다고 했을 때 반신반의했다. 그렇게 말하다가 '언젠가는 포기하겠지' 하는 마음을 갖고 있었고 내심 포기하기를 간절히 바랐다. 그런데 아이는 시간이 흐를수록 자신의 생각을 구체화했고, 입학원서며 자기소개서를 정성껏 쓰기 시작했다. 그 모습을 보면서도 나는 저울질했다. 여전히 내 속내를 포기하지 못했다. 경쟁하고 질주하는 사회 안에서 더 견디고 머물기를 바랐고, 내심 성공하기를 바랐는지 모른다. 그렇게 나는 머리로는 아니라 하면서도 일상의 삶과 몸은 냉전과 신자유주의의 논리에 깊숙이 빠져 있었다.

신자유주의는 어느 날 갑자기 하늘에서 떨어진 운석이 아니다. 냉전은 이미 신자유주의를 잉태하고 있었다. 더욱이 이 논리는 미국적 가치이자 한국 사회의 윤리이기도 하다. 그 기원을 삐라를 통해 들어보기로 하자.

01 정의와 불의의 경계

하워드 진은 "부당한 전쟁도 있지만 정당한 전쟁도 있다"라는 관념은 미국이 퍼트려온 생각들 가운데 하나라고 말한다.[6] 모든 미국인이 이를 받아들이진 않지만 이 관념은 미국인의 생각을 지배하기에 충분할 정도로 많은 사람들에게 영향을 미치고 있다. 20세기 동안 미국이 개입한 전쟁은 어떻든 모두 정당한 전쟁으로 말해졌고, 따라서 제2차 세계대전과 한국전쟁에의 개입은 의심할 여지가 없었다.

전쟁에의 개입은 '정의'를 실현하기 위해서였다. 그런데 그 정의의 기준은 일관되어 있지 않다. 제2차 세계대전 뒤 동아시아에서 미국의 점령 정책은 정의가 어떻게 편의에 따라 적용되는지 적나라하게 알려준다.

> 원래 세계인은 전쟁을 원하지 않는다. 군부가 진주만 공격을 감행하기까지 대다수의 국민은 전쟁을 반대했다. 군부는 국민의 여론을 무시하고 일 · 미 양국의 우호관계를 유지해야한다고 주장하는 사람들을 매국노로 낙인찍었다. "민족적 단결"이라는 핑계로 평화를 좋아하는 사람들을 억압했다. 군부는 전쟁으로 강대한 미국 폭격기를 일본에 가져왔다.
>
> 애국지사여! 제군은 일본의 국토가 철저하게 파괴되기 전에 군 수뇌부에게 반성을 요구하고 무의미한 전쟁을 끝내도록 최대한 노력하라. **(148-j-1)**[7]

이 삐라는 태평양 방면 육군 총사령부가 제2차 세계대전 때 일본군과 일본인을 대상으로 뿌린 것이다. 이 삐라에서 동아시아에서의 전쟁은 일본의 진주만 습격으로부터 시작됐다. 미국의 시각에서 일본의 1937년 만주 침략과 중일전쟁은 전쟁이 아니다. 미국에게 전쟁은 1942년 진주만 습격에서부터였다. 그러나 한반도에서 전쟁의 광풍은 1937년부터 불어 닥쳤고 일본이 진주만을 습격한 1942년부터 절정에 이르렀다.

이 삐라를 읽으면서 과연 정의란 존재하는가에 의문이 들었다. '정의'는 선언으로 그치는 것도 인류의 자연사적 과정도 아니다. 정의라는 개념은 결국 역사적 산물이다. 곧 구성물이다. 그래서 정의가 누구의 입장에서 정의인지도 고민해야 한다. 심리전에서의 정의는 완전히 뒤집혀져 있다. 적과 아의 구분은 모든 전쟁범죄자에게 똑같이 적용되지 않았다. 전후 처리 과정에서 미국은 독일과 일본의 전쟁범죄자를 다르게 처리했다.

> 미 · 영이 나치스가 아니라 독일을 적으로 삼은 정책을 취하게 된 이유는 독일의 장성이 평화 조치를 취할 염려와 피점령국에 있어서 반독협동反獨協同을 유지하려는 까닭에서이다. 일본에서는 군국주의와 파시즘 도당을 제1의 적으로 삼고 그다음 자본가를 제2의 적으로 정하고 화평의 대상인 일본 천황과 국민을 적에서 제외했다.[8]

미국은 독일에서는 나치가 아닌 독일 전체를 적으로 삼았던 반면 일본에서는 몇 명의 장성(군부)만을 적으로 규정했다. 이렇게 한 까닭은 "일본 천황에 대한 악평은 미국에 대한 일본 국민의 분개"를 높이고 오히려 미국에게 "큰 손실을" 입힐 것이라는 염려 때문이었다.[9] 곧 미국의 이익을 실현하고 관철하는 데 유리하리라는 판단에서 천황을 전범에 포함하지 않았다.

> 전후 일본의 천황제 존속은 개전 직후부터 미국의 기본 전략에 포함되어 있었다. (…)「일본계획」에서 중요한 것은 첫째 천황제의 존속, 둘째 전후 일본의 번

영=자본주의 재건이었다.[10]

> '상징으로서 천황' 이용이라는 정책은 심리전 연구 및 작전 수행 과정에서 산출된 것이다. (…) 천황을 상징으로 규정하고 그에 대한 공격을 회피함으로서 효과적인 반응을 끌어낼 수 있다는 발상은 맥아더의 '우연한 착상'에 의한 것은 아니었다. (…) 대일 전략상 채택된 것이 천황과 군벌, 권력자와 일반 민중 간의 구분 그리고 천황을 공격하지 않고 군벌에 책임을 묻는 방식에 의거한 프로파간다였다.[11]

동아시아에서 전쟁범죄자는 군국주의자인 몇 명의 장성들이었다. 그래서 군국주의자 장성과 평화주의자 천황이라는 도식이 광범위하게 퍼질 수 있었다. 이는 제2차 세계대전 뒤 미국의 동아시아 점령 정책으로 이어진다. 효율적인 무장해제와 점령 통치라는 단기적 목적의 천황제는 냉전이 심화되면서 일 · 미 파트너 관계를 유지하는 중심 장치가 됐다.[12]

평화주의자 천황이라는 방침이 심리전 전략을 넘어서 전후 통치=사회 개조 정책의 핵심으로 이어졌다.[13] 이는 미국의 자국 이익만을 우선시하는 행위가 결국 제2차 세계대전 뒤 동아시아 역사 발전에 불균형을 가져오는 계기였다는 뜻이다. 미군의 점령 통치 체제가 전쟁에의 총동원체제를 지탱해온 천황제와 결합함으로써 "전후 일본에서 제국 일본의 약탈 행위에 의해 가장 피해를 받은 아시아 사람들이 정당한 역할, 영향력이 있는 입장을 전혀 획득하지 못하게 됐다."[14] 이는 전쟁 뒤에도 전쟁 피해자의 배상이나 전쟁범죄자에 대한 처벌과 관련해 논란거리를 만들어왔다.

소수의 군국주의자만이 전쟁범죄자라는 미 태평양 방면 육군 총사령부 심리전의 이미지화와 인식은 일본의 점령 정책으로 전환됐다. 이러한 미 점령 정책은 두 가지 측면에서 문제를 발생시켰다. 하나는 전쟁 피해자이자 가해자인 일본 군인이나 일본인에 대한 전범 의식을 문제 삼을 수 없다는 것이다. 다른 하나는 평화=천황/전쟁=군국주의자라는 도식이 일본 군인에게는 적합했는지 몰라도 동북아시아에서 식민지 유산과 잔재를 처리하는 데 걸림돌이 됐다. 전쟁범죄에 대한 성찰적 문제 제기 없이 '평화'라는 단어로 모든 문제를 감춘다면 아무것도 처리하지 않는 것과 같다. 문제는 한국에서의 식민지 잔재로 이는 오랫동안 현대 한국 사회를 왜곡시켜온 기원이었다.

미국은 전후 처리 과정에 대해 언제나 정의의 지팡이를 휘둘렀다고 말하지만 그들의 정의는 결코 미국의 이익에 앞서지 않았다. 일제강점기 조선 총독은 일본 안의 그 어떤 세력에게도 견제받지 않는 무소불위의 권력을 갖고 있었다. 조선 총독은 입법, 사법, 행정을 비롯해 군 통수권까지 갖고 있었다. 이러한 조선 총독을 임명하고 복종시킬 수 있었던 힘은 오직 천황뿐이었다. 따라서 식민지 조선에서 천황은 식민지 지배의 정점이었다. 그런데도 미국의 이익을 해치지 않는다면 '평화주의자 천황'이라는 정책은 큰 문제가 아니었다. '천황=평화'라면 일제강점기 조선인에게, 그리고 독립된 한국인에게 과연 정의는 존재하는가를 묻지 않을 수 없다. 따라서 미군정이 통치하는 해방 뒤 한반도에서 정의는 애초에 없었다.

하워드 진의 다음 설명이 가장 적당하다고 생각된다.

> 갖가지 증거를 미루어볼 때 원자폭탄을 투하한 목적은 전쟁에서 승리하기 위한 것이 아니었다. 그것은 이미 보장되어 있었다. 또한 사람들의 목숨을 구하기

위한 것도 아니었다. (…) 결국 그것은 당시에, 그리고 전후에 미국의 국가적 위신을 강화하기 위해서였을 뿐이었다. (…) 내 기억에 중학교 사회 선생님은 미국과 같은 민주 국가와 '전체주의 국가'의 차이는 "그들은 목적이 어떤 수단도 정당화한다고 믿는 반면 우리는 그렇지 않다는 데 있다"라고 말했었다.[15]

미국의 전쟁을 지지하는 사람들은 그 전쟁을 도덕주의적 성전聖戰으로 여겼다. 곧 1812년 전쟁은 군주 통치를 제거하기 위한 성전이며, 멕시코 전쟁은 미신에 젖어 있는 가톨릭 세력을 격파하기 위한, 남북 전쟁은 노예제를 폐지하기 위한, 미국-스페인 전쟁은 식민주의를 끝내기 위한, 또 제1차 세계대전은 안전한 민주주의 세계를 만들기 위한 성전이고 제2차 세계대전과 한국전쟁은 전체주의의 팽창을 저지하기 위한 성전이다.[16]

이에 따라 미국은 세계를 전체주의와 전체주의를 막는 자유 국가로 나눴다. 극동사령부는 1952년 1월 휴전 협상을 진행하면서 유엔군의 지위를 확실하게 설명할 목적으로 'hold-up' 계획을 시행했다. 이 계획은 유엔의 역사를 이렇게 소개하고 있다.

세계 구석구석에 평화를 유지하려는 목적에서 유엔 조직이 세워졌다. 유엔은 카슈미르, 팔레스타인, 인도네시아와 같은 지역에서 갈등을 평화적으로 해결하려 일하고 있다. 침입에 저항한다는 유엔 결정은 공산 침입에 맞서는 한국인을 도와주는 국제적 군대이다. 자유 국가는 1943년 카이로 회담보다 더 앞서 한국의 자유와 독립을 지원했다. 그러나 공산주의자는 한국을 분리하려 했고, 전쟁으로 밀어넣으려 했다.[17]

그림 134 _ (144-j-1)

미국은 삐라 148-j-1에서 동아시아의 전쟁이 1942년 진주만 습격으로 시작됐다면서도 'hold-up' 계획에서는 자유 국가들이 '한국의 자유와 독립'을 카이로 회담 논의보다 더 앞서 지원했다고 말한다. 이 이율배반은 어디에서 나왔을까? 심리전을 위해서는 사실은 중요하지 않았다. 미국은 1905년 가쓰라-태프트 밀약을 통해 한반도의 일본 지배권을 인정했다. 미국이 한반도에 관심을 다시 갖게 된 때는 일본의 진주만 습격으로 태평양전쟁이 발발한 뒤부터였다. 1942년에서 1943년 중반에 이르는 기간 미국은 카이로 회담에서 전후 예상되는 문제 해결의 일반적 원칙 차원으로 한반도 문제를 검토했다. 루스벨트는 카이로 회담 준비 모임에서 "신탁통치 안의 가능성을 매우 강조하고", 이를 "식민 지역에 적용할 수 있을 것"이라고 참모들 앞에서 강조했다.[18] 미국은 적어도 초기

구상 단계에서는 신탁통치 안을 식민지 지역에 무차별적으로 적용하려고 했다.[19] 그리고 1945년 2월에 열렸던 얄타 회담에서는 한반도 문제가 제기되지 않았고, 신탁통치 안에 대해 스탈린의 구두 동의를 얻었을 뿐이었다. 곧 얄타의 미 · 소 회담에서 루스벨트는 20~30년 동안의 신탁통치를 언급했으며 스탈린은 그 기간이 짧을수록 좋다고 말했다. 얄타의 합의는 전쟁이 끝나기 이전에 연합국이 한국의 전후 처리에 관해서 다소나마 구체적으로 협의하고 예비적 합의에 도달한 유일한 것이었다.[20]

태평양 방면 육군 총사령부에서 뿌린 329쪽 〈그림 134〉의 삐라처럼 얄타 회담에서 미국과 소련은 공동의 적을 퇴치하기 위한 협상 테이블에 앉아 있었다.

미국은 언제나 정의를 위해 전쟁을 수행한다고 주장했는데 미국의 정의가 반드시 한국인에게 정의로 다가오지는 않는다. 미국이 말하는 정의는 미국의 이익과 맞물려 있으며 그 이익이 역사적 사실을 왜곡할지라도 미국은 그것을 정의라고 주장한다. 카이로 회담 이전에 신탁통치 안을 구상한 것 이외에 한국의 독립과 자유를 위해 어떤 노력도 하지 않았음에도 미국은 한국의 독립을 위해 싸웠다고 말한다. 그리고 천황과 군국주의자를 분리한 미국의 일본점령 정책은 오늘날에도 동아시아의 과거 역사를 해결하지 못한 과제로 남겼다. 이러한 왜곡이 미국의 이익에 정당할지 몰라도 한국의 이익과 일치할 수 없다.

02 과학, 무기의 우월성

제2차 세계대전 때 미국과 다른 교전국들 사이의 가장 큰 차이는 군수

그림 135 _ (7070)

물자였다. 북아프리카와 시칠리아, 노르망디를 비롯해 태평양 연안 섬나라들과 동남아시아 정글, 리비아 사막에 이르기까지 미국의 군수 물자는 상대를 압도했다.[21] 군수 물자로 차별화된 미국의 위력은 한국전쟁에서도 유감없이 드러났다. 삐라 속 미군 또는 유엔군의 우월성도 모두 군수 물자였다. 그 우월성은 과학의 이름으로 홍보되었는데 크게 두 방향이었다. 하나는 무기의 우월성이었고 다른 하나는 위생이나 의료체계의 완벽함이었다.

〈앞〉 연합군 뒤에는 강력한 공업 생산력!

〈뒤〉 자유국가들의 뭉친 힘은 한국에서 큰 승리를 얻었다!

오늘 유엔의 무력은 점점 강해가고 있다. 거기는 세계무비의 공업력이 있고 막대한 자원이 있으며 침략을 쳐부수려는 철석같은 결심이 있다.

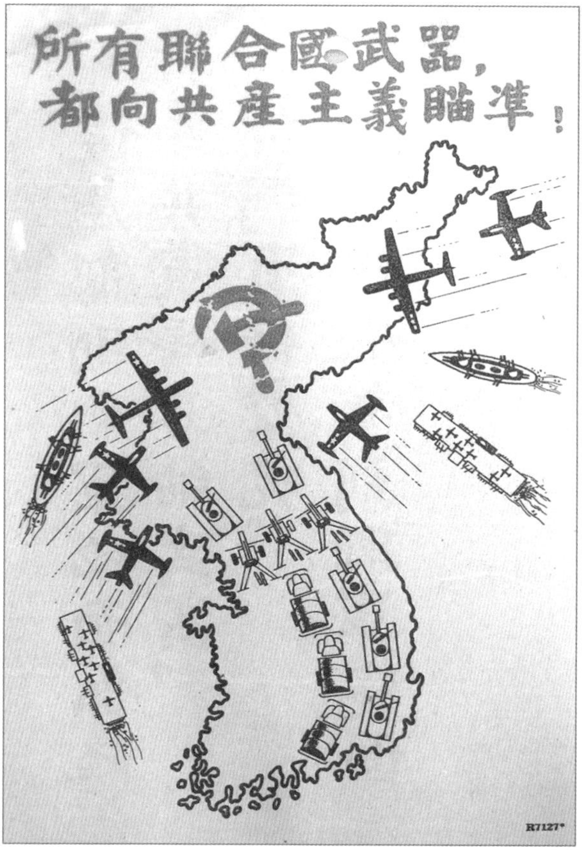

그림 136 _ (7127)

그림 137 _ (9012)

유엔은 평화를 주장하지마는 만족한 휴전이 이루어질 때까지 전쟁을 계속 할 것이다. (7070)[22]

〈그림 135〉인 삐라 7070은 비행기, 탱크, 군함이 그려져 있다. 각종 무기가 끝도 없이 도열해 있고 그 끝 공장의 굴뚝에서 쉴 새 없이 연기가 뿜어져 나온다. 이러한 상징은 〈그림 136〉처럼 낫·망치와 비행기의 싸움으로 이미지화됐다. 낫과 망치는 소련을, 비행기는 미군 또는 유엔군의 상징으로 무력의 차이를 비행기와 낫으로 비교했다. 비행기, 탱크, 함대가 낫과 망치에게 달려드는 모습을 담았다.

무기의 우월성은 〈그림 135〉처럼 비행기, 탱크, 함대를 나열해 위력을 드러내거나 아래처럼 유엔의 우월한 물자와 중국의 인해 전술을 비교하는 방식으로 이루어졌다.

우리 마음은 아프다. 마지못해 싸우는 그대의 목숨을 빼앗기 싫은 것이다. 맨몸으로 어찌 쩔쩔 끓는 불덩이 비행기로부터 비처럼 퍼부어 땅을 더퍼버리는 쇳덩이와 폭탄을 막어낼 수 있는가? 사람의 몸으로서 어찌 산같이 밀려나리는 물결을 막어낼 수 있는가? (1055)[23]

113사단 병사들이여! (…) 너의 간부는 당신에게 인해 전술로 유엔의 불바다를 파괴하라고 명령하지만 당신은 유엔을 정복할 수 없다. (8690)[24]

또한 〈그림 137〉처럼 맨몸으로 또는 총 한 자루를 가지고 비행기와 탱크에 맞서는 북한군과 중국군을 묘사하고 있다. 이들 삐라는 중국의 인해 전술에 맞서 '유엔의 불바다'라는 언어와 이미지를 담아내고 있다.

그림 138 _ (33-j-1)

무기의 우월성을 드러내는 또 다른 방식은 유엔군은 발달한 과학으로 만들어진 최신 무기를 갖고 싸우지만 중국군과 인민군은 구식 무기로 싸운다고 말하는 것이다. 이 같은 내용의 삐라는 제2차 세계대전 때 태평양 방면 육군 총사령부 심리전에서도 자주 사용됐다.

> 너희가 사용하는 38식 소총은 러일전쟁 때 처음 등장했던 무라타 소총이라는 사실을 아는가. 벌써 40년 전이다. 너희와 싸우는 많은 나라들은 과학적 연구를 수용했고, 무기 개발에 커다란 진전이 있었다는 사실을 모두들 알고 있다. 만약 너희가 미군처럼 새로운 무기로 싸운다면 레이테Leyte에서와 같은 비극은 피할 수 있었다. 아무리 강한 정신을 가졌다 해도 38식 소총만으로 어떻게 연합군 포격인 500킬로그램 폭탄에 맞서기를 기대할 수 있는가? (33-j-1)[25]

〈그림 138〉에는 38식 소총이 폭격을 맞은 듯한 건물 안에 덩그러니 세워져 있고 멀리 대포가 있다. 일본 군인이 사용한 무기가 러일전쟁 때 쓰던 38식 소총이며 그것으로 전쟁을 이길 수 없다고 한다. 일본이 40년 전의 무기를 사용할 정도로 과학적 진보가 없었지만 미국은 과학적 연구로 무기를 개발하는 데 큰 진전을 이루었음을 말하고 있다. 이러한 방식은 한국전쟁 때 다시 등장했다.

> 공산군 비행기는 어디 있나?
> 유엔 공군은 밤이나 낮이나 북한 상공을 날으고 있다. 공산군 비행기는 찾아볼래야 찾아볼 수가 없다. 그대들 지도자들의 빈 약속처럼 하늘도 텅 비어 있는 것이다. 가소롭게도 떠오는 몇 대의 공산군 비행기는 유엔군 조전에 독수리의 앞의 병아리처럼 쫓겨 달아나고 있다. (…) 유엔 공군이 여전히 제공권을 쥐고

있음을 그대들은 목격해 잘 알 것이다. (…) 유엔 공군은 상공을 계속 지배할 것이며 공산군 비행기를 만나려고 애쓴다! (8202)[26]

〈앞〉 지게나 마차로 삐29와 젯트기에 대항이 되겠는가!

〈뒤〉 지게와 비행기의 싸움

우리는 이십세기 문명시대에 호랑이와 토끼 싸움을 구경하고 있다. 지게나 마차로 비행기와 싸우는 것이 그것이다. 아무리 지게로 길닦이를 하고 아무리 마차로 실어낸들 그것을 보자마자 유엔 비행기가 여지없이 부셔버리니 보급이 계속 되지 못할 것은 정한 이치다. 원시적 방법으로 과학 무기에 대항이 되겠는가? (8274)[27]

그림 139 _ (8202)

그림 140 _ (8274)

위의 삐라들은 모두 유엔과 공산군의 무기를 과학과 미개(또는 원시)로 비교하며 원시적 무기를 가진 북한군이나 중국군이 승리할 수 없다고 말하고 있다. 그 까닭은 미군(유엔군)은 과학적 발전을 토대로 최신식 무기를 사용하는데 북한과 중국이 "공업 능력과 원료를 갖고 있지 못"해 최신식 무기가 없기 때문이다. 이를 비교하며 삐라 8202처럼 독수리와 병아리로, 삐라 8274처럼 한쪽은 트럭이나 비행기로 보급품을 운송하는데 한쪽은 지게로 나르는 모습을 그렸다.

행동주의 이론가들은 이데올로기를 건드리지 않고 비이데올로기적 내용으로 행동을 일으켜야 한다고 주장한다. 그러나 무기의 우월을 강조해 싸울 의지를 약화시키고 마침내 항복을 유도한다는 내용은 이데올로기와 무관하지 않다. 무기의 우월은 곧 과학 문명의 찬양과 같다. 전쟁 동안 미국은 과학의 발전을 바탕으로 강력한 신무기를 개발했으며 그 무기 앞에 모든 '적'들은 굴복할 수밖에 없다고 반복해서 선전했다. 〈그림 138〉, 〈그림 139〉, 〈그림 140〉은 그런 선전의 결과이다.

또한 과학 문명의 찬양은 '식민과 제국'의 오랜 가치 가운데 하나인 '미신과 과학', '위생과 과학'이라는 가치를 널리 퍼트렸다. 여기에는 제국의 시선으로 본 동양, 그 가운데 북한과 중국이라는 공산주의 사회가 있다. 심리전은 '식민과 제국'의 시선을 그대로 '공산군과 유엔군'으로 옮겨놓았다.

〈그림141〉과 〈그림 141-1〉인 유엔군의 우월성을 표현한 삐라의 제목은 과학과 미신이다.

〈앞〉 과학-병마가 감히 뚫으지 못하는 예방주사로 튼튼해진 몸!

미신-병마와 주검!

〈뒤〉 공산주의 령도자들은 과학과 의술 믿는다고 큰소리친다. 그러나 그대들은 과연 병마와 주검을 막기 위하야 때를 딸아 예방주사를 맞고 있는가? 유엔 병사들은 누구를 물론하고 철을 딸아 예방주사를 맞아 병마를 물리치고 있다. 유엔 측으로 넘어오는 북한 병사들도 이와 꼭 같은 보호를 받는다. 유엔 예방의학은 병마에게는 주검을 그대 목숨에는 삶을 준다! **(1059)**[28]

삐라의 한 면에는 예방주사를 맞고 있는 유엔군과 머리에 뿔이 있고 날개가 달린 '병마'라고 쓴 악마로부터 공격을 받고 있는 북한군이 대비되어 있다. 다른 면에는 포로들이 유엔의 예방주사를 맞고 그 힘으로 죽음을 상징하는 '악마'를 파괴하고 있다. 과학과 미신이 어떻게 배치되고 있는지 알려준다. 삐라 8642는 중국군이 예방주사를 제때 맞지 못해 병

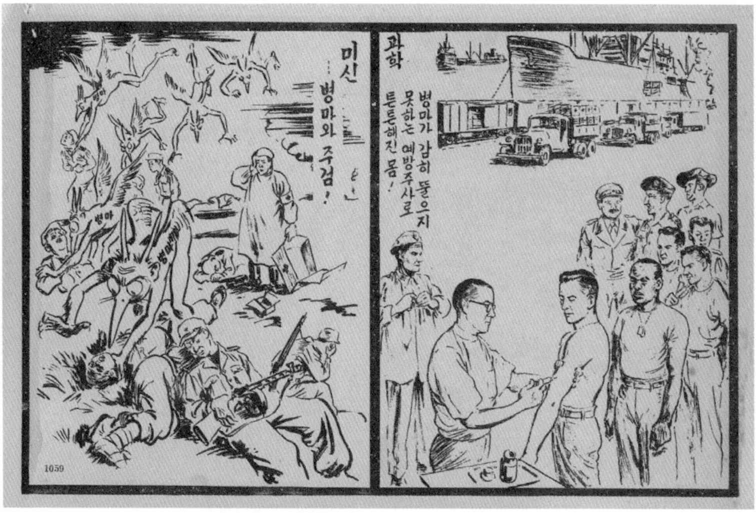

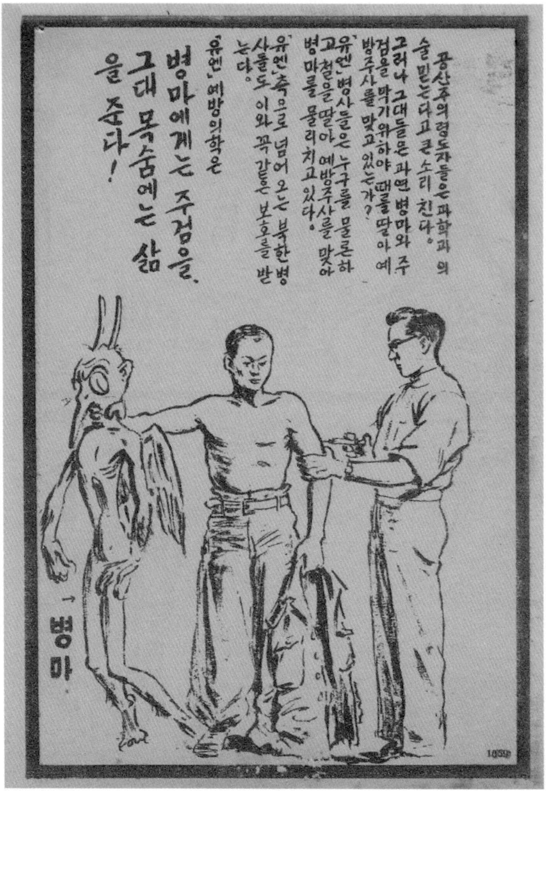

그림 141. 141-1 _ (1059)

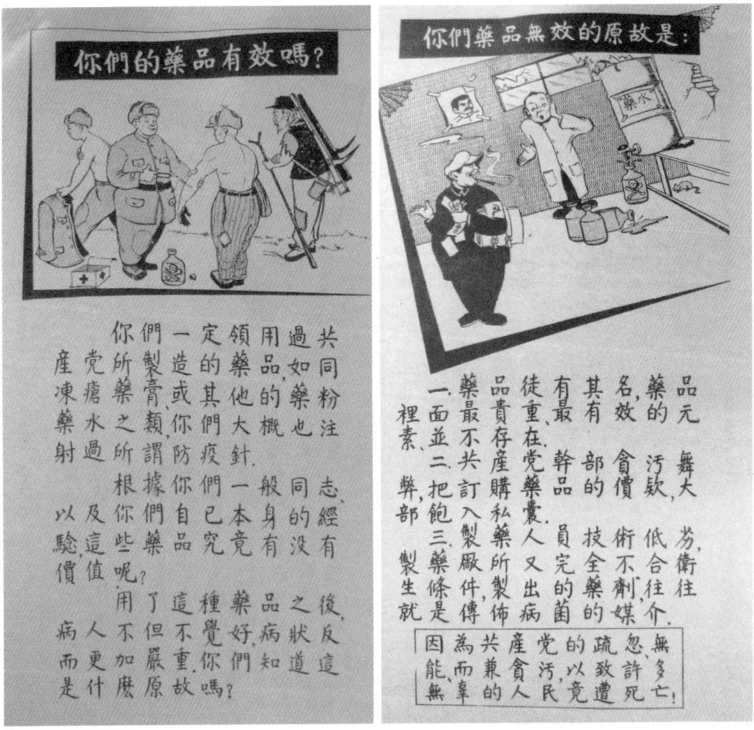

그림 142. 142-1 _ (8642)

과 죽음에 이르렀다고 강조하고 있다. 나아가 예방주사를 맞았다고 하더라도 치료제를 물로 희석하는 공산 관리의 부패로 병과 죽음을 벗어날 수 없다고 말한다. 삐라 8642는 비위생적인 실험실과 약에 물을 탄 공산 관리의 부패로 병사들이 병들고 있음을 알렸다.

〈앞〉 당신들은 최고의 의료 혜택을 받는가?

당신은 공산당이 마련한 의료 혜택을 받고 있다. 동상과 다른 병을 포함해, 이른바 '반-질병'이라는 혈청을 주입 받고 있다. 경험을 한 당신 자신과 당신의 동료는 이런 의료는 가치가 없다는 사실을 알고 있다. 그것들은 당신의 고통을 더

악화시키는 것으로 알려져 있다. 왜 그런지 당신은 알고 있는가?

〈뒤〉 왜 당신이 받은 치료는 효과가 없는가?

공산당 관리들이 의료용 원료들을 다른 비싼 것들로 바꿔 지갑을 두둑하게 하고 유흥하기 때문이다. 공산당이 더러운 실험실에서 '반-질병' 혈청을 물로 희석시키기 때문이다. 미숙한 사람들은 병과 죽음을 가져오는 원인이 된다. (8642)[29]

예방주사를 맞든 맞지 않든 중국군과 북한군 병사들은 죽음에 이른다고 삐라는 말하고 있다. 이와 함께 빈번하게 생산되고 뿌려진 삐라는 전염병과 세균전을 다룬 주제이다. 삐라 내용은 전염병과 세균전이 어디에서 유래했으며 어떻게 그것을 근절해야 하는가였다.

전염병은 중국서 왔다: (…) 북지의 전염병은 광동 지방에서 기차선로를 타고 수많은 중공군과 이재민들에 의하여 퍼지게 된 것이라 한다. (…) '전염병의 만연을 막는 오직 하나의 길은 병든 병정의 이동을 금지하는 것이다. 이 이동을 중지시키는 최선의 길은 중공군이 한국 침략전을 중지하는 것이다'고 했다. (〈자유세계〉 60호)[30]

〈앞〉 내몽고의 강제 모병. 병든 사람을 끌어가니 죽을 지경이야!

〈뒤〉 내몽고에서는 한국 전선으로 보내기 위하여 강제 모병을 하고 있다. 각 부락에 50명, 70명씩 인원을 배정하니 각 반장은 병신, 염병, 발진지부스, 국제매독, 임질 따위 병자들을 강제로 끌어내어 한국 전선으로 보낸다. 이리하여 중공군은 전염병을 묻혀 들이고 있는데 이것이야말로 중공군의 또 하나의 원조이다. (8290)[31]

그림 143 _ (8290)

이들 삐라에는 전염병이 중국군을 따라왔으며 특히 중국이 병든 이들을 강제 동원했기 때문에 북한에 전염병이 퍼졌다고 주장했다. 더 나아가서 홍콩의 잡지를 인용하면서 전장의 중국군이 시체를 모아 방벽으로 사용해 질병이 더 퍼졌다고 했다.[32] 따라서 전염병의 원인이 중국군에 있기 때문에 전염병을 막는 방법은 중국군이 중국으로 돌아가 다시 오지 않는 데 있을 뿐이다. 또한 유엔이 인정한 국제 적십자사의 조사를 받고 이를 바탕해 약품을 제공하겠다고 제안했다.

〈공산군의 초토전술〉

1950년 겨울에 북한 공산군은 드디어 초토전술을 쓰기 시작했다. 그들이 철퇴할 때 그들은 전 촌락을 불살러버리고 도망한다. 그런 다음에 중국에서 한국에 파견된 비밀 공작 대원은 추격해오는 유엔군을 독살하기 위하여 세균을 집집마다 강물에 혹은 우물 안에 뿌리는 것이다. (…) 그들이 철퇴할 때 뿌린 세균으로 말미아마 전염병은 그 뒤에 곧 발생된다.

〈자유세계는 여러분을 구하려다〉

유엔은 곳 중립 기관이며 인도주의적 단체로 하여금 이를 조사케 하고 만일 전염병이 심하면 의약품을 보낼 것을 제안했다. 만국적십자사와 세계보건협회에서는 곳 이 유엔제안을 수락했다. 그러나 중공과 로서아는 이 긴급 필요한 구호의 길을 무자비하게도 거절한 것이다. **(R1168)**[33]

삐라 R1168은 북한과 중국이 방송과 삐라로 미국이 비행기로 세균을 퍼트렸다고 선전한 데 대한 대응이었다. 이 삐라에서는 세균전은 오히려 북한의 초토화 전술에서 기인했고 후퇴하는 중국군이 북한 지역에 세균을 퍼트렸다고 말한다. 미국의 세균전에 대한 문제 제기는 1952년 2월에 시작되어 거제도 포로 폭동 뒤 집중적으로 이루어졌다. 이러한 북한의 주장으로 '미국인들은 신나치라 불렸고 미국은 시카고 갱이 움직인다는 말이 퍼지게' 됐다. 이에 대응해 미군은 한국어로 된 삐라를 만들었는데 이에는 "전염병은 북한의 빈약한 위생 상태"의 결과라는 내용을 담고 있었다.[34] 국무부는 전쟁 포로로부터 선전 재료를 얻어내는 프로그램에서 "유엔사령부가 세균전을 한 증거가 없다. 공산주의자들은 위생과 복구, 음식 따위를 공급하는 데 실패했다. 세균전은 조작됐다"는 진술을 얻었고 이를 심리전에 이용했다.[35]

다른 한편 전염병을 막아내지 못한 공산군과 달리 유엔군은 미리 예방주사를 놓아 전염병을 막았다고 알리고 있다. 다음의 삐라는 유엔 의사와 간호원들이 아이들에게 예방주사를 놓는 모습을 담고 있다. 미국은 전쟁에 깊게 개입하면서 살육자라는 이미지보다 전근대적인 야만 문

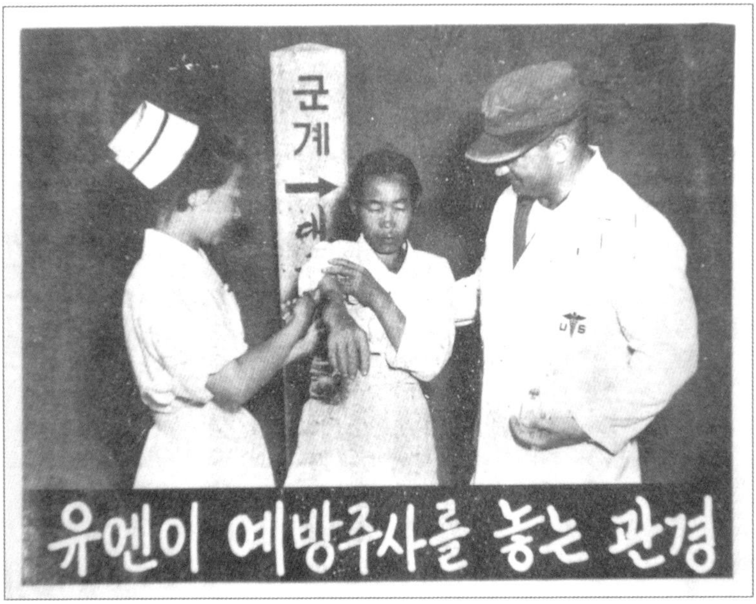

그림 144 _ (8158)

명을 대표하는 공산주의와 싸우며 한국인의 생명을 유지, 관리하는 구원자의 위상을 얻으려 노력했다.[36] 이 때문에 삐라에는 〈그림 144〉처럼 병상에 누워 있는 병사들보다는 예방주사를 맞는 어린이나 여성들의 모습을 자주 등장시켰다. 국제 적십자사를 통한 약품 제공을 알리는 삐라는 자국 병사들에게 의료 서비스조차 제대로 제공하지 못하는 공산당 간부들의 무능력을 알리고 유엔의 행동은 인도주의적이라고 선전하는 데 목적이 있었다.

〈앞〉 유엔이 예방주사를 놓는 관경

〈뒤〉 유엔군은 누구보다도 조선 인민의 행복을 생각하고 있습니다. 남조선에서는 유엔 당국과 한국 정부가 모든 힘을 다하여 여러 가지 질병을 예방하고 있읍니다. 이와는 반대로 공산당은 북조선을 쏘련과 중공의 식민지로 만들어버렸읍니다. 병이 퍼지는 것을 막지도 않을뿐더러 인민들의 의식주에 대해서도 전혀 돌보지 않고 있읍니다. 공산주의는 죽엄을 의미합니다. (8158)[37]

한국전쟁 때 뿌려진 미군의 삐라는 공업 생산의 발전과 재건은 무력 강화와 긴밀히 연관돼 있고 유엔의 강력함이 바로 공업 생산, 그리고 이를 바탕으로 한 무력(신무기 개발 따위)에 있음을 선전했다. 과학은 항상 인류의 발전을 추구하고 현실의 곤경과 어려움을 퇴치한다고 배웠다. 그러나 20세기 역사를 뒤돌아보면 과학은 항상 전쟁과 함께했다. 무기 개발과 관련된 과학의 진전은 놀라울 정도이다. 과학은 '사람들을 어떻게 치료할 것인가', '어떻게 편의를 도울 것인가', '어떻게 좀 더 편안한 삶을 위한 장치를 만들 것인가'보다는 '어떻게 많은 사람을 한꺼번에 죽일 수 있을까', '어떻게 하면 대중에게 위협을 줄 수 있는가', '어떻게 약자에게 공포를 가져올 수 있는가' 따위의 문제를 고민한 때가 많았던 것 같다. 이런 과학의 성향을 잘 가장 드러낸 예가 전쟁이고 한국전쟁 동안 뿌려진 심리전 삐라는 이를 유감없이 드러냈다. 심리전 삐라 속 미국은 가장 진보된 과학적 성과를 바탕으로 가장 앞선 무기를 가진 나라였다. 그리고 지금도 여전히 미국은 우리에게 그런 나라이다.

03 인도주의와 폭력의 역설

미 공군의 분노는 해일처럼 일본을 쓸고 지나갈 것이다. 지진처럼 땅을 진동시킬 것이다. 믿을 수 없을 만큼 강력한 힘으로, 자연재해보다 더 강력한 파괴가

그림 145 _ (151-j-1)

퍼질 것이다. (…) 군국주의자에 대한 지지를 철회하고 평화를 구하는 것 외에 파괴를 피할 길은 없다. 미군과 함께 한다는 것은 평화를 사랑하는 일본을 구하는 길이고 현대적 문명화된 국가로 자신들의 나라를 건설하는 자유를 의미한다. (151-j-1)[38]

삐라 151-j-1은 1945년 도쿄 공습 때 일본에 뿌려졌다. 삐라는 지진과 해일은 피할 수 있지만 폭격은 피할 수 없다고 알리고 공중폭격의 힘을 그림으로 보여준다. 그리고 폭격을 피할 유일한 방법은 항복이라고 한다. 오른쪽에는 도시를 떠나는 노인, 아이를 안은 여성의 모습이 있다. 그들은 모두 두려움에 떨고 있다. 긴장을 더하려는 듯 붉은색으로 테두리를 했다. 지구의 종말이라도 온 듯한 암울함이 삐라에 가득하다. 이 삐라 한 장만으로도 미 공군의 폭격이 어느 정도였는지 짐작할 수 있다.

과학의 발달은 새로운 무기의 생산과 무기의 우월성으로 말해졌고 현실에서 무기의 우월성은 공중폭격으로 드러났다. 공중폭격에 대한 두려움은 한국전쟁 때 포로 조사에서도 잘 드러난다.

〈문〉 싸우면서 가장 두려웠던 것은?

〈답〉 탱크 8명, 박격포 21명, 공중공격 246명, 보병 5명, 무응답 20명.[39]

북한군 사상자의 70퍼센트 또는 그 이상이 바로 포격과 폭격 때문이었다. 북한은 미 공군의 폭격은 괴팍하고, 변덕스럽고, 야만적이라고 선전했다. 제2차 세계대전 때도 미 공군의 공중폭격은 위력이 대단했다.

드레스덴 폭격은 1945년 2월에 행해졌는데, 소련군이 도시 동편 80마일까지 다가와 있었고 독일이 패배로 나아가고 있다는 것이 분명해진 때였다. 미군과 영국군 항공기들이 하루 낮과 하룻밤 동안 퍼부은 폭격에서, 폭탄으로 인해 발생한 막대한 열이 진공상태를 만들어 거대한 열 폭풍이 도시를 휩쓸었다. 그때 드레스덴에는 피란민이 몰려와 있어, 인구가 100만까지 늘어난 상태였다. 10만 명 이상이 죽었다.[40]

1945년 3월 10일의 도쿄 공습에서는 300대의 B-29기가 강한 북서풍을 받은 그 도시를 불길에 휩싸이게 만들었다. (…) 100만 명의 사람들이 집을 잃었고, 10만 명이 그날 밤 목숨을 잃은 것으로 추정됐다. (…) 8월 14일, (…) 사실상 항복 조건이 받아들여지기 하루 전이었던 이날, 449대의 B-29기가 주간 폭격을 위해 마리아나 섬에서 출격했으며, 그날 밤 372대가 더 출격했다.[41]

그림 146 _ (8300)

이번 평양 공격은 한국전 발발 이래 최대의 항공 공습인바 이 압력펌프 작전에 연 1,254대가 투입됐다.[42]

불바다로 화한 괴뢰군 수도 평양–지난 주일 900기의 유엔 공군 대편대는 북한의 괴뢰수도인 평양을 불바다로 만들고 말았다. 하로종일 두고 계속된 이 폭격 작전은 한국전쟁 돌발 이래 가장 큰 것이었다. (2655)[43]

드레스덴 폭격–도쿄 폭격–평양 폭격, 이 모두가 미 공군 역사에서 적을 굴복시키고 승리를 가져온 '위대한' 폭격이었다. 드레스덴 약 1,000여대가량, 도쿄 871대, 평양 1,254대의 B-29기가 하루 동안 공중에서 폭탄을 퍼부었고 이로 인해 도시는 거대한 열 폭풍에 휩싸였다. 좁은 지역에 엄청난 양의 폭탄을 집중적으로 퍼부어 마치 원자폭탄과 같은 효과를 얻어냈다.

극동 공군은 평양 폭격 때 폭격으로 북한의 고위급 인사 400~500명이 희생됐다는 정보를 입수했다.[44] 이를 알리는 삐라가 삐라 8300이다.

> 온 조선 인민들을 못살게 하던 소위 스타린의 주구 방학세를 두목으로 하는 사회안전성의 악당 빨쥐들은 이렇게 죽고 산산히 헤쳐지고 마렀다. (8300)[45]

이 폭격이 없었다면 미국은 전쟁에서 승리를 얻을 수 없었을까? 드레스덴 폭격이나 도쿄 폭격은 승리가 확정된 뒤 이루어졌다. 도쿄 폭격은 1945년 8월 14일, 평양 폭격 역시 전쟁 초기가 아닌 1952년 7월이었다. 드레스덴에는 피난민이 몰려 있었고 도쿄와 평양은 군사시설이나 병참이 몰려 있는 곳이긴 하지만 대도시이자 전통적 도시였다. 곧 이들 도시는 여전히 많은 사람들이 생활하며 살아가는 터전이었다.

이 생활공간에 가한 폭격의 정당한 근거는 두 가지였다. 하나는 정밀폭격이고 다른 하나는 폭격에 대한 경고였다.

> 이 대폭격에 앞서 모든 군사시설-통신 사령부 · 탄약고 · 군대 집결소 · 군수품 보급소 등-은 미리 항공사진으로 알 수가 있었다.[46]

정밀폭격과 경고에 대해 자세히 살펴보자. 한국전쟁기 차단 작전의 주요 대상은 교량, 철로, 도로, 열차, 대형 차량과 같이 앞뒤가 길쭉한 선형 목표물이었다.[47] 미 공군은 분명히 정책적 고려에 따라 정밀폭격을 시도했다. 그러나 이 같은 시도는 사실 실행 불가능한 목표나 다름없었다. 폭격 목표물들이 대부분 도시의 인구 밀집 지역 부근에 자리한 반면, 폭격을 수행할 B-29기들의 목표물 적중률은 터무니없이 낮았기 때문이다.[48] 제2차 세계대전 때 조종사로 활동했던 하워드 진은 정밀폭격의 거짓을 다음과 같이 폭로했다.

> 정밀폭격은 엄청난 자기기만이었다. 우리는 독일군이 도시를 폭격하여 수백 혹은 천여 명의 사람들을 죽였다고 분노했었다. 하지만 이제 영국군과 미군은 단 한 번의 공습으로 수만 명을 죽이고 있었다.[49]

민간인 피해를 막는 다른 수단은 경고 방송과 경고 삐라의 살포였다. 경고 삐라는 1952년 7월 7일 '파업계획'에 따라 자주 뿌려졌다. 이 계획은 "농촌 지역의 공격은 군사적 필요성 때문임을 알릴 것, 유엔군사령부는 인도주의적인 고려를 하고 있음을 보여줄 것, 유엔군사령부에 대한 분개를 공산당국 쪽으로 돌릴 것"을 목적으로 하고 있었다.[50] 이 작업은 3단계에 걸쳐 이루어졌다.

> 일반적 경고: 북한 시민에게 라디오와 삐라로 군사 지역의 포격을 알리고 그 지역에서 도망하라고 경고한다.
> 지방적 경고: 라디오와 삐라는 공격지의 거주자에게 경고한다. 그러나 정확한 날짜는 말하지 않는다.
> 후속(조치): 뒤따르는 공군 공습을 위해 삐라와 라디오 방송은 유엔군사령부가 북한 시민에게 경고했음을 깨닫게 하고 위험 지역에서 벗어나라고 경고한다.[51]

이러한 경고 삐라는 "적의 수송체계를 뒤틀리게 하고, 폭격 경고에도 불구하고 주민들에게 일하기를 요구하는 북한 관리들의 강요"를 알리는 데에 목적이 있었다.[52]

"시민들에게 피난하라고 경고하는 전단을 공습하기 전에 평양, 진남포, 원산, 강계에 투하했다. 이러한 작전을 계획 폭파 작전이라고 한다. 이 작전은 시민들의 불상사를 줄이고 시민들의 사기를 낮추며 산업 생산을 붕괴하려는 의도가 있었다. 피난 가는 시민의 행렬을 막히게 하여 북한군의 이동을 지체시키려는 의도도 있었다. 이러한 의도는 인도주의적인 입장이었다. 이러한 공격은 매우 효과적인 심리전이었다. 이를 통해 유엔군은 제공권을 가졌고 원하는 어떠한 목표물을 공격할 수 있으며 북한군은 이러한 것은 멈추게 할 힘이 없었음을 보여줬다."[53] 따라서 폭격을 알리는 경고 삐라의 살포는 성공한 심리전 작전으로 평가됐다.

그런데 경고 삐라의 목적 가운데 하나는 북한 시민과 공산당 지도자 사이의 불화를 높이는 데 있었다. 심지어 삐라는 폭격이 북한군과 중국군을 목표로 한다면서 군인을 들여놓으면 민간인일지라도 폭격의 대상이라고 알렸다.

> 공산당은 당신의 집을 폭격 목표로 만들고 있다!
>
> 유엔 비행기는 일반 시민의 집을 폭격할 의사가 조끔도 없다. 그러나 이 집에 공산당의 협박으로 군대가 들면 이 집은 몇일 더 못 갈 것이다. 마즈막 남은 집 한 간을 폭격 목표로 만들어 분쇄시킨 자는 공산당이다.
>
> 집을 안전하게 하라! 군대를 넣지 말라! (1268)[54]

〈앞〉 인민군을 집에 드리면 남의 주검에 휩쓸려들게 된다. 산양꾼이 짐승의 뒤

그림 147 _ (1123)

를 쫓드시 유엔 폭격기는 언제나 인민군을 따라다닌다.

〈뒤〉 인민군이 가는 곧마다 이렇게 폭격을 맞는다. 인민군을 멀리 하라! 집안에 전염병이 있다고 핑계하라! **(1311)**

〈그림 147〉은 경고 삐라의 하나이고, 〈그림 148〉과 〈그림 149〉는 군인을 들였다는 이유로 민간인을 폭격하는 장면이다. 폭격을 당하면 모두 군인을 집에 들인 사람들의 책임이고 그 원망은 공산당에게 하라고

말한다. 무엇보다도 경고 삐라는 민간인 폭격에 대한 책임 회피용이었다. 곧 심리전 담당자들은 미군의 정밀폭격과 경고 삐라 살포는 미국의 인도주의적 조치로 취해진 정책이며 성공한 정책이라고 주장했다.

그림 148, 148-1 _ (1268)

그림 149, 149-1 _ (1311)

일본에서의 미군의 공중폭격에 대한 평가는 한국전쟁에도 적용될 수 있다. "여기에는 소련에게 미국의 우위를 확인시키려는 일부 지도자들의 의지도 작용한 듯하다. (…) 아마도 인종차별적 분위기가 절정에 달한 가운데 오랫동안 '열등한 인간'으로 묘사되어온 일본인에 대한 다소 경멸 섞인 의식도 이에 영향을 미쳤을 것이다. 미국의 국제 정책이 표방한 목표는 미국 모델의 절대적 우월성에 대한 맹신을 바탕으로 한 것이었다."[55] 소련보다 모든 면에서 우위에 있다는 과시욕, 인종주의, 미국의 우월성이라는 잣대들(또는 가치들)이 결국 수만 명에서 수십만 명의 민간인을 죽이는 계기가 됐다. 1952년 7월, 평양에는 더 이상 군사적으로 중요한 시설이 없는데도 불구하고 가해진 폭격은 무엇을 증명하기 위해서인가? 심리전에서 우위에 서려, 미군의 강함을 확인하려, 북한 지도부와 주민 사이의 갈등을 심화시키려, 군대와 민간인을 분열시키려 감행한 폭격은 미국의 '인도주의'가 아니라 폭력이 어떻게 진행됐는지 확인하게 한다. 오래된 생활공간의 도시였던 평양에 쏟아진 폭탄은 다시 말해 전쟁터의 군인이 아닌 민간인을 향한 폭력이라고 할 수 있다. 폭력은 강한 자가 약한 자에게 힘을 과시하려 행사되기도 하고, 국가이든 개인이든 권력을 유지하려 행사되기도 한다.

미국은 한국전쟁에 참가할 때 북한의 침략에 맞서기 위해서라고 했다. 북한의 침략에 맞서고 미국의 힘을 알려주려 평양을 비롯한 주요 도시와 농촌에 대한 폭격이 이루어졌다. 이는 '미국은 공산주의를 막고 민주주의를 촉진시키기 위해 때때로 전 세계적으로 군사력을 행사해 간섭해야 한다'는 미국적 신념의 실현이다. '나쁜' 폭력에 맞서려 '좋은' 폭력을 더 강력하게 행사하는 일이 정당하다는 믿음은 전쟁 동안 인구 밀집 지역에 대한 미 공군의 폭격으로 나아갔고 이는 폭력을 무한히 확장시켰다.

04 종잇조각 개혁

사회주의 개혁이란?

삐라는 사진, 삽화, 기호, 문구 따위를 적절하게 뒤섞어 이미지를 생산한다. 이미지는 그 자체로 소진되지 않고 문자화된 대본과 결합해 일상을 지배한다. 일상을 지배하는 삐라의 역할은 북한과 중국에서 이루어진 사회주의 개혁에 대한 비판이었고 나아가 사회주의를 표방했던 소련을 비판하는 데 목적이 있었다.

이는 사회주의 개혁 비판, 전통의 파괴와 구축이라는 틀로 구성됐다. 사회주의 개혁 연구는 심리전을 뒷받침하는 모든 연구소에서 진행됐다.

미 공군대학 인적자원연구소는 1950년 12월 중순 사회주의 체제와 그 안에서 이루어진 개혁을 조사하기 위해 3명의 사회과학자로 구성된 팀을 한국에 파견했다. 이들은 해방 뒤 5년 동안의 북한 생활과 3개월 동안 북한의 점령지였던 남한 지역 조사를 바탕으로 동아시아에서 소비에트화된 두 형태(북한과 북한에 점령됐던 남한)의 국가 유형에 대한 보고서를 제출했다.

> 심리전의 목적은 심정의 변화가 아닌 행동의 변화에 있다. 심리전은 적의 의지와 노동력, 전투력을 약화시키고 정치적 전투력을 저하시키고 우리의 이념과 정치적으로 관련된 행위를 고무하는 데 있다.
>
> 기초적인 취약성은 소비에트화 체계에 내재되어 있는 듯하다.
>
> 1) 힘, 공포, 감시로 유지되는 권력 구조 때문에 취약하다.
>
> – 국가에 대한 기초적이고 광범위한 불안이 있다. 북한에서 살았던 농부의 아내는 '두 명 이상이 모일 때면 분명히 스파이 있다'라고 말했다.
>
> – 지식인의 존재는 사라지거나 싸우는 것 외에 어떤 선택도 없다.
>
> – 많은 것이 소수로부터 나온다.
>
> 2) 대화(소통)체계가 처음부터 거의 독점적으로 만들어졌다.
>
> – 소통은 오직 한길이다.
>
> – 소통은 인위적이고 명백히 통제되어 있다.
>
> 3) 소비에트화된 국가의 제도적 프로그램 때문에 계급 구조, 사유재산, 전통적 관행이 폭력적으로 개편됐다.

– 재산을 갖고 있거나 지위가 있는 사람들 사이에는 불만족스럽고 잠재적 인 공격성이 있다.[56]

보고서는 월남민과 3개월 동안 북한 점령을 겪은 사람들을 면담해 북한의 사회체제와 권력 구조 나아가서는 소련의 사회체제와 권력 구조를 미국의 입장에서 분석했다. 당시 보고서 작성에 참여한 사회과학자들은 소비에트 체제의 권력 구조를 단순하게 평가했다. 이러한 단순화는 커뮤니케이션 연구에서도 일어났다. 윌버 슈람은『매스커뮤니케이션의 과정과 효과』에서 한 사회에서 주장과 그 실제 행위 사이에 놓인 여러 복잡한 관계를 무시한 채 서로 다른 사회를 선험적으로 '선'과 '악'이라는 범주로 일괄하여 다루었다. 그 결과 공산주의 국가와 비공산주의 국가 모두의 정치적 생활에 내재한 기본 요소들을 설명하는 데 실패했다는 평가를 받기도 했다.[57]

이러한 연구를 바탕으로 미국 국무부 정보조사실은 1951년 봄 최초의 종합적인 북한 연구서라 할「북한, 소련 위성국가의 한 사례」를 발간했다. 이들의 연구에서 공산주의는 한결같이 질서와 전통의 파괴자로 그려졌다. 이런 인식의 밑바탕에는 소련, 중국, 북한은 나치 치하의 독일 같은 전체주의 사회이고, 그러한 사회는 일종의 병리적 사회로서 그 사회에 속한 개인들은 이념적 교화나 정치적 설득이 불가능하며 치료 또는 교정의 대상이라는 사고가 자리 잡고 있었다.[58]

이들 사회과학자들이 권력 구조를 단순화함으로써 발생하는 문제는 바로 역사적 맥락의 무시와 역사의 상실이다.

이들 보고서를 바탕으로 극동사령부 심리전부는 이에 따른 심리전 계획을 제안했다. 계획은 사회주의 개혁을 '토지개혁, 노동해방, 여성해방'

이라고 정리한 뒤, 이들 개혁이 전혀 개혁적이지 않다는 데에 초점을 맞추었다. 이로써 공산주의 신화의 허구를 폭로하는 일은 미국 심리전의 가장 중요하고 지속적 임무 가운데 하나였다. 그 신화는 공산주의가 권력을 대중에게 준다는 것이었고, 공산주의 사회는 노동자의 천국이라는 것이었다. 아래의 삐라들은 그러한 내용을 담고 있다.

극동사령부 심리전부는 북한과 중국에서 이루어진 토지개혁을 내용으로 다음 삐라들을 제작했다.

공산당이 자랑하던 '토지 분배'란 새빨건 거짓말이었다는 것이 날이 갈수록 들어나고 있다. (…) 지금 북한 농민들은 옛 지주 대신에 몇 배나 더 욕심 많은 공산당 지주를 갖게 된 것이다. 그대들은 농민에게 토지를 주었다고 하나 사실 준 것이란 종이조각밖에 없다. 왜냐하면 농민이 애써서 지은 곡식을 공산당은 무자비하게도 거이 다 빼아서가기 때문이다. (1152)[59]

토지개혁: 농민들을 노예화하는 거짓 선전이다.
소위 토지개혁 프로그램은 공산주의자의 '종이조각 개혁'의 하나일 뿐이다. 첫째, 공산주의자는 토지를 농민에게 분배했다. 이것을 완수하기 위해 수천 지주들은 쫓겨나고 국가의 적으로서 감옥에 갔다.
1950년 6월 개혁법에 의한 특별 인민재판은 공산당의 눈 밖에 난 사람, 지주나 농부들을 법정에 세웠다. 수천의 무고한 농민과 그 가족들이 이 개혁에 의해 쫓겨나고 수감됐다. 이해 연말에 두 번째 토지개혁 프로그램이 시작됐다. 집단농장화. 농민들의 땅은 국가 소유가 될 것이다. 농민에게 남아 있는 것은 세금, 기부금, 굶주림뿐이다. (7162)[60]

그림 150 _ (1183)

삐라가 분석한 토지개혁은 이러하다. 처음 토지개혁으로 토지를 분배했고 지주를 쫓아냈다. 그런데 곡물세가 제대로 적용되지 않아 농민은 생산물을 빼앗겼다. 그다음에는 집단농장화하고 농민들은 분배받은 토지마저 국가에 빼앗겼다. 결국 토지개혁의 결과 농민은 거지 또는 노예가 되고 공산당만 부자가 됐다. 따라서 삐라는 토지개혁은 종잇조각에 불과하고 공산당이 옛 지주 대신 새로운 지주가 됐다고 결론지었다. 〈그림 150〉인 삐라 1183은 '새 지주가 된 공산당'을 이미지화한 대표적인 삐라이다.

〈앞〉 새 지주가 된 공산당!

〈뒤〉 공산도배들이 부르짖는 개혁이란 지상공론에 지나지 않는다. 공산당은 농민에게 땅을 주었다. 자기 소유는커녕 죽도록 일만 해야 할 땅을 (…) 그리고 무시무시한 세금을 부과하며 강제로 성출을 시켜 집안 식구를 먹여 살릴 수도 없게 했다. **(1183)**[61]

반면 남한 농지개혁은 성공적이었다고 말했다.

남한 토지개혁 성공.

대한민국 정부는 1950년 4월 69만 7,670정보의 농토를 123만 6,558명의 소작인에게 재분배하는 새 토지개혁령을 실시하기 위하여 모든 준비를 갖추고 있었다. 그러나 이것은 6·25사변으로 일시 중지되고 말었던 것이다. 그 후 중공군의 한국 침범으로 더 곤란한 상태에 빠졌으나 1951년 3월 1일 현재로 42만 정보의 토지가 분배됐고 동년 8월 31일에는 한국 농림부장관이 그 나머지를 전부 농민에게 분배했다고 발표했다. **(2602)**[62]

위 삐라에 따르면 남한의 농지개혁은 성공해서 농민들이 잘 먹고 사는데 북한의 토지개혁은 종잇조각 개혁에 불과해서 농민들은 가난에 시달리고 있다. 그러나 일반적 평가는 삐라와 다르다.

1946년 3월 북조선 임시 인민위원회는 북조선 '토지개혁에 관한 법령'을 발표해 토지개혁을 단행했다. 북한에는 주민의 47퍼센트가 농민이었으며 농가 호수 가운데 4퍼센트인 지주들이 총 경지 면적의 58퍼센트를 차지하고 있었다. 총 농가의 약 70퍼센트는 순소작농 또는 반소작농이었으며 자작농은 약 25퍼센트에 지나지 않았다.[63] 토지개혁은 무상몰수 무상분배의 원칙에 따라 이루어졌다. 대한민국 정부는 재정을 확보하지 못했다는 구실로 농지개혁법을 미루다가 1950년 3월 국회에서 보상액과 상환액을 평년작의 1.5배로 하며 상환 기간을 5년으로 하는 농지개혁안을 통과시켰다. 조선 총독부 또는 일본인 지주 소유였던 귀속농지는 무상몰수 유상분배로, 조선인 지주의 농지는 유상매입 유상분배하기로 했지만 농민들은 땅값으로 1년에 평년작의 30퍼센트를 내야 했기 때문에 그 자체가 무거운 부담이었다.[64] 삐라 2602는 한국인의 식량소비량이 아시아 어느 나라보다 많다고 했지만 1950년대 농민은 절대빈곤에 시달렸다. 식량이 모자라는 농민들은 풀뿌리와 나무껍질로 허기진 배를 채웠다.[65] 1950년대 신문에서 가장 흔하게 볼 수 있는 기사의 제목은 '절량농가', '춘궁기' 따위의 어휘였다.

심리전부가 토지개혁과 함께 삐라의 주제로 삼은 문제는 노동해방의 문제였다. 토지개혁에 이어 북한은 노동법령과 주요 산업 국유화 법령에 따라 노동문제를 정리했다. 삐라 8272는 한 면에서 1946년과 1953년의 노동자의 날을 대비시켜 전자에는 노동자들은 통통하고 김일성과 지도부는 말라 있는 그림을, 후자는 반대의 그림을 그렸다.

그림 151 _ (8272)

그림 151-1 _ (8271)

5월 1일은 근로대중의 잊을 수 없는 명절5 · 1절이다.

1946년의 근로대중 행진 때에는 그 얼마나 희망에 불탔던가!

7년이 경과한 오늘날엔 야욕에 찬 김일성 도당들이 근로대중을 배반하고 그들을 절망으로 몰아넣었다. 김일성 도당들은 북한 근로대중의 피땀을 짜내어 배를 불리고 있다. (8272)[66]

공산 정권 아래 있는 노동자, 농민들은 소위 메이데이를 축하하기 위한 여러 가지 행사에 강제로 끌려 다녔을 것이다. 그들은 스타린과 김일성 만세를 억지로 부르지 않을 수 없었을 것이다. 공산당 도배들은 북한의 노동자, 농민들로 하여금 그들이 잘 먹고 잘 산다는 거짓 감사문을 공산 독재자들에게 보내게 했을 것이다.

자유세계 노동자들이 자유롭게 그들의 의사를 직접 정치에 크게 반영시킬 수 있다.

이와는 정반대로 북한 노동자의 상태는 한심하다. 도대체 북한의 농민과 노동자들은 얼마나 더 이러한 상태에 놓여 있어야 한단 말인가.

자유세계 사람들은 그들이 하로 바삐 공산주의 쇠사슬을 끊어버리고 자유 노동자들과 같이 메이데이를 마음껏 즐길 날이 올 것을 열망하는 것이다. (2651)[67]

이렇게 삐라들은 토지개혁과 노동해방에 대해 '허울 좋은 공산당의 개혁', '종잇조각 개혁'이라고 비판하면서 "공산당의 개혁이란 결국 노예를 뜻한다. (…) 공산당이 제아무리 허울 좋은 수작을 지껄이드라도 그들은 가장 욕심 많은 지주요 세상에 다시 없는 횡폭한 상전임에 틀림없는 것이다(1182)"라고 결론 맺고 있다.[68]

전통의 파괴

극동사령부 심리전부는 북한과 중국이 선전한 '토지개혁, 노동해방, 여성해방'에 맞서 전통의 파괴와 구축으로 대응했다.

"우리가 가지고 있던 모든 제도와 풍속과 전통을 모조리 파괴, 훼손시켰을 뿐 아니라 우리들이 도저히 견디어 나갈 수 없는 괴상한 제도와 풍습을 강요했다. 토지를 개혁하느니 노동자와 농민을 위하느니 또는 남녀의 평등을 실현하느니 하는 허울 좋은 구호를 내걸면서 그 실상은 토지를 함부로 파손시키며 노동자나 농민을 구렁으로 빠지게 하는 가혹한 착취를 감행했으며 남녀 간에 있어야 할 윤리와 질서를 무참히 유린하여 마침내 북한 전 지역에 걸쳐 수라장과 같은 추잡한 형상을 나타내고야 말았다."[69]

'수라장', '추잡한 형상'으로 표현된 '전통과 풍속의 훼손'은 가족제도에 대한 비판에서 출발했다.

1951년 10월 10일 극동사령부의 훈령에 따르면, 심리전은 공산당이 어떻게 한국 민족을 해치고 소련과 중국에만 충성하는지를 제대로 드러내야 했다. 소련의 지시를 강조하기 위해 '아시아를 위한 아시아' 같은 슬로건은 사용하지 않았다. 이 슬로건이 일본 군국주의를 연상케 하고 결국 미국마저도 외부 세력으로 여기게 하는 반미 구호에 가깝기 때문이었다. 1951년 10월 30일 제39차 계획회의는 '반일'과 종교적 주제는 피하되 토착 문화에 대한 공산당의 무례로 관심을 돌리기로 결정했다. 토착 문화에 대한 공산당의 무례는 다음과 같은 것이었다.

> 소련에는 가족이나 친척이 전부 스파이요 밀고자라는 것을 아십니까? 소련공산당 사회에는 혈연 · 혈육의 호적이라든가 족보라는 것은 하나의 휴지와 마찬가지인 것입니다. 그러기에 크라브쳉코라는 유명한 쏘련인의 수기를 보아도 자기의 안해가 될 가장 사랑하는 애인이 무서운 케페우(공산당 헌병)의 끄나풀이었든 것이라든지 북한의 한 예로는 의주군 노동당 책임자로 있든 이○○는 그의 아버지가 남한 국민회로 편지했다는 것을 고발하여 부친을 감옥에 가두게 하여 형무소 신세를 지게 한 후 그 공로로 조선상사주식회사 사장이라는 높은 자리로 출세했다는 것을 들을 때 쏘련과 공산당 사회에는 어버이와 자식이, 형제가, 지아비와 안해가, 아재비와 조카가 서로서로 마음을 줄 수 없는 스파이의 고양이와 쥐 같다는 것을 알 수 있읍니다.[70]

> 부자, 형제, 친구 사이라도 서로 마음 놓고 이야기도 못 하고, 마음껏 놀지도 못한단다. 아버지는 아들을 의심하고 형은 동생을 감시하며, 우리가 생각할 수 없을 만큼 지옥 같은 생활을 하고 있단다.[71]

공산주의가 전통적 가족 관계를 송두리째 부정한다는 내용이다. 삽화로는 머리에 뿔이 있고 꼬리가 달렸으며 삼지창을 든 악마의 모습을 한 '공산주의자'를 그려 넣었다. 〈그림 141〉인 「과학과 미신」에 그려진 모습과 비슷하다. 이러한 내용은 문교부 공인 부교재인 『반공독본』에도 이어졌다. 국방부 정훈국에서 생산된 이러한 이야기는 냉전세대라면 누구든지 학교 수업 시간에 들었다. 이 사례만으로는 토착 문화를 파괴한다는 것이 무엇을 뜻하는지 분명하지 않다. 극동사령부는 34차 계획회의에서 '가족제도의 파괴'를 심리전의 내용으로 삼자고 제안했다.

〈중국공산당의 숙청은 정치적 반대자의 제거뿐만 아니라 가족제도의 파괴에 뜻을 두었다〉
우리는 폭압적 지배로만 공산당의 숙청을 선전해왔다. (우리는) 전통적인 중국 가족제도의 영향이라는 측면에서 공산당을 다룰 것을 최근 제안했다. 유럽에서처럼 중국에도 공산주의자들은 가족 구성원 가운데 한 사람을 배신자로 이용하는 체계를 만들었다. 그러한 행위는 유럽의 정신보다 동양의 정신에 위배된다. 전통적으로 동양은 효심과 조상에 대한 존경 등으로 가족을 신성시한다.[72]

이 문제는 1951년 10월 16일 제37차 계획회의와 1951년 11월 19일에 있던 주간회의에서 더 자세하게 다루어졌다.

1951년 10월 16일 제37차 계획회의
전국적 캠페인으로 전개된 공산당의 결혼에 대한 제한은 결국 북한과 중국에서 전통적 가족제도를 붕괴시켰다. 특히 중국에서 결혼제도 변경에 대한 불만

이 터져 나왔다. 그들은 공산당이 되지 않으면 결혼 허락을 받기 어렵다는 사실을 알았다.[73]

1951년 11월 19일 52회 주간회의
주제: 아버지와 아들 사이에 자리 잡은 반공 책임
자식의 효심은 전통적으로 동양에서 강하다. 가능한 한 이 개념과 연결된 선전은 아버지와 아들, 형제 사이의 관계를 다루어야 한다. 가부장제도에 바탕을 둔 이 주제는 중국보다 한국에서 더 효과적이다.[74]

이러한 의도 아래 생산된 삐라에는 다음과 같은 내용이 실렸다.

결혼한 병사들!
당신은 공산주의자들이 새로운 혼인법을 어떻게 변화시켰는지 들었는가?
만약 아내가 당원이라면 그녀는 쉽게 이혼할 수 있다.
당신은 아내가 최근 어떻게 지내는지 들었는가?
결혼 증명서는 빨간색 '아니다'로 취소할 수 있다.
공산당원 당신의 아내. (7138)[75]

〈앞〉 서쪽으로 석양이 질 때 당신은 일을 마치고 집으로 돌아간다. 아내는 당신을 기다리고 있고 아들은 당신을 환영했다. 이것은 행복이 아닌가!
〈뒤〉 덕이 있는 사람은 가족과 직업을 가지고 있다. 결혼하고 아버지가 아들에게 이름을 주는 것처럼 당신의 도덕적 의무는 아버지에게서 온다.
경고함: 많은 사람들이 죽고 부상당하고 매일 불구자가 됐다. 어떻게 결혼하고 아버지가 되기를 기대할 수 있는가? (8589)[76]

그림 152 _ (7138)

그림 153 _ (8589)

그림 154, 154-1 _ (1320)

공산도배들은 한국 문화를 파괴한다! 어린 자식들은 몇만 리 밖 소련과 그의 위성국가로 끌려가고 자식 잃은 북한 사람들은 땅을 치며 탄식한다. (1320)[77]

공산주의자들은 어린이들의 교육을 자기 손에 넣었다. 그들은 가정교육을 말살하는 청년단을 세워 어린이의 교육을 부모로부터 빼앗었다. 공산주의자들은 어린이들로 하여금 부모를 감시하게 하며 부모의 언행을 밀고하게까지 했다. 그리하야 공산주의자들은 한국의 미덕인 효도와 가정에 화합을 깨뜨려 민중에 대한 그들의 지배력을 넓혔다. (1178)[78]

삐라 7138은 중국에서 새로운 혼인법이 만들어져 아내가 쉽게 이혼을 요구할 수 있고, 이혼이 가능하다는 내용이다. 삐라 8589는 "의무와 권리의 개념은 특히 개개 중국인에게 중요하다. 그것의 중요성은 아마도 전통의 풍속을 공격해 공산주의 프로그램을 실시한 농촌 지역에 가장 효과적이다. 많은 중국 병사는 농촌에서 온 미혼이다. 이 메시지는 결혼, 토지 지키기, 아버지 되기에 관해 비판적"인 상황을 만드는 데 목적을 두었다.

이렇게 삐라는 중국의 결혼제도 파괴, 중국과 북한에서의 아버지와 아들 그리고 남편과 아내라는 가족 관계의 파괴는 전통적 유교 문화의 배격으로 나아간다고 말한다. 〈자유세계〉 26호 사설, 「유교 문화의 배격」은 사회주의 개혁이 한국 민족의 말살과 같음을 강조하고 있다.

중국공산당 정부는 (…) 공자의 가르침을 '봉건적이요 반동적'이라는 이유로 중국 각 학교에서 가르치는 것을 엄금한 것이다. 공산주의자가 유교를 깨뜨려 부시랴는 이유는 명백하다. 이는 이 위대한 종교가 '인'(사랑)과 '의'(옳음)을 부르짖는 까닭이다. 그 반면에 공산주의는 남을 미워하고 남을 해함으로써 일삼기 때문이다. 공산주의자가 공자를 말살하여 버리려는 것과 같이 그들은 한국 민족을 말살하여 버리랴고 한다. 그들은 이 옳지 않은 전쟁에서 한국인의 몸을 깨뜨려 부시랴는 동시에 한국인의 마음까지도 꺾어버리랴고 한다. 유교와 한국 민족은 공산주의가 한국으로부터 슬어진 뒤에도 남어 있을 것이다. '시냇물이 낮어지면 바닥돌이 다시 보이는 법이다'. (〈자유세계〉 26호)[79]

삐라에 드러난 중국과 북한에서 이루어진 전통문화의 파괴로 지적된 내용이다. 중국의 가장 큰 비판 대상은 새로운 혼인법이었다. 그렇다면 삐라에서 제기된 새로운 혼인법은 중국 역사에서 어떤 위치와 의미를 가질까?

중국 여성해방의 대표적 성과는 여성의 법적 평등과 노동 참여였고 법적 권리 가운데 가장 획기적인 것이 혼인자유법안이었다.[80] 1950년 혼인법의 원칙과 결혼 조항은 다음과 같다.

제1장 원칙

제1조 강제 결혼, 남존여비, 자녀의 권익을 무시하는 봉건주의 결혼제도를 폐지하고 남녀의 혼인 자유, 일부일처, 남녀의 권리 평등, 부녀와 자녀의 합법적인 이익을 보호하는 신민주주의 혼인제도를 실행한다.

제2조 이중 결혼, 첩을 들이는 것을 금하고 민며느리를 금하며 과부의 혼인 자유에 간섭하는 것을 금하며 혼인 문제를 빙자하여 재물을 취하는 것을 금지한다.

제2장 결혼 (…)

제3조 결혼은 반드시 남녀 쌍방 당사자의 전적인 자원에 의해야 하며 일방이나 상대방이 강제하거나 제3자가 간섭하는 것을 불허한다.[81]

중국에서 새로 시행된 혼인법은 결혼을 집안 사이의 일이 아닌 개인의 선택으로 정의했고, 매매혼을 금지했으며 일부일처제를 유지했다. 일부일처제는 국가와 남성의 입장에서 보면 부자들로부터 그들이 지닌 토지와 함께 그들 소유의 여성을 빈농에게 균분한다는 평등주의적 성격을 띤 것이었으며 여성의 입장에서는 자신이 원치 않는 매매혼과 조혼을 파기하거나 새로운 대상을 선택할 수 있는 법적 근거가 됐다.[82] 그러나 혼인법이 시행되면서 "여성의 이혼을 받아들이는 것이 남자 측의 손해"이며, 혼인법 때문에 천하대란이 일어나 마누라가 이혼하고 자식이 흩어진다는 인식이 사회에 팽배해 있었다고 한다.[83]

그럼에도 중국에서의 새로운 혼인법은 일부일처제, 이중 혼인 금지, 매매혼 금지, 자유결혼, 이혼의 자유와 재산권 인정 등 봉건적 질서의 붕괴, 근대사회로의 진입을 뜻했다. 서유럽의 여성주의자들뿐만 아니라 중국이나 한국의 여성주의자들도 여성을 억압했던 봉건제도를 무너뜨리는 길로 일부일처제, 자유결혼, 매매혼 금지를 주장했다.

따라서 중국의 새로운 혼인법은 삐라 7138처럼 '노예'와 '자유세계'로 구분되는 것이 아니라 근대를 지향하는 한 모습이다. 심리전부는 이러한 모순, 곧 봉건제도를 유지하려는 전통의 강조가 결국 자기모순에 빠진다는 사실을 알고 있었다. 그렇기 때문에 1951년 11월 19일 주간회의는 "현재 이 주제의 사용은 제한하지 않지만 가능한 미래에 고려되어야 한다"고 지적했다.

중국의 경우 혼인법을 사례로 들어 전통의 파괴를 이야기했지만 북한에는 다른 면을 강조했다. "아버지-아들, 남편-아내 관계",[84] 곧 통념으로 내려오던 남성과 여성의 위치의 전변이나 가부장적 가족제도의 붕괴 따위였다. 북한은 여러 경로로 동유럽으로 고아들을 보내거나 유학의 형식으로 교육과 훈련을 받게 했다. 368쪽 〈그림 154〉처럼 이는 전통적인 '한국 문화'를 파괴하는 행위로 묘사됐다. 소련과 동유럽 국가는 한국의 전통을 위협하는 타자로 나타나며 이곳에 억지로 끌려가서 교육과 훈련을 받고 온 아이들은 북한 정권의 꼭두각시들이 되리라고 말했다. 이처럼 공산주의 소련은 하나의 외세이자 타자로서 한국의 고유한 민족주의적 전통을 위협하는 존재로 표상됐다. 삐라 속에서 공산주의는 아이들에게 억지로 주입되는 외국 문화이자 '한국 문화'의 파괴자로 등장했다. 또한 전통문화, 유교 문화를 파괴하는 주범은 소련이었다.

정책명령 65호(1951년 9월 22일)는 전통문화의 잠식이라는 주제로 이는 "소련 문화가 침입"했기 때문이라고 지적하고 있다. 소련 문화가 침입해 전통적인 중국의 결혼제도나 북한의 가족제도를 변화시켜 아버지와 아들의 위치 또는 남편의 위치를 아내와 딸이 바꾸어놓았다는 비판이다. 이렇게 침입한 소련 문화는 "헐레보라는 빵을 이렇게 벼개로 쓰다가 다시 그것을 그대로 먹고 통조림은 손꾸락으로 먹"을 정도로[85] 저열하게 취급됐다.

이러한 전통문화 침식, 미풍양속의 훼손이라는 담론은 인종주의의 강조로 전환됐다. 1951년 10월 10일 제36차 계획회의는 "소련은 중국과 한국인을 열등한 인종으로 여긴다"라는 주제를 논의했다.

> 이 주제는 미국을 향한 소련의 비난을 역선전하려 제시됐다. 여러 방법이 있는데 특히 1945년 이래 만주와 북한에서의 러시아의 약탈 따위를 선전으로 이용한다. (…)
> 소련은 중국, 북한을 착취에 적합한 열등한 인종으로 생각한다. 공산주의자 선전은 끊임없이 미국 사회는 완전히 물질적이고 문화가 전혀 없다고 주장했다.

중국인들은 러시아에서 노예노동을 하고 있다. 미국은 중국과 한국인을 높이 평가하고 그들의 문화, 전통, 역사를 높게 평가하고 있다는 것을 강조한다.[86]

이처럼 심리전에서 봉건 질서를 무너뜨리고 근대로 진입하려는 다양한 시도들이 오히려 전통문화의 파괴로 지적됐고 그러한 파괴는 문화적으로 낮은 소련의 영향이라고 말해졌다. 극동사령부 심리전부가 개혁에 대한 비판으로 제기한 전통의 파괴는 결국 문화를 이해하는 데 선험적인 열등/우월이라는 잣대를 들이대고 여기에 인종주의와 민족주의를 결합시켰다. 결과적으로 문화의 우열성 강조는 인종주의 논리로 빠질 수밖에 없음을 알려준다.

전통의 구축

삐라 속 북한과 중국이 소련의 열등한 문화를 받아들여 전통문화를 파괴했다면 유엔은 오히려 무너진 전통을 새로이 세워야 했다. 전통의 구축은 여러 가지가 있을 수 있는데 그 가운데 하나는 서유럽의 기독교 문화처럼 종교적 제전과 습관들을 이용하는 방식이었다.[87] 그러나 한반도에는 기독교인이 너무 적어 기독교 교리를 심리전에 이용하기에는 그 효과가 의심스러웠다. 극동사령부는 종교 대신 토착 문화를 강조하라고 했고, 그래서 찾아낸 것이 "한 시조–한 피–한 민족"라는 '단일민족' 담론이었다.

극동사령부 심리전부는 '단일민족' 담론을 정치적 통일국가를 향한 길로 계획했다. 심리전부는 북한과 남한 사이의 정신적이고 감정적인 유대를 극적으로 묘사하려 이 담론을 지지했다.

그림 155 _ (1102)

그림 156 _ (1103)

그림 157 _ (1210)

그림 158 _ (8304)

239쪽 〈그림 112〉인 삐라 1089에는 "모든 한국인의 시조 단군은 한국 산천에서 그의 신도와 함께 바라보고 있다"는 설명이 있다.

삐라 1089뿐만 아니라 삐라 1102, 삐라 1103, 삐라 1210, 삐라 8304는 모두 단군을 소재로 다양한 모습을 그리고 있다. 삐라 1102는 태극기 앞에서 자기의 잘못을 뉘우치고 몰려온 북한군들을 맞고 있는 단군이며, 삐라 1103은 한반도 위에서 한국군과 북한군이 손을 맞잡고 있고 단군이 그 손을 어루만지고 있다. 삐라 1210은 광채가 나는 빛 사이에 단군이 있고 그 빛을 따라 갓 쓴 노인, 쪽진 머리를 한 중년 여성을 비롯해 다양한 사람들이 찾아오는 그림이다. 이들 삐라는 모두 극동사령부 심리전부에서 제작됐다. 〈그림 158〉인 8304는 앞의 그림들과 다르게 숲 속에 나타난 단군의 모습을 그리고 있고 옷이라든가 어깨 두른 것들이 모두 익숙한 단군상의 모습을 나타낸다. 이는 8군사령부에서 한국인의 의견을 수용해 제작한 삐라이다.

> 〈앞〉 한 시조–한 피–한 민족!
>
> 〈뒤〉 한 시조–한 피–한 민족!
>
> 부득이 공산군에 가담한 한국 장병 제군에게
>
> 한국 사람들은 누구나 그 조국 역사에서 배운 가장 중요한 교훈을 잊지 않을 것이다. 즉 **배달민족의 시조 단군의 피로써 뭉친 한국인은 서로 사랑하며 의좋게 살아야 하는 것이다.** (1103)[88]

'한 시조–한 피–한 민족'은 단군을 불러오는 데 그치지 않았고 역사적 인물을 불러오면서 더욱 구체화됐다.

그림 159 _ (8289)

그림 160 _ (8376)

서기 645년에 당나라 태종 이세민은 수륙 30만 명의 대군으로 고구려를 침범했다. 고구려 명장 연개소문 장군은 안시성에서 당나라 군사를 맞아들여 싸웠다. 이세민은 맹열이 공격했으나 안시성은 떨어지지 않을 뿐만 아니라 진두지휘하던 이세민의 왼쪽 눈알에 연개소문 장군의 화살이 박히고 말았다. (…) 이세민은 날세가 추어졌다는 구실로 드디어 퇴군했다. (8289) [89]

화랑의 핏줄을 받은 여러분! 여러분은 신라가 삼국을 통일한 영예를 가지고 있지 않읍니까? 이 지구에서 태어난 여러분의 선조는 가장 용감했읍니다. 선조에 지지 않게 나라를 사랑하는 여러분! 빨갱이를 소탕하고 조국의 통일을 앞둔 오늘날 어찌 선조들의 용감성에 뒤떨어질 수 있겠습니까? (8376) [90]

360년 전에는 왜적에 맞서 싸웠는데 오늘날 우리 민족은 동족끼리 살상케 하고 동포끼리 싸우게 하는 공산당의 침략을 받고 있는 것이다. (1146) [91]

애국선열들이 피로 물들인 3·1정신을 계승하야 배달민족은 다시 한번 태극기 아래 모여 한국 통일독립을 위하여 싸우지 않으면 안 될 것이다. 기미년 독립정신을 살리자. 통일독립 만세! **(1284)**

삐라는 남한과 북한이 '한 시조-한 피-한 민족'임을 강조하려 역사 속 인물인 연개소문과 화랑, 이순신을 끌어온다. 고구려의 연개소문은 오랑캐를 물리쳤기에, 신라의 화랑들은 삼국을 통일했기에, 이순신은 왜적에 맞서 싸웠기에 한 민족의 자랑이며 이러한 민족정신은 3·1정신으로 계승됐다고 말했다.

이 같은 심리전 프로그램에 따라 심리전부는 3·1절을 맞아 '애국심 계획'을 수립했다. 이 계획은 다음의 세 가지 원칙에 따라 수행됐다. "첫째, 한국인의 애국적 정신을 고조시킨다. 둘째, 한국의 통일과 독립운동을 유엔과 일체화시킨다. 셋째, 한국 전통과 관련되어야 한다." 이 가운

그림 161 _ (1146)

데 세 번째 원칙과 관련된 한국 전통으로는 다음의 것들이 포함됐다.

> 한국은 천문학, 미술, 문자, 조선술, 마차와 같은 많은 분야에서 세계의 개척자였다.
> 자유세계는 한국 문화를 자랑하는데 소련 제국주의는 한국을 무시하는 것과 대비시킨다.
> 한 민족의 아버지 단군 그리고 모든 한국인의 형제애.[92]

삐라 속에 등장한 역사적 인물들은 곧 대한의 아들과 딸로 호명하는 방식으로 이어졌다. 북한군과 한국군은 이제 대한의 아들과 딸, 한 가족으로 불렸다.

> 이순신 장군과 을지문덕 장군의 거룩한 피를 받은 동지들이여! 이 사실을 다른 동지들에게도 말해서 우리 민족은 다 같은 피를 나누고 있다는 것을 인식시키십시오.
> 과거 우리 조국에 탄압이 심해졌을 때마다 용감하게 일어나 자유를 부르짖으면서 탄압을 무찌른 것은 바로 이순신 장군과 을지문덕 장군의 피를 받은 동지들 중에서 일어난 애국자였읍니다. **(8157)**[93]

점점 삐라에서 "단군 자손이 왜 소련을 위하여 죽는단 말인가!(8251)"[94], "한겨레에 다 같이 조국을 받들자! 인민군 동지들이여! 그대들도 단군 할아버지의 한 핏줄기다!"(8287)[95], "단군 할아버지의 한 핏줄기여!"(8292)[96], "겨레여! 부르신다, 단군 할아버지는."(8304)[97]같은 구호를 만나기 어렵지 않았다.

설사 누가 나쁜 일을 하고 온 세상 사람들이 그를 미워해도 그 어머니 그 안해의 사랑은 변함없다. 온 세상이 그를 버려도 집안 식구만은 그를 따뜻이 대우할 것이다. (…) 이 고향은 조국이고 이 집안 식구는 한국 백성이다. 단군으로부터 한 피를 나누어 3·1운동을 통하야 한 피를 흘린 이 제군의 동포들은 무한히 제군이 돌아오기를 기다리고 있다. 지나간 일은 다 지나간 일이다. 누구나 잘못할 수 있다. (…) 조국과 동포들은 제군이 돌아올 때 형제 같은 우애와 어머니 같은 따뜻한 정으로 반가이 마지할 것이다. (〈자유세계〉 55호)[98]

사실 역사의 신화화는 국가사회주의의 특징으로, 먼 과거에 대한 기억과 앞으로 도래할 웅대한 미래에 대한 희망을 부르짖는 이면에는 현재의 불안정하고 진부한 일상생활을 숨기고 있다.[99] 파시즘 미술의 공통적인 요소는 과거와의 연속성을 환기시키는 데 있다.[100] 한국 현대사에서 '한 시조―한 피―한 민족'이란 단일민족 담론은 전쟁 전 일민주의 이데올로그들에 의해 자본주의도 사회주의도 아닌 제3의 길을 모색하고 전 사회적 동원 체제를 구축하려는 과정에서 제기됐다. 비록 민주주의를 표방했지만 기독교를 앞세울 수 없었던 극동사령부는 '한 시조―한 피―한 민족'이라는 단일민족을 강조하고 국가사회주의의 전략을 채택하는 길로 나갔다. 그리고 단일민족을 환기시키는 장치로 연개소문, 을지문덕, 신라의 화랑들, 이순신 같은 과거 전쟁 영웅들을 불러냈다. 이들의 호명은 '한 시조―한 피―한 민족'이 단순한 구호가 아니라 남한이든 북한이든 동일한 역사적 기원을 갖고 살아가는 자손임을 상상하고 인식하게 한다. 그것이 미국이 표방하는 이데올로기적 지향은 아닐지라도 전쟁의 승리와 미국의 이익에 도움이 된다면 주저 없이 심리전의 주제로 채택됐다.

05 소련 제국주의의 디자인과 그 꼭두각시들

'공산 정권'이란

냉전세대들은 오랫동안 북한과 중국에 대해 적대적인 이미지와 상징 그리고 증명되지 않은 소문들을 배워왔다. 소문들은 중국 광둥 소식을 "하두 많은 가난뱅이, 지독히 많은 굶어 죽어가는 사람, 굉장히 많은 행상인, 무지무지하게 많은 세금, 헤아릴 수 없이 많은 죄수, 너무도 많은 문 닫은 전방廛房, 놀랠 만하게 많은 헌 것들, 수없이 많은 실직자들, 끔찍하게 많은 로서아 사람"으로 알린 〈자유세계〉 56호의 내용과 크게 다르지 않다.[101]

북한과 중국에서 생산한 삐라는 토지개혁과 노동해방, 여성해방 같은 사회주의 개혁을 알리고 있다. 이는 한국군의 병사들이 대개 가난한 농민 출신이라는 사실을 감안하면 상당히 효과적인 정치 선전이었다. 또한 북한국과 중국군도 대개 가난한 농민 출신이었기에 내부의 결속을 유지하는 데도 도움이 됐으리라. 이에 맞서 극동사령부 심리전부는 북한과 중국에서 진행된 토지개혁을 비롯한 사회주의 개혁이 모두 종잇조각에 불과하다고 선전했고 사회주의 혁명이 오히려 한국의 고유한 전통을 파괴했다고 주장했다. 대신 '한 시조-한 피-한 민족'을 강조했다. 그런데 심리전과 연관된 미국의 연구 기관들이 공통적으로, 집중적으로 행했던 연구가 북한과 중국의 사회주의화에 대한 분석이었다. '공산 정권'이라는 북한과 중국에 대한 정의定義는 삐라에도 거듭해 실리는 중요한 주제였다. 그렇다면 삐라는 북한과 중국을 어떻게 정의하고 있는가?

그 정의는 한두 마디로 끝나지 않고 북한과 중국에서 이루어진 다양한 변화들에 대해 내려졌다. 대표적 삐라가 삐라 7164이다. "모든 자유로부터 거부됐다"라는 삐라 7164는 '공산 지배 아래 자유의 상실'이라는 제목으로 '공산 정권'을 이렇게 설명하고 있다.

공산당 지배 아래 인민의 자유는 거부됐다.

공산 정권은 인민의 일상생활을 지배했다. 개인의 자유와 복지를 거부하고. 공산 지배 아래 인민은 국가만을 위해 존재하고 국가는 인민을 위해 존재하지 않는다.

* 아이들은 체제의 스파이이다

공산주의자는 중국의 전통 가족 체제를 파괴한다. 공산당에 의해 조직된 '새로운 민주주의 청년연맹'이란 아이들 군단은 중국 가족을 파괴하는 무기로 사용됐다. 일찍이 아이들은 그들의 부모 밑에 자라는데 더 이상 부모는 그들을 통제할 수 없다. 대신 아이들은 가족들의 스파이 역할을 하고 어떠한 형태이든 반공反共 감정이 표출되면 이를 보고했다. 공산당에 의해 잘못 인도된 아이들은 결국 부모를 축출하고 감옥에 보낸다.

* 새로운 결혼법

공산당은 중국 사회질서를 파괴하기 위해 새로운 결혼법을 만들었다. 수천 과부들은 그들이 그들의 바람과 반대로 결혼을 해야 할 때 자살을 했다.

* 인구 등록부

공산주의자는 가족 구성원의 이력을 상세하게 적은 인구 등록부를 유지해 개인을 억업했다. 게다가 5인 가족을 묶어 서로 이웃을 감시하게 했다. 이것이 인구를 통제하는 방법이다. 인구 등록부에는 3계층으로 분류되어 있다. 하나는 명예로운 시민, 다른 하나는 군인, 공산당원 관료 그리고 소위 애국자이며 세 번째는 감시 대상(블랙리스트)이다. 이들 감시 대상은 자주 부역을 해야 되고 끊임없이 정치 교양에 참가해야 한다.

* 여행

특별히 허락받지 않으면 사람들은 한 마을에서 다른 마을로 여행할 수 없다. 더구나 감시 대상에 포함된 사람들은 이웃들이 안전하다고 보증하지 않으면 어느 곳도 여행할 수 없다.

* 직업 선택

공산당 지배 아래 인민은 직업 선택의 자유가 없다. 학교를 졸업하면 지위나 임금을 고려하지 않고 공산당에 의해 할당된 직업에 종사해야 한다. 공산당은 직업을 할당할 때 친구들과 친척, 남편과 아내를 떨어뜨린다.

* 교육

공산 정권 아래에서 중국 교육자는 새 임무를 받았다: 공산주의를 교화한다. 공산당은 학교 체계를 완전히 바꾸었다. 많은 학교에서 공산주의자는 학생이든 교장이든 교사든 가리지 않고 절대적 권력을 행사했다. 젊고 순수한 학생들에게 행하는 정치적 교양은 집에서는 그들의 부모를 고자질하게 하고 학교에서는 선생님들을 감시하게 했다. 공산 정권 아래에서 교육은 공산 이데올로기 교양 이외에 아무것도 아니다.

* 공산주의자는 언론기관을 통제한다.

공산주의자는 독자적 뉴스, 신문을 막는다. 공산당 선전지만 있다. 그 목적은 진실로부터 사람들을 유리하는 데 있다. 공산당의 선전은 인민에 대한 정부의 부패를 속이는 데 있다. 그들은 한국전선에서 중국군의 실패를 왜곡한다. 그들은 중국군의 사상자 수를 왜곡한다.

* 편지

공산주의자는 집에 편지조차 쓰지 못하게 한다. 당신은 편지에 고통당하는 현실이나 진실을 쓸 수 없다. 편지는 종종 취소된다.

인민군대내 비당원 동지들이여!
그대들은 당원이 되고 싶지 않은가?
조선로동당
당원증
(앞으로 교환할것)
№137851
성명 박 홍 석
생 1918년 3월 15일
입당 1946년 8월 12일
당증을수여한기관 조선 인민군 총사령부 정치국
박 홍 석
8월24일
8409

그림 162 _ (8409)

* 모든 자유를 잃다

공산주의자는 인민 개개인의 자유를 빼앗았다. 공산당의 선선은 당신이 인민을 착취하고 인민의 재산을 강탈하는 진실에서 배울 수 없도록 했다.

공산당을 반대하라! 러시아에 저항하라! (7164)[102]

삐라 7164에 등장하는 '공산주의 사회'는 한마디로 자유가 없고 극단적으로 통제된 사회이다. 전통적 가족제도의 파괴로 아이들은 부모의 통제를 벗어나게 됐고 과부들은 자살에 이르렀다. 사회적 이동, 여행, 편지 왕래, 직업 선택 같은 개인의 자유가 박탈되고 언론기관은 통제되고 교육은 공산주의 이념의 선전장이 된 사회라 말한다. 이 삐라는 북한과 중국에서 시행된 사회주의 혁명에 대한 미국의 총체적 평가이다.

삐라에 등장하는 북한과 중국 사회에 대한 평가는 대부분 통제와 억압, 착취로 가득 차 있는 부정적 내용이었다. 미군의 삐라에는 김일성, 마오쩌둥, 스탈린을 희화화한 삽화들이 자주 등장한다. 이는 북한국과 중국군을 지휘하는 최상층부에 비난을 집중해 병사들의 도망, 투항을 유도하기 위해서였다. 그러나 이런 삽화보다 더 자주 삐라에 등장한 이미지는 공산당원, 또는 공산주의자 일반을 희화화한 삽화이다. 삐라 속 공산주의자는 매우 뚱뚱한 모습을 하고 있다. 이는 공산주의자가 인민을 위하는 체하지만 결국 탐욕스레 인민을 착취하고 있다고 알리는 데 목적이 있다. 삐라 8409를 계획하면서 심리전부는 삽화에 "뚱뚱하고 돼지 같은 공산당원을 스케치"했다는 설명을 덧붙였다.

백성들은 곤궁에 빠져 있는데 공산당 관리들은 환락에 취하고 있다.

보라! 오늘날 북한에서는 공산당이 무시무시한 세금을 백성들에게서 빨아내며 먹을 것이 없어 허덕이는 사람에게서도 공출을 강요하고 있지 않은가. 이 모든 성출이야말로 북한인민군의 무기와 식량과 의약품을 공급하기 위한 것이라 하면서 (…) 그러나 북한인민군 장병들은 이것이 거짓말이라는 것을 잘 안다. 그들의 영양분 없는 음식과 무기 등의 부족은 이 사실을 명백히 증명하고 있다. 그러면 백성들이 굶주려가며 바친 세금과 곡식은 다 어데로 간단 말인가? **(1181)**

성출–이 말은 공산당들이 한국 백성으로부터 도적일 하는 자기네 행동을 감추기 위하여 맨들어낸 말이다. 공산주의 독재정권 아래서는 소위 '성출'만 자꾸 늘어가고 있다. 그들은 쌀과 돈만이 아니라 여러분의 목숨까지도 성출하라고 한다. **(1156)**[103]

삐라에서 공산당원은 거짓말쟁이, 파괴자이자 학살자이며 부패와 무능의 상징이다. 삐라 1181은 흑백과 컬러로 대비시켜 공산당원의 부패를, 삐라 1156은 농민을 착취하는 공산관료를 그렸다. 이런 이미지를 적

그림 163 _ (1181)

그림 164 _ (1156)

절하게 묘사한 삐라가 삐라 1299인데 이 삐라는 북한 인민, 김일성, 소련 '상전'을 등장시켜 북한 정권의 성격을 함축적으로 설명하고 있는데 공산주의자를 뚱뚱하게 그려 공산 정권에 대한 북한인의 불만을 묘사했다는 설명이 붙어 있다.

사실 대상이 중국이든 북한이든 극동사령부 심리전부나 8군사령부 삐라들이 담아낸 공산주의 비판의 내용들은 한국의 냉전세대들에게는 매우 익숙하다. 그 내용들이 어려서부터 교육받고, 이야기 듣고, TV나 영화로 반복해 보아온 것들이기 때문이다. 이와 함께 공산주의 사회 비판에서 빼놓을 수 없는 내용은 '자아비판'과 관련된 것들로 삐라에서도 이를 여러 차례 다루었다.

그림 165 _ (8650)

그림 166 _ (8665)

삐라 8626, 삐라 8650은 중국군을 대상으로 한 "3번의 자백과 1번의 심사三交一評" 운동을 폭로하는 시리즈이다. 3교1평은 개인사, 사회적 관계, 정치적 신념 따위를 자아비판하고 심사를 받는 것으로 삐라는 이를 노예를 만들려는 술책이라고 한다.

> 비판을 당하거나 자기비판을 하는 것은 정신적 노예가 되는 것이다!
> 여러분은 말할 수 없는 수치를 당하고 있다!
> 이것은 다 로동당 때문이다! (8421)[104]

삐라 8626은 공산 지배 아래서 사람들이 바보, 노예, 충성스런 시민이 된 것은 '뇌를 씻어'내기 때문이라고 말한다. 뇌를 씻어내는 일, 곧 세뇌는 3번의 자백과 1번의 심사라는 형태로 진행됐다고 삐라 8650은 밝히고 있다. 세뇌 과정은 〈그림 166〉인 삐라 8665처럼 수치스럽고 치욕적인 행위로 이미지화됐다. 옷 한올 걸치지 않은 병사를 둘러싼 다른 병사들이 그에게 '출신 성분, 사상 여부'를 캐묻는다. 삐라는 자아비판이 이처

그림 167 _ (8421)

럼 치욕적인 행위라고 알렸다.

삐라에서 드러난 미군의 심리전은 자본주의 체제, 미국의 우월성을 말하는 대신에 사회주의 개혁의 열등성, 폭력성, 모순을 드러내는 방식으로 진행됐다. 이는 단순히 적을 분열시키고, 사기를 떨어뜨리는 데 그치는 것이 아니라 전쟁이 끝난 뒤 살아남은 사람들의 의식 속에 광범위한 흔적을 남길 수 있는 내용들이다. 이러한 심리전이 북한군과 중국군 병사들에게 얼마만큼 효과적이었는지 증명하기는 힘들다. 그러나 적어도 삐라들이 담아낸 공산주의 비판의 흔적은 그대로 살아 전쟁 뒤 한국 사회에 그 흔적을 남겼다. 한국 사회가 공산주의를 비판하는 방식이나 내용은 삐라의 그것과 완전히 닮았으며, 자본주의 체제의 우월성이 단지 공산주의의 비판만으로도 얻어지는 현실 또한 그러하다.

'공산' 국가 사이 관계—중국과 소련의 착취

극동사령부는 심리전의 중요한 내용의 하나로 인종과 민족 문제를 이용했다. 인종과 민족 문제는 개인의 심리뿐만 아니라 집단적 심리를 조종하는 고리이다. 따라서 나치도 일찍부터 이 문제를 선전에 이용했다. 미국은 전쟁 동안 '한 시조—한 피—한 민족'이라는 단일민족을 강조하는 한편 중국과 소련의 착취라는 내용으로 민족 문제를 제기했다. 중국과 소련의 착취는 사회주의 국가 사이의 지배—피지배 관계를 뜻하기도 한다. 삐라는 자유세계가 국가 사이의 자유로운 결합이라면 '공산세계'는 제국—식민지의 관계라고 끊임없이 지적했다.

중국의 착취는 크게 전방과 후방이라는 지역으로 구분됐다. 전방에서의 중국의 착취는 북한군의 생명에 대한 착취였다. 삐라 1040은 중국군은 안전지대에 있으면서 북한군을 최전방에 내세우고 있다고 말한다.

> 중공군은 이미 북한군을 지배하고 있다. 중공군 사령관들은 북한 병사들을 선봉대로 이용하여 수많은 사상자를 낸 후에 북한을 노예화하려고 한다. 만일 그대가 조국을 사랑한다면 삼천리 반도 금수강산을 소련과 중공의 손에 너으려고 싸우지는 않을 것이다. (1040)[105]

그러나 중국의 착취에 대한 가장 효과적인 표현은 삐라 1040이 아닌 '쌀은 중국으로! 한국은 빈 밥그릇?'이라는 구호에서 드러나듯 후방에서의 착취였다. 다음의 삐라들은 그런 모습을 잘 보여준다.

> 〈앞〉 소위 중공의 원조란 이것인가?
> 뭐 쌀이 없어? 잔소리 말고 어서 밥 지어!
> 닭 잡아 볶아! 돼지도 잡아라. 오늘 밤 덮고 잘 이불 마련해라!
> 〈뒤〉 여러분은 작년에 이러난 원산사건을 아는가?
> 쌀 창고를 지키던 중공병이 하다못해 쌀을 구걸하려온 원산 시민들을 무자비하게도 쏘아 죽이고 만 것이다. 도대체 창고 안에 싸였던 쌀은 누구의 것이었던가? 여러분이 땀을 흘려 만든 그 쌀 아닌가? (1281)[106]

> 중공군은 한국의 쌀이며 나무와 같은 귀한 물자를 빼앗고 그 대신 이와 같은 종이조각을 주고 있다.
> 대체 이 종이조각이 무엇인가? 이 영수증이 무슨 값이 있는가?
> 한국 사람은 어리석게도 이런 쓸데없는 종이조각을 가지고 나종에 값을 받을 생각을 안할 것이다. (1060)[107]

그림 168, 168-1 _ (1281)

그림 169 _ (1065)

그림 170 _ (1075)

삐라 1281은 후방에서 중국군이 북한의 식량을 약탈하는 내용과 삽화이다. 삐라 1060과 1065는 징발 영수증을 주고 쌀을 가져가는 행위를 희화화했다. 전방에서 북한군 병사가 아무리 열심히 싸워도 후방의 가족들은 중국의 식량 징발로 굶으리라는 메시지이다. 삐라 1281에는 중국 병사가 원산에서 음식을 얻으려는 시민을 죽이는 장면을 보여줌으로써 북한 시민이 중국군에게 증오심을 갖도록 하는 데 목적이 있다는 설명이 붙어 있다. 중국군이 후방의 식량을 약탈한 까닭을 설명하는 삐라가 1075이다.

중공 정부는 백만 톤 이상의 쌀을 외국으로 보내고 있다. 중국은 흉년으로 쌀이 대단히 귀하므로 이제부터는 일층 더 한국 사람의 쌀을 빼앗어 공산군을 먹이게 될 것이다. **(1075)**

이 모든 상황은 결국 북한이 중국의 식민지로 전락하는 길로 말해졌다. 삐라 1114는 먹을거리가 없어 길거리로 나온 여성과 젖먹이 아이의 비참한 정경을 묘사했지만 등 뒤에 있는 중국군은 이런 상황에는 전혀 관심이 없다. 이것이 바로 후방의 상황이고 북한의 미래라는 뜻이다.

〈앞〉 북한, 중국의 식민지? 자유의 나라?

〈뒤〉 한국의 중국 식민지화!! 이것이 중국이 오랜 세월을 두고 꿈꾸던 야망인데 오늘 중공이 한국전쟁에 참가한 목적이 여기에 있는 것이 아닌가? 제군들은 이 질문에 자문자답해볼 필요가 있다.

그림 171 _ (1114)

1. 중공이 한국전쟁에 개입한 뒤로 왜 그들은 군사작전권을 가지려고 하는가?
2. 중공군이 한국에 들어온 뒤로 왜 그들은 이면에서 북한 정부를 지배하려 하는가?
3. 중공은 이면에서 왜 휴전회담까지도 자기네들의 의견대로 하려고 하는가?
이러한 질문에 대한 대답은 오직 하나밖에 없을 것이다. 즉 중공은 그 오랫동안 꿈꾸던 계획-한국을 자기네 식민지로 만들자는-을 실현시키려고 하는 것이다. **(1114)**[108]

여기에 민족주의를 첨가해 중국군에 대한 적대감을 고조시켰다. 민족적 감정의 고조는 8군사령부의 '에리스Eris' 계획의 하나로 "중국인은 북한 시민을 저급문화와 관습을 갖고 있는 것처럼 대한다"고 믿게 하는 삐라를 제작했다.

인민군 동지들이여! 중공군이 속으로는 그대들 북한 인민들을 멸시하고 있음을 아는가?
중공군과 북한 인민은 굳게 뭉쳤노라고 김일성이와 모택동이는 큰소리를 치지마는 이것이 거짓말인 것을 그대들은 잘 알 것이다.
소위 '해방자'로 우리 땅에 나타난 중공군은 '정복자'로 변했다. 북한을 지배하고 있는 것은 중공군이며 전쟁을 쓸데없이 끌고 있는 것도 그들이 아닌가!
북한은 인구가 900만밖에 안 되는데 중국은 인구가 5억이나 되고 땅이 넓다고 해서 중공군은 그대들을 멸시하는 것이다. 이것이 동지애란 말인가?
잊어버렸는가! 우리나라를 쳐들어온 중국을 우리 조상은 일곱 번이나 물리쳤다. 이것은 뚜렷한 사실이 아닌가! 인민군 동지들이여! 중공군 친구들은 그대들이 겁쟁이가 되어서 변변히 싸우지도 못한다고 저희끼리 수군거리는 것을 아는가? 그러면서도 자기네는 편리한 서부 평야 지대를 맡고 그대들은 싸우기 힘든 동부 산악지대로 몰아내지 않았는가! (8322)[109]

삐라 8322는 중국군을 크게 그리고 북한인들을 작게 그려 중국군이 북한인들을 조롱하고 비웃는 모습이 눈앞에 보이는 듯 배치했다.

후방에서의 중국군의 착취와 관련된 삐라의 공통점은 여성과 아이들의 등장이다. 북한 여성과 아이들은 한결같이 찢어진 옷을 걸치고 쑥대머리에 비쩍 마른 모습을 하고 있다. 보호의 대상인 여성과 아이들을 그려 이를 북한군에게 환기시키려는 의도이겠지만 전쟁 동안 여성이미지는 이러한 형태로 정착됐다.

그림 172 _ (8322)

삐라를 통해 말해진 북한과 중국의 관계는 전후방으로 나누어 설명했다. 전방에서는 북한군만 선봉대나 위험지역에 배치했음을, 후방에서는 식량 약탈로 북한과 중국의 관계를 설명했다. 그리고 이를 중국의 착취라 말했다.

그런데 삐라 속 북한과 소련의 관계 설명은 다른 형태로 이루어졌다. 소련의 착취는 중국처럼 선봉대나 식량 약탈이 아니다. 중국군은 북한 영토에서 보이는 존재이지만 소련군은 보이지 않기에 중국군처럼 식량 약탈이나 선봉대로 말할 수 없었기 때문이다. 대신 제국주의로서의 소련 이미지를 다양한 방식으로 제기했다.

소련을 제국주의로 정의하는 심리전은 해방자계획으로 잘 드러났다. 이 계획은 러시아가 한국을 해방했다는 공산주의 신화를 깨트리는 데 목적이 있었다.

"소련은 단지 한국과 만주를 얻기 위해 전쟁에 참가했다. 그들은 자신들의 괴뢰 정부를 세웠다. 유엔 지지로 세워진 한국은 공산주의 아래 있는 북한과 반대였다. 매체는 러시아와 괴뢰들을 향한 반감을 일으키는 데 집중해야 한다. 왜냐하면 그들은 일찍이 일본 군국주의자와 함께했으며 한국을 식민지로 유지하면서 소련 혹은 중국 위성국으로 이끌려고 지금 노력하고 있기 때문이다." 해방자계획의 목적은 "첫째, 한국 독립은 일본의 패배를 원하는 동맹국에 의해 자연스럽게 주어졌다. 소련은 단지 무의미하고 자기본위의 역할만 했다. 둘째, 러시아의 점령은 북한에서 고통과 비참 이외에 가져온 것이 없지만 연합국의 일부인 한국은 민주주의적 정부와 경제적 진보를 가져왔"음을 강조하는 데 있었다.[110]

극동사령부는 소련을 제국주의라 부를 때 주의 사항도 함께 지시했다. "일본 제국주의란 용어는 필요할 때에만 사용한다. 공산주의가 제국

그림 173 _ (1096)

그림 174 _ (1141)

주의와 일치한다고 말할 때만 언급되어야 한다. 그러한 참조는 군사적 충돌을 분명하게 말할 때만 제기되어야지 일반적으로 일본인에게 적용되어서 안 된다." 이는 거의 모든 한국인에게 제국주의란 곧 일본 제국주의로 받아들여지기 때문이었다.

> 친애하는 동포들이여! 공산당들은 입으로는 늘 한국의 독립과 통일을 말하고 있다. 그러나 사기한 김일성은 북한에 있는 다음의 세 중요 항구의 지배권을 주어 로서아 공산당에게 팔아먹고 말었다.
> 청진, 라진, 웅기.
> 로서아 공산당이 우리 도시를 지배하고 있는 한 어찌 우리가 조국의 독립과 통일을 바랠 수 있으랴!! **(1141)**[111]

조약 조인의 공식기록. 이 조약으로 로서아와 중공은 (…)

북한의 국토와

북한의 공장과

북한의 광산의 사실상 주인이 됐다.

그리하야 그들은 북한의 지배자가 된 것이다.

북한 군대까지도 이 외국 사람들의 명령을 받아 조국을 식민지화하고 있다.

(1157)[112]

공산주의는 한때 자유로웠던 체코, 폴랜드, 르마니아, 기타 여러 나라를 이와 꼭 같은 운명에 빠뜨리고 만 것이다. 이번에는 로서아 공산당이 한국을 자기네 노예 국가로 만들려고 하고 있는 것이다. **(1165)**[113]

〈그림 173〉인 삐라 1096은 소련이 한국전쟁의 배후라고 표현한다. 삐라 1141과 삐라 1157은 항구와 광산을 비롯한 각종 시설의 지배권이 소련에게 있다는 내용이다. 결국 소련은 중국처럼 식량만 약탈한 것이 아니라 영토의 일부를 나중에는 전 영토를 지배하려는 의도가 있음을 표현한 삐라가 〈그림 176〉인 삐라 1165이다. 결국 이들 삐라는 소련을 제국주의 국가로 이미지화하고 있다.

이 내용을 함축적이고 시각적으로 표현한 삐라가 삐라 1187과 삐라 8284이다.

공산당은 이번 전쟁이 한국의 독립을 위한 싸움이라고 속인다. 북한 괴뢰정부는 전 한국을 로서아의 속국으로 만들기 위하야 북한공산군 병사들을 대포 밥으로 쓰고 있는 것이다.

그림 175 _ (1157)

그림 176 _ (1165)

이 사실을 보라!

1. 로서아는 북한 정부로 하여금 강제로 폐물에 가까운 병기를 사게 하고 그 대신에 북한 백성들에게 절대로 필요한 식료품과 원료를 가져가고 있다.

2. 로서아의 지시에 의하야 북한 괴뢰정부는 한국의 찬란한 고유문화를 말살해 버리고 열등한 로서아 문화를 대신 부식시키고 있는 것이다. **(1187)**[114]

소련에 받치는 북한 인민의 애국적 헌납

김일성이 소련에게 이런 것을 받쳤다.

1. 74만 명의 사상자

2. 수천만 톤의 쌀

3. 수천만 톤의 광물

4. 북한 인민들의 자유

스탈린은 북한에 이런 것을 주었다.

1. 노동자와 사무원에게 밀가루 두 키로그람(1952년 5월 1일)

2. 폐물화한 무기

3. 아름다운 강토에 파괴

4. 굶주림, 노예 생활, 죽음 **(8284)**[115]

이 두 삐라는 소련의 착취가 영토를 장악하고, 전쟁을 지원하고, 그로 인해 강토를 파괴하며, 북한 인민들에게 굶주림과 노예 그리고 죽음을 가져왔다고 한다. 따라서 중국의 착취를 말했던 삐라와는 삽화의 배치 방식에 차이가 있다. 〈그림 173〉부터 〈그림 176〉은 한국전쟁의 배후이자 책임자로 스탈린의 모습을 한 소련을 그리고 있다. 〈그림 177〉과 〈그림 178〉은 소련이 한국전쟁으로 얻는 이득이 무엇인지 그리고 북

그림 177 _ (1187)

그림 178 _ (8284)

한이 소련에게 구체적으로 무엇을 제공하는지 따위의 문제를 스탈린과 김일성이라는 두 나라의 지도자의 모습을 등장시켜 설명하고 있다. 곧 중국과 북한의 관계는 중국군과 북한 여성 · 아이들로 대비됐다면 북한과 소련의 관계는 스탈린과 김일성이라는 두 지도자의 주종 관계, 음모로 표현됐다. 그리고 이 삐라들이 표현한 스탈린과 김일성의 이미지는 오랫동안 한국 사회를 지배했다. 한국 사회에서 오랫동안 북한 정부와 조선노동당의 호명은 괴뢰도당이었다. 이는 김일성과 북한지도자들이 소련의 앞잡이라는 의미로 삐라들이 표현했던 방식이다. 스탈린과 소련 지도자들은 흑막 속의 인물들, 앞잡이를 내세워 북한 주민을 착취하는 흡혈귀로 묘사되곤 했는데 이 또한 삐라의 표현 방식이었다.

결국 '해방자계획'을 비롯한 극동사령부와 8군사령부의 심리전은 처음 의도했던 목적을 남한 사회에서는 충분히 달성했다. 전쟁 뒤 남한 사회에서는 한국전쟁에 온전히 모습을 드러낸 중국은 열등한 침략자의 모습으로 받아들여졌고 모습을 드러내지 않은 소련은 팽창주의와 제국주의로 형상화됐다. 그리고 김일성을 비롯한 북한 지도자들은 그 앞잡이(괴뢰)로 불렸다.

중소 우호동맹조약과 중미 관계

> 한 공산당 병사가 다른 사람에게 "이전의 국민당 군대원은 믿을 수 없다"고 말했다.
>
> 중국 병사들이여! 당신들은 대부분 공산당원이 아니다. 공산당은 당신들을 경계선에서 대포 밥으로 희생시키려 한다. 공산당은 당신들을 믿지 않는다.
>
> 공산당은 결코 옛 국민당 군대원들을 믿지 않는다. 그들은 당신을 의심한다. 그리고 당신을 중요한 자리에 임명하지 않는다. 그들은 당신이 옛 동료와 자유롭게 말하는 것도 방해한다. 왜 당신의 생명을 공산당 간부를 위해 위험하게 하는가? (7026)[116]

삐라 7026은 중국군 사이의 분열을 일으키려 제작됐다. 공산당원은 옛 국민당군 출신을 믿지 않는다는 내용이다. 이러한 삐라를 제작하게 된 실마리는 포로들의 조사 과정에서 나왔다. 주한 미 대사는 1951년 4월 국무장관에게 "한반도에 주둔한 중국군 가운데 60퍼센트는 옛 국민당군KMT이라는 사실을 고려해야 한다"고 보고했다.[117] 이어 주한 미 대사는 1951년 6월 "중국군 대다수는 옛 국민당군이다. 포로수용소에서 대다수가 친장개석, 반공산주의를 표명하고 있다. 그러나 이는 확실한 우대를 얻기 위한 것으로 보여진다. 중국군의 선전은 전쟁이 소련이 아닌 중국의 전쟁이라고 효과적으로 설명하고 있다. 소련은 단지 동맹국으로서 원조하고 자신들은 소련의 괴뢰라고 생각하지 않는다"라고 언급했다.[118]

주한 미 대사의 보고나 극동사령부 보고서에서의 중국군 포로에 대한 분석을 토대로 삐라 7026과 같은 삐라가 생산됐다. 그러나 작전연구소는 "효과적 선전 메시지는 직접적이고 단순하고 이해하기 쉬워야 한다. 중국군과 북한군은 국제적 문제나 권력에는 관심이 없다. 그들의 세계는 작은 것이다. 또한 그들은 러시아가 그들의 인생에 나쁜 영향을 준다는 주장에 영향 받지 않는다"고 지적했다. 작전연구소는 삐라 7026과 비슷한 내용인 삐라 1038과 삐라 7021이 북한군과 중국군에게 영향을 주지 못하리라고 평가했다.[119] 따라서 공산당원과 옛 국민당군의 갈등을 악화시켜 병사와 장교를 분리시키려는 심리전 계획은 거의 실행되지 않았다.

대신 중국군에게 소련이 중국에 어떤 영향을 주는지, 한국전쟁과 어떤 연관을 갖는지와 관련해 심리전 계획이 실행됐는데 바로 중소 우호동맹조약과 중미 관계에 관련된 심리전 삐라들이다. 다음 〈표 34〉는 중소 우호동맹조약과 관련된 심리전 내용들이다.

〈표 34〉 중소 우호동맹조약과 관련된 심리전[120]

시기	내용
1952년 1월 28일~2월 2일	전통적으로 러시아는 아시아 대륙의 부동항을 갖고자 한다. 소련은 2차 대전 때 중국을 돕지 않았다. 그러나 미국은 4년 동안 중국인을 도왔다. 만주와 한국을 차지하기 위해서 소련은 태평양전쟁에 참가했다. 러시아인은 중국인 소유 만주의 공장을 약탈했다. 옛 중국 정부는 러시아의 잠식에 저항했다. 공산 정권은 러시아가 중국을 통제하는 데 도움을 주고 있다.
1952년 2월 3일~9일	중국은 소련의 군대 주둔을 허용했다. 중국 전역에서 공군과 해군 기지를 사용하도록 허락받았다. 지금 중국에 있는 소련 자문단은 민간인이 아니라 군 장교들이다. 비밀 협정은 소련의 이익을 위해 외국 전쟁에 사용할 수 있도록 중국군에 대한 소련의 재량권을 인정했다. 한국은 중국군이 소련을 위해 싸우고 죽는 외국 전쟁의 첫 번째일 뿐이다.
1952년 2월 10일~16일	소련 자문단, 기술자, 전문가는 이미 중국에 있고 비밀리에 중국 경제를 통제한다. 소련 자문단은 중국인에게 과도하게 일을 시킬 수 있는 특권을 갖고 있다. 소련의 경제적 지배와 착취는 특히 만주와 신장 위구르에서 과도하다.
1952년 2월 17일~23일	비밀 협정은 소련이 군사적, 경제적, 정치적으로 중국을 통제하는 데 목적이 있다. 중국인에게 진실을 숨기는 것은, 이 협정이 비밀이고 러시아인은 러시아인의 명령만을 이행하기 때문이다. 공산주의자는 중국 전통, 관습, 문학, 음악을 없애고 이를 소련에서 수입하려고 한다. 러시아인은 세계인이 존중하는 중국 문화를 경멸한다.

1952년은 중소 우호동맹조약이 맺어진 지 2년째 되는 해였다. 극동사령부 심리전부는 중소 우호동맹조약의 공식 협정문 이외에 비밀 협정문이 있고, 비밀 협정문은 소련이 중국을 식민지로 만드는 내용이라고 공격했다. 비밀 협정을 폭로하는 내용은 다양하게 전개됐다.

중국 병사들이여!

지난해와 올해 심각한 홍수를 당한 중국에 미국은 상하이를 통해 쌀과 밀을 제공했다. 그런데 공산당은 원조를 거절했다. 그들이 원조를 받아들였다면 인민은 재난을 극복하기에 식량이 충분했을 것이다.

당신은 왜 그랬는지 의아한가? 공산당은 러시아와 비밀 협정을 맺었다. (비밀 협정 가운데) 하나는 중국의 인구를 1억 명 줄이는 것이다. 그것이 이유다. **(7022)**[121]

중국이 소련에게 주는 것–인력, 부, 자유, 중국의 독립.

중국이 소련에서 받는 것–중국 군대의 희생, 중국 자원의 이용, 중국인의 노예화, 중국의 노예화. **(7057)**[122]

그림 179 _ (7057)

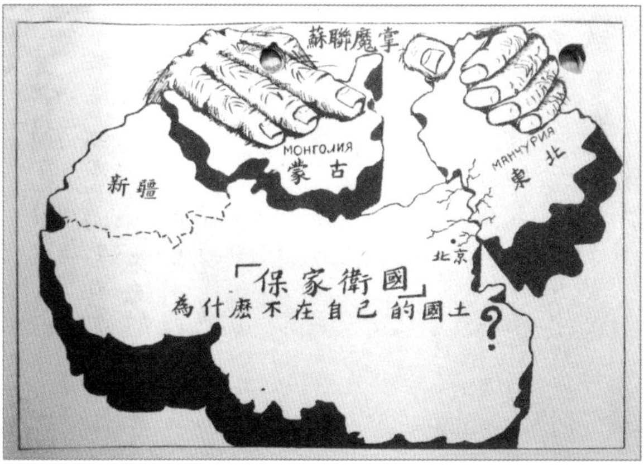

그림 180 _ (8562)

그림 181 _ (7106)

공산당은 검정색을 흰색으로 바꾼다고 하고 나쁜 것을 좋은 것으로 바꾼다고 한다.

그들의 거짓말과 왜곡으로 당신이 잠들어 있는 동안 그들은 소련의 지배와 통제를 허락했다. 이미 신지앙新疆과 간쑤甘肅 지방의 금과 기름 채굴권은 소련에게로 넘어갔다. 몽골은 이미 중국으로부터 벗어났다. 만주에서 다롄大連과 뤼순旅順 항구는 소련의 차지가 됐을 뿐만 아니라 창춘長春철도도 그렇다. 1000명이나 되는 소위 러시아 고문은 중국의 모든 분야를 장악했다. **(8562)**[123]

〈그림 179〉인 삐라 7057에는 "중국인으로 보이는 한 사람이 만주와 한국, 그리고 중국의 지도를 가로질러 누워 있다. 소련이라고 쓰인 손이 중국인의 목을 조르고 있다"는 삽화 설명이 붙어 있다. 〈그림 181〉인 삐라 7106은 소련 군인이 중국의 들판을 발로 밟고 있는 그림을 그려 중국 병사에게 반소 감정을 갖게 한다. 〈그림 180〉인 삐라 8562는 소련인이 두 손으로 거대한 중국 땅을 찢는 모습이다. 이들 삐라는 〈그림 44〉(162쪽)처럼 곰으로, 중국 지도를 찢는 모습으로, 소련 군인이 중국 들판을 짓밟는 모습으로 중국군 병사들의 반소 감정을 일으키려 했다.

이들 삐라는 소련의 중국 약탈은 바로 중소 우호동맹조약 때문이라고 지적한다. 삐라 7135와 삐라 7136은 모두 소련에 의해 군사적, 정치적, 경제적 착취를 당하는 중국을 묘사하고 있다.

〈앞〉 음흉하게 조국을 팔려 한다.

이 사진은 1950년 2월 14일 모스크바에서 중국과 소련 사이의 비밀 협정의 모습이다.

〈뒤〉 뒤에 숨어 있는 러시아가 중국의 토지와 곡물, 중국의 자원, 중국의 공장과 철도의 실제 주인이다. 그러나 더 중요한 사실은 중국 인민의 실제 통치자이다. 한국에서 당신이 죽는 동안 공산주의자 러시아는 중국을 강탈한다. (7135)[124]

〈앞〉 마오쩌둥은 러시아의 노예, 중국과 러시아 비밀 조약

〈뒤〉 공산 장교들은 지금 마오쩌뚱이 러시아의 정치적 통제를 받아들인 1950년 비밀조약 2주년을 축하하고 있다. 지금 중국에 있는 막대한 수의 러시아 고문관이 그 증거이다. 이들은 산업과 정권을 지배하고 있다. 공산당은 중국인을 러시아의 노예로 만들었다. 정권, 토지, 군대 모두 소련의 지배 아래 있다. 너는 노예군이다. (7136)[125]

〈그림 182〉인 삐라 7135는 1950년 2월 14일 모스크바에서 있었던 회담의 모습을 비밀 협정이라고 소개하고 있다. 〈그림 183〉인 삐라 7136은 스탈린의 꼭두각시로 묘사된 마오쩌둥을 그리고 있는데 마오쩌둥이 중국인을 밧줄로 묶어 스탈린에게 주고 있는 모습이다. 그런데 중소 우호동맹조약으로 러시아가 중국에서 한 일이 무엇인가를 질문하면서 미국은 중국과 관련해 러시아와 다른 역사를 갖고 있다고 말했다.

〈앞〉 미국은 종종 중국을 도왔다. 이것을 당신이 알고 있는 사실이다. 러시아는 중국에서 무엇을 하는가?

〈뒤〉 3가지 질문

1. 소련은 중국에서 무엇을 했는가?

러시아는 중국이 위태로울 때 도왔는가?

중국이 저항전쟁을 할 때 러시아가 무기와 재정으로 중국을 도왔는가(1937~1945

그림 182 _ (7135)

그림 183 _ (7136)

년 중일전쟁)?

소련은 결코 중국을 돕지 않았을 뿐만 아니라 중국인들을 억압하고 독재적 방법으로 황폐화시키고 있다.

2. 한국에서 싸우는 사람들은 누구인가? 당신 자신인가? 아니다. 가족들을 위해서인가? 아니다. 중국을 위해서인가? 아니다. 한국을 위해서인가? 아니다. 당신은 러시아를 위해 싸운다.

3. 가족들이 먹는 것은 충분한가? 적당하게 보호받는가? 당신은 집에 가는 것을 허락받았는가? 소련은 중국의 실제적 적이다. **(7143)**[126]

삐라에서 중소 우호동맹조약을 말하거나 중국과 소련의 관계를 말할 때 소련을 '러시아'蘇俄라고 표현하고 있다.* 삐라는 과거의 역사적 사건과 관련시켜 제정帝政 러시아로 호명한다. 러시아의 제국주의적 모습을 그대로 소련에 투영하기 위함이었다. 또한 중국이나 한국의 대중들이 소련을 개혁 또는 사회주의 혁명보다 러시아 제국주의로 기억하고 부르기를 바랐으리라.

역사적 사실의 왜곡은 또한 중미 관계를 중소 우호동맹조약과 비교하면서 노골화했다. 삐라에 따르면 중소 우호동맹조약은 비밀 협정을 포함하고 있다. 비밀 조약은 중국공산당이 소련에게 중국의 지하자원, 영토를 약탈하도록 허용했다는 것이다. 반면 중국과 미국의 관계는 이와 전혀 다르게 말했다. 다음의 삐라들은 이를 잘 부각시키고 있다.

---

* 미국의 심리전 관련 문서는 소련(蘇聯, USSR; the Union of Soviet Socialist Republics)을 일관되게 러시아(Russia)로 표기했다. 러시아는 중국 삐라 속에서는 소아(蘇俄)로, 한국어 삐라 속에서는 러시아 또는 '로소아' 따위로 쓰였다. 소아는 소련(蘇聯)과 아라사(俄羅斯)가 결합된 표현으로 소비에트 러시아 정도로 해석된다.

중국의 진정한 친구가 누구인가? 러시아인가? 미국인가? 누가 만주의 중공업을 착취하는가? 누가 다롄과 뤼순항구를 차지하고 있는가? 누가 당신들 손에 있는 지하자원을 가져가는가? 러시아인이다. 왜 러시아의 앞잡이인 정치 장교의 말만 듣는가? 후난湖南, 후베이湖北, 쓰촨四川 또는 중국의 다른 지역에서 러시아인을 일찍이 본 적이 있는가?

그들은 유엔이 남한에게 주었던 것과 같은 총, 음식, 의료 지원 따위를 당신에게 주었는가? 우리는 북한에 머물다 죽거나 불구가 될 당신이 불쌍할 뿐이다. 이는 당신에게 도움이 안 되고 당신 가족 그리고 중국에도 도움이 안 된다. (8630)[127]

'러시아와 미국 가운데 누가 중국의 친구인가'라고 질문하면서 미국으로 대표되는 유엔은 남한에 트럭, 포, 비행기 따위를 지원하지만 러시아는 중국에 아무것도 지원하지 않는다고 강조하고 있다. 삐라 8635도 '러시아는 유엔과 똑같이 공급하는가'라고 질문하면서 '러시아는 전혀 제공하는 것이 없다'고 썼다. 중미 관계의 강조는 전선에서의 지원으로 그치지 않았다. 중국과 미국의 관계는 역사적으로 오랜 우정 속에서 지속되어 왔다고 주장했다. 다음의 삐라는 그러한 내용을 담고 있다.

오랫동안 중국인과 미국은 친구였다. 미국은 오랫동안 중국의 용감한 저항을 원조했다. 이제 공산 지도자들은 미국인은 당신의 적이고 중국을 침략하려 한다는 거짓을 믿게 했다. 우리는 공산당의 결정이 너무도 교활하다는 사실을 알고 있다. (7016)[128]

삐라 7016의 내용을 역사적으로 보충한 삐라가 삐라 7078이다. 미국인 병사와 중국인 병사가 어깨동무를 하고 있는 사진을 전면에 개재하고 미국과 중국의 우정을 드러낸 삐라라고 소개하고 있다.

> 다시 만났다.
>
> 그렇다. 그들은 다시 함께했다. 용감한 중국인과 미국인 병사들은 제2차 세계대전에서 중국을 방어하려 함께 싸웠다. 중국 병사들은 여기에서 당신을 보았고, 유엔선을 가로질러 온 수천 명 가운데 한 명이다.
>
> 그는 건강하다. 그는 잘 먹는다. 그는 곤란이 없다. 왜냐하면 그는 다시 그의 미국 친구들이 친절하고 잘 대해주고 악이 아닌 선을 위해 싸운다는 사실을 알았기 때문이다. **(7078)**[129]

그림 184 _ (7078)

그림 185, 185-1 _ (7128)

2차대전 동안 중국과 미국 병사들은 오래 이야기하는 사이였다. 이는 중국과 미국 사이의 전통적인 우정의 상징이다. 미국인은 깊게 감동했다. 오늘 한국에서 그들은 이 우정을 아직까지 기억하고 있다. (8567)[130]

삐라 7078은 투항한 병사를 잘 대우하는 것은 투항했기 때문이 아니라 오래된 중국인과 미국인 사이의 우호적 관계 때문이라고 했다. 위의 삐라들은 중국과 미국은 오랫동안 우호적 관계를 유지했는데 그 관계를 깨트린 것이 바로 소련이라고 지적했다. 그리고 미국은 중국을 착취할 생각이 전혀 없었다고 강조하고 있다.

한반도와 중국에서 전쟁이 1942년 일본의 진주만 습격으로 시작된 것이 아니고, 일제 식민지를 살았던 사람들에게 일본 천황이 평화주의자가 될 수 없었던 것처럼 미국은 중국을 착취하는 데 전혀 관심이 없었다는 것도 역사적 사실의 왜곡이다. 이에 대해서는 하워드 진의 지적만으로도 충분히 이해할 수 있다.

> 일본을 향한 갑작스런 분노는 상당 부분 위선이었다. 미국은 일본 및 유럽의 강대국들과 더불어 중국을 착취하는 데 동참하고 있었다. 1901년의 미국의 문호개방 정책은 강대국들의 그 같은 집단적 약탈을 승인하는 것이었다. 미국과 일본은 1917년에 "미국 정부는 중국에서 일본의 특수한 이해관계를 인정한다"는 내용의 각서를 교환했다. 또 1928년, 중국 주재 미국 영사는 일본 군대의 중국 진출을 지지했다. 미국은 일본이 중국을 모조리 점령하려 함으로써 미국의 잠재 시장을 위협해 오자, 특히 동남아시아의 주석, 고무, 석유를 노리고 달려들자, 비로소 놀라 일련의 대응 조치를 취했고 그것이 일본의 선제공격을 유도했던 것이다. 1941년 여름에 내려진 고철과 석유의 전면 수출금지령이 그것이다.[131]

06 자유세계와 냉전

자유의 날-비송환 포로에게

1954년 1월 18일 극동사령부는 비송환 포로들에게 특별한 삐라를 전달했다. '자유의 날'이라는 제목의 삐라는 1월 23일 비송환 포로들의 석방을 기념해 만들었다. 〈그림 186〉과 같이 앞면의 테두리에는 포로들의 석방과 그들을 환영하는 가족들을 그려 넣었다. 머리글에 "포로가 됐던 사람이 석방이 되면서 자기가 살기를 원하는 길을 택할 수 있다는 것은 세계 역사상 이번이 처음이며 그것이 바로 '해방된 용사' 여러분인 것입니다"라고 하면서 인간의 권리가 무엇인지에 대해 설명한다.

> 진실과 안전을 구하고 평화와 자유를 원하며 행복을 그리는 사람이라면 누구나 자유세계의 생활과 공산 국가의 생활을 비교해보아야 할 것이다. 또한 이것을 비교해본 사람이라면 누구나 자유세계의 생활이 진실과 행복의 생활이요 공산세계의 생활이 허위와 고난의 생활이라는 것을 손쉽게 깨달을 수 있을 것이다.
> 사람은 나면서부터 일정한 기본적 권리를 가지고 있으며 그 권리는 다른 인간의 지배로써 좌우될 수 없는 것이다. 사람이 교제나 사랑을 원하고 가정이나 어린이를 원하는 것은 인간 본래의 천성이다. 이것은 남을 굴복시키려는 사람에게 조금이라도 끊겨서는 안될 자연적인 연결이며 마치 어머니가 아기를 사랑하는 것과 마찬가지로 인간에게는 자연스러운 인간의 권리이다. 자유세계의 기초는 가족의 사랑 속에서 발전된다. (…)
> 이 이상적인 가족에서 사회의 공동생활이 발달되며 이것이 강력하고 자유로운 정부를 만들게 한다. (…) 자유세계의 정부는 오직 시민의 편익을 위하여 존재하는 것이니 이와 같은 정부 형태는 인민의 요구를 잘 보살피며 모든 시민에게 최대한의 이익을 주도록 노력한다. 강력한 국가 정부는 세계의 자유 국가들과 더부러 공동 문제의 해결, 각 국민의 생활 향상, 전 인류의 평화 안전 등을 위하여 노력하게 되는 것이다.
> 결론을 말하면 인간의 기본적 요구는 공산 독재자의 이기적 요구보다 앞서는 까닭에 진실을 위하여, 국가의 자유를 위하여, 각국의 협조를 위하여 나가는 길이 개인에게도 만족을 주게 되는 것이다.

특보

유엔군총사령부발행

18

해방된 용사여!

유엔의 끊임없는 노력으로 여러분은 불원 포로의 이름을 벗고 자유의 몸이 될것입니다. 포로가 되었던 사람이 석방이 되면서 자기가 살기를 원하는 길을 택할수 있다는것은 세계역사상 이번이 처음이며 그것이 바로「해방된 용사」여러분인것입니다

기쁨에 넘치는 환영의 물결 속에「자유의 다리」를 건널 때 여러분은 이제야 신생활이 현실로써 시작된 것이며 여러분 하나 하나가 새 인생을 찾아 걷기 시작하였다는 것이 나타나고 있읍니다.

여러분이 받아온 대우는 역사적으로도 제네바협정에 규정된 그대로의 인간적인 것이었읍니다. 먹을것, 입을것, 거처할 곳이 보장되어 왔었으며 수용소에 있는 동안 여러가지 교육을 받고 오락을 즐길수 있었읍니다 만 이것은 과거의 포로수용소에서는 들어 보지도 못한 대우였던 것입니다. 여러분의 대부분은 배우고 읽고 쓰고 하는 이 기회를 많이 이용하였고 장래 생활에 생계를 얻을 직업 기술을 배웠읍니다. 그러나 이러한 교육보다도 더 중요한것은 그동안 서로 이해 할 줄 알게 되었고 어떻게 하여야 자유를 획득 유지할수 있는가를 깨닫게 되었고 오늘날의 세계정세를 알게 된 것입니다.

지난 三년간의 수용소 생활은 결코 안일한것은 아니었읍니다. 그러나 이제「자유의 문」은 열리고 여러분이 그 문을 나올 때 자유 세계의 모든 사람들은 공산주의에 대한 여러분의 영웅적 투쟁에 박수 갈채를 아끼지 않고 있는것이며 여러분 와

거의 모든것이 헛된 일이 아니었다는 것을 깨닫기 시작할것입니다. 유엔은 여러분이 확고한 입장을 취한데 대하여 감사를 드리며 자유세계에서 여러분이 생활을 재건 하는데 조력을 아끼지 않는바입니다. 여러분은 과거의 경험을 살려 독재 세력

전체주의 세력에서 세계를 해방하는 굳세고 슬기있고 결단성있는 사람이 되도록 앞으로의 생활을 건설할 줄 압니다.

용사여! 여러분의 생활을 지배하려드는 자에 대하여 줄기찬 저항을 계속하라!

一월廿三일은 해방된 용사의 자유의 날

인간의 권리

진실과 안전을 구하고 평화와 자유를 원하며 행복을 그리는 사람이라면 누구나 자유세계의 생활과 공산국가의 생활을 비교해 보아야 할것이다. 또한 이것을 비교해본 사람이라면 누구나 자유세계의 생활이 진실과 행복의 생활이오 공산세계의 생활이 허위와 고난의 생활이라는것을 손쉽게 깨달을수 있을것이다.

사람은 나면서부터 일정한 기본적 권리를 가지고 있으며 그권리는 다른 인간의 지배로써 좌우될수 없는 것이다. 사람이 교제나 사랑을 원하고 가정이나 어린이를 원하는것은 인간 본래의 천성이다. 이것은 남을 굴복시키려는 사람 에게 조종 이라도 당해서는

안될 자연적인 연결이며 마치 어머니가 아

기를 사랑하는것과 마찬가지로 인간에게는 자연스러운 인간의 권리이다. 자유세계의 기초는 가족의 사랑 속에서 발전된다. 자유세계의 가족에서 우리는

여러가지를 배운다. 각자의 어려운 일을 논아 부담하고 서로 협력하고 능력에 따라 각자의 발전을 꾀하고 각자의 개인적 가치와 존엄성을 용납하게된다

이 이상적인 가족에서 사회의 공동 생활이 발달 되며 이것이 강력하고 자유로운 정부를 만들게 한다. 지방민을 대표하는 지방자치체를 통하여 민주적인 국가정부가 건설된다. 자유세계의 정부는 오직 시민의 편익을 위하여 존재하는것이니 이와 같은 정부형태는 인민의 요구를 잘 보살피며 모든 시민에게 최대한의 이익을 주도록 노력한다.

강력한 국가정부는 세계의 자유국가들과 더부러 공동문제의 해결 각국민의 생활향상, 전인류의 평화안전 등을 위하여 노력하게 되는 것이다.

결론을 말하면 인간의 기본적 요구는 공산독재자의 이기적 요구보다 앞서는 까닭에 진실을 위하여 국가의 자유를 위하여 각국의 협조를 위하여 나가는 길이 개인에게도 만족을 주게되는 것이다.

그림 186 _ (0536)

앞을 바라보고……
사람이 성공하려면 자기장래에 대한 계획성이 필요하다.
일시는 부모의신세를 진다 하더라도 장성하면 반드시 자립한 생활을 할수있게 되어야 한다.
사람에게는 여러가지 습관이 생기게 되지만 이습관을 가려서 결국은 나쁜것을 버리고 좋은 습관을 가질수있다.
나쁜습관
좋은습관
공명정대, 신사적기품, 정직, 애국심, 관용성과같은 품성상의습관은 훌륭한생활의 이념이 된다.
공명정대
신사적기품
애국심
정직
관용
이러한 생각하는 습관이 기본이 되어 활동이 결정되며, 이결정이 기본이 되어 생활의주의를 세우게되며, 이주의가 기본이 되어 사물을 판단하고, 생활환경에 따라 처세하고 자기의 장래를 스스로 보장한다.
판단
주의
결정
생각하는습관
이렇게 생각하는 습관은 좋던 그르던 사람의 성격을 형성하며, 이 성격은 인생의태도그것으로 나타난다. 그러므로 "사람은 그생각하는대로 된다"는 말도 있다.
공명정대
정직
관용성
협동심
동정심
진실
종교라는것은 그것이 종교적인 태도에 그치던지, 종교의철학으로 들어가던지, 실지로 예배에 참례하던지간에 사람에게 참을성을 갖게하고 곤난한때를 당하야 힘을 갖게한다.
종교
누구던지 목표를 정해야 하지만 이목표는 자기능력한도내에서 세워야한다. 목표를 정하기전에 자기자신의 그능력을 알아야만 재능, 경제적형편, 취미 기타에서 실천의장애물이되는것을 알게되며 따라서 손쉽게 목표를 달성할수있다.
권력
금력
봉사
재능
목표를 달성하는데는 조금식 조금식 전진해야한다. 자기가 뜻하는 사업을 단시일내에 전부 달성하려고 욕심을 내서는 안된다.
살아 가려면 암담한 역경에도 부닥치는수도 있을것이다. 그렇다고 조금하물로 뛰어들지 말라. 멀리서오는 배도 있으려니와 좀더 돌아가면 철교도 나서는 수가 있다.
힘은 속에서 우러나는 것이다. 음식도 맛있는것보다 살이되고 뼈가 될것을 취해야 하드시 행복도 눈앞의 찰나적인것을 바라지 말고 영원한 참된것을 찾으라.
참된행복은 마음속에 만족감을 가져오고 생활의성공을 가져온다. 성공이란 각자가 인생문제, 세계문제를 어떻게 생각하는데따라 여러가지로나타난다.
습관

그림 186-1

이 삐라는 인간의 기본권을 설명하면서 비송환 포로들이 한국에 남는 것이 불명예가 아니라 자연스런 인간의 권리라고 강조한다. 개인이라는 단어를 사용하지만 이 삐라에서의 개인은 어머니, 아버지, 딸, 아들 같은 가족 관계 안에서의 개인이다. 곧 독립적 개체로서 개인이 아니다.

앞면에서 자유세계의 기본 원리를 소개한 삐라는 뒷면에서 이들이 사회에 나아가서 어떻게 살아야 하는가를 만화 컷으로 자세하게 설명하고 있다. 뒷면의 내용을 정리하면 다음과 같다.

1. 사람이 성공하려면 자기 장래에 대한 계획이 필요하다.

2. 일시는 부모의 신세를 진다 하더라도 장성하면 반드시 자립할 수 있게 되어야 한다.

3. 사람에겐 여러 습관이 생기지만 이를 가려서 나쁜 것을 버리고 좋은 습관을 가질 수 있다.

4. 공명정대, 신사적 기품, 정직, 애국심, 관용성과 같은 품성은 훌륭한 생활의 이념이 된다.

5. 생각하는 습관이 기본이 되어 활동이 결정되며, 이 결정이 기본이 되어 생활의 주의를 세우게 되며, 이 주의가 기본이 되어 사물을 판단하고 생활환경에 따라 처세하고 자기의 장래를 스스로 보장한다.

6. 생각하는 습관은 좋든 그르든 사람의 성격을 형성하며 이 성격은 인생의 태도로 나타난다. "사람은 생각하는 그대로 된다"는 말도 있다.

7. 종교라는 것은 그것이 태도에 그치든지 종교의 철학으로 들어가든지 실지로 예배에 참례하든지 간에 사람에게 참을성을 갖게 하고 곤란한 때 힘을 갖게 한다.

8. 누구든지 목표를 정해야 하지만 이는 자기 능력 한도 내에서 세워야 한다. 자

기 자신과 그 능력을 알아야만 재능, 경제적 형편, 취미, 기타에서 실천의 장애물이 되는 것을 알게 되며 손쉽게 목표를 달성할 수 있다.

9. 목표를 향해 조금씩 전진해야 한다. 자기가 뜻하는 사업을 단시일 내에 전부 달성하려고 욕심을 내서는 안 된다.

10. 살아가면서 역경에 부딪힐 수도 있다. 그렇다고 조급히 물로 뛰어들지 말라. 멀리서 오는 배도 있으려니와 좀 더 돌아가면 철교가 나오는 수가 있다.

11. 힘은 속에서 우러나는 것이다. 음식도 맛있는 것보다 살이 되고 뼈가 될 것을 취해야 하듯이 행복도 눈앞의 찰나적인 것을 바라지 말고 영원한 참된 것을 찾으라.

12. 참된 행복은 마음속에 만족감을 가져오고 생활의 성공을 가져온다. 성공이란 각자가 인생 문제, 세계 문제를 어떻게 생각하느냐에 따라 여러 가지로 나타난다.[132]

이 삐라는 비송환 포로들이 가져야 할 가치와 인생 목표 그리고 삶에 대한 지침서라 할 수 있다. 포로수용소에 있다 석방되는 비송환 포로들은 그들이 이전에 맺었던 끈들이 없는 곳에서 '자립'해야 하는 현실과 마주해야 했으며 공산 포로가 '세뇌'를 거쳐 '자유세계'에 적응하고 취득해야 하는 세계관이 필요했다. 그것을 선명하고 분명하게 정리한 것이 이 삐라이다.

성공한 삶을 살기 위해 계획성이 필요한데 그 계획성의 출발은 습관에서 시작한다. 습관은 행동을 결정하고 판단하는 근거이기도 하다. "공명정대, 신사적 기품, 정직, 애국심, 관용성과 같은 품성상의 습관은 훌륭한 생활의 이념"으로 제시됐다. 사실 습관이라고 표현했지만 이는 (도덕적) 가치관과 윤리이다. 결국 습관이란 가치관을 말하는데 이러한 가치관과 윤리가 인생의 목표를 결정하고 행복과 성공을 가져온다고 한다. 인생 목표는 항상 사기 능력 안에서 결정해야 함에 주의해야 하고 능력 안에서 꾸준히 실행하라고 충고한다. 결국 성공은 어떤 습관을 가졌는가에 따라 크게 달라진다는 것이다.

이 삐라는 공정성, 정직, 애국심, 관용성(박애)이 개인이 습득해야 할 긍정적 습관이자 나아가서 사회의 윤리임을 알려준다. 이는 오랫동안 한국 사회를 지배해온 가치들이다. 그래서 냉전세대에게는 익숙한 가치들이다. 이는 국가 운영과 사회질서를 위해 중요하겠지만 지나치게 피상적이며 일방적이다. 비송환 포로에게 사회질서를 지키기 위한 가치를 알려주기 전에 '자유세계'라면 당연히 '자유가 무엇인지', '자유롭지 않은 상황은 무엇인지', '개인의 자유가 억압받았을 때 취해야 할 태도가 무엇인지' 따위를 설명해야 한다. 그러나 삐라 어디에도 개인의 권리에 대한 언급은 없다. 독립적 개체로서 개인은 존재하지 않는다. 아마도 국가의 기본적 단위는 개인이 아닌 가족이라고 단정했기 때문이리라. 또한 민주주의에 대한 소개는 어디에도 없다.

이렇게 비송환 포로에게 자유와 민주주의 그리고 개인에 대한 언급 없이 공정성, 애국심, 협동심, 관용성 따위만 강조한 까닭은 선언에만 관심을 두기 때문이다. 자유와 민주주의를 선언한다고 해서 그것들이 그 순간부터 존재하지는 않는다. 그런데도 삐라는 모든 개인이 선언한 권리를 누릴 수 있을 듯이 말했다. 이들 가치가 선언적 개념이 아닌 관계적 또는 구성적 개념이라고 한다면 개인이 어떻게 생활해야 하는가가 더욱 중요한 과제이다.

삐라에는 비송환 포로에게 정말로 필요한 자본주의 사회체제인 한국에서 어떻게 살아야 하는지, 자본주의가 무엇인지에 대해 단 한마디도 없다. 다만 이런 가치를 몸에 익숙하도록 행동한다면 그것이 곧 자유를 획득하는 것인 양 말했다. 처음부터 자유는 존재했던 것처럼 말이다.

극동사령부가 비송환 포로에게 준 삶의 지침서는 미국적 신념과도 다르다. 미국 심리전 학교의 교재에서는 미국인의 일반적 특징(성격)을 공공성, 평등, 경쟁, 권위의 불신, 각 세대에 따른 지위의 확실성 따위로 소개했다.* 대부분의 미국인은 여전히 대단히 애국적이며 독실한 신앙심을 가지고 있고 자신들이 세계에서 가장 좋은 사회에 살고 있다고 믿으며 여러 문제에도 불구하고 자신들의 나라와 경제가 여전히 기회와 경제적인 보장을 제공한다고 생각한다.[133] 미국 이데올로기는 자유, 평등, 개인주의, 포퓰리즘, 자유방임주의라는 다섯 개의 단어로 설명할 수 있다.[134] 또한 개인주의와 경쟁심은 미국 문화의 중요한 원동력이 사회적 책무에 대한 미국인들의 관점에 영향력을 미쳤다고 한다.

그런데 삐라의 내용을 들으면 미국적 신조는 결국 '미국인'에게만 적용됨을 알 수 있다. '자유세계'에서의 최고의 모델로 선전하는 미국식 모델은 미국을 뺀 다른 곳에서는 선언의 수준에 머물렀다. 선언은 이미지와 상징 따위 다양한 형태로 자국의 모델을 보여줌으로써 다른 곳에서도 그것이 실현된 듯이 믿게 한다. 마치 비송환 포로들에게 삐라를 나누어 줌으로써 자유와 평등이 보장됐다는 착각에 빠지게 했듯이.

---

* Lews E. Perry, "Psychological Warfare Operation", the psychological warfare school for bragg, North Carolina, RG 319 Box 62; Reeves, Emery(The Anatomy of Peace), Benedict Ruth(Patterns of Culture), Linton Ralph(The Cultural Background of Personality), Thomas W. I.(Primitive Behavior), Leighton Alexander(The Governing of Man), Kardiner A. and Associates(Psychological Frontiers of Society), Benedict Ruth(The Chrysanthemum and the Sword), Kluckhohn Clyde(Mirror for Man), Kluckhohn Clyde and Murray .A(Personality in Nature, Society and Culture), Linton Ralph(The Rest of the Word) 등의 책을 교재 또는 참고 자료로 사용했다.

'자유세계'라 호명하기

> 세계 자유 국가 인민들은 끊임없이 다른 나라의 불행한 인민들을 원조하고 있다. 그들은 자기들만 잘살려고 하지 않고 다른 사람들도 도울 생각을 늘 하고 있다. 그들은 여러 동지들도 도와주려고는 하나 공산당 두목들이 막기 때문에 도와주지 못하는 것이다. 여러분들이 자유세계 인민들로부터 원조를 받게 되면 공산당을 반대하게 될 것이라는 것을 잘 알고 있기 때문에 방해하는 것이다.[135]

1952년 3월 12일 확성기팀에서 뉴스로 발표한 내용으로 이에 적합한 삐라로 '공산주의의 여신'과 '자유의 여신'을 그렸던 〈그림 92〉(213쪽)을 살포하라는 충고를 곁들였다. 비송환 포로에게 삶의 지침서로 준 '자유의 날'이라는 삐라, '낙하산 뉴스'를 다르게 이름 붙인 〈자유세계〉 등, 세계를 자유세계와 노예세계로 나눴던 것처럼 '자유'라는 용어는 넘쳐났다. 그리고 대부분의 삐라는 자신들을 미국이나 영국 같은 특정한 국가나 '자본주의 사회'로 말하지 않고 유엔 또는 자유세계로 표기했다.

그렇다면 자본주의 또는 미국이라 말하지 않고 자유세계 또는 유엔으로 말한 까닭은 무엇일까? 삐라들은 경제체제나 정치체제의 분명한 의미를 담고 있는 용어 대신 모호하고 애매한 용어를 사용했다. 한국전쟁에서 사용된 애매한 용어와 호명은 냉전논리와 깊은 관련이 있다. 냉전논리는 분명하고 정확한 논리를 구사하는 듯하지만 경계의 모호함과 의미의 애매함이 특징이다. 비송환 포로에게 주는 삐라에서도 자유세계가 어떤 세계인지, 자유를 지키기 위해 어떤 원칙과 권리가 있는지 따위를 말하지 않는다.

(…) 우리가 한 가지 각오할 것은 세계적 큰 경쟁으로 (공산주의와) 민주주의가 생존을 경쟁하는 큰 바퀴에 우리가 끼어든 것입니다. 이 두 주의는 함께 병립할 수 없는 것이니 둘 중에 하나는 없어야만 될 것입니다. (…) 자유는 생명을 내놓고 싸울 만한 가치 있는 물건이므로 우리가 다 함께 서서 민주주의를 옹호할 것이요, 그렇지 않으면 다 공산주의의 정복을 면하기 어려울 것입니다.[136]

1951년 8월 15일을 맞아 대통령 이승만이 한 연설이다. 극동사령부 심리전부가 삐라에서 공산주의와 대립되는 용어로 자유세계(유엔)를 자주 등장시켰지만 민주주의란 용어도 마찬가지였다. 위의 연설 내용은 삐라 2047에 실렸다. 이처럼 삐라에서 민주주의는 공산주의의 반대되는 말로 사용됐고 냉전세대는 모두 민주주의의 반대말은 공산주의라고 교육받았다. 오늘날에도 많은 한국인들은 민주주의 반대말이 공산주의라고 알고 있다.

그렇다면 심리전 삐라에서 민주주의의 반대말로 나오는 공산주의는 어떤 사회인가? 협잡계획은 공산주의 사회가 어떤 사회인지 자세하게 설명하고 있고 삐라도 여기에 맞추어 제작됐다. 협잡계획은 중국과 북한의 정권은 믿을 수 없다는 주제를 강조하는 심리전 작전으로 다음을 내용으로 삼았다.

첫째 주. 외국의 통제에 복종하기 때문에 북한과 중국 정권을 믿을 수 없다.

둘째 주. 전쟁 확대, 국제적 분쟁, 믿음, 분열을 가져왔기 때문에 믿을 수 없다.

셋째 주. 무시, 부패, 불성실하기 때문에 믿을 수 없다.

넷째 주. 거짓 개혁으로 사람들을 배반했기 때문에 믿을 수 없다.

다섯째 주. 사람들의 모든 자유를 거부했기 때문에 믿을 수 없다.[137]

협잡계획의 주제는 모두 반공주의와 연결되어 있다. 반공주의는 심리전으로 내용을 만들어갔다. 이 반공주의는 적을 대상으로 할 뿐 아니라 곧바로 자국민을 향하고 있었다. 자국민을 향한 반공주의는 민주주의와 자유를 설명하는 것이 아니고 심리전의 방식처럼 적에 대한 선험적 규정만 강화시켰다. 인류 역사에는 인간의 사고를 정지시키고 이성적인 대화를 몰아내고 증오를 불러일으키려 사용된 특정 단어들, 살인적 단어들이 종종 있는데 미국에서는 공산주의자라는 단어가 그와 같은 쓰임새의 말이었다.[138]

문제는 심리전이 매우 정의롭지 못한 사회구조, 특히 전 지구적으로 남북관계를 유지하는 도구로서 일관된 역할을 해왔다는 점이다.[139] 그리고 그 내용은 삐라의 메시지가 채웠다. 반공주의란 단순한 공갈빵이 아니라 사람들에게 삐라가 그러했듯이 왜곡된 역사의식과 세계관으로 그릇된 신념을 갖고 행동하도록 이끌었다. 반공주의와 관련해 한국전쟁이 중요한 이유는 이를 실험장으로 삼아 그 뒤 미국에서 매카시즘으로 상징

그림 187 _ (SD-1)

그림 188 _ (SD-2)

그림 189 _ (SD-3)

그림 190 _ (SD-4)

되는 냉전의식으로의 세뇌가 광범위하게 전개됐기 때문이다.[140]

정체가 드러난 적은 쉽게 악당으로 만들 수 있는데 가장 편리한 방법은 적을 최대한 잔인하게 묘사하는 것이다.[141] 선과 악이 싸운다는 단순하고 이분법적인 사고는 약간의 조작만으로 대중을 전쟁에 대한 지지로 쉽게 이끌어낼 수 있다.[142] 〈그림 187, 188, 189, 190〉인 삐라들은 휴전협정과 철의 장막을 묘사한 삐라들이다. 심리전에서 오직 분명한 것은 적에 대한 규정이다. '선'한 아(군)은 의심의 여지가 없어야 하기에 거론하지 않는다. 아(군)은 언제나 '선한' 자리에 있기에 정의의 정립은 오직 상대의 선택에 따라 결정될 뿐이다.

만약 공산 진영이 진정으로 평화를 바란다면 한국의 평화는 있을 수 있는 것이다. 만일 그들이 평화를 배척하고 다시 침략행위로 나온다면 한국군과 유엔 동맹군은 용서 없이 이를 깨뜰여 부실 결심이다. (〈자유세계〉 29호)[143]

유엔은 지금 평화와 전쟁 양면에 자신이 만만하다. 공산 측이 과연 평화와 전쟁 중에서 어느 것을 택하려는지는 한국에 있어서의 그들의 행동으로서 판단될 것이다. (〈자유세계〉 39호)[144]

여러분은 아무런 책이나 마음대로 읽으며 자유세계 방송을 듣고 국가 대표들을 자유의사로 선거할 수 있는 모든 자유를 가졌는가? 민주주의 자유란 이런 자유를 말하는 것이며 자유세계는 이러한 자유를 보장하랴는 것이다. (〈자유세계〉 62호)[145]

위의 삐라는 자유세계와 공산세계를 한반도에 국한해 설명하는 것이 아니라 세계적으로 어떻게 양분되고 있는지 설명한다. 한반도에서의 싸움이 남한과 북한이 아닌 세계적 싸움인 까닭이다. 그래서 선과 악, 어둠과 밝음, 자유와 구속이라는 대립으로 표현했고 최종적으로 민주주의와 공산주의를 대비시켰다.

이것이 바로 미국식 냉전논리이다. 역사를 왜곡하고 다른 나라의 개혁이 미국의 이해나 이익과 맞지 않으면 밑도 끝도 없이 그것은 개혁이 아닌 부패와 나쁜 것이라고 말하고 이미지를 만든다. 이러한 시도는 냉전논리의 핵심이 되어갔고 냉전논리는 한국전쟁 동안 확실하게 안착되어갔다. 모든 일들이 실험과 경험을 거쳐 안정되듯 미국의 냉전논리는 한국전쟁이라는 실험과 경험으로 안정됐다.

무엇보다 심리전 연구는 국가에 대한 애국심, 충성심, 지지를 보여주는 방편이 됐다. 스투퍼는 미국을 민주주의, 평화, 인도주의, 진실성, 합리성, 유태-기독교적 가치 따위 중요한 속성들의 보호자로 정의했다. 미국 사회과학의 수많은 옹호자들은 사회과학이 이러한 가치를 전파함으로써 전 세계가 미신과 무지에 등 돌리도록 만들어야 한다고 믿었다.[146]

육군 심리감실은 한국전쟁의 교훈과 경험을 "자유와 민주주의 이념은 적에게 심리 공세를 취함에 있어 절대적인 가치를 가진 것이었다. 민주정치는 밝은 정치요 공산정치는 암흑과 가장으로 가득 찬 것이라는 사실이 명백히 입증됐을 때 우리는 도처에서 이러한 현상을 목격할 수 있었다"고 정리했다.[147]

극동사령부 심리전부가 민주주의를 미국의 전용물인 듯이 쓰는 일은 "민주주의가 시장 경제 또는 자본주의의 결과였던 것처럼 이야기하는 것, 그것은 철저한 역사의 왜곡이"라는 지적처럼 민주주의 역사를 왜곡하는 또 하나의 방식이다.[148] 이에 따르면 민주주의는 특정한 역사적, 문화적 배경에서 특정한 사회적, 정치적, 경제적 투쟁의 결과로 등장했고 민주주의가 인간 본성에 따른 자연스러운 결과라는 미심쩍은 가정 따위는 무시해도 좋을 듯하다.[149] 그런데도 극동사령부는 민주주의는 미국만이 견지하는 가치라고 삐라로 수없이 말해왔는데 그것은 미국식 민주주의에만 해당한다. 20세기 미국식 민주주의의 길은 전쟁과 함께한 역사였다.

전쟁에서 대량 학살, 대량 폭격이 가능했던 것은 전쟁이 단순히 '군인'들의 전투가 아니었기 때문이다. 20세기 전쟁은 군과 산업이 결합했고, 군과 학문(연구자)의 결합이 공공연하게 심지어 자랑스럽게 전개됐다. 전시와 평시가 경계가 없다는 것은 이 체계가 단지 후방의 인력을 전쟁에 동원했기 때문이 아니라 군·산복합체, 군·학복합체의 체계가 전쟁 뒤에도 사회의 중요한 시스템으로 작동하기 때문이다. 그리고 행위자들은 평시 곧 전쟁 뒤 사회 재건과 구조를 구성하는 데 중요한 지위를 점하고 이전의 다양한 정치 세력이나 일상에서 열려진 전복적 공간들이나 전쟁으로 파열된 공간들을 메우며 사회적 지위와 네트워크를 구성하고 그들의 전쟁 경험과 이론 틀을 생산해내기 때문이다. 바로 이점이 전쟁 뒤 사회 재건 프로그램의 중요한 구성이라 할 수 있다.

당연하게도 한국전쟁은 제1·2차 세계대전에서 실험했던 이 모든 능력과 방법들이 재실험되고 논증되고 확실한 토대를 마련하는 마당이었다. 그런데도 미국 전쟁 역사에 규범을 만들었던 한국전쟁이 왜 흐릿한 기억 속의 전쟁이 됐는가? 규모 면에서, 사상자 수에서, 기간 면에서 다른 전쟁보다 작아서였을까? 그에 대한 질문에 답할 차례이다.

미국 역사, 아니 미국의 전쟁 역사에서 한국전쟁은 근대전의 완성이라는 총력전을 유감없이 발휘했고 완성했다. 더구나 전시와 평시라는 경계를 허물어 끊임없이 전시 사회로의 조직을 가능하게 만든 전쟁이란 것이 미국 역사에서 한국전쟁이 차지하는 위치이다.

제2차 세계대전을 겪으면서 유럽 지식인들은 대거 미국으로 넘어왔다. 그들의 미국행은 자의 반 타의 반이었다. 유럽 지식인과 사상사는 한마디로 지금까지 미국이 가지고 있던 가치로는 감당할 수 없었다.

따라서 사회와 구조, 사회와 개인, 여러 사상과 정치 조직, 일상을 조직한 유럽의 학문적 경향은 미국의 역사와 결합해 획일적이지 않는 다양한 사상의 꽃을 피울 수 있었지만 한편에서 유럽의 경험은 미국에게 커다란 위협이자 불안 요소이기도 했다. 낯설고 감당할 수 있을지 가늠할 수 없는 그 불안은 전쟁을 치르면서 어느 정도 진정됐지만 그래도 유럽에서 넘어온 불안 요소들은 미 대륙에 득실거렸다.

이 불안을 해소하려는 시도가 냉전논리이다. 냉전은 사회주의와 자본주의, 미국식 자본주의가 아닌 다종다양한 사상과 경향들을 친구와 적으로 정리했다. 한국전쟁을 앞뒤로 미국은 유럽에서 전파된 불안 요소들을 말끔하게 정리해나갔다. 냉전은 미국 사회뿐만 아니라 세계를 재편하는 데에도 큰 몫을 차지했고, 수십 년이 지난 뒤에야 아주 조금씩 균열 되기 시작했다.

수십 년 동안 전 세계를 지배했던 냉전논리, 그 공을 인정한다면 두고두고 기념하고 퍼트려도 문제가 없을진대 미국에서 한국전쟁은 왜 흐릿한 기억으로만 남은 걸까?

바로 냉전의 빈약성 때문이다. 냉전논리에는 인류 역사에서 인간이 지향해야 할 어떠한 가치도 없기 때문이다. 진보적이고 발전적인 그 어떤 가치도 담아내고 있지 않기 때문이다. 인류의 삶은 늦든 빠르든 진보적 방향으로 진행된다고 사람들은 믿어왔다. 그렇지만 한국전쟁을 필두로 해서 냉전에 기반한 그 어떤 전쟁도 인류가 지향해야 할 진보적 가치를 생산해내지 않았다. 오히려 세상에 '악'을 퍼트리는 역할을 했을 뿐이다. 거짓과 속임수, 사기와 협박, 위협과 대량 학살로 이어지는 가공할 만한 무기와 인간에 대한 불신. 한국전쟁은 냉전의 서막으로서 이런 역할을 했기 때문에 미국 역사에서 결코 자랑스럽지 않은 잊힌 전쟁으로 감추고 싶어 했는지도 모른다. 오직 한국전쟁에 참가했던 군인들에게만 향수와 젊음을 기억나게 하는 전쟁이었는지 모른다.

후기

심리전과 냉전 그리고…

후기

심리전과 냉전 그리고…

1. 1950년 6월 25일 북한 공산군은 아무런 경고도 없이 대한민국을 침범해왔다.
2. 1950년 6월 25일 유엔은 즉시 공산군의 침략 행위를 공격하고 당장 전투를 중지할 것과 침략자의 철퇴를 요구했다.
3. 그러나 북한 침략자는 이 유엔의 요구를 무시했다.
4. 이리하여 한국군은 북한 침략군에 대항하야 과감한 전투를 시작하게 됐다.
5. 이와 동시에 이승만 한국 대통령은 유엔에 대하여 공산 침략자를 물리치기 위해서 즉시 한국에 유엔군을 보내도록 호소했다.
6. 이리하여 유엔군은 한국에 평화를 회복시키며 한국 문제를 정당하게 해결시키기 위하여 한국에 오게 된 것이다.
7. 유엔군은 장차 공산군에 대한 공세를 취하기 위하여 전략적인 후퇴를 하게 됐다.
8. 유엔군은 돌연 인천에 상륙작전을 감행했다. 유엔군 총사령관 맥아더 원수와 워커 장군은 무수히 많은 배와 비행기와 군대를 보냈다. 이리하여 유엔군은 압록강 국경까지 간 것이다.
9. 북한 공산군의 참패를 본 중공군은 압록강을 건너 북한에 침입 북한 침략군

과 합세했다. 이리하여 그들의 한국 통일을 방해했다.

10. 그러나 유엔군은 이 새로운 침략군을 무찔러버리고 말았다.

11. 판문점 회담. 1951년 7월 10일 개성에서 시작된 휴전회담은 판문점으로 옮겨왔다. 그해 11월 27일 군사 경계선이 정식으로 설정되고 1952년 2월 19일에는 공산 측의 부당한 주장인 포로 강제 송환, 기타 두 항목을 빼고 대체로 양측의 원칙적 합의가 성립됐다.

윗글은 휴전협정 성립만 더한다면 너무나 흔하고 익숙한 한국전쟁 이야기이다. 그런데 이 이야기는 1952년 살포된 〈그림 191, 191-1〉인 삐라 1170으로[1] 한국전쟁을 그림과 글로 간략하게 정리한 내용이다. 삐라 속 한국전쟁은 "이 이야기는 한국을 자유통일 자주국가로 세우기 위한 유엔의 끊임없는 노력의 기록이다"로 시작되어 "친애하는 한국 시민들이여 (…) 유엔은 여러분의 협력으로 한국의 통일과 재건을 위하야 앞으로도 계속 노력"하겠다는 다짐으로 끝맺고 있다.

알록달록한 색들이 나를 꾀었던 삐라 속에 지금까지 배워온 전쟁 이야기, 공산당 이야기, 유엔 이야기 따위가 가득 차 있다는 사실은 당황스럽고 놀라웠다. 이들 삐라는 거의 모두 북한의 군인과 민간인, 중국군을 대상으로 생산됐는데 어느새 한국의 초등학교와 중등학교의 교육 내용으로 자리 잡았다.

선전과 심리전은 인쇄술과 함께 20세기 인류 역사를 뒤흔든 기술 가운데 하나이다. 선전이 부정적 의미를 가졌던 것은 왜곡과 조작, 거짓으로 진실을 가리기 때문이다. 나치의 선전은 그 전형이었다. 이 때문에 당연히 제2차 세계대전 뒤 미국에서 선전이 문제시됐다. 그러나 미국은 제2차 세계대전을 거치면서 선전의 효과를 충분히 알게 됐고 심리전이라

그림 191, 191-1 _ (1170)

는 새로운 용어로 대체해 이용했다. 심리전의 효용성이 인정됐지만 미국은 비슷한 조직이 7~8개나 될 정도로 심리전을 실행할 중앙기구나 연락기구를 마련하지 못했다. 따라서 제2차 세계대전 때 심리전은 유럽 방면 육군 총사령부나 태평양 방면 육군 총사령부와 같은 방면군이 독자적으로 운영했다. 80억 장이라는 삐라를 유럽 지역에 뿌릴 정도로 유럽 방면 육군 총사령부 심리전부는 상당한 규모를 자랑했다.

전쟁이 끝나자 선전기구는 미국 여론과 국회의 비판으로 해체 위기로 몰렸다. 그러나 여전히 점령지에서의 선전은 중요한 역할을 했고 그런 필요성과 맞물리면서 해체된 전략활동국OSS은 1947년 7월 중앙정보부CIA로 개편됐다. 미국은 군을 일원화한 합동참모본부JCS를 창설하고, 대통령 직속의 국가안전보장회의NSC, 삼부조정위원회SWNCC 따위의 기구들을 마련했다. 한국전쟁은 이들 기구들이 협력하고 강화되는 발판을 마련했다. 특히 심리전과 관련해 삼부조정위원회는 정책지침을 극동사령부에 내려 보냈다. 극동사령부는 이 지침을 토대로 심리전을 수행했다. 극동사령부 심리전부는 8군사령부나 대한민국 국방부 정훈국에서 생산된 심리전의 다양한 형태를 검토하고 심사했다. 삐라의 경우 삐라 대본과 그림 그리고 형식까지도 극동사령부 심리전부의 허락을 받았다.

제2차 세계대전 때 전략활동국OSS은 각 방면군의 상위기구가 아니라 의견을 제시하는 기구였고 각 방면군은 그 의견을 따라야 할 필요도 없었다. 그러나 한국전쟁 때 심리전과 관련된 중앙기구들이 만들어졌고 극동사령부는 그 지침에 따랐다.

또한 제2차 세계대전 때 미군은 사회학, 인류학, 심리학, 매스커뮤니케이션 따위의 사회과학 분야의 연구자들과 연계했다. 곧 군은 대학과 연구소에 대형 프로젝트를 주었다. 이들은 심리전 대상자의 풍습, 문화, 기후, 토양, 사회 따위를 연구했고 이는 심리전으로 이용됐다. 이러한 양상은 한국전쟁 때도 이어졌다. 파시즘과 나치즘을 연구하던 사회과학자들은 한국전쟁으로 소련, 중국, 북한 사회를 연구하기 시작했다. 포로들,

월남민, 북한군 점령지역의 민간인들을 인터뷰해서 이들 사회에 대한 분석을 쏟아냈다. 결국 이는 냉전이론으로 자리 잡았다.

한국전쟁은 미국에게 제2차 세계대전 때 실험한 모든 부분들을 확실하게 검토하고 완성하는 위치에 있었다. 이를 연구한 로빈은 한국전쟁 때 마련된 심리전이 1960년대 베트남전쟁에서 1990년대 걸프전까지도 나타났다고 밝혔다.

한국전쟁 동안 미군, 한국군, 북한군, 중국군이 모두 삐라라는 비슷한 유형으로 선전 또는 심리전을 벌였다. 비록 삐라라는 비슷한 유형이긴 하지만 미군이 뿌린 삐라와 북한과 중국이 뿌린 삐라를 동일 선상에서 평가하기는 어렵다. 미국의 심리전과 북한 또는 중국의 선전선동론이 다르기 때문이다.

북한의 선전은 사회주의 선전선동론을 기반으로 했고 첫 대상은 자국민이었다. 존스홉킨스대학교 작전연구소는 북한의 선전은 공산주의자인가 비공산주의자인가에 따라 사물과 역사에 관한 이론적 확신을 목적하거나 미군은 악이고 사납다고 알려주는 데 목적이 있다고 지적했다. 따라서 북한은 "제국주의, 식민주의, 노예, 독립 · 자유 · 평등, 민주주의, 평등하게 사는 인민, 잔학 행위, 자유, 민주적 개혁, 내전, 세계 평화와 안전, 민주적 · 진보적 운동, 사회주의" 따위를 선전 주제로 삼았다.[2]

반면 미국 심리전의 일차적 대상은 자국 국민이 아니라 적의 군과 민간인이다. 심리전은 적의 사기 저하를 유도해 투항하게 하는 행동을 이끌어내는 데 우선적 목표로 두었다. 미국의 심리전은 자국민이 아닌 전장의 '적'을 대상으로 했고 전쟁 뒤 재건 과정에서도 그 목표는 변하지 않았다. 그리고 심리전에서 '아'(군)은 선험적으로 '선'한 존재였다. 미국의 심리전이 자국민에게 민주주의의 운영 원리, 자유, 자본주의, 독립된 개체로서의 개인, 평등 따위를 설명하기보다 공산주의의 이미지와 호명을 생산한 까닭은 이런 맥락에서였다. 심리전이 전쟁 뒤 한국 사회의 재건 과정에서도 유효했던 것은 이런 점 때문이다.

1990년대 북한 사람들이 머리에 뿔이 달리지 않았고, 얼굴만하다고 알려진 김일성 뒷덜미의 혹이 너무 작다는 사실에 당황했다. 냉전세대는 성인이 되어서도 학교에서 배운 내용을 진리로 알고 지내왔다. 냉전세대가 진리로 믿어왔던 이미지와 상징은 대개 심리전에서 비롯됐다. 오랑캐로 불린 중국, 죽음의 사자 스탈린, 그들의 꼭두각시로 알려진 김일성에 이르기까지 우리들이 학교에서 배웠던 내용들이다. 이들에 대한 이미지와 상징은 학습 과정에서 그치지 않고 즐겨 보는 만화책이나 만화영화에도 항상 등장했다. 폭악한 늑대와 욕심쟁이 돼지가 끊임없이 약한 동물들을 괴롭히는 모습을 보고 우리는 적개심을 길러왔다. 삐라를 포함한 심리전은 인종(민족), 계급, 성별로 사회를 위계화하는 익숙한 틀과 냉전에 걸맞은 반공주의와 결합했고, 증오와 두려움을 극대화한 이미지를 생산했다. 이미지들은 냉전세대들에게 자연스럽게 적개심을 불러일으켰다.

또한 삐라에서 재현된 여성 이미지는 후방에서 남편이나 아들을 기다리는, 보호받는 여성이면서 외국 군대의 강간 대상으로 등장했다. 그런데 한국전쟁은 근대전의 특징을 두루 갖추었듯이 전방과 후방의 경계가 없었으며 후방이라 하더라도 삐라에서 묘사된 것처럼 안전한 곳이 아니었다. 후방에서 민간인 학살과 전쟁으로의 동원이 자주 일어났으며 여성을 향한 폭력은 비일비재했다.

심리전에서의 이미지, 상징, 호명은 선·악이라는 구도로 세계를 분할했다. 곧 자유세계와 노예세계로 구분했다. 자유세계와 노예세계는 자유와 통제로 정치, 경제, 사회, 일상생활을 결정지을 뿐만 아니라 심지어 전장에서의 철모와 헝겊 모자, 무기 보급과 군수품의 조달에 이르기까지 이미지화됐다. 이들 삐라는 어둠과 빛, 결박과 자유, 죽음과 부활, 부패와 재생 따위의 이분법을 활용했다.

자유세계와 노예세계라는 이미지와 호명보다 더 자주 불린 명칭은 유엔과 공산세계이다. 유엔은 국가 간 연합기구이지 정치나 경제체제를 가리키지 않는다. 그런데도 심리전에서 유엔이란 명칭은 공산주의와 다른 정치나 사회체제를 뜻했다. 이는 한국 현대사회에 올바른 사용례로 정착됐고 오늘날에도 다르지 않다. 따라서 자유세계인 유엔은 심리전에서 가장 공들여서 알려져야 했다. 심리전은 한 삐라에서 유엔의 목적을 "평화는 유엔의 한국에 대한 군사적 목적이다. 통일은 유엔의 한국에 대한 정치적 목적이다, 재건은 유엔의 한국에 대한 경제적 목적이다"로 정리했다. 유엔의 3대 구호를 알리는 삐라들은 상당한 양이 제작돼 뿌려졌다. 신생 기구인 유엔은 한국전쟁으로 명실상부하게 세계기구로 발돋움하게 됐다. 유엔과 대비된 공산세계는 자유가 아닌 억압과 통제된 사회이기 때문에 개혁을 시행했지만 종잇조각에 그쳤고 국가 사이의 관계는 착취와 꼭두각시로 위계화됐다고 말해졌다.

심리전 프로그램은 포로들의 교육 자료로도 모두 사용됐다. 극동사령부 심리전부는 비송환 포로들을 재교육하려고 이 일을 미 공보원과 추진했다. 이들의 작업은 여기에서 멈추지 않았다. 극동사령부와 미 공보원은 국제연합 한국재건단UNCRA, 경제자문국OEA, 민간원조 사령부KCAC 따위의 국제기구와 한국의 내무부, 문교부, 대학교를 비롯한 각 기관의 대표자들과 회의를 가졌다. 이들 기구는 포로들의 교육 프로그램을 미래 한국의 교육 프로그램으로 전환하기 위한 설비, 조직, 비용을 담당했다. 결국 적을 상대로 한 심리전 대본과 프로그램이 포로 교육 프로그램으로 다시 한국의 교육 프로그램으로 전환됐다.

미 군정기 공민교과서는 사회운영 원리인 자유, 인격, 민주정치, 정의, 노동, 사회와 관련된 항목을 가르쳤지만 한국전쟁 뒤 도의교과와 1960년대 도덕교과에는 반공이 3분의 1을 차지하게 됐다. 또한 학생을 지도하는 교사 지침서에는 '적개심' '신고정신' '정신무장' 따위를 불러일으키도록 제시됐다. 심리전 대본과 이미지, 상징은 교과서로 그대로 옮겨왔다.『전시생활』의 내용과 삽화에는 삐라의 대본과 이미지를 그대로 닮아 있는 장면이 많이 나온다.『도덕』교과서도 심리전의 대본과 크게 다르지 않았다.

우리는 초등학교와 중등학교를 다니면서 일상생활에서 차지하는 중요한 정치·사회적 가치를 제대로 배우지 못했다. 그래서인지 대한민국 헌법에 명시된 가치와 원리를 나는 지금도 제대로 알지 못한다. 민주주의, 자본주의, 자유, 평등, 인권. 이러한 가치와 윤리가 일상생활에 어떻게 적용되는지, 그것에서 벗어난 행위들로부터 개인이 자신을 어떻게 지켜야 하는지, 개인의 권리가 침해당했을 때 또는 평등하지 못한 상황에 부닥쳤을 때 어떻게 대처해야 하는지 모른다. 다만 정치경제 과목의 시험을 치려 몇몇 용어를 외웠던 일은 기억나지만 그것이 현실에서 무엇인지는 모른다. 이러한 가치는 일상생활과 무관하게 법학자, 정치학자, 철학자들이 고민할 문제로 생각해왔다.

이러한 학습 방법은 헌법에 명시하듯이 자국의 사회를 선험된 '완전한' 사회로 명시했던 한국전쟁 때 심리전을 닮아 있다. 그때 심리전은 비송환 포로에게 사회 운영의 원리를 가르치고 익히게 하기보다는 선험적인 국민의 도리와 의무만을 강요하지 않았던가.

우리는 참으로 주객이 뒤바뀐 사회를 살아가고 있다. 사회는 개인들에게 끊임없이 자신을 사랑하고, 자신을 먼저 이해하는 일이 다른 사람을 사랑하고 살아가는 방법이라고 말한다. 그렇다면 사회도 마찬가지 아닌가. 그 개인들이 속한 사회를 먼저 알고, 이해하고, 사랑해야 하지 않는가. 그런데 우리는 삐라를 통한 심리전이 그러했듯 '남'과 '나'를 편갈라 '남'을 배타하고 적개심을 드러내는 방법부터 배웠다. 결코 '나'와 '남'이 어떻게 갈리고 무엇이 다른지는 배우지 못했다. 그것은 선험으로 주어졌기에.

제2차 세계대전 때 미국은 FBI가 천 년을 조사해도 끝내지 못할 만큼 많은 양의 삐라를 뿌렸다. 그리고 한국전쟁 때는 다달이 1억 장이 넘는 삐라를 한반도에 뿌렸다. 매일 500만 장 가까운 종이가 하늘에서 내려와 쌓였다. 미국은 왜 그렇게 많은 삐라를 뿌렸을까? 무릎까지 찰 만큼 많은 삐라를 뿌린 까닭이 무엇일까? 이런 의문은 글을 마칠 때까지 다 풀리지는 않았지만 하나의 느낌만은 또렷하다. 어마어마한 삐라의 생산과 살포는 대량생산과 소비를 넘어 과잉생산과 소비를 닮았다.

자본주의는 제2차 세계대전을 거치고 한국전쟁이 시작될 즈음 대량생산을 넘어 과잉생산의 단계로 들어섰다고 한다. 한국전쟁 때의 심리전 삐라는 자본주의가 과잉생산 과잉소비 시대에 접어들었음을 증명이라도 하듯 하늘에서 펄펄 쏟아져 내렸다. 심리전은 이뿐만 아니라 전 지구적으로 냉전의 시대가 시작됐음을 알리는 신호이기도 했다. 냉전은 과잉생산과 과잉소비를 재생산하는 촉매 가운데 하나가 아니던가. 그렇게 한국전쟁 때 삐라는 과잉생산 과잉소비, 심리전, 냉전을 하나로 묶는 열쇳말이었다.

자본주의를 지향했던 미국과 사회주의를 지향했던 소련, 극단에 자리 잡은 두 강대국은 냉전을 만들고 소비하는 중심이었다. 이 두 강대국이 생산한 냉전논리는 20세기 인류에게 무엇을 남겼으며 21세기에는 어떤 영향을 미칠까? 21세기가 시작될 때 인류는 적어도 한 세기 전 사람들이 느꼈을 절망을 어느 만큼은 해결했다고 여겼으리라. 아니 그렇게 희망했으리라. 그러나 지금 세계 곳곳에는 희망과 반대되는 새로운 광풍이 전 지구를 흔들고 있다.

이른바 '신자유주의' 논리는 모든 곳에서 사람들을 나누었다. 사람들이 먹는 것, 입는 것, 살아가는 공간 따위를 근본부터 흔들었다. 심지어는 결혼과 출산조차도 나뉘었다. 흔들림은 균형을 깨는 방향으로 나아갔다. 균형은 사회를 지탱하는 중요한 가치이자 잣대이다. '세 발 달린' 솥이나 고구려 사람들이 신성시 한 '세 발 달린' 까마귀인 삼족오三足烏처럼 옛 사람들이 숫자 '3'을 중요하게 여긴 까닭은 균형을 중시했기 때문이다. 지금 우리는 너무나 풍족한 물품들로 가득 찬 상점들을 지나면서도 불안하고 암울한 사회에 살고 있다. 대다수 사람들은 호사스런 삶을 바라지 않는다. 그저 행복한 삶을 바라고 공존하길 바란다. 그런데 신자유주의는 공존의 틀을 깼다.

신자유주의가 1980년대 서서히 그림자를 내비치다가 1990년대 본격적으로 얼굴을 드러냈다고 하지만 냉전은 이미 신자유주의의 특징을 잉태하고 있었다. 과잉된 생산과 소비는 한 나라의 경계를 넘어 온 지구를 헤집으며 자연을 훼손하고, 노동력을 갈취하고, 하나만으로도 수십, 수백만을 죽일 수 있는 무기를 산더미처럼 쌓고 있다. 한국전쟁 때 삐라의 생산과 소비는 이런 모습을 닮아 있다. 읽지도 않을, 지천에 널려 있는, 불쏘시개로 쓰일 삐라를 무한 생산해 뿌리지 않았는가.

무한경쟁만이, 과잉생산만이, 과잉소비만이 생존인 길로 나아가고 있다. 필요 이상의 생산과 소비는 인간의 삶을 풍요롭고 여유롭고 자유롭게 만들기보다는 피폐하고 욕심 덩어리로 고립되게 만들었다. 고도성장한 한국 사회가 왜 다른 곳보다 신자유주의로 치달을 수밖에 없는가 하는 물음에 대한 답은 여기에 있다. 한국은 아직도 냉전의 틀 속에 갇혀 있고 냉전과 결합된 신자유주의는 왜곡되고 극단적 형태를 산출하기 때문이다. 신자유주의는 경쟁, 부, 과잉생산과 소비가 최고 가치인 세상이기 때문에 예전에 '정의'라고 외쳤던 가치와 윤리는 더 이상 힘을 발휘할 수 없게 됐다.

이 책을 읽는 독자 여러분께

1 미 국무부 정책연구과 문서,「Korea Project File Vol. Ⅳ: 한국전쟁 자료 총서 29권」, 258~259쪽(국사편찬위원회,『자료 대한민국사 18권』).
2 Stephen E. Pease 지음, *PSYWAR -Psychological Warfare in Korea 1950~1953*, Stackpole books, 1992(국군 심리전단 옮김,『한국전쟁에서의 심리전』, 2000, 14쪽).
3 육군 심리전감실 편,『현대심리전』, 1957, 189쪽; 국방부,『政訓大系 1』, 청구출판사, 1956, B445쪽.
4 Stephen E. Pease 지음, 국군 심리전단 옮김, 앞의 책, 30쪽.
5 방선주,『한국전쟁기 삐라』, 한림대학교 아시아문화연구소 자료 총서 29, 2000, 2쪽.
6 방선주, 위의 책, 2쪽.
7 국방부, 앞의 책, B425 쪽; 육군 심리전감실 편, 앞의 책, 82쪽.
8 폴 비릴리오 지음, 이재원 옮김,『속도와 정치』, 그린비, 2004, 276쪽.
9 허은,「RG 407 6 · 25전쟁과 미군 심리전 부대 자료」,『미국소재 한국사 자료 조사보고 4』, 국사편찬위원회, 2004, 370쪽.
10 정용욱, 한국학중앙연구원 편,『6 · 25전쟁기 미군 심리전 관련 자료집』1 · 2 · 3, 선인, 2005.
11 정용욱, 한국학중앙연구원 편, 위의 책, XXV.

제1장. 총력전의 완성, 미국의 심리전

1 로이 애플먼 지음, 육군본부 옮김,『낙동강에서 압록강까지』, 1963, 9쪽.
2 William E. Daugherty, "Evaluation and Analysis of Leaflet Program in the Korean Campaign 1950. 6~12", Operation Research Office The Johns Hopkins University, ORO-T-3(EUSAK)(한국학중앙연구원 편,『6 · 25전쟁기 미군 심리전 관련 자료집』1, 선인, 2005).
3 Stephen E. Pease 지음, 국군 심리전단 옮김, 앞의 책, 13쪽.
4 에드워드 버네이스 지음, 강미경 옮김,『프로파간다』, 공존, 2009, 78~79쪽.
5 데이비드 웰시 지음, 최용찬 옮김,『독일 제3제국의 선전정책』, 혜안, 2001, 43쪽.
6 데이비드 웰시 지음, 최용찬 옮김, 위의 책, 79쪽.
7 크리스토퍼 심슨 지음, 정용욱 옮김,『강압의 과학』, 선인, 2009, 26쪽.

8 크리스토퍼 심슨 지음, 정용욱 옮김, 위의 책, 28쪽.

9 육군 심리전감실 편, 앞의 책, 11~12쪽.

10 크리스토퍼 심슨 지음, 정용욱 옮김, 앞의 책, 28쪽

11 육군 심리전감실 편, 앞의 책, 7쪽.

12 육군 심리전감실 편, 위의 책, 227쪽.

13 크리스토퍼 심슨 지음, 정용욱 옮김, 앞의 책, 20쪽.

14 미치바 치카노부, 다지마 데쓰오 옮김, 「미 점령하의 일본 문화론」, 『냉전 아시아의 문화 풍경 1』, 현실문화, 2008, 215쪽.

15 U.S. Army Forces Pacific(USAFPAC), "Report on Psychological Warfare in the Southwest Pacific Area 1944~1945", RG 4 Box 56(맥아더기념관 소장 자료-이하 MA로 줄임).

16 Ron Robin, *Thee Making of the Cold War Enemy*, Princeton University Press, 2001, 129쪽.

17 크리스토퍼 심슨 지음, 정용욱 옮김, 앞의 책, 21쪽.

18 Ron Robin, 앞의 책, 122쪽.

19 국방부, 앞의 책, 1956, B424쪽.

20 김학재, 「탈식민 냉전국가의 형성과 검열: 정부수립 전후 공보처의 활동과 통치성의 계보」, 『대동문화연구』 제74집, 성균관대학교 대동문화연구소, 2011, 67쪽.

21 Walter L. Hixson, *Parting the curtain: propaganda, culture, and the Cold War, 1945~1961*, St. Martin's Press, 1997, P.2(김학재, 위의 글, 67쪽에서 재인용).

22 크리스토퍼 심슨 지음, 정용욱 옮김, 앞의 책, 50쪽.

23 Philip M. Taylor, *Global Communications, International Affairs and the Media Since 1945*, Routledge, 1997, P.157(김학재, 앞의 글, 68쪽에서 재인용).

24 국방부, 앞의 책, 1956, B424쪽.

25 국방부, 위의 책, 1956, B425쪽.

26 육군 심리전감실 편, 앞의 책, 176쪽.

27 육군 심리전감실 편, 위의 책, 175쪽.

28 국방부, 앞의 책, 1956, B425쪽.

29 U.S. Army Forces Pacific(USAFPAC), "Report on Psychological Warfare in the Southwest Pacific Area 1944~1945", RG 4 Box 56(MA).

30 U.S. Army Forces Pacific(USAFPAC), "Report on Psychological Warfare in the Southwest Pacific Area 1944~1945", RG 4 Box 56(MA).

31 육군 심리전감실 편, 앞의 책, 176쪽.

32 크리스토퍼 심슨 지음, 정용욱 옮김, 앞의 책, 52쪽.

33 Walter L. Hixson, 앞의 책, P.3~4(김학재, 앞의 글 재인용).

34 Walter L. Hixson, 앞의 책, P.5(김학재, 위의 글 재인용).

35 크리스토퍼 심슨 지음, 정용욱 옮김, 앞의 책, 72쪽.

36 크리스토퍼 심슨 지음, 정용욱 옮김, 위의 책, 71쪽.

37 加藤哲郎, 『象徴天皇制の起源』, 平凡社, 2005, 53쪽.

38 피에르 제르베 지음, 소민영 옮김, 『최초의 세계 제국, 미국』, 부키, 2007, 87쪽.

39 피에르 제르베 지음, 소민영 옮김, 위의 책, 169~170쪽.

40 장영민, 「정부수립 이후(1948~1950) 미국의 선전정책」, 『한국근현대사연구』 제31집, 한국근현대사학회, 2004, 274~280쪽.

41 크리스토퍼 심슨 지음, 정용욱 옮김, 앞의 책, 75쪽.

42 장영민, 「한국전쟁 전반기 미군의 심리전에 관한 고찰」, 『군사』 제55호, 2005. 6, 318쪽.

43 Stephen E. Pease 지음, 국군 심리전단 옮김, 앞의 책, 14쪽.

44 Lews E. Perry, *Psychological Warfare Operation*, The Psychological Warfare School for Bragg, North Carolina, RG 319 Box 62.

45 Walter L. Hixson, 앞의 책, P.17(김학재, 앞의 글 재인용).

46 장영민, 「6 · 25전쟁기 유엔군 총사령부의 소리 라디오 방송에 관한 고찰」, 『한국근현대사연구』 제47집, 2008, 291쪽.

47 George S. Pettee, "US Psychological Warfare in Korean War", Operation Research Office The Johns Hopkins University, Maryland, ORO-T-3(FEC) 1951. 2. 23.

48 장영민, 앞의 글, 2005, 320쪽.

49 Lews E. Perry, 앞의 글, RG 319 Box 62; John Ponturo, Willmoore Kendall, "FEC Psychological Warfare Operation: Intelligence", Operation Research Office The Johns Hopkins University, Maryland, ORO-T-28(FEC), 1952. 4. 28.

50 Stephen E. Pease 지음, 국군 심리전단 옮김, 앞의 책, 19쪽.

51 W. Kendall, D. E. Ambrose, G. Hinrchs, P. K. Ogloblin, J. Ponturo, "FEC Psychological Warfare Operation: Leaflets", Operation Research Office The Johns Hopkins University, ORO-T-21(FEC) 1951. 3. 31.

52 Stephen E. Pease 지음, 국군 심리전단 옮김, 앞의 책, 19쪽.

53 W. Kendall, D. E. Ambrose, G. Hinrchs, P. K. Ogloblin, J. Ponturo, ORO-T-21(FEC).

54 3D Historical Detachment, "EUSAK COMBAT PROPAGANDA OPERATIONS 1950. 7. 13~1952. 9. 1", 1953. 1, RG 550 Box 98.

55 Donald F. Hall, "Tactical Psychological Warfare in the Conflict: An Informal Commentary on Propaganda Operation of the Eighth U.S. Army 1950~1954", 1954. 4. 1.

56 Ernest A. Bavaria, "Report on the Psychological Warfare Conducted by the Eighth Army Units in Korea, 1950. 6. 25~1953. 7. 27", 1954. 2, RG 550 Box 99; Donald F. Hal, 위의 글; 3D Historical Detachment, 앞의 글.

57 Ernest A. Bavaria, 앞의 글, RG 550 Box 99.

58 Ernest A. Bavaria, 위의 글.

59 Ernest A. Bavaria, 위의 글.

60 3D Historical Detachment, 앞의 글.

61 Donald F. Hall, 앞의 글.

62 1st Loudspeaker and leaflet Company, Army/EUSAK 1951.4, RG 407 Box 1171; 3D Historical Detachment, 앞의 글, RG 550 Box 98; John Ponturo, Willmoore Kendall, L.F. O`doneell, "EIGHT ARMY PSYCHOLOGICAL WARFARE IN KOREAN WAR", Operation Research Office The Johns Hopkins University, 1951. 12, ORO-T-17(FEC) 등을 참조해 재구성했다.

63 3D Historical Detachment, 앞의 글.

64 Stephen E. Pease 지음, 국군 심리전단 옮김, 앞의 책, 18쪽.

65 John Ponturo, Willmoore Kendall, L.F. O`doneell, ORO-T-17(FEC).

66 장영민, 앞의 글, 2005, 323쪽.

67 Donald F. Hall, 앞의 글.

68 Donald F. Hall, 위의 글.

69 George S. Pettee, ORO-T-3(FEC).

70 국방부, 앞의 책, 1956, A68쪽.

71 George S. Pettee, ORO-T-3(FEC).

72 GHQ, FEC Command Report 1951. 7, Psychological Warfare Section, RG 407 Box 501.

73 3D Historical Detachment, 앞의 글; GHQ, FEC Command Report, 1951. 11, Psychological Warfare Section, RG 407 Box 578; GHQ, FEC/UNC Command Report, 1952. 3, Psychological Warfare Section, RG 407 Box 647.

74 GHQ, FEC/UNC Command Report, 1952. 2, Psychological Warfare Section, RG 407 Box 631.

75 FEC, GHQ, Command Reports, Psychological Warfare Section 1951. 12, RG 407 Box 596.

76 3D Historical Detachment, 앞의 글.

77 3D Historical Detachment, 위의 글.

78 3D Historical Detachment, 위의 글.

79 3D Historical Detachment, 위의 글.

제2장. 최소 비용으로 최대 효과를 가져온 삐라

1 George S. Pettee, ORO-T-3(FEC), P.50.

2 George S. Pettee, ORO-T-3(FEC), P.50.

3 Thomas S. Anderson, Project POWOW, 1953. 5. 16, RG 15 Box 33(MA).

4 George S. Pettee, ORO-T-3(FEC), P.53.

5 W. Kendall, D. E. Ambrose, G. Hinrchs, P. K. Ogloblin, J. Ponturo, "FEC Psychological Warfare Operations: Leaflets", 1952. 3. 31, ORO-T-21(FEC)(한국학중앙연구원 편, 『6 · 25전쟁기 미군 심리전 관련 자료집』 2, 2005).

6 W. Kendall, D. E. Ambrose, G. Hinrchs, P. K. Ogloblin, J. Ponturo, ORO-T-21(FEC), 위의 글.

7 W. Kendall, D. E. Ambrose, G. Hinrchs, P. K. Ogloblin, J. Ponturo, ORO-T-21(FEC).

8 GHQ, FEC Command Report 1951. 9. 1~30, Psychological Warfare Section, RG 407 Box 542.

9 조용만, 「최초의 시사만화가 웅초」, 『계간 미술 33』, 1985 봄, 177쪽(최태만, 「한국전쟁과 미술: 선전 경험 기록」, 동국대학교 박사학위 논문, 2008, 127쪽에서 재인용).

10 최태만, 위의 글, 127~128쪽.

11 오천석,『외로운 성주』, 광명출판사, 1978; 장리욱,『나의 회고록』, 샘터, 1975(허은,『미국의 헤게모니와 한국 민족주의』, 고대민족문화연구원, 2008, 126쪽에서 재인용).

12 3D Historical Detachment, 앞의 글.

13 Donald F. Hall, 앞의 글.

14 Ernest A. Bavaria, 앞의 글.

15 W. Kendall, D. E. Ambrose, G. Hinrchs, P. K. Ogloblin, J. Ponturo, ORO-T-21(FEC).

16 Donald F. Hall, 앞의 글.

17 무초(Muccio),「미국 국무부 정책연구과 문서」,『한국전쟁 자료 총서』 29권, 258−259쪽, 1950. 8. 3,(국사편찬위원회 편,『자료 대한민국사 제18권』).

18 국방부, 앞의 책, B444쪽.

19 조은정,「한국전쟁기 남한 미술인의 전쟁 체험에 대한 연구」,『한국 문화연구』 제3호, 이화여자대학교 한국 문화연구원, 2002, 161쪽(최태만, 앞의 글, 48쪽에서 재인용).

20 최태만, 앞의 글, 49~51쪽.

21 박기준,「6 · 25전쟁기 만화가와 삐라」,『보이지 않는 전쟁, 삐라』, 청계천문화관, 2010, 619~622쪽.

22 Command Report Eight United States Army Korea, 1951. 4, RG 407 Box 1183.

23 Headquarters United States Army Forces, Far East Psychological Warfare Section, RG 550 Box 66.

24 William E. Daugherty, "Evaluation and Analysis of Leaflet Program in the Korean Campaign 1950. 6~12", Operation Research Office The Johns Hopkins University, 1951. 1. 23, ORO-T-3(EUSAK).(한국학중앙연구원 편,「6 · 25전쟁기 미군 심리전 자료집」1, 선인, 2005).

25 Records of General Headquarters, Far East Command : 1947~1951, RG 6 Box 16(MA).

26 GHQ, FEC Command Report 1951. 7, Psychological Warfare Section, RG 407 Box 501.

27 W. Kendall, D. E. Ambrose, G. Hinrchs, P. K. Ogloblin, J. Ponturo, ORO-T-21(FEC), 앞의 글.

28 Stephen E. Pease 지음, 국군 심리전단 옮김, 앞의 책, 30쪽.

29 이윤규,『들리지 않던 총성 종이폭탄−6 · 25전쟁과 심리전』, 지식더미, 2006, 131쪽; Donald F. Hall, 앞의 글.

30 3D Historical Detachment, 앞의 글.

31 무초(Muccio),「미국 국무부 정책연구과 문서」,『한국전쟁 자료 총서』 29권, 258~259쪽, 1950. 8. 3,(국사편찬위원회 편,『자료 대한민국사 제18권』).

32 William E. Daugherty, ORO-T-3(EUSAK).

33 George S. Pettee, ORO-T-3(FEC).

34 Kilchoon Kim and E. A. Johnson, "Evaluation of Effects of Leaflet on Early North Korean Prisoners of War", Operation Research Office The Johns Hopkins University, 1951. 2. 20, ORO-T-4(EUSAK). (한국학중앙연구원 편,『6 · 25전쟁기 미군 심리전 관련 자료집』1, 선인, 2005).

35 GHQ, FEC Command Report, 1952. 2, Psychological Warfare Section, RG 407 Box 631.

36 GHQ, FEC Command Report, 1952. 2, Psychological Warfare Section, RG 407 Box 631.

37 3D Historical Detachment, 앞의 글.

38 GHQ, FEC Command Report 1951. 10. 1~31, Psychological Warfare Section, RG 407 Box 560.

39 EUSAK/Supporting Documents Section Ⅱ Book 4 Assistant Chief of Staff G3, 1952. 11, RG 407, Box 1416; EUSAK/Supporting Documents Section Ⅱ Book 4 Assistant Chief of Staff G3, 1952. 12, RG 407, Box 1428; EUSAK/Supporting Documents Section Ⅱ Book 4 Assistant Chief of Staff G3,(1st Loudspeaker and leaflet company), 1953. 4, RG 407 Box 1469.

40 GHQ, FEC/UNC Command Report 1952. 9, psychological warfare section, RG 407 Box 744.

41 Ron Robin, 앞의 책, 119~120쪽.

42 3D Historical Detachment, 앞의 글.

43 국방부, 앞의 책, B444쪽.

44 국방부, 위의 책, B445쪽.

45 국방부, 위의 책, A39쪽.

46 3D Historical Detachment, 앞의 글.

47 국방부 정훈국,「전단」, 한국학중앙연구원.

48 3D Historical Detachment, 앞의 글.

49 국방부 정훈국,「전단」, 한국학중앙연구원.

50 국방부 정훈국,「전단」, 한국학중앙연구원.

51 국방부 정훈국,「전단」, 한국학중앙연구원.

52 국방부 정훈국,「전단」, 한국학중앙연구원.

53 국방부 정훈국,「전단」, 한국학중앙연구원.

54 EUSAK/Supporting Documents Section Ⅱ Book 4 Assistant Chief of Staff G3,1952. 7, RG 407 Box 1368.

55 George S. Pettee, ORO-T-3(FEC).

56 George S. Pettee, ORO-T-3(FEC).

57 Records of General Headquarters, Far East Command : 1947~1951 RG 6 Box 16(MA).

58 Records of General Headquarters, Far East Command : 1947~1951 RG 6 Box 16(MA).

59 Ernest A. Bavaria, 앞의 글.

60 John Ponturo, Willmoore Kendall, L.F. O`doneell, ORO-T-17(FEC).

61 Far East Command : 1947~1951 RG 6 Box 16(MA).

62 William E. Daugherty, ORO-T-3(EUSAK.

63 3D Historical Detachment, 앞의 글.

64 History of the Korean War, RG 550 Box 66.

65 History of the Korean War, RG 550 Box 66.

66 William E. Daugherty, ORO-T-3(EUSAK).

67 Records of General Headquarters, Far East Command : 1947~1951 RG 6 Box 16(MA).
68 〈자유세계〉 12호. 청계천문화관 편, 앞의 책, 198~199쪽.
69 FEC, GHQ, Command Reports, Psychological Warfare Section 1951. 9, RG 407 Box 542.
70 History of the Korean War, RG 550 Box 66.
71 Stephen E. Pease 지음, 국군 심리전단 옮김, 앞의 책, 50~55쪽.
72 Stephen E. Pease 지음, 국군 심리전단 옮김, 위의 책, 53쪽.
73 USAFFE, Staff Section Report-Psychological Warfare Section, 1953. 9, RG 407 Box 247.
74 GHQ, FEC Command Report 1951. 9. 1~30, Psychological Warfare Section, RG 407 Box 542.
75 Records of General Headquarters, U.S. Army Forces Pacific, 1942~47, RG 4 Box 56(MA).
76 국방부 정훈국,「전단」, 한국학중앙연구원.
77 Records of General Headquarters, Far East Command : 1947~1951, RG 6 Box 16(MA).
78 Far East Command : 1947~1951, RG 6 Box 16(MA).
79 Far East Command : 1947~1951, RG 6 Box 16(MA).
80 EUSAK/Supporting Documents Section Ⅱ Book 4 Assistant Chief of Staff G3,1952. 9, RG 407 Box 1393.
81 EUSAK/Supporting Documents Section Ⅱ Book 4 Assistant Chief of Staff G3,1951. 6, RG 407 box 1211.
82 EUSAK/Supporting Documents Section Ⅱ Book 4 Assistant Chief of Staff G3,(1st Loudspeaker and leaflet company), 1952. 12, RG 407 box 1428.
83 Stephen E. Pease 지음, 국군 심리전단 옮김, 앞의 책, 15쪽.
84 〈경향신문〉, 1951년 3월 1일(국사편찬위원회 편,『자료 대한민국사』 제20권).
85 FEC, GHQ, Command Reports, Psychological Warfare Section 1951. 9, RG 407 Box 542.
86 EUSAK/Supporting Documents Section Ⅱ Book 4 Assistant Chief of Staff G3,1951. 12, RG 407 Box 1284.
87 EUSAK/Supporting Documents Section Ⅱ Book 4 Assistant Chief of Staff G3,1951. 10, RG 407 Box 1259.
88 청계천문화관 편, 앞의 책, 2010, 114쪽.
89 Materials Donated by the General Public, RG 15 Box 33(MA).
90 EUSAK/Supporting Documents Section Ⅱ Book 4 Assistant Chief of Staff G3,1951. 11, RG 407 Box 1271.
91 Far East Command : 1947~1951, RG 6 Box 16(MA).
92 FEC Command Reports, compiled 1949~1954, RG 407 Box 4321.
93 EUSAK/Supporting Documents Section Ⅱ Book 4 Assistant Chief of Staff G3,(1st Loudspeaker and leaflet company), 1952. 12, RG 407 Box 1428.
94 EUSAK/Supporting Documents Section Ⅱ Book 4 Assistant Chief of Staff G3,(1st Loudspeaker and leaflet company), 1952. 12, RG 407 Box 1428.

제3장. 적 이미지와 상징 그리고 기호 만들기

1 산드라 길버트 · 수전 구바 지음, 박오복 옮김,『다락방의 미친 여자』, 이후, 2009, 579쪽.
2 태혜숙,『탈식민주의 페미니즘』, 여이연, 2001, 126쪽.
3 Stephen E. Pease 지음, 국군 심리전단 옮김, 앞의 책, 7쪽.
4 U.S. Army Forces Pacific(USAFPAC), 1942~47, RG 4 Box 56(MA).
5 U.S. Army Forces Pacific(USAFPAC), Report on Psychological Warfare in the Southwest Pacific Area 1944~1945, RG 4 Box 56(MA).
6 U.S. Army Forces Pacific(USAFPAC), Report on Psychological Warfare in the Southwest Pacific Area 1944~1945, RG 4 Box 56(MA).
7 U.S. Army Forces Pacific(USAFPAC), 1942~47, RG 4 Box 56(MA).
8 U.S. Army Forces Pacific(USAFPAC), 1942~47, RG 4 Box 56(MA).
9 U.S. Army Forces Pacific(USAFPAC), 1942~47, RG 4 Box 56(MA).
10 국방부 정훈국,「전단」, 한국학중앙연구원.
11 국방부 정훈국,「전단」, 한국학중앙연구원.
12 국방부 정훈국,「전단」, 한국학중앙연구원.
13 EUSAK/Supporting Documents Section Ⅱ Book 4 Assistant Chief of Staff G3,(1st Loudspeaker and leaflet company), 1953. 1, RG 407 Box 1438.
14 FEC Command Reports, compiled 1949~1954, RG 407 Box 4321.
15 FEC Command Reports, compiled 1949~1954, RG 407 Box 4321
16 Materials Donated by the General Public, RG 15, Box 27(MA),
17 Materials Donated by the General Public, RG 15, Box 27(MA),
18 SA 2011 전단지(국립중앙도서관).
19 EUSAK/Supporting Documents Section Ⅱ Book 4 Assistant Chief of Staff G3,(1st Loudspeaker and leaflet company), RG 407 Box 1428.
20 FEC, GHQ, Command Reports, Psychological Warfare Section 1952. 1, RG 407 Box 614.
21 EUSAK/Supporting Documents Section Ⅱ Book 4 Assistant Chief of Staff G3,1952. 6, RG 407 Box 1357.
22 국방부 정훈국,『제1집 당신들은 아십니까 공산주의란 이런 것입니다』, 3쪽.
23 SA 2011 전단지(국립중앙도서관).
24 정용욱,「6 · 25전쟁기 미군의 삐라 심리전과 냉전 이데올로기」,『역사와 현실』 제51호, 2003, 120쪽.
25 정용욱, 위의 글, 2003, 121~122쪽.
26 EUSAK/Supporting Documents Section Ⅱ Book 4 Assistant Chief of Staff G3,1952. 2, RG 407 Box 1309.
27 EUSAK/Supporting Documents Section Ⅱ Book 4 Assistant Chief of Staff G3,(1st Loudspeaker and leaflet company), 1953. 2, RG 407 Box 1449.
28 Far East Command : 1947~1951, RG 6 Box 16(MA).
29 SA2011 전단지(국립중앙도서관).

30 Ron Robin, 앞의 책, 105쪽.

31 EUSAK/Supporting Documents Section Ⅱ Book 4 Assistant Chief of Staff G3,(1st Loudspeaker and leaflet company), 1952. 12, RG 407 Box 1428.

32 국방부 정훈국, 『제5집 우리는 북한에서 무엇을 할 것인가』, 1950, 8쪽.

33 국방부 정훈국, 『제5권 민주주의는 이겼다』, 1950, 1쪽.

34 EUSAK/Supporting Documents Section Ⅱ Book 4 Assistant Chief of Staff G3,1951. 6, RG 407 Box 1211.

35 EUSAK/Supporting Documents Section Ⅱ Book 4 Assistant Chief of Staff G3,1952. 6, RG 407 Box 1357.

36 김득중, 『빨갱이의 탄생』, 선인, 2009, 392쪽.

37 김진송, 「전쟁 삐라와 슬로건 사회」, 현실문화연구 편, 『문화읽기: 삐라에서 사이버문화까지』, 2000, 126쪽.

38 장연이, 「똘이장군에 반영된 반공적 이데올로기 이미지 표현에 관한 연구」, 『만화애니메이션연구』 15, 2009, 118쪽.

39 장연이, 위의 글, 119쪽.

40 권혁희, 「6 · 25전쟁 삐라와 냉전문화」, 청계천문화관 편, 앞의 책, 607쪽.

41 폴 비릴리오 지음, 이재원 옮김, 『속도와 정치』, 그린비, 2004, 163쪽.

42 메리 E. 위스너-행크스 지음, 노영순 옮김, 『젠더의 역사』, 역사비평사, 2006, 196쪽.

43 임옥희, 『채식주의자 뱀파이어』, 여이연, 2010, 78쪽.

44 U.S. Army Forces Pacific(USAFPAC), Report on Psychological Warfare in the Southwest Pacific Area 1944~1945, RG 4 Box 56(MA).

45 U.S. Army Forces Pacific(USAFPAC), Report on Psychological Warfare in the Southwest Pacific Area 1944~1945, RG 4 Box 56(MA).

46 U.S. Army Forces Pacific(USAFPAC), Report on Psychological Warfare in the Southwest Pacific Area 1944~1945, RG 4 Box 56(MA).

47 요시미 순야, 「냉전체제와 미국의 소비」, 『문화과학』 제42호, 2005, 161쪽.

48 Command Reports, compiled 1949~1954, RG 407 Box 4321.

49 FEC, GHQ, Command Reports, Psychological Warfare Section 1952. 1, RG 407 Box 614.

50 EUSAK/Supporting Documents Section Ⅱ Book 4 Assistant Chief of Staff G3,1952. 5, RG 407 Box 1346.

51 빌헬름 라이히 지음, 황선길 옮김, 『파시즘의 대중심리』, 그린비, 2009, 186쪽.

52 빌헬름 라이히 지음, 황선길 옮김, 위의 책, 96쪽.

53 Ron Robin, 앞의 책, 122쪽.

54 Ron Robin, 위의 책, 122쪽.

55 Ron Robin, 위의 책, 122쪽.

56 U.S. Army Forces Pacific(USAFPAC), Report on Psychological Warfare in the Southwest Pacific Area 1944~1945, RG 4 Box 56(MA).

57 EUSAK/Supporting Documents Section Ⅱ Book 4 Assistant Chief of Staff G3,1952. 9, RG 407 Box 1393.

58 EUSAK/Supporting Documents Section Ⅱ Book 4 Assistant Chief of Staff G3,(1st Loudspeaker and leaflet company), 1953. 4, RG 407 Box 1469.

59 Command Reports, compiled 1949~1954, RG 407 Box 4321.

60 FEC, GHQ, Command Reports, Psychological Warfare Section 1952. 2, RG 407 Box 631.

61 EUSAK/Supporting Documents Section Ⅱ Book 4 Assistant Chief of Staff G3,1952. 5, RG 407 Box 1346.

62 EUSAK/Supporting Documents Section Ⅱ Book 4 Assistant Chief of Staff G3,(1st Loudspeaker and leaflet company), 1952. 12, RG 407 Box 1428.

63 Ernest A. Bavaria, RG550 Box 99.

64 EUSAK/Supporting Documents Section Ⅱ Book 4 Assistant Chief of Staff G3,(1st Loudspeaker and leaflet company), 1953. 3, RG 407 Box 1458.

65 EUSAK/Supporting Documents Section Ⅱ Book 4 Assistant Chief of Staff G3,(1st Loudspeaker and leaflet company), 1953. 4, RG 407 Box 1469.

66 류춘도,『벙어리새』, 당대, 2005, 92쪽.

67 FEC, GHQ, Command Reports, Psychological Warfare Section 1951. 10, RG 407 Box 560.

68 EUSAK/Supporting Documents Section Ⅱ Book 4 Assistant Chief of Staff G3,1952. 8, RG 407 Box 1382.

69 FEC, GHQ, Command Reports, Psychological Warfare Section 1951. 12, RG 407 Box 596.

70 EUSAK/Supporting Documents Section Ⅱ Book 4 Assistant Chief of Staff G3,1951. 12, RG 407 Box 1284.

71 EUSAK/Supporting Documents Section Ⅱ Book 4 Assistant Chief of Staff G3,(1st Loudspeaker and leaflet company), 1952. 11, RG 407 Box 1416.

72 EUSAK/Supporting Documents Section Ⅱ Book 4 Assistant Chief of Staff G3,1952. 1, RG 407 Box 1295.

73 EUSAK/Supporting Documents Section Ⅱ Book 4 Assistant Chief of Staff G3,1952. 5, RG 407 Box 1346.

74 EUSAK/Supporting Documents Section Ⅱ Book 4 Assistant Chief of Staff G3,1952. 5, RG 407 Box 1346.

75 FEC, GHQ, Command Reports, Psychological Warfare Section 1951. 12, RG 407 Box 596.

76 EUSAK/Supporting Documents Section Ⅱ Book 4 Assistant Chief of Staff G3,1952. 7, RG 407 Box 1368.

77 USAMHI, Doyle Paper, Box 4.

78 EUSAK/Supporting Documents Section Ⅱ Book 4 Assistant Chief of Staff G3,1951. 10, RG 407 Box 1259.

79 Materials Donated by the General Public, RG 15 Box 33(MA).

80 FEC, GHQ, Command Reports, Psychological Warfare Section 1951. 12, RG 407 Box 596.

81 USAK/Supporting Documents Section Ⅱ Book 4 Assistant Chief of Staff G3,1952. 9, RG 407 Box 1393.

82 FEC, GHQ, Command Reports, Psychological Warfare Section 1952. 5, RG 407, Box 681.

83 토비 클라크 지음, 이순령 옮김, 『20세기 정치 선전 예술』, 예경, 2000, 113쪽.

84 Materials Donated by the General Public, RG 15 Box 27(MA).

85 Materials Donated by the General Public, RG 15 Box 33(MA).

86 김득중, 앞의 책, 431~434쪽.

87 국방부 정훈국, 「전단」, 한국학중앙연구원.

88 EUSAK/Supporting Documents Section Ⅱ Book 4 Assistant Chief of Staff G3,(1st Loudspeaker and leaflet company), 1953. 1, RG 407 Box 1438.

89 EUSAK/Supporting Documents Section Ⅱ Book 4 Assistant Chief of Staff G3,(1st Loudspeaker and leaflet company), 1953. 2, RG 407 Box 1449.

90 육군 심리감실, 앞의 책, 219쪽.

91 EUSAK/Supporting Documents Section Ⅱ Book 4 Assistant Chief of Staff G3,1952.8, RG 407 Box 1382.

92 EUSAK/Supporting Documents Section Ⅱ Book 4 Assistant Chief of Staff G3,(1st Loudspeaker and leaflet company), 1953. 3, RG 407 Box 1458.

93 EUSAK/Supporting Documents Section Ⅱ Book 4 Assistant Chief of Staff G3,(1st Loudspeaker and leaflet company), 1953. 1, RG 407 Box 1438.

94 EUSAK/Supporting Documents Section Ⅱ Book 4 Assistant Chief of Staff G3,(1st Loudspeaker and leaflet company), 1953. 3, RG 407 Box 1458.

95 Materials Donated by the General Public, RG 15 Box 27(MA).

96 EUSAK/Supporting Documents Section Ⅱ Book 4 Assistant Chief of Staff G3,(1st Loudspeaker and leaflet company), 1953. 3, RG 407 Box 1458.

97 허은, 『미국의 헤게모니와 한국 민족주의』, 고대민족문화연구원, 2008, 102~3쪽.

98 Donald F. Hall, 앞의 글.

99 FEC, GHQ, Command Reports, Psychological Warfare Section 1952. 4, RG 407 Box 663.

100 EUSAK/Supporting Documents Section Ⅱ Book 4 Assistant Chief of Staff G3,1952. 2, RG 407 Box 1309.

101 EUSAK/Supporting Documents Section Ⅱ Book 4 Assistant Chief of Staff G3,1952. 2, RG 407 Box 1309.

102 EUSAK/Supporting Documents Section Ⅱ Book 4 Assistant Chief of Staff G3,1951. 11, RG 407 Box 1271.

103 토비 클라크 지음, 이순령 옮김, 앞의 책, 69쪽.

104 EUSAK/Supporting Documents Section Ⅱ Book 4 Assistant Chief of Staff G3,1952. 7, RG 407 Box 1368.

105 Materials Donated by the General Public, RG 15 Box 27(MA).

106 FEC, GHQ, Command Reports, Psychological Warfare Section 1952. 1, RG 407 Box 614.

107 FEC, GHQ, Command Reports, Psychological Warfare Section 1952. 1, RG 407 Box 614.

108 FEC, GHQ, Command Reports, Psychological Warfare Section 1952. 1, RG 407 Box 614.
109 국방부 정훈국,「전단」, 한국학중앙연구원.
110 Kilchoon Kim and E. A. Johnson, ORO-T-4(EUSAK).
111 FRUS 1950, 533~535쪽 1950년 8월 7일(국사편찬위원회 편,『자료 대한민국사』 제18권).
112 방선주 편, 앞의 책, 578쪽; RG 242 Box 145.
113 FEC, GHQ, Command Reports, Psychological Warfare Section 1951. 10, RG 407 Box 560
114 W. Kendall, D. E. Ambrose, G. Hinrchs, P. K. Ogloblin, J. Ponturo, ORO-T-21(FEC).
115 「심리전과를 위한 비망록 한국전쟁시기 한미 정치관계 문서(1950~1954)」,『남북한관계 사료집』 11, 151~152쪽. 1952년 1월 18일(국사편찬위원회 편,『자료 대한민국사』 제24권).
116 3D Historical Detachment, 앞의 글.
117 김학재,「한국전쟁과 '인도주의적 구원'의 신화」,『전장과 사람들』, 선인, 2010, 63쪽.
118 국방부 정훈국,「전단」, 한국학중앙연구원.
119 대한민국 국방부 정훈국,『제2집 UN이란 무엇인가』, 1950, 22쪽.
120 Far East Command : 1947~1951, RG 6 Box 16(MA).
121 FEC, GHQ, Command Reports, Psychological Warfare Section 1951. 10, RG 407 Box 560.
122 FEC, GHQ, Command Reports, Psychological Warfare Section 1952. 7, RG 407 Box 715.
123 3D Historical Detachment, 앞의 글.
124 GHQ, FEC/UNC, Command report, 1951 9, Psychological Warfare Section, RG 407 Box 542.
125 FEC, GHQ, Command Reports, Psychological Warfare Section 1951. 7, RG 407 Box 501.
126 FEC, GHQ, Command Reports, Psychological Warfare Section 1951. 11, RG 407 Box 578.
127 3D Historical Detachment, 앞의 글.
128 FEC, GHQ, Command Reports, Psychological Warfare Section 1951. 7, RG 407 Box 501.
129 SA 2011 전단지(국립중앙도서관).
130 국방부 정훈국,「전단」, 한국학중앙연구원.
131 국방부 정훈국,「전단」, 한국학중앙연구원.
132 국방부 정훈국,「전단」, 한국학중앙연구원.
133 빌헬름 라이히 지음, 황선길 옮김,『파시즘의 대중심리』, 그린비, 2009, 137쪽.
134 후지이 다케시,『족청 족청계의 이념과 활동』, 성균관대학교 박사학위 논문, 2010, 173쪽.
135 FEC, GHQ, Command Reports, Psychological Warfare Section 1951. 8, RG 407 Box 522.
136 GHQ, FEC/UNC, Command report, 1951. 12, Psychological Warfare Section, RG 407 Box 596.
137 FEC, GHQ, Command Reports, Psychological Warfare Section 1951. 7, RG 407 Box 501.
138 United States Air Force Air University Human Resources Research Institute, "Implications and Summary of Psychological Warfare Study in South Korea", 1951. 5, RG 319 Box 7.

139 하워드 진 지음, 이아정 옮김, 앞의 책, 161쪽.

140 U.S. Army Forces Pacific(USAFPAC), 1942~47, RG 4 Box 56(MA).

141 FEC, GHQ, Command Reports, Psychological Warfare Section 1952. 5, RG407 Box 681.

142 Far East Command : 1947~1951, RG 6 Box 16(MA).

143 Far East Command : 1947~1951, RG 6 Box 16(MA).

144 Materials Donated by the General Public, RG 15 Box 33(MA).

145 FEC, GHQ, Command Reports, Psychological Warfare Section 1952. 4, RG 407 Box 663.

146 FEC, GHQ, Command Reports, Psychological Warfare Section 1952. 3, RG 407, Box 647.

147 FEC, GHQ, Command Reports, Psychological Warfare Section 1951. 9, RG 407 Box 542.

148 U.S. Army Forces Pacific(USAFPAC), 1942~47, RG 4 Box 56(MA).

149 FEC, GHQ, Command Reports, Psychological Warfare Section 1952. 4, RG 407 Box 663.

150 FEC, GHQ, Command Reports, Psychological Warfare Section 1952. 4, RG 407 Box 663.

151 청계천문화관, 앞의 책, 2010, 170~171쪽.

152 EUSAK/Supporting Documents Section Ⅱ Book 4 Assistant Chief of Staff G3,1951. 6, RG 407 Box 1210~1211.

153 FEC, GHQ, Command Reports, Psychological Warfare Section 1951. 8, RG 407 Box 522.

154 FEC, GHQ, Command Reports, Psychological Warfare Section 1952. 5, RG 407 Box 681.

155 크리스토퍼 심슨 지음, 정용욱 역, 앞의 책, 2009, 24쪽.

156 노암 촘스키 , 장영준 옮김, 『불량국가』, 두레, 2001, 213쪽.

157 국방부, 앞의 책, B423쪽.

158 론 로빈, 앞의 책, 100쪽.

159 크리스토퍼 심슨 지음, 정용욱 역, 앞의 책, 22쪽.

160 Wilbur Schramm, John W. Riley, Jr, "Communication in the Sovietized States, as Demonstrated in Korea", American Sociological Review, Vol. 16, No. 6, 1951(김학재, 「냉전 시기 선전과 심리전」, 미간행 글 13쪽에서 재인용).

161 권혁희, 「6 · 25전쟁삐라와 냉전문화」, 청계천문화관 편, 앞의 책, 605쪽.

162 론 로빈, 앞의 책, 100~102쪽.

163 USAFFE, Staff Section Report-Psychological Warfare Section, 1952. 11, RG 407 Box 209.

164 USAFFE, Staff Section Report-Psychological Warfare Section, 1953. 1, RG 407 Box 224.

165 론 로빈, 앞의 책, 100~102쪽.

166 USAFFE, Staff Section Report-Psychological Warfare Section, 1953. 1, RG 407 Box 224.

167 크리스토퍼 심슨 지음, 정용욱 역, 앞의 책, 157쪽.

168 권혁희, 앞의 글, 604쪽.

169 W. Kendall, D. E. Ambrose, G. Hinrchs, P. K. Ogloblin, J. Ponturo, "FEC Psychological Warfare Operation: Leaflets(1952. 11)", ORO-T-21(FEC).

170 W. Kendall, D. E. Ambrose, G. Hinrchs, P. K. Ogloblin, J. Ponturo, ORO-T-21(FEC); 주간살포계획은 부록 F에 정리되어 있다.

171 정용욱, 2003, 앞의 글, 109쪽.

제4장. 교과서와 심리전의 재생산 메커니즘

1 교육인적자원부, 『사회 6-1』, 2008, 123쪽.
2 김진송, 「전쟁 삐라와 슬로건 사회」, 『문화 읽기: 삐라에서 사이버문화까지』, 현실문화연구, 2000, 122쪽.
3 육군 심리전감실 편, 앞의 책, 282쪽.
4 국방부, 앞의 책, B445~6쪽.
5 EUSAK/Supporting Documents Section Ⅱ Book 4 Assistant Chief of Staff G3,1952. 6, RG 407 box 1357.
6 GHQ, FEC/UNC, Command report, 1953. 9, Psychological Warfare Section, RG 407 Box 247.
7 GHQ, FEC/UNC, Command report, 1953. 9, Psychological Warfare Section, RG 407 Box 247.
8 허은, 앞의 책, 126쪽.
9 GHQ, FEC/UNC, Command report, 1953. 9, Psychological Warfare Section, RG 407 Box 247.
10 GHQ, FEC, Command report, 1954. 1, Psychological Warfare Section, RG 407 Box 263.
11 GHQ, FEC, Command report, 1954. 1, Psychological Warfare Section, RG 407 Box 263.
12 박상만, 『한국교육사 (하)』, 대한교육연합회, 1958, 166쪽(정미숙, 「초기 문교정책이 교육이념 구성에 관한 교육사회 분석」, 『분단시대의 학교 교육』, 푸른나무, 1989, 140쪽에서 재인용).
13 중앙대학교 부설 한국교육문제연구소, 『문교사』, 삼화인쇄주식회사, 1974, 231쪽.
14 홍웅선, 「외솔과 전시교재」, 『교육과정 · 교과서 소식』 창간호, 1996. 4(허강 외, 『한국의 검인정 교과서 변천에 관한 연구』, 한국 교과서 연구재단, 2002, 97쪽에서 재인용)
15 박만규(편수국장), 「전시 독본과 부산 피난 시절의 교과서 제작」, 『교육주보』 1958. 8 (허강 외, 위의 책, 97쪽에서 재인용).
16 강창순, 「한국전쟁기 사회과 교육 실천에 관한 연구」, 한국교원대학교 석사학위 논문, 2001, 18쪽.
17 강창순, 앞의 글, 29쪽.
18 문교부, 『전시생활1-1 비행기 (국민학교1 · 2학년용)』, 합동도서주식회사, 1951, 31쪽.
19 선안나, 「1950년대 동화 · 아동소설 연구-반공주의를 중심으로」, 성신여자대학교 박사학위 논문, 2006, 38쪽.
20 문교부, 『전시생활1-1 비행기(국민학교 1 · 2학년용)』, 1951, 3~6쪽.
21 문교부, 『전시생활1-1 비행기(국민학교 1 · 2학년용)』, 1951, 12~13쪽.
22 문교부, 『전시생활1-1 비행기(국민학교 1 · 2학년용)』, 1951, 18쪽.
23 문교부, 『전시생활2-2 우리는 반드시 이긴다(국민학교 3 · 4학년)』, 1951, 15~16쪽.
24 문교부, 『전시생활1-3 군함(국민학교1 · 2학년)』, 1951, 1~9쪽.
25 부산시교육위원회, 『부산교육사』, 1987(정미숙, 앞의 글, 137쪽에서 재인용).
26 문교부, 『전시생활2-2 우리는 반드시 이긴다(국민학교 3 · 4학년)』, 1951, 25~27쪽.

27 문교부,『전시생활2-2 우리는 반드시 이긴다(국민학교 3 · 4학년)』, 1951, 23~24쪽.
28 문교부,『전시생활2-2 우리는 반드시 이긴다(국민학교 3 · 4학년)』, 1951, 7~9쪽.
29 선안나, 앞의 글, 25쪽.
30 선안나, 위의 글, 39쪽에서 재인용.
31 선안나, 위의 글, 43쪽.
32 문교부,『전시생활2-3 씩씩한 우리 겨레(국민학교 3 · 4학년)』, 1951, 16~23쪽.
33 한국교육문화협회,『(문교부 추천) 도의생활4』, 문화교육출판사, 1954, 85~86쪽.
34 문교부,『전시생활3-3 우리도 싸운다(국민학교 5 · 6학년)』, 1951, 6~9쪽.
35 문교부,『전시생활3-3 우리도 싸운다(국민학교 5 · 6학년)』, 1951, 17~19쪽.
36 문교부,『전시생활1-1 비행기 (국민학교 1 · 2학년용)』, 1951, 16쪽.
37 문교부,『전시생활2-2 우리는 반드시 이긴다(국민학교 3 · 4학년)』, 1951, 19쪽.
38 선안나, 앞의 글, 54쪽.
39 문교부,『도덕1-2』, 국정교과서주식회사, 1963, 27쪽.
40 선안나, 앞의 글, 43쪽.
41 선안나, 위의 글, 85쪽.
42 EUSAK/Supporting Documents Section Ⅱ Book 4 Assistant Chief of Staff G3,(1st Loudspeaker and leaflet company), 1953. 2, RG 407 Box 1449.
43 허강 외, 앞의 글, 281쪽.
44 이길상,「미 군정기 초등교육의 변화」,『한국교육사학』25권 제2호, 2003, 89쪽.
45 이동헌,「1950년대 도의교육과 국민형성」, 한양대학교 석사학위 논문, 2004, 8쪽.
46 이동헌, 위의 글, 10쪽.
47 중앙대학교 부설 한국교육문제연구소, 앞의 책, 82쪽.
48 문교부,『초등도의3(교사용)』, 교학도서주식회사, 1957, 3쪽.
49 중앙대학교 부설 한국교육문제연구소, 앞의 책, 241쪽.
50 문교부,『초등도의3(교사용)』, 교학도서주식회사, 1957, 43쪽.
51 문교부,「도덕 추록」,『국민학교 도덕2(교사용)』, 1963, 4~5쪽.
52 문교부,「도덕 추록」,『국민학교 도덕2(교사용)』, 1963, 7~11쪽.
53 문교부,『도덕1-2』, 국정교과서주식회사, 1963, 12~13쪽.
54 GHQ, FEC, Command report, 1954. 5, Psychological Warfare Section, RG 407 Box 274.
55 문교부,『중등공민(상)』, 1947, 4~5쪽.
56 문교부『중학도의 II』, 문교부, 1958, 23쪽.
57 문교부,『도덕1-2』, 국정교과서주식회사, 1963, 57~61쪽.
58 문교부,『도덕4-2』, 1963, 13~17쪽.
59 이치석,『전쟁과 학교: 학교는 어떻게 아이들을 전장으로 내몰았나』, 삼인, 2005, 145쪽.
60 이치석, 앞의 책, 146쪽.
61 문교부,『(성인교육용) 공민독본 3권』, 1949, 34~35쪽.
62 문교부,『국가와 도덕(고등학교)2』, 1956, 81쪽.
63 문교부,『우리나라의 발달6-3』, 1952.

64 한국교육문화협회, 『(문교부 추천 도의교육독본) 도의생활6-1』, 문화교육출판사, 1954, 17쪽.

65 조은정, 「대한민국 제1공화국의 권력과 미술의 관계에 대한 연구」, 이화여자대학교 박사학위 논문, 2005, 150쪽.

66 문교부, 『도덕4-1』, 1962, 145~150쪽.

67 문교부, 『도덕4-2』, 1963, 140~141쪽.

68 이치석, 앞의 책, 150쪽.

69 이치석, 위의 책, 158쪽.

70 이치석, 위의 책, 158쪽.

71 국방부 정훈국, 「전단」, 한국학중앙연구원.

72 국방부 정훈국, 『제6권 민주주의는 이겼다』, 1950, 13쪽.

73 김상봉, 『도덕교육의 파시즘』, 길, 2005, 34쪽.

74 국방부 정훈국, 「전단」, 한국학중앙연구원.

75 문교부, 『중학도의1』, 1956, 148~150쪽.

76 문교부, 『사회생활3-1』, 대한문교서적주식회사, 1959, 100쪽.

77 문교부, 『사회생활3-2』, 대한문교서적주식회사, 1955, 101쪽.

78 문교부, 『사회생활3-2』, 대한문교서적주식회사, 1955, 104~117쪽.

79 문교부, 『사회생활5-1』, 대한문교서적주식회사, 1959, 120쪽.

제5장. '미국적 가치'와 한국 사회의 윤리

1 박노자, 「대한민국, 미국의 '자발적 식민지'가 된 나라」, 『하나의 대한민국, 두 개의 현실』, 시대의 창, 2007, 33쪽.

2 김규항, 『나는 왜 불온한가』, 돌베개, 2005, 215쪽.

3 서경식, 『고통과 기억의 연대는 가능한가』, 철수와영희, 2009, 26쪽.

4 홍세화, 『생각의 좌표』, 한겨레출판, 2009, 132쪽.

5 조한혜정, 「상상력은 어떻게 해서 생기니?」, 『거꾸로 희망이다』, 시사IN북, 2009, 220쪽.

6 하워드 진 지음, 이아정 옮김, 앞의 책, 15쪽.

7 Records of General Headquarters, U.S. Army Forces Pacific, 1942~47, RG 4 Box 56(MA).

8 육군 심리전감실 편, 『현대심리전』, 1957, 180쪽.

9 육군 심리전감실 편, 위의 책, 179쪽.

10 加藤哲郎, 앞의 책, 29~39쪽.

11 미치바 치카노부 저, 다지마 데쓰오 역, 「미 점령하의 일본문화론」, 『냉전 아시아의 문화풍경 1』, 현실문화, 2008, 218~221쪽.

12 미치바 치카노부 저, 다지마 데쓰오 역, 위의 글, 211쪽.

13 미치바 치카노부 저, 다지마 데쓰오 역, 위의 글, 217쪽.

14 요시미 순야, 「냉전체제와 미국의 소비」, 『문화과학』 제42호, 2005, 123쪽.

15 하워드 진 지음, 이아정 옮김, 앞의 책, 51쪽.

16 세이무어 마틴 립셋 지음, 문지영 · 강정인 · 하상복 · 이지윤 옮김,『미국 예외주의』, 후마니타스, 2006, 83쪽.

17 GHQ, FEC, Command report, 1952. 1, Psychological Warfare Section, RG 407 Box 614.

18 정용욱,「1942~47년 미국의 대한정책과 과도정부형태 구상」, 서울대학교 박사학위 논문, 1996, 23쪽.

19 정용욱, 위의 글, 23쪽.

20 서중석,『한국 현대 민족운동 연구』, 역사비평사, 1991, 283쪽.

21 피에르 제르베 지음, 소민영 옮김,『최초의 세계 제국, 미국』, 부키, 2007, 72~73쪽.

22 FEC, GHQ, Command Reports, Psychological Warfare Section 1951. 7, RG 407 Box 501.

23 청계천문화관 편, 앞의 책, 85쪽.

24 EUSAK/Supporting Documents Section Ⅱ Book 4 Assistant Chief of Staff G3,1952. 9, RG 407 Box 1393.

25 Records of General Headquarters, U.S. Army Forces Pacific, 1942~47, RG 4 Box 56(MA).

26 EUSAK/Supporting Documents Section Ⅱ Book 4 Assistant Chief of Staff G3,1952. 1, RG 407 Box 1295.

27 EUSAK/Supporting Documents Section Ⅱ Book 4 Assistant Chief of Staff G3,1952. 5, RG 407 Box 1346.

28 USAMHI, Willoughby Paper, Box 4.

29 EUSAK/Supporting Documents Section Ⅱ Book 4 Assistant Chief of Staff G3,1952. 5, RG 407 Box 1346.

30 FEC, GHQ, Command Reports, Psychological Warfare Section 1952. 4, RG 407 Box 663.

31 EUSAK/Supporting Documents Section Ⅱ Book 4 Assistant Chief of Staff G3,1952. 6, RG 407 Box 1357.

32 FEC, GHQ, Command Reports, Psychological Warfare Section 1952. 3, RG 407 Box 647.

33 FEC, GHQ, Command Reports, Psychological Warfare Section 1952. 3, RG 407 Box 647.

34 Stephen E. Pease 지음, 국군심리전 옮김, 앞의 책, 103쪽.

35 「미 국무부 한국 국내 상황 관련 문서 ⅩⅩⅩⅡ」,『한국전쟁 자료 총서』 70권, 169~173쪽, 1952. 12. 12. (국사편찬위원회 편,『자료 대한민국사』 제27권).

36 허은, 앞의 책, 159쪽.

37 USAMHI, Doyle Paper, Box 4.

38 Records of General Headquarters, U.S. Army Forces Pacific, 1942~47, RG 4 Box 56(MA).

39 Kilchoon Kim and E. A. Johnson, ORO-T-4(EUSAK).

40 하워드 진 지음, 이아정 옮김, 앞의 책, 166~167쪽; 하워드 진, 레베카 스테포프 지음 김영진 옮김,『하워드 진 살아 있는 미국 역사』, 추수밭, 2008, 203쪽.

41 하워드 진 지음, 이아정 옮김, 앞의 책, 169~170쪽.

42 로버트 프랑크 푸트렐(Robert Frank Futrell) 편저, 강승기 역,『한국전에서의 미 공군전략』, 행림출판사, 1982, 467쪽.

43 Lews E. Perry, “Psychological Warfare Operation”, the psychological warfare school for bragg, North Carolina, RG 319 Box 62, 1952.

44 김태우,「한국전쟁기 미 공군의 공중폭격에 관한 연구」, 서울대학교 박사학위 논문, 2008, 278~279쪽.
45 EUSAK/Supporting Documents Section Ⅱ Book 4 Assistant Chief of Staff G3, 1952. 6, RG 407 Box 1357.
46 Lews E. Perry, 앞의 글.
47 김태우, 앞의 글, 79쪽.
48 김태우, 위의 글, 81쪽.
49 하워드 진 지음, 이아정 옮김, 앞의 책, 166~167쪽.
50 FEC, GHQ, Command Reports, Psychological Warfare Section 1952. 7, RG 407 Box 715.
51 FEC, GHQ, Command Reports, Psychological Warfare Section 1952. 7, RG 407 Box 715.
52 William E. Daugherty, "Evaluation and Analysis of Leaflet Program in the Korean Campaign 1950. 6~12", 1951. 1. 23, ORO-T-3(EUSAK)(한국학중앙연구원 편, 『6 · 25전쟁기 미군 심리전 자료집』 1, 선인).
53 Stephen E. Pease 지음, 국군 심리전단 옮김, 앞의 책, 59~60쪽.
54 Materials Donated by the General Public, RG 15 Box 27(MA)
55 피에르 제르베 지음, 소민영 옮김, 앞의 책, 81쪽.
56 United States Air Force Air University Human Resources Research Institute, "Implications and Summary of Psychological Warfare Study in South Korea", 1951. 5, RG 319 Box 7.
57 크리스토퍼 심슨 지음 정용욱 옮김, 앞의 책, 210~211쪽.
58 정용욱,「6 · 25전쟁기 미군의 삐라 심리전과 냉전 이데올로기」,『역사와 현실』 제51호, 2003, 123~124쪽.
59 FEC, GHQ, Command Reports, Psychological Warfare Section 1952. 2, RG 407 Box 631.
60 FEC, GHQ, Command Reports, Psychological Warfare Section 1952. 4, RG 407 Box 663.
61 FEC, GHQ, Command Reports, Psychological Warfare Section 1952. 4, RG 407 Box 663.
62 FEC, GHQ, Command Reports, Psychological Warfare Section 1952. 5, RG 407 Box 681.
63 역사학연구소,『함께 보는 한국근현대사』, 서해문집, 2004, 274쪽.
64 역사학연구소, 위의 책, 324쪽.
65 서중석,『사진과 그림으로 보는 한국현대사』, 웅진지식하우스, 2005, 138쪽.
66 EUSAK/Supporting Documents Section Ⅱ Book 4 Assistant Chief of Staff G3,(1st Loudspeaker and leaflet company), 1953. 4, RG 407 Box 1469.
67 FEC, GHQ, Command Reports, Psychological Warfare Section 1952. 5, RG 407 Box 681.
68 FEC, GHQ, Command Reports, Psychological Warfare Section 1952. 4, RG 407 Box 663.
69 국방부 정훈국,『제5집 우리는 북한에서 무엇을 할 것인가』, 7쪽.
70 국방부 정훈국,『제1집 당신들은 아십니까 공산주의란 이런 것입니다』, 9~11쪽.
71 한국교육문화협회,『(문교부인정) 반공독본』, 이문당, 1956, 30~31쪽.
72 EUSAK/Supporting Documents Section Ⅱ Book 4 Assistant Chief of Staff G3,1951. 9, RG 407 Box 1247.
73 FEC, GHQ, Command Reports, Psychological Warfare Section 1951. 10, RG 407 Box 560.

74 GHQ, FEC command report, 1951. 11. 1~30, psychological warfare section, RG 407 Box 578.

75 FEC, GHQ, Command Reports, Psychological Warfare Section 1952. 2, RG 407 Box 631.

76 EUSAK/Supporting Documents Section Ⅱ Book 4 Assistant Chief of Staff G3,1951. 10, RG 407 Box 1259.

77 방선주,『한국전쟁기 삐라』, 한림대학교 아시아문화연구소 자료 총서 29, 2000, 60쪽.

78 FEC, GHQ, Command Reports, Psychological Warfare Section 1952. 4, RG 407 Box 663.

79 FEC, GHQ, Command Reports, Psychological Warfare Section 1951. 8, RG 407 Box 522.

80 김미란,『현대 중국 여성의 삶을 찾아서』, 소명출판, 2009, 15쪽.

81 김미란, 위의 책, 20쪽.

82 김미란, 위의 책, 16쪽.

83 김미란, 위의 책, 27쪽.

84 FEC, GHQ, Command Reports, Psychological Warfare Section 1951. 9, RG 407 Box 542.

85 국방부 정훈국,『제1집 당신들은 아십니까 공산주의란 이런 것입니다』, 6~7쪽.

86 FEC, GHQ, Command Reports, Psychological Warfare Section 1951. 10, RG 407 Box 560.

87 FEC, GHQ, Command Reports, Psychological Warfare Section 1951. 11, RG407 Box 578.

88 Materials Donated by the General Public, RG 15 Box 33(MA).

89 EUSAK/Supporting Documents Section Ⅱ Book 4 Assistant Chief of Staff G3,1952. 6, RG 407 Box 1357.

90 EUSAK/Supporting Documents Section Ⅱ Book 4 Assistant Chief of Staff G3,(1st Loudspeaker and leaflet company), 1953. 2, RG 407 Box 1449.

91 FEC, GHQ, Command Reports, Psychological Warfare Section 1952. 1, RG 407 Box 614.

92 FEC, GHQ, Command Reports, Psychological Warfare Section 1952. 2, RG 407 Box 631

93 Materials Donated by the General Public, RG 15 Box 33; USAMHI, Doyle Paper, Box 4.

94 FEC, GHQ, Command Reports, Psychological Warfare Section 1952. 4, RG 407 Box 663.

95 EUSAK/Supporting Documents Section Ⅱ Book 4 Assistant Chief of Staff G3,1952. 6, RG 407 Box 1357.

96 EUSAK/Supporting Documents Section Ⅱ Book 4 Assistant Chief of Staff G3,1952. 9, RG 407 Box 1393.

97 EUSAK/Supporting Documents Section Ⅱ Book 4 Assistant Chief of Staff G3,1952. 7, RG 407 Box 1368.

98 FEC, GHQ, Command Reports, Psychological Warfare Section 1952. 3, RG 407 Box 647.

99 토비 클라크 지음, 이순령 옮김, 앞의 책, 71쪽.

100 토비 클라크 지음, 이순령 옮김, 위의 책, 58쪽.

101 FEC, GHQ, Command Reports, Psychological Warfare Section 1952. 3, RG 407 Box 647.

102 FEC, GHQ, Command Reports, Psychological Warfare Section 1952. 5, RG 407 Box 681.

103 FEC, GHQ, Command Reports, Psychological Warfare Section 1952. 2, RG 407 Box 631.

104 EUSAK/Supporting Documents Section Ⅱ Book 4 Assistant Chief of Staff G3,(1st Loudspeaker and leaflet company), 1953. 4, RG 407 Box 1469.

105 Records of General Headquarters, Far East Command : 1947~1951, RG 6 Box 16.

106 Materials Donated by the General Public, RG 15 Box 27(MA).

107 USAMHI, Doyle Paper, Box 4.

108 FEC Command Reports, compiled 1949~1954, RG 407 Box 4321.

109 EUSAK/Supporting Documents Section Ⅱ Book 4 Assistant Chief of Staff G3,1952. 8, RG 407 Box 1382.

110 FEC, GHQ, Command Reports, Psychological Warfare Section 1952. 7, RG 407 Box 715.

111 FEC, GHQ, Command Reports, Psychological Warfare Section 1952. 1, RG 407 Box 614.

112 FEC, GHQ, Command Reports, Psychological Warfare Section 1952. 2, RG 407 Box 631.

113 FEC, GHQ, Command Reports, Psychological Warfare Section 1952. 3, RG 407 Box 647.

114 FEC, GHQ, Command Reports, Psychological Warfare Section 1952. 5, RG 407 Box 681.

115 FEC Command Reports, compiled 1949~1954, RG 407 Box 4321.;EUSAK/Supporting Documents Section Ⅱ Book 4 Assistant Chief of Staff G3,1952. 5, RG 407 Box 1346.

116 Records of General Headquarters, Far East Command : 1947~1951, RG 6 Box 16(MA).

117 『FRUS』, 1951. 4. 21, 374~375쪽(국사편찬위원회 편,『자료 대한민국사』 제21권).

118 무초(Muccio),『FRUS』, 1951. 6. 25, 549~550쪽(국사편찬위원회 편,『자료 대한민국사』 제21권).

119 William E. Daugherty, ORO-T-3(EUSAK).

120 FEC, GHQ, Command Reports, Psychological Warfare Section 1952. 1, RG 407 Box 614.

121 Records of General Headquarters, Far East Command : 1947~1951, RG 6 Box 16(MA).

122 FEC, GHQ, Command Reports, Psychological Warfare Section 1951. 6, RG 407 Box 483.

123 EUSAK/Supporting Documents Section Ⅱ Book 4 Assistant Chief of Staff G3,1951. 9, RG 407 Box 1247.

124 FEC, GHQ, Command Reports, Psychological Warfare Section 1952. 2, RG 407 Box 631.

125 FEC, GHQ, Command Reports, Psychological Warfare Section 1952. 2, RG 407 Box 631.

126 FEC, GHQ, Command Reports, Psychological Warfare Section 1952. 5, RG 407 Box 681.

127 EUSAK/Supporting Documents Section Ⅱ Book 4 Assistant Chief of Staff G3,1952. 3, RG 407 Box 1321.

128 Records of General Headquarters, Far East Command : 1947~1951, RG 6 Box 16(MA).

129 FEC, GHQ, Command Reports, Psychological Warfare Section 1951. 8, RG 407 Box 522.

130 EUSAK/Supporting Documents Section Ⅱ Book 4 Assistant Chief of Staff G3,1951. 7, RG 407 Box 1224.

131 하워드 진 지음, 이아정 옮김, 앞의 책, 149쪽.

132 GHQ, FEC, Command report, 1954. 1, Psychological Warfare Section, RG 407 Box 263.

133 세이무어 마틴 립셋 지음, 문지영 · 강정인 · 하상복 · 이지윤 옮김,『미국 예외주의』, 후마니타스, 2006, 425쪽.

134 노암 촘스키 지음, 장영준 옮김, 앞의 책, 33쪽.

135 EUSAK/Supporting Documents Section Ⅱ Book 4 Assistant Chief of Staff G3,1952. 3, RG 407 Box 1321.

136 공보처,『대통령 이승만 박사 연설문집』, 1953, 58~61쪽.

137 FEC, GHQ, Command Reports, Psychological Warfare Section 1952. 3, RG 407 Box 647.

138 하워드 진 지음, 이아정 옮김, 앞의 책, 466쪽.

139 크리스토퍼 심슨 지음, 정용욱 역, 앞의 책, 23쪽.

140 권혁희, 앞의 글, 605쪽.

141 레이 라파엘 지음, 남경태 옮김,『미국의 탄생』, 그린비, 2005, 239쪽.

142 레이 라파엘 지음, 남경태 옮김, 위의 책, 257쪽.

143 FEC, GHQ, Command Reports, Psychological Warfare Section 1951. 9, RG407 Box 542.

144 FEC, GHQ, Command Reports, Psychological Warfare Section 1951. 11, RG 407 Box 578.

145 FEC, GHQ, Command Reports, Psychological Warfare Section 1952. 4, RG 407 Box 663.

146 크리스토퍼 심슨 지음, 정용욱 역, 앞의 책, 190~192쪽.

147 육군 심리감실 편, 앞의 책, 224~225쪽.

148 손호철,「세상에 좌파 정부란 없다」, 박상환 엮음,『21세기 첫 십년의 한국』, 2008, 45~49쪽.

149 제임스 랙서 지음, 김영희 옮김,『민주주의란 무엇인가』, 행성비, 2011, 183쪽.

후기. 심리전과 냉전 그리고…

1 FEC, GHQ, Command Reports, Psychological Warfare Section, 1952. 4, RG 407 Box 663.

2 Peter Ogloblin, "Report on Communist Radio Propaganda on the Korean War 1950. 8. 8~31", 1950. 9. 12, ORO-S-66.

참고문헌

1. 단행본

공보처,『대통령 이승만박사연설문집』, 1953
국사편찬위원회 편,『자료 대한민국사』 제18권 · 제24권 · 제27권
국제홍보사,『심리전 이론과 실제』, 1968
김규항,『나는 왜 불온한가』, 돌베개, 2005
김득중 · 강성현 · 이임하 · 김학재 · 연정은 · 후지이 다케시,『죽엄으로써 나라를 지키자-1950년대, 반공 · 동원 · 감시의 시대』, 선인, 2007
김득중,『빨갱이의 탄생: 여순사건과 반공국가의 형성』, 선인, 2009
김미란,『현대 중국 여성의 삶을 찾아서』, 소명출판사, 2009
김상봉,『도덕교육의 파시즘』, 길, 2005
내외통신사,『전략심리전과 미국의 대외정책』, 내외통신사, 1982
노암 촘스키 지음, 장영준 옮김,『불량국가』, 두레, 2001
데이비드 웰시 지음, 최용찬 옮김,『독일 제3제국의 선전정책』, 혜안, 2001
레이 라파엘 지음, 남경태 옮김,『미국의 탄생』, 그린비, 2005
로버트 프랑크 푸트렐 편저, 강승기 역,『한국전에서의 미 공군전략』, 행림출판사, 1982
로이 애플먼 지음, 육군본부 옮김,『낙동강에서 압록강까지』, 1963
류춘도,『벙어리새』, 당대, 2005
리처드 생크먼 지음, 이종인 옮김,『미국사의 전설, 거짓말, 날조된 신화들』, 미래M&B, 2003
메리 E. 위스너-행크스 지음, 노영순 옮김,『젠더의 역사』, 역사비평사, 2006
미 특수작전사령부, 합참본부 역,『미심리작전 소개』, 합참본부, 1997
박상만,『한국교육사 (하)』, 대한교육연합회, 1958

방선주,『한국전쟁기 삐라』, 한림대학교 아시아문화연구소 자료 총서 29, 2000
SA 2011 전단지 (국립중앙도서관 소장)
부산시교육위원회,『부산교육사』, 1987
빌헬름 라이히 지음, 황선길 옮김,『파시즘의 대중심리』, 그린비, 2009
산드라 길버트 · 수전 구바 지음, 박오복 옮김,『다락방의 미친 여자』, 이후, 2009
서경식,『고통과 기억의 연대는 가능한가』, 철수와영희, 2009
서중석,『사진과 그림으로 보는 한국현대사』, 웅진지식하우스, 2005
서중석,『한국현대민족운동연구』, 역사비평사, 1991
세이무어 마틴 립셋 지음, 문지영 · 강정인 · 하상복 · 이지윤 옮김,
『미국예외주의』, 후마니타스, 2006
에드워드 버네이스 지음, 강미경 옮김,『프로파간다』, 공존, 2009
역사학연구소,『함께 보는 한국근현대사』, 서해문집, 2004
오천석,『외로운 성주』, 광명출판사, 1978
이윤규,『들리지 않던 총성 종이폭탄–6 · 25전쟁과 심리전』, 지식더미, 2006
이치석,『전쟁과 학교: 학교는 어떻게 아이들을 전장으로 내몰았나』, 삼인, 2005
임옥희,『채식주의자 뱀파이어』, 여이연, 2010
장리욱,『나의 회고록』, 샘터, 1975
정용욱, 한국학중앙연구원편,『6 · 25전쟁기 미군 심리전 관련 자료집』1 · 2 · 3,
선인, 2005
정희진,『페미니즘의 도전』, 교양인, 2005
제임스 랙서 지음, 김영희 옮김,『민주주의란 무엇인가』, 행성비, 2011
중앙대학교부설한국교육문제연구소,『문교사』, 삼화인쇄주식회사, 1974
중앙정보부,『심리전』, 1969
청계천문화관 편,『보이지 않는 전쟁, 삐라』, 2010
크리스토퍼 심슨 지음, 정용욱 옮김,『강압의 과학』, 선인, 2009
태혜숙,『탈식민주의 페미니즘』, 여이연, 2001
토비 클라크 지음, 이순령 옮김,『20세기 정치 선전 예술』, 예경, 2000
폴 비릴리오 지음, 이재원 옮김,『속도와 정치』, 그린비, 2004
피에르 제르베 지음, 소민영 옮김,『최초의 세계 제국, 미국』, 부키, 2007
하워드 진 지음, 이아정 옮김,『오만한 제국』, 당대, 2001

하워드 진 · 레베카 스테포프 지음, 김영진 옮김,『하워드 진 살아 있는 미국역사』, 추수밭, 2008,
해롤드 라스웰 지음, 이극찬 옮김,『정치: 누가 무엇을 언제 어떻게 얻었는가』, 전망사, 1979
허강 외,『한국의 검인정 교과서 변천에 관한 연구』, 한국교과서연구재단, 2002
허은,『미국의 헤게모니와 한국 민족주의』, 고대민족문화연구원, 2008
홍세화,『생각의 좌표』, 한겨레출판, 2009
Philip M. Taylor, *Global Communications, International Affairs and the Media Since 1945*, Routledge, 1997
Ron Robin, 2001, *The Making of the Cold War Enemy*, Princeton University Press.
Stephen E. Pease, *PSYWAR-Psychological Warfare in Korea 1950~1953*, Stackpole books, 1992(국군 심리전단 옮김,『한국전쟁에서의 심리전』, 2000)
Walter L. Hixson, *Parting the curtain: propaganda, culture, and the Cold War, 1945~1961*, St. Martin's Press, 1997
加藤哲郎,『象徵天皇制の起源』, 平凡社, 2005

2. 논문/글

강성현,「한국 사상통제기제의 역사적 형성과 '보도연맹 사건', 1925~1950」, 서울대학교 박사학위 논문, 2012
강창순,「한국전쟁기 사회과교육 실천에 관한 연구」, 한국교원대학교 석사학위 논문, 2001
권혁희,「6 · 25전쟁 삐라와 냉전문화」,『보이지 않는 전쟁, 삐라』, 청계천문화관, 2010
김득중,「한국전쟁 전후 정치범 관련 법제의 성립과 운용」, 서중석 외,『전장과 사람들』, 선인, 2010
김성옥,「한국전쟁 초기의 심리전에 관한 연구–국방부 정훈국의 대북전단 분석을 중심으로」, 연세대학교 석사학위 논문, 1980
김영희,「한국전쟁기간 삐라의 설득커뮤니케이션」,『한국언론학보』제52권 1호, 2008

김이순, 「한국전쟁과 가족이미지」, 『미술사연구』 제19호, 2005
김종숙, 「6 · 25전쟁기 심리전 운용실태 분석」, 『군사』 제53호, 2004
김진송, 「전쟁 삐라와 슬로건 사회」, 『문화읽기: 삐라에서 사이버문화까지』, 현실문화연구, 2000
김태우, 「한국전쟁기 미 공군의 공중폭격에 관한 연구」, 서울대학교 박사학위 논문, 2008
김학재, 「냉전 시기 선전과 심리전」, 미간행
김학재, 「탈식민 냉전국가의 형성과 검열: 정부수립 전후 공보부 · 처의 활동과 통치성의 계보」, 『대동문화연구』 제74집, 성균관대학교 대동문화연구소, 2011
김학재, 「한국전쟁과 '인도주의적 구원'의 신화: 주한유엔민간원조사령부(UNCACK)의 창설과정과 성격」, 서중석 외, 『전장과 사람들』, 선인, 2010
김학재, 「한국전쟁 전후 민간인 학살과 20세기의 내전」, 『아세아연구』 142호, 고려대학교 아세아문제연구소, 2010
미치바 치카노부, 다지마 데쓰오 옮김, 「미 점령하의 일본문화론」, 『냉전 아시아의 문화풍경 1』, 현실문화, 2008
박기준, 「6 · 25전쟁기 만화가와 삐라」, 『보이지 않는 전쟁, 삐라』, 청계천문화관, 2010
박노자, 「대한민국, 미국의 '자발적 식민지'가 된 나라」, 『하나의 대한민국, 두 개의 현실』, 시대의 창, 2007
박만규, 「전시 독본과 부산 피난 시절의 교과서제작」, 『교육주보』, 1958. 8
박현수, 「6 · 25전쟁기 삐라의 사회기호학적 분석」, 『군사』 제73호, 2009
선안나, 「1950년대 동화 · 아동소설 연구-반공주의를 중심으로」, 성신여자대학교 박사학위 논문, 2006
손호철, 「세상에 좌파 정부란 없다」, 박상환 엮음, 『21세기 첫 십년의 한국』, 철수와영희, 2008
요시미 순야, 「냉전체제와 미국의 소비」, 『문화과학』 제42호, 2005.6
이길상, 「미군정기 초등교육의 변화」, 『한국교육사학』 제25권 2호, 2003
이동헌, 「1950년대 도의교육과 국민형성」, 한양대학교 석사학위 논문, 2004
이임하, 「한국전쟁기 부역자 처벌」, 서중석 외, 『전쟁 속의 또 다른 전쟁-미국문서로 본 한국전쟁과 학살』, 선인, 2011

장연이, 「똘이장군에 반영된 반공적 이데올로기 이미지 표현에 관한 연구」, 『만화애니메이션연구』 제15호, 2009
장영민, 「정부수립 이후(1948~1950) 미국의 선전정책」, 『한국근현대사연구』 제31집, 2004
장영민, 「한국전쟁 전반기 미군의 심리전에 관한 고찰」, 『군사』 제55호, 2005
장영민, 「6 · 25전쟁기 유엔군총사령부의 소리 라디오 방송에 관한 고찰」, 『한국근현대사연구』 제47집, 2008
정미숙, 「초기 문교정책이 교육이념 구성에 관한 교육사회분석」, 『분단시대의 학교 교육』, 푸른나무, 1989
정용욱, 「1942~1947년 미국의 대한정책과 과도정부형태 구상」, 서울대학교 박사학위논문, 1996
정용욱, 「6 · 25전쟁기 미군의 삐라 심리전과 냉전 이데올로기」, 『역사와 현실』 제51호, 2003
정용욱, 「6 · 25전쟁기 미군의 심리전 조직과 전개 양상」, 『한국사론』 제50호, 2004
정용욱, 「6 · 25전쟁기 삐라에 나타난 적의 이미지」, 『내일을 여는 역사』 제16호, 2004
정희진, 「국가에 대한 명예훼손?-이 시대 소수자가 만들어지는 방식」, 도정일 · 박원순 외 지음, 『다시 민주주의를 말한다』, 휴머니스트, 2010
조용만, 「최초의 시사만화가 웅초」, 『계간 미술』 제33호, 1985
조은정, 「대한민국 제1공화국의 권력과 미술의 관계에 대한 연구」, 이화여자대학교 박사학위 논문, 2005
조은정, 「한국전쟁기 남한 미술인의 전쟁 체험에 대한 연구」, 『한국문화연구』 제3호, 이화여자대학교 한국 문화연구원, 2002
조한혜정, 「상상력은 어떻게 해서 생기니?」, 『거꾸로 희망이다』, 참언론 시사인북, 2009
최용성, 「한국전쟁시 미군의 전술심리전 효과분석」, 『군사』 제50호, 2003
최태만, 「한국전쟁과 미술: 선전 경험 기록」, 동국대학교 박사학위 논문, 2008
허은, 「RG 407 6 · 25전쟁과 미군 심리전부대 자료」, 『미국소재 한국사 자료 조사보고 4』, 국사편찬위원회, 2004

홍웅선,「외솔과 전시교재」,『교육과정 교과서 소식』 창간호, 1996
황근,「설득 커뮤니케이션 차원에서 본 한국전쟁 심리전 평가」,『군사』 제30호, 1990
후지이 다케시,「족청 · 족청계의 이념과 활동」, 성균관대학교 박사학위 논문, 2010

3. 국방부 발행 자료

국군 심리전단,『6 · 25 전단집』, 2010
국군 심리전단,『미육군 전투 심리전의 역사』, 2002
국방부,『政訓大系』 1 · 2, 청구출판사, 1956
국방부 정훈국, 「전단」(한국학중앙연구원 소장)
국방부 정훈국, 『제1집 당신들은 아십니까 공산주의란 이런 것입니다』, 1950
국방부 정훈국, 『제2집 UN이란 무엇인가』, 1950
국방부 정훈국, 『제4집 건국도-건국이념과 실천정신』, 1950
국방부 정훈국, 『제5권 민주주의는 이겼다』, 1950
국방부 정훈국, 『제5집 우리는 북한에서 무엇을 할 것인가』, 1950
국방부 정훈국, 『제6권 민주주의는 이겼다』, 1950
국방부 정훈국, 『제7집 자유를 위한 성전-민주주의와 공산주의』
육군 심리전감실 편,『현대심리전』, 1957
육군정보학교,『한국전쟁심리전전단작전』, 육군정보학교, 1993
정보사령부,『북한군 심리전』, 육군인쇄창, 2001
합참민사심리전참모부, 『6 · 25전단집』, 합참, 2002

4. 교과서

교육인적자원부,『사회6-1』, 2008
문교부,『(성인교육용) 공민독본 3권』, 1949

문교부,『국가와 도덕(고등학교) 2』, 1956
문교부,『국민학교 도덕 2(교사용)』, 1963
문교부,『도덕1-2』, 국정교과서주식회사, 1963
문교부,『도덕2-1』, 국정교과서주식회사, 1962
문교부,『도덕3-2』, 국정교과서주식회사, 1962
문교부,『도덕4-1』, 국정교과서주식회사, 1962
문교부,『도덕4-2』, 국정교과서주식회사, 1963
문교부,『도덕6-1』, 국정교과서주식회사, 1963
문교부,『우리나라의 발달 6-3』, 1952
문교부,『전시생활1-1 비행기(국민학교 1 · 2학년)』, 합동도서주식회사, 1951
문교부,『전시생활1-2 비행기(국민학교 1 · 2학년)』, 1951
문교부,『전시생활1-3 군함(국민학교 1 · 2학년)』, 1951
문교부,『전시생활2-2 우리는 반드시 이긴다(국민학교 3 · 4학년)』, 1951
문교부,『전시생활2-3 씩씩한 우리 겨레(국민학교 3 · 4학년)』, 1951
문교부,『전시생활3-3 우리도 싸운다(국민학교 5 · 6학년)』, 1951
문교부,『중등공민(상)』, 1947
문교부,『중학도의1』, 1956
문교부,『중학도의2』, 1958
문교부,『사회생활3-1』, 대한문교서적주식회사, 1959
문교부,『사회생활3-2』, 대한문교서적주식회사, 1955
문교부,『사회생활5-1』, 대한문교서적주식회사, 1959
문교부,『사회생활5-2』, 대한문교서적주식회사, 1956
문교부,『사회생활6-1』, 대한문교서적주식회사, 1959
문교부,『도의3(교사용)』, 교학도서주식회사, 1957
한국교육문화협회,『(문교부 추천) 도의생활4』, 문화교육출판사, 1954
한국교육문화협회,『(문교부 추천) 도의생활6-1』, 문화교육출판사, 1954
한국교육문화협회,『(문교부인정) 반공독본』, 이문당, 1956

5. 영문 자료

미국 국립기록청(NARA/National Archives and Records Administration)

RG 319, Lews E. Perry, *Psychological Warfare Operation*, The Psychological Warfare School for Bragg, North Carolina, Box 62

RG 319, "Implications and Summary of Psychological Warfare Study in South Korea", United States Air Force Air University, Human Resources Research Institute, 1951. 5, Box 7

RG 407, FEC, GHQ, Command Reports, Psychological Warfare Section 1951. 6, Box 483

RG 407, FEC, GHQ, Command Reports, Psychological Warfare Section 1951. 7, Box 501

RG 407, FEC, GHQ, Command Reports, Psychological Warfare Section 1951. 8, Box 522

RG 407, FEC, GHQ, Command Reports, Psychological Warfare Section 1951. 9, Box 542

RG 407, FEC, GHQ, Command Reports, Psychological Warfare Section 1951. 10, Box 560

RG 407, FEC, GHQ, Command Reports, Psychological Warfare Section 1951. 11, Box 578

RG 407, FEC, GHQ, Command Reports, Psychological Warfare Section 1951. 12, Box 596

RG 407, FEC, GHQ, Command Reports, Psychological Warfare Section 1952. 1, Box 614

RG 407, FEC, GHQ, Command Reports, Psychological Warfare Section 1952. 2, Box 631

RG 407, FEC, GHQ, Command Reports, Psychological Warfare Section 1952. 3, Box 647

RG 407, FEC, GHQ, Command Reports, Psychological Warfare Section 1952. 4, Box 663
RG 407, FEC, GHQ, Command Reports, Psychological Warfare Section 1952. 5, Box 681
RG 407, FEC, GHQ, Command Reports, Psychological Warfare Section 1952. 6, Box 696
RG 407, FEC, GHQ, Command Reports, Psychological Warfare Section 1952. 7, Box 715
RG 407, FEC, GHQ, Command Reports, Psychological Warfare Section 1952. 8, Box 730
RG 407, FEC, GHQ, Command Reports, Psychological Warfare Section 1952. 9, Box 744
RG 407, FEC, GHQ, Command Reports, Psychological Warfare Section 1952. 10, Box 760
RG 407, 1st Loudspeaker and leaflet Company, Army/EUSAK 1951. 4, Box 1171
RG 407, EUSAK/Office of the Assistant Chief of Staff, G-3, 1951. 4 Box 1183
RG 407, Eighth United Stated Army Korea(EUSAK) Psychological Warfare Section G-3, 1951. 4, Box 1184
RG 407, EUSAK/Supporting Documents Section Ⅱ Book 4 Assistant Chief of Staff G3, 1951. 5, Box 1196~1197
RG 407, EUSAK/Supporting Documents Section Ⅱ Book 4 Assistant Chief of Staff G3,1951. 6, Box 1210~1211
RG 407, EUSAK/Supporting Documents Section Ⅱ Book 4 Assistant Chief of Staff G3,1951. 7, Box 1224
RG 407, EUSAK/Supporting Documents Section Ⅱ Book 4 Assistant Chief of Staff G3,1951. 8, Box 1236
RG 407, EUSAK/Supporting Documents Section Ⅱ Book 4 Assistant Chief of Staff G3,1951. 9, Box 1247
RG 407, EUSAK/Supporting Documents Section Ⅱ Book 4 Assistant Chief of Staff G3,1951. 10, Box 1259

RG 407, EUSAK/Supporting Documents Section Ⅱ Book 4 Assistant Chief of Staff G3,1951. 11, Box 1271

RG 407, EUSAK/Supporting Documents Section Ⅱ Book 4 Assistant Chief of Staff G3,1951. 12, Box 1284

RG 407, EUSAK/Supporting Documents Section Ⅱ Book 4 Assistant Chief of Staff G3,1952. 1, Box 1295

RG 407, EUSAK/Supporting Documents Section Ⅱ Book 4 Assistant Chief of Staff G3,1952. 2, Box 1309

RG 407, EUSAK/Supporting Documents Section Ⅱ Book 4 Assistant Chief of Staff G3,1952. 3, Box 1321

RG 407, EUSAK/Supporting Documents Section Ⅱ Book 4 Assistant Chief of Staff G3,1952. 5, Box 1346

RG 407, EUSAK/Supporting Documents Section Ⅱ Book 4 Assistant Chief of Staff G3,1952. 6, Box 1357

RG 407, EUSAK/Supporting Documents Section Ⅱ Book 4 Assistant Chief of Staff G3,1952. 7, Box 1368

RG 407, EUSAK/Supporting Documents Section Ⅱ Book 4 Assistant Chief of Staff G3,1952. 8, Box 1382

RG 407, EUSAK/Supporting Documents Section Ⅱ Book 4 Assistant Chief of Staff G3,1952. 9, Box 1393

RG 407, EUSAK/Supporting Documents Section Ⅱ Book 4 Assistant Chief of Staff G3,(1st Loudspeaker and leaflet company), 1952. 11, Box 1416

RG 407, EUSAK/Supporting Documents Section Ⅱ Book 4 Assistant Chief of Staff G3,(1st Loudspeaker and leaflet company), 1952. 12, Box 1428

RG 407, EUSAK/Supporting Documents Section Ⅱ Book 4 Assistant Chief of Staff G3,(1st Loudspeaker and leaflet company), 1953. 1, Box 1438

RG 407, EUSAK/Supporting Documents Section Ⅱ Book 4 Assistant Chief of Staff G3,(1st Loudspeaker and leaflet company), 1953. 2, Box 1449

RG 407, EUSAK/Supporting Documents Section Ⅱ Book 4 Assistant Chief of Staff G3,(1st Loudspeaker and leaflet company), 1953. 3, Box 1458

RG 407, EUSAK/Supporting Documents Section Ⅱ Book 4 Assistant Chief of Staff G3,(1st Loudspeaker and leaflet company), 1953. 4, Box 1469
RG 407, USAFFE, Staff Sections-US Army Forces, Far East 1952, Box 205
RG 407, USAFFE, Staff Section Report-Psychological Warfare Section, 1952. 11, Box 209
RG 407, USAFFE, Staff Section Report-Psychological Warfare Section, 1952. 12, Box 215
RG 407, USAFFE, Staff Section Report-Psychological Warfare Section, 1953. 1, Box 224
RG 407, USAFFE, Staff Section Report-Psychological Warfare Section, 1953. 8, Box 242
RG 407, USAFFE, Staff Section Report-Psychological Warfare Section, 1953. 9, Box 247
RG 407, USAFFE, Staff Section Report-Psychological Warfare Section, 1953. 10, Box 251
RG 407, USAFFE, Staff Section Report-Psychological Warfare Section, 1953. 12, Box 259
RG 407, USAFFE, Staff Section Report-Psychological Warfare Section, 1954. 1, Box 263
RG 407, USAFFE, Staff Section Report-Psychological Warfare Section, 1954. 2, Box 265
RG 407, USAFFE, Staff Section Report-Psychological Warfare Section, 1954. 3, Box 268
RG 407, USAFFE, Staff Section Report-Psychological Warfare Section, 1954. 5, Box 274
RG 407, USAFFE, Staff Section Report-Psychological Warfare Section, 1954. 6, Box 277
RG 407, USAFFE, Staff Section Report-Psychological Warfare Section, 1954. 7, Box 282
RG 407, USAFFE, Staff Section Report-Psychological Warfare Section, 1954. 8, Box 285

RG 407, USAFFE, Staff Section Report-Psychological Warfare Section, 1954. 9, Box 287
RG 407, USAFFE, Staff Section Report-Psychological Warfare Section, 1954. 10, Box 290
RG 550, History of the Korean War, Box 66
RG 550, Headquarters IX Corps G-3 Section, Historical Data, 1953. 5 · 6 · 7, Box 90
RG 550, 3D Historical Detachment, "EUSAK COMBAT PROPAGANDA OPERATIONS 1950. 7. 13~1952. 9. 1", 1953. 1, Box 98
RG 550, Ernest A. Bavaria, "Report on the Psychological Warfare Conducted by the Eighth Army Units in Korea, 1950. 6. 25~1953. 7. 27", Box 99(1954년 2월)
Donald F. Hall, "Tactical Psychological Warfare in the Conflict: An Informal Commentary on Propaganda Operation of the Eighth U.S. Army 1950~1954", 1954. 4. 1

미국 맥아더기념관(MacArthur Library Archive)

RG 4, U.S. Army Forces Pacific(USAFPAC), "Report on Psychological Warfare in the Southwest Pacific Area 1944~1945", Box 56
RG 6, Records of General Headquarters, Far East Command : 1947~1951, Box 16
RG 15, Materials Donated by the General Public, Box 25
RG 15, Materials Donated by the General Public, Box 27
RG 15, Materials Donated by the General Public, Box 33

미 육군 군교육센터(USAHEC/United States Army Military Education Center)

Papers of Charles A. Willoughby, Box 13
U.S Far East Command, Psychological Warfare Section. Leaflets Psychological Warfare Leaflets For The Korean Campaign, 1950~1952;1000~1097

작전연구소(ORO/Operations Research Office) 발행 자료

Peter Ogloblin, "Report on Communist Radio Propaganda on the Korean War 1950. 8. 8~31", 1950. 9. 12, ORO-S-66

George S. Pettee, "US Psychological Warfare in Korean War", Operation Research Office The Johns Hopkins University FEC, Maryland, ORO-T-3(FEC), 1951. 2. 23

John Ponturo, Willmoore Kendall, L.F. O'doneell, "EIGHT ARMY PSYCHOLOGICAL WARFARE IN KOREAN WAR", Operation Research Office The Johns Hopkins University, Maryland, ORO-T-17(FEC), 1951. 12

W. Kendall, D. E. Ambrose, G. Hinrchs, P. K. Ogloblin, J. Ponturo, FEC Psychological Warfare Operation: Leaflets(1952. 1. 1), Operation Research Office The Johns Hopkins University, Far East Command, ORO-T-21(FEC) 1951. 3. 31

John Ponturo, Willmoore Kendall, "FEC Psychological Warfare Operation: Intelligence", Operation Research Office The Johns Hopkins University, Maryland, ORO-T-28(FEC), 1952. 4. 28

William E. Daugherty, "Evaluation and Analysis of Leaflet Program in the Korean Campaign 1950. 6~12", Operation Research Office The Johns Hopkins University, ORO-T-3(EUSAK), 1951. 1. 23

Kilchoon Kim and E. A. Johnson, "Evaluation of Effects of Leaflet on Early North Korean Prisoners of War", Operation Research Office The Johns Hopkins University, ORO-T-4(EUSAK), 1951. 2. 20

안전보장 증명서
SAFE CONDUCT PASS